“十四五”时期水利类专业重点建设教材

混凝土坝长效服役性态智能诊断

赵二峰 顾冲时 谷艳昌 等 编著

中国水利水电出版社
www.waterpub.com.cn
·北京·

内 容 提 要

以工程安全为核心目标，将新一代信息技术与传统大坝安全技术融合，构建数据驱动的安全监测数据异常识别、工程安全预测预警、工程安全状态评估等智能模型，是提升大坝运行性态智能感知和智慧化管理水平的重要措施。本书共6章，系统介绍了混凝土坝长效服役性态智能诊断理论和方法，主要包括实测数据预处理方法、实测数据挖掘方法、智能预测模型、裂缝变化及其影响分析方法、反分析方法、推理诊断方法等内容，这些模型和方法也可推广应用于土石坝工程，以期为推进智慧水利建设提供技术支持，保障水库大坝长效运行安全。

本书可作为水利类专业及其他相关专业本科生和研究生教学用书，也可供有关工程技术人员参考。

图书在版编目（CIP）数据

混凝土坝长效服役性态智能诊断 / 赵二峰等编著. 北京 : 中国水利水电出版社, 2025. 5. --（“十四五”时期水利类专业重点建设教材）. -- ISBN 978-7-5226-3273-5

Ⅰ. TV642

中国国家版本馆CIP数据核字第20251SS370号

书　　名	“十四五”时期水利类专业重点建设教材 **混凝土坝长效服役性态智能诊断** HUNNINGTUBA CHANGXIAO FUYI XINGTAI ZHINENG ZHENDUAN
作　　者	赵二峰　顾冲时　谷艳昌　等　编著
出版发行	中国水利水电出版社 （北京市海淀区玉渊潭南路1号D座　100038） 网址：www. waterpub. com. cn E-mail：sales@mwr. gov. cn 电话：（010）68545888（营销中心）
经　　售	北京科水图书销售有限公司 电话：（010）68545874、63202643 全国各地新华书店和相关出版物销售网点
排　　版	中国水利水电出版社微机排版中心
印　　刷	清淞永业（天津）印刷有限公司
规　　格	184mm×260mm　16开本　14印张　341千字
版　　次	2025年5月第1版　2025年5月第1次印刷
定　　价	**56.00**元

前言

我国水资源时空分布不均，洪涝干旱灾害频发多发，建设水库大坝成为开发利用水资源和防治水患的必然选择。混凝土坝作为一种主要坝型，数量多、分布广、病害成因和险情各异。特别是我国近年来在金沙江、雅砻江和澜沧江等河流上修建的一系列高坝多为混凝土坝，这些混凝土坝在服役过程中不仅要承受各种动、静循环荷载以及突发性灾害的作用，有时还要遭受恶劣环境的侵蚀与腐蚀，其工作性态受控于设计、施工和运行管理等多方面因素。然而，以前在混凝土坝设计中，偏重结构承载能力、稳定性和强度的验算，建设中往往只重视竣工验收，忽视了施工过程和后期运行管理、维修保养。随着服役年限的增加，混凝土坝会出现不同程度的老化、裂缝、渗漏等问题，造成工程病险频现、结构抗力降低和失事风险增大，严重影响了大坝长效健康服役。问题就是矛盾，要正视矛盾、分析矛盾，才能找到解决矛盾的办法。当前和今后一个时期，我国经济社会发展对防洪、供水、能源和生态安全保障等提出了新的更高要求，加之受全球气候变化影响，水资源分布不均更加突出，水旱灾害发生概率明显上升，全力保障水库大坝更加安全、更加环境友好，是我国水利发展面临的重大而紧迫的任务。目前，我国混凝土坝在世界上不仅数量上居首位，而且大坝高度也明显增高，要切实保障现有混凝土坝工程安全服役，坚持以防为主，“牢牢守住安全底线”时刻不能放松。

混凝土坝在各种自然因素和人为因素的影响下，其服役性态随时都在变化，有些是正常变化，是设计和安全运行许可的；有些则是异常的，可能引起混凝土坝病变和溃坝。一般来讲，混凝土坝服役期间应具有良好的工作性能，能够承受可能出现的各种荷载作用，在设计规定的偶然事件发生时及发生后，仍能保持必需的整体稳定性，而且具有足够的耐久性能。混凝土坝长期运行安全保障是相当复杂的技术问题，需要通过巡视检查、原位监测和现场检测获得工程服役性态和隐患病害的信息和资料，然后借助工程经验、监控模型、数值分析等方法解释物理成因，及时开展工程性态健康诊断，尽早发现存在的隐患，防患于未然，避免或者减少事故的发生，减轻对下游人民生命和财产安全的威胁。近年来，随着大坝安全监测设备及数据采集、传输、存储技术的快速发展，众多混凝土坝工程积累了长历时、多源、异构的海量监测信息，非常有必要充分利用这些基础资料，应用现代信息技术手段，开展大坝安全智能诊断理论和方法研究，掌握大坝工作性态，从而指导大坝安全运行。

本书共6章。第1章针对实测数据污染问题，介绍了利用极限学习机、Bayes方法、神经网络等进行实测数据粗差识别和缺失值处理的方法。第2章为实现实测数据的深度挖掘，介绍了多测点贪心模块最大化强相似集挖掘方法；结合图神经网络和图嵌入技术，融入注意力机制，论述了深度注意力图嵌入聚类方法，由此获得关联密切的效应量集合；引入小形状分析理论，建立了多测点变化特性小形状演化图表征模型。第3章在传统统计回归模型基础上，着重介绍了以机器学习为基础的典型人工智能模型，单测点智能预测模型包括高斯过程模型、支持向量机模型、支持回归机模型、时间卷积网络模型，多测点智能预测模型包括空间变形场模型、基于偏最小二乘回归的信息融合时空预测模型、多测点支持向量机模型。第4章针对混凝土坝普遍存在的裂缝，论述了裂缝变化影响因素的模糊量化关联规则挖掘、基于故障树的影响因素Bayes网络构建方法；利用裂缝开度实测资料，介绍了裂缝开度突变分量的表征方法和引入判别准则，构建了裂缝发生突变的分析模型；从能量和系统熵值的角度，论述了不稳定裂缝变化对混凝土坝结构性能影响的分析方法。第5章介绍了混凝土坝坝体和坝基分数阶流变力学元件模型，以及分数阶数值分析技术；探究了弹性和黏弹性物理力学参数反演模式，综合运用多输入-多输出支持向量机模型和改进粒子群智能寻优算法，论述了分数阶分析模型弹性和黏弹性物理力学参数的优化反演方法。第6章构建了混凝土坝长效服役性态推理诊断体系，介绍了定量、定性诊断指标量化和权重确定方法，论述了融合不同类型监测效应量的信息融合诊断方法，以及基于概率图模型的递阶推理诊断方法。

本书由赵二峰、顾冲时、谷艳昌等编著。编写分工如下：第1章由赵二峰、谷艳昌、吴邦彬编写，第2章由赵二峰、刘星、张智端编写，第3章由赵二峰、胡江、邵晨飞编写，第4章由顾冲时、秦向南、许焱鑫编写，第5章由顾冲时、杨光、顾昊编写，第6章由赵二峰、谷艳昌、彭妍编写。全书由赵二峰组织策划、统稿和审定。

本书在编写过程中，参考了有关大数据挖掘技术、人工智能技术等方面的书籍、文献。在编辑出版过程中，中国水利水电出版社提出了许多宝贵的意见和建议。在此向他们表示衷心的感谢！

限于作者水平，书中难免存在不足和疏漏之处，敬请读者批评指正。

作者
2025 年 3 月

目录

第1章　混凝土坝长效服役性态实测数据预处理方法

混凝土坝属于大体积水工混凝土结构，结构型式特殊，在众多因素影响下，其长效服役性态具有复杂多变、不确定、时变等特点，有效的实测数据对及时了解大坝的工作状态至关重要。然而，在监测过程中，因仪器问题或人为因素等原因，实测数据常存在粗差和数据缺失现象，对工程服役性态诊断造成一定干扰。传统的实测数据粗差识别方法主要包括过程线法、时空判别法、统计检验法和数学模型法等，这些方法高度依赖于分析者的经验，对突跳明显的粗差识别效果较好，但对于不明显的粗差易出现误判。在缺失数据处理方面，传统的单值插补方法包括线性插值、三次样条插值、Hermite 插值等，这些方法往往需要对整体变化趋势构建较为理想的目标函数，在处理缺失数据较少且离散性较高时效果较好，但对于连续缺失的数据处理效果不理想。此外，对于实测数据出现多值缺失的情况，传统的基于时间序列的多值缺失插补法，插补精度依赖于环境量的有效性及所建模型的精度；而基于空间邻近点的多值缺失插补法，仅利用缺失值邻近测点对其进行估计，无法完全反映缺失段的变化特征。面对各种矛盾相互交织的复杂局面，抓住主要矛盾，以解决实际问题为突破口打开工作局面。为此，本章介绍实测数据污染问题，论述利用极限学习机、Bayes 方法、神经网络等进行实测数据粗差识别和缺失值处理的方法。

1.1　实测数据污染问题

以混凝土坝变形为例，由于不同坝的地形地质条件、结构型式和建筑物尺寸等不尽相同，坝体和坝基的安全监测项目也不同，见表 1.1。归纳起来，混凝土重力坝安全监测主要包括坝体位移（水平位移和垂直位移，下同）、倾斜、接缝开度、裂缝开度、坝基位移、近坝边坡位移等；混凝土拱坝安全监测主要包括坝体水平位移及挠度、垂直位移及倾斜、接缝开度、裂缝开度、坝基及坝肩位移、谷幅变形等。

由于工程等别不同，对不同混凝土坝安全监测内容的要求也各不相同。对于重要的、地质条件复杂的大坝，必须设置完备的监测设施，对其施工期、运行期的工作性态进行全面监控；对于一般性的大坝，监测设施的设置可以适当放宽要求；对于地质条件复杂的高坝大库，还应包括库盘、地质缺陷处理措施等特殊的针对性监测项目。与此同时，每一种监测项目都对应相应的监测方法和手段，比如水平位移的监测有引张线、视准线、垂线和激光准直等；垂直位移的监测有几何水准、静力水准、双金属标等；裂缝开度可以通过单向测缝计和多向测缝计进行监测。通过对上述实测数据进行分析，能够充分了解坝体、坝基等部位的运行性态。然而在监测过程中，监测仪器精度降低、仪器损坏、人为操作失误等时有发生，使得实测数据极易受到污染，对实测数据的稳定性和可靠性产生了不利影响。

表 1.1 混凝土坝安全监测项目

类别	安全监测项目	大坝级别		
		1	2	3
混凝土重力坝	坝体位移	●	●	●
	倾斜	●	○	○
	接缝开度	●	●	○
	裂缝开度	●	●	●
	坝基位移	●	●	●
	近坝边坡位移	●	●	●
混凝土拱坝	坝体水平位移及挠度	●	●	●
	垂直位移及倾斜	●	○	○
	接缝开度	●	●	●
	裂缝开度	●	●	●
	坝基及坝肩位移	●	●	●
	谷幅变形	●	○	○
	坝体弦长	○	○	○
	近坝边坡位移	○	○	○
	库盘变形	○	○	○
	断层活动性	○	○	○

注 有●者为必设项目，有○者为可选项目，可根据需要选设。

（1）不完备性。实测数据的不完备性是客观存在、无法避免的。混凝土坝为复杂的空间结构，其结构性态处于动态变化中，而监测系统是基于一定时间间隔采集大坝各种效应量在一些特征时段的子样数据，即实测数据并非完全连续。通常，通过混凝土坝关键部位典型测点实测数据分析，进行混凝土坝整体服役性态的把握，但有时在典型测点的选取上难免出现遗漏。因此，混凝土坝安全监测效应量实测数据的时空分布是不均匀的，现有的分析方法和数学模型等在整体上描述工程真实工作性态的完备性尚存在不足。

（2）不完整性。在实际监测时，自动化监测系统中数据采集频次一般都是基于一定时间间隔的，如每6h一测或每8h一测等，但受监测仪器损坏、操作失误或数据丢失等因素的影响，实测数据的时间间隔往往不能保持完全一致，常表现为不等间隔的时间序列，给后续的分析工作带来困难。此外，受监测仪器长时间损坏或其他因素影响等，往往某测点或多个测点在较长时间监测过程中发生实测数据缺失现象，直接导致无法获得该段时间内测点部位的变化情况。尤其是当测点位于关键部位时，上述实测数据不完整或监测系统精度降低的情况，若恰逢该时段工程性态发生了异常变化，将给客观分析和预测混凝土坝服役性态增加难度。

（3）监测误差。监测误差就是监测值与效应量真值之间的差值。由于监测方法和监测设备不尽完善、周围环境的影响等，监测过程中，实测值与真值之间不可避免地存在差异，在数值上表现为误差。误差的存在具有必然性和普遍性，它不能完全被消除，但可以控制，使其不利影响最小。监测误差按照特点与性质可分为系统误差、疏失误差和偶然误差，即

$$\varepsilon=\varepsilon_s+\varepsilon_b+\varepsilon_n \tag{1.1}$$

式中：ε 为监测误差；ε_s 为系统误差；ε_b 为疏失误差；ε_n 为偶然误差。

系统误差是指在偏离规定的监测条件下多次监测同一效应量时，绝对值和符号保持恒定的误差；或在监测条件改变时，按某一确定规律变化的误差。它是由于监测设备、仪器、操作方法不完善或外界条件变化引起的一种有规律的误差。在实际监测中，量具不准引起的测长误差、差动电阻式仪器电缆氧化引起的误差以及压力表不准引起的扬压力监测误差等都是系统误差。系统误差通常对多个测点或多次测值都有影响，且影响值和符号有一定的规律，比如会使监测值增大或减小一个常数，或使监测值产生趋势性时效变化，或使监测值产生周期性变化等。

疏失误差是一种超出了在规定条件下预期的误差，主要是由于监测人员的疏忽而产生的，如仪器操作错误、记录和计算错误、小数点串位或正负号弄反等。这种误差值较大，表现为不正常的突跳点或一段异常值，明显歪曲了测量结果。含有疏失误差的数据不能代表混凝土坝服役性态变化特征，在分析中应剔除。

偶然误差是多次监测同一效应量时，绝对值和符号的变化时大时小、时正时负，以不可预定方式变化着的误差。它是若干偶然原因引起的微量变化的综合作用造成的，属于随机误差。产生偶然误差的原因可能与监测设备、操作方法、外界条件、监测人员的感觉等因素有关。偶然误差对监测值个体而言似乎没有规律，不可预计和控制，但其总体服从统计规律，可以应用数理统计理论估计它对监测结果的影响。各种监测项目中，每个测点的监测值都存在偶然误差。例如变形监测时，瞄准仪器十字丝与觇标中心不密切重合的照准误差，读游标时的读数误差；采用容积法监测渗漏水时的计时误差，水量读数误差等。偶然误差可能由于环境温度变化和气流扰动引起的仪器微小变化、监测人员感觉器官临时的生理变化、空气中的折光变化等综合产生，是普遍存在且一般难以消除的。系统误差经消除后的残存值也可视为偶然误差。

（4）其他问题。实测数据还会受到其他类型的污染，比如使用相同的监测方法对同一个测点进行监测时，可能得到不完全相同的数据；又如由于监测系统记录出现问题，偶尔会发生数据的重复或冗余现象等。

综上所述，监测效应量真值是在某一时刻和某一种环境状态下工程本身体现出来的客观值或实际值，一般是无法得到的。实际监测中，以在没有系统误差的情况下足够多次测值的平均值作为约定真值来代替效应量真值。实测数据污染严重偏离和歪曲了效应量真值，会对混凝土坝长效服役性态智能诊断造成不利影响，需要采取有效的方法对实测数据进行预处理。

1.2 实测数据粗差识别方法

在实测数据中，难免因某些原因而产生明显与实际情况不符合的数据，即粗差。传统

数据处理方法，如最小二乘法的粗差抵抗性基本为零，粗差的存在会严重影响其计算精度，使其无法有效地求解出模型的最优参数。事实上，粗差数据的出现，尤其是较大粗差的出现通常会导致经典平差的结果严重失真或者完全不能使用。为了保证实测数据处理的精度，辨识并剔除实测数据序列中的粗差显得尤为重要。

1.2.1 常规粗差识别方法

在实测数据粗差处理方面，最初的粗差识别方法为过程线法，即主要通过绘制实测过程线，凭借工程经验找出监测效应量异常数据，从而剔除粗差。该方法过于依赖分析者的工程经验且缺少理论依据，易造成粗差识别的遗漏或误判。其后，提出了基于数理统计理论的粗差识别方法，包括统计检验法和数学模型法等。

（1）过程线法。过程线法的基本原理是通过绘制监测数据与时间之间的关系序列来直接判断测值是否存在异常点。对所绘制的过程线，观察其是否存在明显的尖点，若过程线光滑且无突变点，一般来说该组监测数据无粗差；若过程线不光滑且有明显的突变点，则需要进一步通过数理统计、回归模型等方法分析该异常数据是否为粗差。过程线法具有简单直观的优点，但是其高度依赖于分析者的经验，自动化程度低，对不明显的粗差难以识别，只适用于实测数据粗差的粗略处理。

（2）统计检验法。常见的统计检验法均是建立在样本测值误差遵从正态分布基础上，根据小概率原理，出现较大偏差测值的概率是很小的，若监测过程出现了较大偏差测值，则表明监测过程出现异常，此时大偏差数据可被认为是粗差。如果在同一时间内和相同条件下对某一效应量进行多次重复性监测，要判别其中的粗差可采用 3σ 准则、Gubbs 准则、Chau venet 准则、Dixon 准则等。

（3）数学模型法。实测数据序列一般很长，它们是在不同的时间段即不同监测条件下获得的监测值，监测值跨越期间各类环境因素在不断变化，粗差识别有时不能简单套用上述统计检验准则。此时，判断粗差常用的方法是利用效应量和环境量测值建立数学模型来拟合实测数据，即通过数学模型将实测数据 $y_i(i=1,2,\cdots,n)$ 表示为

$$y_i=f(x_{1i},x_{2i},\cdots,x_{mi})+\varepsilon_i \tag{1.2}$$

或写为

$$\hat{y}_i=f(x_{1i},x_{2i},\cdots,x_{mi}) \tag{1.3}$$

式中：y_i 为实测数据；$\hat{y}_i$ 为模型拟合值；x_{ij} 为环境量，$j=1,2,\cdots,n$；ε_i 为 $y_i-\hat{y}_i$ 的残差，服从正态分布 $N(0,\sigma^2)$ 的随机序列，σ^2 为方差。

可根据 3σ 准则来判别效应量粗差。根据随机误差的正态分布规律，其残差 ε_i 落在 $\pm3\sigma$ 以外的概率约为 0.3%。若发现有大于 3σ 的残差 ε_i 的测值，即

$$|\varepsilon_i|>3\sigma \tag{1.4}$$

则可初步判断为异常值，再进一步分析环境因素有没有异常变化以及结构情况有无变化等判断是不是粗差，若是则予以剔除。

1.2.2 四分位距-自回归移动平均粗差识别方法

常规粗差识别方法均以监测数据误差服从正态分布为前提，且适用范围存在一定的局限性。例如，3σ 准则在重复测量次数较大时不适用，Gubbs 和 Dixon 准则都只适用于小样本的情况。此外，由于混凝土坝长效服役性态实测数据时间序列一般较长，呈现较强的

非线性和非平稳特征，常规方法在某些时候无法对粗差进行准确辨识。本小节将四分位距（interquartile range，IQR）法和差分自回归移动平均（auto - regressive integrated moving average，ARIMA）时间序列模型有机融合，进行实测数据粗差识别。

1.2.2.1 IQR 法

IQR 法作为一种稳健统计的分析方法，与常规粗差识别方法不同，不依赖于实测数据序列误差的分布。由于实测数据序列的粗差对中位值和标准 IQR 的影响很小，故用这两个特征数代替常规方法中的均值和标准差来实现粗差的总体估计，再用稳健 Z 比分数统计量进行粗差识别。将分析时段的实测数据按照由小到大的顺序进行重排，可得一个新序列，使用标准 IQR 和中位值 M 来评价新序列测值的离散度和集中度，中位值即新序列位于中间位置的值，对高四分位数和低四分位数作差可获得 IQR（高、低四分位数分别代表新序列第 75%和第 25%的值），即

$$\mathrm{IQR}=Q_3-Q_1 \tag{1.5}$$

式中：Q_1、Q_3 分别为低四分位数和高四分位数。

稳健 Z 比分数为

$$Z=\frac{x_i-M}{s} \tag{1.6}$$

式中：x_i 为新序列的第 i 个数；s 为经过标准化处理后的 IQR 值，$s=0.7413\mathrm{IQR}$。

若求得的统计量 $|Z|>3$，则可以判定 x_i 包含粗差，予以剔除。

1.2.2.2 ARIMA 模型法

实测数据在时间顺序上通常不独立，可利用多次测值之间的自相关性建立相应的数学模型来描述监测效应量变化的动态特征。常用的随机时间序列模型有三种基本类型：自回归（auto-regressive，AR）模型、移动平均（moving average，MA）模型、自回归移动平均（ARMA）模型。这三种模型的建模对象为平稳时间序列，而实测数据往往表现出非平稳性，含有趋势性和不规则的成分，故需对原序列做一定次数的差分，从而获取平稳时间序列，进而构建模型。

ARIMA 模型作为一种时间序列模型，对实测数据在时间上的依存性和所受随机干扰的波动特征均可进行考虑，能够较为准确地把握工程性态的发展趋势。ARIMA（p，d，q）中，AR 指自回归模型，MA 指移动平均模型，I 代表差分，p 是自回归的阶数，q 是移动平均阶数，d 是使原序列成为平稳序列所做的差分次数（阶数）。

p 阶自回归模型 ARIMA(p)序列结构特性：

$$X_t=\varphi_0+\varphi_1X_{t-1}+\varphi_2X_{t-2}+\cdots+\varphi_pX_{t-p}+\varepsilon_t \tag{1.7}$$

式中：X_t 为 t 时刻的参数值；φ_0 为常数项；φ_1，φ_2，…，φ_p 为自回归系数，$\varphi_p\neq0$；ε_t 为均值为 0、方差为 σ_ε^2 的相互独立的平稳白噪声系列，即 $E(\varepsilon_t)=0$，$\mathrm{var}(\varepsilon_t)=\sigma_\varepsilon^2$，$E(\varepsilon_t\varepsilon_s)=0(s\neq t)$，$E(X_s\varepsilon_t)=0(\forall s<t)$；$X_s$ 为 s 时刻的参数值；s、t 为序列连续数。

q 阶移动平均模型 MA(q)序列结构特性：

$$X_t=\varepsilon_t-(\theta_1\varepsilon_{t-1}+\theta_2\varepsilon_{t-2}+\cdots+\theta_p\varepsilon_{t-p}) \tag{1.8}$$

式中：θ_1，θ_2，…，θ_p 为移动平均系数。

(p,q)阶自回归移动平均模型 ARMA(p,q)序列结构特性：

$$X_t = \varphi_1 X_{t-1} + \varphi_2 X_{t-2} + \cdots + \varphi_p X_{t-p} + \varepsilon_t - \theta_1 \varepsilon_{t-1} - \theta_2 \varepsilon_{t-2} - \cdots - \theta_q \varepsilon_{t-q} \tag{1.9}$$

ARIMA 模型的数学表达式为

$$\left(1 - \sum_{i=1}^{p} \varphi_i L^i\right)(1-L)^d X_t = \left(1 + \sum_{i=1}^{q} \theta_i L^i\right)\varepsilon_t \tag{1.10}$$

式中：L 为滞后算子。

经过时间序列建模，可以获得实测数据拟合序列，根据随机误差的正态分布规律，其残差 ε_i 落在 $\pm 3\sigma$ 以外的概率约为 0.3%，若满足：

$$|\varepsilon_i| > 3\sigma \tag{1.11}$$

则可初步判断为粗差，再通过进一步分析环境因素是否出现异常变化以及结构情况有无变化等判断是否是粗差，若判别结果未改变，则予以剔除。

1.2.2.3 IQR-ARIMA 粗差识别过程

考虑到 ARIMA 模型法在识别粗差时以 3σ 准则为理论基础，存在正态分布的假定，而实测数据不一定严格服从正态分布，这对 ARIMA 模型法辨识粗差的准确性会产生一定的影响。而 IQR 法对实测数据的误差分布没有依赖，若将这两种方法相结合，在克服单纯用数学模型识别粗差时依赖数据误差分布缺陷的同时，也凭借 ARIMA 模型将实测数据序列转换为残差序列，由此提高 IQR 方法对粗差的探测敏感度。IQR-ARIMA 粗差识别过程如下：

步骤 1：对需要进行粗差识别的实测序列进行平稳性检验，确定转换为平稳序列所需进行的差分次数，并将序列平稳化。

步骤 2：对模型进行识别，确定模型的各个参数。

步骤 3：建立实测数据序列的 ARIMA 模型，对测值序列进行拟合，得到残差序列。

步骤 4：依次计算残差序列中每个值的 Z 比分数，运用 IQR 法进行粗差定位，若存在粗差则予以剔除。

1.2.3 LMD-UF 粗差识别方法

本小节引入局部均值分解（local mean decomposition，LMD）法和未确知滤波（unascertained filtering，UF）法进行实测数据粗差识别。

1.2.3.1 LMD 法

LMD 法既有小波变换的多分辨优势，又可以避免在变换中以小波基函数为标准的影响。LMD 法进行粗差识别的思路是：基于实测数据的局部时间尺度特征，将数据序列按照频率高低进行自适应逐级分解，得到多层次的乘积函数（production function，PF）分量，再根据高频分量的奇异点确定可疑粗差点，最后应用统计理论实现粗差点的识别与定位。

1. 信息的频率和瞬时频率

实测数据的频率是指测值在单位时间内做周期性变化的次数，用 f 表示，它描述了测值在一定时间内的总体特征。对于平稳序列来说，其频率就是周期 T 的倒数，即

$$f = 1/T \tag{1.12}$$

对于非平稳序列而言，设 $x(t)$ 为实测数据，对其进行 Hilbert 变换有

$$y(t) = \frac{1}{\pi}\int_{-\infty}^{+\infty} \frac{x(\tau)}{t-\tau} d\tau \tag{1.13}$$

称 $s(t)=x(t)+\mathrm{j}y(t)=a(t)\mathrm{e}^{\mathrm{j}\theta(t)}$ 为 $x(t)$ 的解析信息，其中

$$a(t)=\sqrt{x^2(t)+y^2(t)}=|s(t)| \tag{1.14}$$

$$\theta(t)=\arctan\frac{y(t)}{x(t)} \tag{1.15}$$

将瞬时频率定义为其解析信息相位的导数，即

$$f=\frac{1}{2\pi}\frac{\mathrm{d}\theta}{\mathrm{d}t} \tag{1.16}$$

在求解多分量信号的瞬时频率时，需要将多分量信号分解为多个单分量信号，在此基础上求解每个分量的瞬时频率，最后通过组合获取多分量信号的频率分布。

2. 调幅信号和调频信号

信号的频率保持不变，幅值随时间变化的过程称为调幅，生成的调幅信号表达式为

$$x(t)=a(t)\cos(2\pi ft) \tag{1.17}$$

式中：$a(t)$为瞬时幅值，包含了 $x(t)$的幅值调制信息；f 为恒定频率。

信号的幅值保持不变，频率随时间变化的过程称为调频，生成的调频信号表达式为

$$x(t)=A\cos\left[2\pi\int f(t)\mathrm{d}t\right] \tag{1.18}$$

式中：$f(t)$为瞬时频率，包含了 $x(t)$的频率调制信息。

除了调幅和调频信号以外，实测数据通常更加复杂，其幅值和频率都具有时变性，且反映监测效应量的重要特征量往往包含在实测数据的幅值或频率的调制信息中，需要分析其监测数据的幅值和频率随时间的变化规律，也就是通过频率和幅值调制获得其瞬时幅值和瞬时频率的表达式。实测数据即调幅-调频信号，其表达式为

$$x(t)=a(t)\cos\left[2\pi\int f(t)\mathrm{d}t\right] \tag{1.19}$$

3. 信息平滑处理方法

为了求得 LMD 算法中的局部均值函数和局部包络函数，采用滑动平均法对局部均值线段和局部幅值线段进行滑动处理。该方法在对非平稳的数据序列进行平滑处理时，将小区间上的数据视为接近平稳的，并采取用均值表示其中点或端点数值的方式对其进行局部平均，从而得到光滑的曲线。

设非平稳数据序列为 $y(i)(i=1,2,\cdots,n)$，滑动平均法的计算公式为

$$y_s(i)=\frac{1}{2N+1}[y(i+N)+y(i+N-1)+\cdots+y(i-N)] \tag{1.20}$$

式中：S 为滑动步长，$s=2N+1$，可以看出滑动步长 s 一般取奇数，如取相互邻近数值点之间最大距离的 1/3。

在平滑处理的过程中，每一次平滑处理后存在邻近数值相等的情况，则不断对其进行平滑处理，直到相互邻近的数值不同为止。以 5 点滑动为例，利用式（1.20）进行信息滑动平均分析计算，得到滑动平均值，即

$$\begin{cases}y_s(1)=y(1)\\ y_s(2)=[y(1)+y(2)+y(3)]/3\\ y_s(3)=[y(1)+y(2)+y(3)+y(4)+y(5)]/5\\ y_s(4)=[y(2)+y(3)+y(4)+y(5)+y(6)]/5\end{cases} \tag{1.21}$$

当任何相邻的数值不等时，即可结束平滑处理。

LMD法是一种信号的时域和频域解析算法，能自适应地将实测数据多分量信号按照频率的高低分解为若干个单分量信号，然后把这些单分量信号的瞬时频率和瞬时幅值进行融合，最后求解出原始变形信号完整的时频分布，实现分量的分离。分解过程如下：

步骤1：找出实测数据 $x(t)$ 中所有局部极值 $n_i(i=1,2,\cdots,k)$，k 为局部极值点的总数。

步骤2：根据实测数据的极值点求出序列的局部均值函数 $m_{11}(t)$ 和局部包络函数 $a_{11}(t)$，其中 $m_{11}(t)$ 表示包络线的平均值，$a_{11}(t)$ 表示包络线的幅值，在建立上述函数时，需要分别计算 i 点的平均值 m_i 和幅值 a_i，即

$$m_i=\frac{n_i+n_{i+1}}{2} \tag{1.22}$$

$$a_i=\frac{|n_i-n_{i+1}|}{2} \tag{1.23}$$

将所有的平均值点和包络估计值点按顺序分别用直线连接，并采用滑动平均法进行平滑处理，得到实测数据的 $m_{11}(t)$ 和 $a_{11}(t)$。

步骤3：将实测数据的 $m_{11}(t)$ 从原数据序列 $x(t)$ 中分离，得

$$h_{11}(t)=x(t)-m_{11}(t) \tag{1.24}$$

步骤4：对 $h_{11}(t)$ 进行解调，得

$$s_{11}(t)=\frac{h_{11}(t)}{a_{11}(t)} \tag{1.25}$$

步骤5：利用步骤2中的方法求出序列 $s_{11}(t)$ 的局部包络函数 $a_{12}(t)$，若 $a_{12}(t)=1$，则说明 $s_{11}(t)$ 已经是纯调频信号（纯调频信号指的是信号的绝对值小于等于1，并且其包络线的值始终为1的调频信号）；若 $a_{12}(t)\neq 1$，则对 $s_{11}(t)$ 重复上述迭代过程，终止条件为 $a_{1(n+1)}(t)=1$，即 $s_{1n}(t)$ 为纯调频信号。因此有

$$\begin{cases} h_{11}(t)=x(t)-m_{11}(t) \\ h_{12}(t)=s_{11}(t)-m_{12}(t) \\ \quad\vdots \\ h_{1n}(t)=s_{1(n-1)}(t)-m_{1n}(t) \end{cases} \tag{1.26}$$

其中

$$\begin{cases} s_{11}(t)=h_{11}(t)/a_{11}(t) \\ s_{12}(t)=h_{12}(t)/a_{12}(t) \\ \quad\vdots \\ s_{1(n-1)}(t)=h_{1(n-1)}(t)/a_{1(n-1)}(t) \end{cases} \tag{1.27}$$

式中：n 为分解步。

在实际应用中，实测数据包含的分量序列很难满足纯调频信号的条件，通常设置一个误差范围 $\Delta\in[0.001,0.01]$，令算法的迭代终止条件为 $1-\Delta\leqslant a_{1(n-1)}(t)\leqslant 1+\Delta$ 即可。

步骤6：将迭代过程中产生的数据序列及各子序列的所有局部包络函数相乘，得到第一个分量（即 PF_1 分量）的包络信号，即

$$a_1(t)=a_{11}(t)a_{12}(t)\cdots a_{1n}(t)=\prod_{q=1}^{n}a_{1q}(t) \tag{1.28}$$

步骤 7：将包络信号和调频信号相乘，得到实测数据的第一个分量（PF_1 分量），即

$$PF_1(t)=a_1(t)s_{1n}(t) \tag{1.29}$$

PF_1 分量包含了实测数据中频率最高的成分，是一个单分量的调幅-调频信号，其瞬时幅值是包络信号 $a_1(t)$，其瞬时频率 $f_1(t)$ 可通过纯调频信号 $s_{1n}(t)$ 求出，即

$$f_1(t)=\frac{1}{2\pi}\mathrm{d}\{\arccos[s_{1n}(t)]\}/\mathrm{d}t \tag{1.30}$$

步骤 8：将 PF_1 分量从实测数据 $x(t)$ 中分离出来，得到新的序列 $x_1(t)$，即

$$x_1(t)=x(t)-PF_1(t) \tag{1.31}$$

对序列 $x_1(t)$ 重复上述步骤，直至 $x_k(t)$ 为一个单调函数为止。由此可以得出，原实测数据被分解成了 k 个 PF 分量和 1 个余量，即

$$x(t)=\sum_{n=1}^{k}PF_n(t)+x_k(t) \tag{1.32}$$

整个过程将 PF 分量按照时间-频率-幅值的三维分布重新组合，得到实测数据完整的时频分布，如此便实现了实测数据的 LMD 分解。理想情况下，LMD 法可以将一个多分量的调幅调频信号分解为多个具有实际物理意义的单分量的调幅调频信号。但由于实测数据本身含有某些不可避免的噪声以及 LMD 法的端点效应、滑动步长的人为选择和迭代终止条件的近似等问题，分解出的 PF 分量序列的数量可能多于原序列中理论上包含分量序列的数量，也就是会产生虚假的 PF 分量，这对分量的准确分离产生了影响，因此需要识别并剔除分量中的虚假分量。对于具有明确数学表达式的数据序列，由于提前对分量的分解结果有了一定的认知，通过观察各 PF 分量的频率或幅值便可以快速识别出分量的真伪。但实测数据的某些成分具有不可知性或模糊不清性，使得分量序列的个数较难确定，即无法通过分量本身的变化规律进行判别。为此，通过相关系数来识别由实测数据分解出的所有分量中的伪分量。

$$r_{xy}=\frac{\sum_{i=1}^{N}(x_i-\overline{x})(y_i-\overline{y})}{\sqrt{\sum_{i=1}^{N}(x_i-\overline{x})^2}\sqrt{\sum_{i=1}^{N}(y_i-\overline{y})^2}} \tag{1.33}$$

式中：x_i 为 i 时刻的 PF 分量值；y_i 为 i 时刻的实测数据；$\overline{x}$ 为 PF 分量的均值，$\overline{x}=\frac{1}{N}\sum^{N}x_i$；$\overline{y}$ 为实测数据的均值，$\overline{y}=\frac{1}{N}\sum^{N}y_i$；$N$ 为实测数据个数。

计算各分量序列与实测数据的相关系数，由于真实的分量序列是实测数据的组成部分，其与原序列的相关系数必然较大，而伪分量序列是由各种不确定因素引起的误差分量，与原序列的相关性不大，故两者的相关系数必然较小。实际应用中，当某一分量满足如下表达式时即可判定其为伪分量。

$$r_j<\frac{1}{10}r_{\max} \tag{1.34}$$

式中：r_j 为某一分量与实测数据序列的相关系数；$r_{\max}$ 为各分量序列与实测数据相关系

数的最大值。

剔除伪分量后即可对剩余分量的物理含义进行解释，首先对比各 PF 分量和环境量序列的过程线，分析各分量的总体变化规律和趋势，然后通过比较各 PF 分量与环境量序列极值点出现的对应关系来综合判断，由此完成各 PF 分量与环境量的匹配，从而实现对实测数据各分量的分离。

综上所述，当实测数据中出现粗差点时，序列的幅值会在该点处产生突变，引起序列的不连续。通过对实测数据序列进行 LMD 处理，提取出高频分量；一般情况下，粗差的存在会导致高频分量出现模极大值点，因此将高频分量中的模极大值点确定为可疑粗差点；引入统计理论对可疑粗差点做进一步的判断，计算重构序列与原始序列的差值，若差值的绝对值大于 3σ，则判定该值为粗差点。

1.2.3.2 UF 法

在实测数据中，粗差具有单独性和偶然性，异常值具有连续性和趋势性，UF 法正是基于此考虑展开的，辨识依据为粗差点的可信度应该为零。

设对任意区间 $[a,b]$，$a \leqslant x_i \leqslant b(i=1,2,\cdots,n)$，若函数 $\varphi(x)$ 满足：

$$\varphi(x)=\begin{cases}\alpha_i, & x=x_i \\ 0, & \text{其他}\end{cases} \tag{1.35}$$

且 $0<\alpha_i<1$，$\sum_{i=1}^{n}\alpha_i=\alpha$，$0 \leqslant \alpha \leqslant 1$，则 $[a,b]$ 和 $\varphi(x)$ 构成一个 n 阶未确知有理数，记作 $\{[a,b],\varphi(x)\}$，称 α、$[a,b]$ 和 $\varphi(x)$ 分别为该未确知有理数的总可信度、取值区间和可信度分布密度函数。

设实测序列为 $L_1,L_2,\cdots,L_n$，定义未确知有理数为

$$A=\{[\min_{1\leqslant i\leqslant n} L_i,\max_{1\leqslant i\leqslant n} L_i],\varphi(x)\} \tag{1.36}$$

式中：$\varphi(x)$ 为监测量的可信度分布密度函数。

根据粗差和异常值的特点可知，如果 L_i 是粗差，则 L_i 是孤立的，在 L_i 的某个邻域内的 $L_j(1\leqslant j\leqslant n,j\neq i)$ 个数为 0；如果 L_i 是异常值，由于其相邻测值的连续性和趋势性，L_i 某个邻域内的 L_j 个数不为 0 且会随着监测时间的推进而越来越多，由此将 $\varphi(x)$ 定义为

$$\varphi(x)=\begin{cases}\dfrac{\xi_i}{\sum_{i=1}^{n}\xi_i}, & x=L_i(i=1,2,\cdots,n) \\ 0, & \text{其他}\end{cases} \tag{1.37}$$

式中：ξ_i 为 L_i 邻域 $\{L \mid |L-L_i| \leqslant \lambda,\lambda>0\}$ 中包含 L_j 的个数。

由 $\varphi(x)$ 的定义可知，ξ_i 越大，L_i 的可信度就越大，L_i 为粗差的可能性就越小；反之，ξ_i 越小，L_i 的可信度就越小，L_i 为粗差的可能性就越大。

下面考虑 L_i 邻域半径 λ 的取值问题。在 L 和 L_i 确定的情况下，ξ_i 的数值直接取决于 λ 的数值。可见对于实测数据，UF 粗差识别的结果完全取决于 λ 的大小。而从 ξ_i 的含义可知，如果序列中相邻两测值的平均差值较大，则 λ 应取较大值；反之，取较小值。当 λ 设置过大时，可能会导致粗差辨识的遗漏，即纳伪；当 λ 设置过小时，可能将正常测值

误判为粗差，导致弃真。因此，λ 的取值对 UF 粗差识别的结果来说非常重要。

通过对整个实测数据求差值方差确定 λ 的取值，取 2 倍差值方差作为 λ 值，即

$$\lambda = 2\sqrt{\frac{1}{n-1}\sum_{i=1}^{n-1}(L_{i+1}-L_i)^2} \tag{1.38}$$

需要说明的是，如果实测数据有较大的趋势变化，这种趋势性会影响粗差识别结果。针对这种情况，可对序列采用分段辨识的方法，将序列分成若干子序列，逐步进行 UF 粗差识别。记 $\alpha = \mathrm{int}(n/6)$，当 $\alpha \leqslant i \leqslant n-\alpha$ 时，取数据 $L_{i-\alpha} \sim L_{i+\alpha}$ 作为 L_i 识别粗差的邻域；当 $i<\alpha$ 或 $i>n-\alpha$ 时，取 $[L_1, L_{2i-1}]$ 或 $[L_{2i-n}, L_n]$ 作为 L_i 识别粗差的邻域。当邻域内的数据个数小于 5 个时，选其周围的 3～4 个点进行搜索辨识。

1.2.3.3 LMD-UF 粗差识别过程

一方面，考虑到监测效应量随环境量突变而产生突变，反映在监测数据也会出现突变，针对这一问题，LMD 法不能有效地识别出突变点是粗差还是异常值；另一方面，实测数据量庞大，而粗差在数量上往往只占数据序列的一小部分，UF 法需对整个序列进行粗差识别，分析工作量大，且当包含粗差点的分段区间内数据出现多次跳跃情况时，UF 法也难以准确识别出粗差。因此，可综合利用 LMD 法与 UF 法的优点进行粗差的有效识别，识别过程如下：

步骤 1：利用 LMD 法对需要进行粗差识别的实测数据序列进行分解。

步骤 2：将分解出的高频分量中的所有模极大值点取出，判定为可疑粗差点，完成粗差辨识对象的确定。

步骤 3：利用 UF 法中的分段方法，找出所有可疑粗差点的辨识邻域，并计算出相应的邻域半径。

步骤 4：利用 UF 法计算出所有可疑粗差点的可信度，完成粗差识别；若可信度较大，则判定其为异常值，而非粗差；若可信度较小，则判定其为粗差点，并将其剔除。

1.2.4 ELM-Bayes 粗差识别方法

本小节利用极限学习机（extreme learning machine，ELM）在处理非线性问题的优势，构建实测数据粗差识别模型，利用 Bayes 方法对监测数据残差序列的粗差进行识别。

1.2.4.1 ELM 法

ELM 法是一种简单高效的单隐含层前馈神经网络算法。将环境量与效应量的实测数据构成集合 $\{(\boldsymbol{x}_i, \boldsymbol{y}_i)\}$，设存在 N 个不同的训练样本 $\{(\boldsymbol{x}_i, \boldsymbol{y}_i)\}_{i=1}^{N}$，其中环境量实测数据 $\boldsymbol{x}_i = [x_{i1}, x_{i2}, \cdots, x_{ip}]^{\mathrm{T}} \in \boldsymbol{R}^p$ 为网络输入向量，效应量实测数据 $\boldsymbol{y}_i = [y_{i1}, y_{i2}, \cdots, y_{im}]^{\mathrm{T}} \in \boldsymbol{R}^m$ 为网络期望输出向量。对于含有 L 个隐含层节点数的 ELM 网络输出关系模型为

$$\sum_{i=1}^{L}\boldsymbol{\beta}_i \boldsymbol{g}_i(\boldsymbol{x}_j) = \sum_{i=1}^{L}\boldsymbol{\beta}_i \boldsymbol{g}(\boldsymbol{w}_i, \boldsymbol{x}_j, b_i) = \boldsymbol{t}_j \quad (j = 1, 2, \cdots, N) \tag{1.39}$$

其中

$$\boldsymbol{\beta}_i = [\beta_{i1}, \beta_{i2}, \cdots, \beta_{im}]^{\mathrm{T}}$$

式中：$\boldsymbol{\beta}_i$ 为连接第 i 个隐含层节点和输出层的输出权值；$\boldsymbol{t}_j$ 为对应输入 $\boldsymbol{x}_j$ 的 ELM 网络实际输出向量；$\boldsymbol{g}(\boldsymbol{w}_i, \boldsymbol{x}_j, b_i)$ 为输入 $\boldsymbol{x}_j$ 向量的随机非线性映射特征（激活函数），也是对应输入 $\boldsymbol{x}_j$ 的隐含层节点输出矩阵，采用 Sigmiod 激活函数可表示为

$$g(\boldsymbol{w}_i,\boldsymbol{x}_j,b_i)=\frac{1}{1+\exp[-(\boldsymbol{w}_i\cdot\boldsymbol{x}_j+b_i)]} \tag{1.40}$$

其中

$$\boldsymbol{w}_i=[w_{i1},w_{i2},\cdots,w_{ip}]^{\mathrm{T}}$$

式中：$\boldsymbol{w}_i$ 为连接第 i 个隐含层节点和输入层的随机权值；b_i 为第 i 个隐含层的随机偏置。

由于隐含层节点的参数 $\boldsymbol{w}_i$ 和 b_i 已经随机选取，ELM 的学习过程就是求解输出权值 $\boldsymbol{\beta}$ 的过程，基于经验风险最小化原则求解满足最小化损失函数的 $\boldsymbol{\beta}$，即

$$S(\boldsymbol{\beta})=\sum_{i=1}^{N}R(\boldsymbol{y}_i,\boldsymbol{t}_i) \tag{1.41}$$

式中：$\boldsymbol{S}(\cdot)$为经验风险，即损失函数；$\boldsymbol{R}(\boldsymbol{y}_i,\boldsymbol{t}_i)$为实际输出向量 $\boldsymbol{t}_i$ 与实测数据向量 $\boldsymbol{y}_i$ 在某种度量下的误差。

若损失函数采用误差平方和，则输出权值 $\boldsymbol{\beta}$ 最优解为

$$\hat{\boldsymbol{\beta}}=\underset{\beta}{\operatorname{argmin}}\sum_{i=1}^{N}\|\boldsymbol{y}_i-\boldsymbol{t}_i\|_2^2=\underset{\beta}{\operatorname{argmin}}\|\boldsymbol{H\beta}-\boldsymbol{T}\|_F^2 \tag{1.42}$$

其中

$$\begin{aligned}&\boldsymbol{H}(\boldsymbol{w}_1,\boldsymbol{w}_2,\cdots,\boldsymbol{w}_L,b_1,b_2,\cdots,b_L,\boldsymbol{x}_1,\boldsymbol{x}_2,\cdots,\boldsymbol{x}_L)\\&=[\boldsymbol{h}(\boldsymbol{x}_1)^{\mathrm{T}},\cdots,\boldsymbol{h}(\boldsymbol{x}_N)^{\mathrm{T}}]^{\mathrm{T}}\\&=\begin{bmatrix}g(\boldsymbol{w}_1\cdot\boldsymbol{x}_1+b_1)&\cdots&g(\boldsymbol{w}_L\cdot\boldsymbol{x}_1+b_L)\\\vdots&\vdots&\vdots\\g(\boldsymbol{w}_1\cdot\boldsymbol{x}_N+b_1)&\cdots&g(\boldsymbol{w}_L\cdot\boldsymbol{x}_N+b_L)\end{bmatrix}_{N\times L}\end{aligned} \tag{1.43}$$

$$\boldsymbol{\beta}=\begin{bmatrix}\boldsymbol{\beta}_1^{\mathrm{T}}\\\vdots\\\boldsymbol{\beta}_L^{\mathrm{T}}\end{bmatrix}_{L\times m},\quad \boldsymbol{T}=\begin{bmatrix}\boldsymbol{t}_1^{\mathrm{T}}\\\vdots\\\boldsymbol{t}_N^{\mathrm{T}}\end{bmatrix}_{N\times m} \tag{1.44}$$

式中：$\|\cdot\|_2$ 为 2 范数；$\|\cdot\|_F$ 为 Frobenius 范数。

此时，该问题最终可转化为最小二乘法，即 $\boldsymbol{\beta}$ 最优解为

$$\hat{\boldsymbol{\beta}}=\boldsymbol{H}^{\dagger}\boldsymbol{T} \tag{1.45}$$

式中：$\boldsymbol{H}^{\dagger}$ 为隐含层输出矩阵 $\boldsymbol{H}$ 的 Moore-Penrose 广义逆。

通常实测数据训练样本个数 N 大于隐含层节点数 L（$L<N$），$\boldsymbol{\beta}$ 最优解估算为

$$\hat{\boldsymbol{\beta}}=\boldsymbol{H}^{\dagger}\boldsymbol{T}=(\boldsymbol{H}^{\mathrm{T}}\boldsymbol{H})^{-1}\boldsymbol{H}^{\mathrm{T}}\boldsymbol{T} \tag{1.46}$$

ELM 输出权值 $\boldsymbol{\beta}$ 的估计方法通常为最小二乘法，该方法通过求解残差的最小平方和来估计回归系数，即对每个测值均给予相同的权重，但当实测数据有离群点存在时，将夸大这些异常值的影响，导致整个模型估计偏差变大，甚至得到错误结果。为此，可引入稳健估计理论到 ELM 的输出权值 $\boldsymbol{\beta}$ 的估计中，比如 M 估计理论，或者采用迭代加权最小二乘估计回归方法，根据各数据样本的残差大小决定样本的权值，从而降低异常样本的影响，达到提高稳健性的目的。

1.2.4.2 Bayes 方法

ELM 可以有效识别实测数据中的显著异常值，对于粗差不明显的实测数据，可利用 Bayes 方法进一步进行辨识。假设经过 ELM 建模后得到的实测数据验后残差时间序列 $\{e_t\}$ 为平稳序列，可用 AP（p）模型来表示，即

$$e_t = \phi_1 e_{t-1} + \phi_2 e_{t-2} + \cdots + \phi_p e_{t-p} + \beta_t \tag{1.47}$$

设 $\boldsymbol{\Phi} = [\phi_1, \phi_2, \cdots, \phi_p]^{\mathrm{T}}$，假定其先验分布为 $\boldsymbol{\Phi} \sim N_p(\phi_0, V^{-1})$，$\sigma_0^2 \sim IG(\nu/2, \nu\lambda/2)$，其中 ϕ_0、V、ν、λ 为超参数；β_t 为白噪声，$\beta_t \sim N(0, \sigma_0^2)$。

当采用 AP（p）模型识别测值 $\{e_t\}$ 中的异常值时，需对 e_t 逐个引入识别变量。

$$\delta_t = \begin{cases} 1, & e_t \text{ 为异常值} \\ 0, & e_t \text{ 为正常值} \end{cases} \tag{1.48}$$

假设 e_t 为异常值的先验概率为 α，即 $P(\delta_t = 1) = \alpha$，由此构造的探测模型为

$$\begin{cases} z_t = \phi_1 z_{t-1} + \cdots + \phi_p z_{t-p} + \beta_t \\ e_t = z_t + w_t \delta_t \end{cases} \tag{1.49}$$

式中：z_t 为正常测值；w_t 为异常扰动的大小，并假设 $w_t \sim N(\mu, \xi^2)$，其中 μ、ξ^2 为超参数，$t = 1, \cdots, n$。

为判别测值是否为异常值以及确定判别阈值，构造 Bayes 假设检验，H_0 为正常监测值；H_1 为异常值。基于 Bayes 假设检验原理，当备选假设 H_1 对应的后验概率 $P(\delta_j = 1|\boldsymbol{e})$ 大于原假设 H_0 对应的后验概率 $P(\delta_j = 0|\boldsymbol{e})$，即 $P(\delta_j = 1|\boldsymbol{e}) > 0.5$ 时，认为备选假设成立，从而判定测值 e_j 为异常值；反之，判定 e_j 为正常值。$\boldsymbol{e} = [e_1, e_2, \cdots, e_n]^{\mathrm{T}}$。

通过以上分析，异常值识别问题就转换为计算识别变量的后验概率 $q_j = P(\delta_j = 1|\boldsymbol{e})(j = 1, 2, \cdots, n)$。由于后验概率涉及的分布比较复杂，采用 Gibbs 抽样法来解决这些后验概率值计算和异常扰动的估计问题。

记识别变量 $\boldsymbol{\delta} = (\delta_1, \delta_2, \cdots, \delta_n)$，异常扰动值 $\boldsymbol{W} = (w_1, w_2, \cdots, w_n)^{\mathrm{T}}$，根据 Bayes 理论得到下列参数的完全条件分布。

（1）ϕ 的完全条件分布为 $\boldsymbol{\Phi} \mid \boldsymbol{e}, \sigma_0^2, \boldsymbol{\delta}, \boldsymbol{W} \sim N_p(a, b)$。

$$\begin{cases} a = \left(\dfrac{1}{\sigma_0^2} \sum\limits_{t=p+1}^{n} \boldsymbol{e}_{t-1} \boldsymbol{e}_{t-1}^{\mathrm{T}} + V \right)^{-1} \left[\dfrac{1}{\sigma_0^2} \sum\limits_{t=p+1}^{n} \boldsymbol{e}_{t-1} (e_t - w_t \delta_t) + V\phi_0 \right] \\ \boldsymbol{e}_{t-1} = [e_{t-1}, e_{t-2}, \cdots, e_{t-p}]^{\mathrm{T}} \\ b = \left(\dfrac{1}{\sigma_0^2} \sum\limits_{t=p+1}^{n} \boldsymbol{e}_{t-1} \boldsymbol{e}_{t-1}^{\mathrm{T}} + V \right)^{-1} \end{cases} \tag{1.50}$$

（2）σ_0^2 的完全条件分布为 $\sigma_0^2 \mid \boldsymbol{e}, \boldsymbol{\Phi}, \boldsymbol{\delta}, \boldsymbol{W} \sim IG\left(\dfrac{\nu_1}{2}, \dfrac{\nu_1 \lambda_1}{2} \right)$。

$$\begin{cases} \nu_1 = n - p + \nu \\ \lambda_1 = \dfrac{1}{n - p + \nu} \left[\sum\limits_{t=p+1}^{n} \left(e_t - \sum\limits_{i=1}^{p} \phi_i z_{t-i} - w_t e_t \right)^2 + \nu\lambda \right] \end{cases} \tag{1.51}$$

（3）δ_j 的完全条件分布为 $\delta_j \mid \boldsymbol{e}, \boldsymbol{\Phi}, \boldsymbol{\sigma}_0^2, \boldsymbol{\delta}_{(-j)}, \boldsymbol{W} \sim b(1, p_j)$。

$$\begin{cases}\boldsymbol{\delta}_{(-j)}=[\delta_1,\delta_2,\cdots,\delta_{j-1},\delta_{j+1},\cdots,\delta_n]^{\mathrm{T}}\\ p_j=P(\delta_j=1\mid \boldsymbol{e},\boldsymbol{\Phi},\sigma_0^2,\boldsymbol{\delta}_{(-j)},\boldsymbol{W})=\dfrac{q_{1j}}{q_{1j}+q_{2j}}\\ q_{1j}=\alpha\exp\left\{-\dfrac{1}{2\sigma_0^2}\sum\limits_{t=j}^{T}\left(e_t^*-\sum\limits_{i=1}^{p}\phi_i e_{t-i}^*+C_{t-j}w_j\right)^2\right\}\\ C_{t-j}=\begin{cases}-1, & t-j=0\\ \phi_{t-j}, & t-j=1,2,\cdots,p\\ 0, & t-j>p\end{cases}\\ q_{2j}=(1-\alpha)\exp\left\{-\dfrac{1}{2\sigma_0^2}\sum\limits_{t=j}^{T}\left(e_t^*-\sum\limits_{i=1}^{p}\phi_i e_{t-i}^*\right)^2\right\}\\ e_t^*=\begin{cases}e_t, & t=j\\ z_t, & t\neq j\end{cases}\\ T=\min(n,p+j)\end{cases} \tag{1.52}$$

（4）w_j 的完全条件分布为 $w_j\mid \boldsymbol{e},\boldsymbol{\Phi},\sigma_0^2,\boldsymbol{\delta},\boldsymbol{W}_{(-j)}\sim N(\hat{w}_j,\xi_j^2)$。

$$\begin{cases}\boldsymbol{W}_{(-j)}=[w_1,w_2,\cdots,w_{j-1},w_{j+1},\cdots,w_n]^{\mathrm{T}}\\ \xi_j^2=\left[\dfrac{\delta_j^2}{\sigma_0^2}\left(1+\sum\limits_{i=1}^{p}\phi_i^2\right)+\dfrac{1}{\xi^2}\right]^{-1}\\ \hat{w}_j=\xi_j^2\cdot\left\{\delta_j\left[\left(e_j-\sum\limits_{i=1}^{p}\phi_i z_{j-i}\right)+\sum\limits_{t=j+1}^{T}\phi_{t-j}\left(\sum\limits_{i=1}^{p}\phi_i e_{t-i}^*-e_t^*\right)\right]+\mu\right\}\end{cases} \tag{1.53}$$

基于上述参数的完全条件分布，采用 Gibbs 抽样算法抽取样本 $\boldsymbol{\Phi}^{(m)}$、$(\sigma_0^2)^{(m)}$、$\boldsymbol{\delta}^{(m)}$、$\boldsymbol{W}^{(m)}(m=1,2,\cdots,K)$，得到识别变量后验概率值为

$$P(\delta_j=1\mid \boldsymbol{e})\approx\frac{1}{K}\sum_{m=1}^{M}\frac{(q_{1j})^{(m)}}{(q_{1j})^{(m)}+(q_{2j})^{(m)}} \tag{1.54}$$

同时，根据 Bayes 点估计原理，得到异常扰动的估计 $\hat{w}_j$。

1.2.4.3 ELM-Bayes 粗差识别过程

将 ELM 与 Bayes 融合的实测数据粗差识别过程如下：

步骤 1：将环境量与效应量实测数据构成集合 $\{(\boldsymbol{x}_i,\boldsymbol{y}_i)\}$。

步骤 2：随机给定 ELM 网络结构的输入权值 $\boldsymbol{w}_i$ 和隐含层节点的偏置 b_i。

步骤 3：通过选定的激励函数 $\boldsymbol{g}(\boldsymbol{w}_i,\boldsymbol{x}_j,b_i)$ 计算隐含层输出矩阵 $\boldsymbol{H}$。

步骤 4：基于最小二乘法估计输出权值 $\hat{\boldsymbol{\beta}}=(\boldsymbol{H}^{\mathrm{T}}\boldsymbol{H})^{-1}\boldsymbol{H}^{\mathrm{T}}\boldsymbol{T}$ 作为迭代初值，并计算初始残差 $\boldsymbol{e}$，利用 M 估计理论求解 ELM 的输出权值最优解。

步骤 5：重复步骤 2～步骤 4 进行迭代计算，输出每个测值的权值，将所有权值为 0 的测值初步判定为粗差。

步骤 6：对于权值小于 1 的可利用测值，使用 Bayes 方法进一步对残差序列进行粗差识别，选择先验分布的超参数 ϕ_0、V、ν、λ、α、ξ^2、μ，根据 Bayes 估计原理和先验分布的超参数确定 Gibbs 抽样的初值。

步骤 7：进行 Gibbs 抽样，假定目前参数的完全条件分别为 $\boldsymbol{\Phi}^{(m-1)}$、$(\sigma_0^2)^{(m-1)}$、

$(\delta_j)^{(m-1)}$、$(w_j)^{(m-1)}$，则 $\boldsymbol{\Phi}^{(m)}$ 从 $p[\boldsymbol{\Phi}|\boldsymbol{e},(\sigma_0^2)^{(m-1)},\boldsymbol{\delta}^{(m-1)},\boldsymbol{W}^{(m-1)}]$ 中抽取，$(\sigma_0^2)^{(m)}$ 从 $p(\sigma_0^2|\boldsymbol{e},\boldsymbol{\Phi}^{(m)},\boldsymbol{\delta}^{(m-1)},\boldsymbol{W}^{(m-1)})$ 中抽取，$(\delta_j)^{(m)}$ 从 $p[\delta_j|\boldsymbol{e},\boldsymbol{\Phi}^{(m)},(\sigma_0^2)^{(m)},\boldsymbol{\delta}_{(-j)}^{(m-1,j+1)},\boldsymbol{W}^{(m-1,j)}]$ 中抽取，$(w_j)^{(m)}$ 从 $p[w_j|\boldsymbol{e},\boldsymbol{\Phi}^{(m)},(\sigma_0^2)^{(m)},\boldsymbol{\delta}^{(m-1,j+1)},\boldsymbol{W}_{(-j)}^{(m-1,j+1)}]$ 中抽取，并且保证抽样满足 Markov 链平稳性检验。

步骤 8：对步骤 7 的 Gibbs 抽样进行 K 次，由式（1.54）计算 $P(\delta_j=1|\boldsymbol{e})$，当 $P(\delta_j=1|\boldsymbol{e})>0.5$，判定测值 e_j 为异常值；反之，判定 e_j 为正常值。

1.3 实测数据缺失处理方法

监测仪器失效、缺测或剔除粗差等使得实测数据缺失问题时有发生，在某些情况下，缺失关键的监测数据会减少原有数据包含的有效信息，易导致对工程工作性态的误判。通常将实测数据缺失问题分为两类来处理：一类是单值缺失问题，即存在小部分时间间隔与整体不一致的数据序列时，需对其进行均匀化处理；另一类是连续多个数据缺失问题，需对其进行估计补充。

1.3.1 单值缺失处理方法

对于时间间隔不等的不均匀数据序列，通常采用插值法对其进行均匀化处理。常用的插值方法有邻近点插值、分段线性插值、三次样条插值和三次 Hermite 插值等，对缺失的很小一部分数据进行近似处理，并不会影响实测数据整体变化趋势和规律。当不均匀数据信息较少时，可以采用此类插值方法进行补齐，构成等间隔的数据序列。但这些方法只是基于已知的数据本身，并没有过多地考虑实际问题的物理意义，而不均匀实测数据序列的均匀化是未知时间点信息的补充，需要考虑与实际工程的结合。非局部平均（non-local means，NLM）法主要思路是基于相似度的权系数，对原始图像中所有像元的灰度值进行加权平均，得到新图像。为此，针对实测数据序列跨度较长，且存在分布不均匀的情况，利用实测数据的非局部知识信息以及数据序列中不同时刻信息规律的自相似性，应用 NLM 法对缺失测值进行估计，并引入完整的与目标测点变化趋势相关性最强的数据序列作为计算依据。该方法旨在通过综合考虑实测数据不同时刻测值之间的自相关性，以及与目标测点位置相当的测点之间的相关性来刻画出缺失信息的特征，可将其用于实测数据的均匀化处理，即用于解决单值缺失问题。

假设坝体某变形测点 A 的测值存在不均匀现象，为了估计出单个缺失数据，首先从测点整个实测序列来看，找出与测点 A 的变形趋势相关性最强且序列完整的测点 B，比如可从同一条垂线上的测点来寻找。采用 Pearson 相关性检验方法计算两测点变形之间的相关性，即

$$r=\frac{N\sum\delta_{1i}\delta_{2i}-\sum\delta_{1i}\sum\delta_{2i}}{\sqrt{N\sum\delta_{1i}^2-\left(\sum\delta_{1i}\right)^2}\sqrt{N\sum\delta_{2i}^2-\left(\sum\delta_{2i}\right)^2}} \tag{1.55}$$

式中：δ_{1i}、δ_{2i} 分别为测点 A、B 同一时刻的变形值；N 为序列的总个数。

从式（1.55）可以看出，Pearson 相关系数的值在 $-1\sim1$ 之间变化，且相关系数的绝对值越大，代表两变量之间的相关性越强。当相关系数越接近于 1 或 -1 时，相关性越

强；当相关系数越接近于 0 时，相关性越弱。另外，当相关系数大于 0 时，两变量为正相关；反之为负相关。

其次，不妨将测点 B 的实测序列中与测点 A 实测序列中待求插值点同一时刻的变形测值称为假设插值点，计算测点 B 的实测序列中其他测值对此假设插值点的权重。采用 Euclidian 距离（又称欧氏距离）的平方（square of Euclidean distance，SED）来度量不同时间点对应变形测值的相似性，即

$$d_{ij}(SED)=(\delta_i-\delta_j)^2 \tag{1.56}$$

式中：δ_i、δ_j 分别为测点 i、j 的测值。

通常情况下，不同时刻的变形测值 δ_{t_i} 和 δ_{t_j} 之间的差值越小，说明两个测点的变形越相似，计算时赋予的权重值也越大。权重计算为

$$w(i,j)=\exp\frac{-d_{ij}(SED)}{h^2} \tag{1.57}$$

式中：h 为控制指数函数增减速度的参数，决定着权重的大小。

最后，将基于测点 B 完整实测序列求出的各个参考点相对于假设插值点的权值赋予测点 A 对应时刻的测值，再对其进行加权平均，即可求出插值点的数值，即

$$\delta_i=\frac{w(i,j)}{\sum\limits_{j\in I}w(i,j)}\delta_j \tag{1.58}$$

式中：I 为选取的整个时间序列的时刻集。

1.3.2 多值缺失处理方法

当实测数据缺失的信息较多时，常规插值方法难以进行有效的插值计算。而 NLM 插值算法虽然可以求出每个缺失点的数值，但需要逐个计算参考序列中其他点对假设插值点的权重值，再计算目标序列中各点对插值点的权重，该方法虽然可行，但计算工作量大。为此，下面分别介绍非线性回归、空间邻近点回归、BP 神经网络映射和去跟踪自编码器的处理方法。

1.3.2.1 非线性回归方法

回归分析是研究一个变量的变化对另一个变量的影响程度，通过已知变量的变化来估计或预测其他变量的变化情况。实际问题中，多数变量的变化情况不单单和一个变量有关，而是受到多种变量的综合影响，且被解释变量与众多解释变量之间的关系并不符合线性关系，而是呈现某种非线性关系。比如混凝土坝的变形，根据常规统计模型可知，混凝土坝的变形主要包括水压、温度和时效三个分量，且每个分量均包括不止一个影响因子，属于多元非线性回归。统计模型利用多个因子来拟合变形变化趋势，得出变形的多元回归方程。因此，当某测点的变形实测序列出现连续多值缺失的情况，但环境量数据已知时，可以根据序列中的已知值，建立两者之间的回归关系。多元非线性回归分析模型为

$$\delta_t=f(\phi_1,\phi_2,\cdots,\phi_n)+\varepsilon \tag{1.59}$$

式中：f 为变形 δ_t 与影响因子 ϕ_i 之间的一般函数。

变形值与其影响因子之间的方程建立后，依据实测资料用最小二乘法确定模型中各项因子的系数，多元回归模型由此建立。将缺失信息段的影响因子实测数据代入式（1.59）即可求出缺失测值。由于统计模型是基于统计方法并结合坝工理论建立得

到的，当监测数据序列较长时，如果统计模型中的各项因子具有代表性，则该模型能够较精确地反映混凝土坝变形趋势，因而得到了普遍认可，当出现多值缺失情况时，该种处理方式是可行的。

1.3.2.2 空间邻近点回归方法

当回归模型对变形实测序列的拟合精度较低或缺失段的环境量未知时，非线性回归方法精度较低。由于混凝土重力坝的单个坝段或混凝土拱坝的整个坝体都可以视作一个整体，变形自然也具有整体性和连贯性，局部区域的变形在一定程度上具有相关性。也就是说，可以利用邻近测点的变形测值来估计目标测点的缺失信息。

假设某混凝土坝局部区域有三个位置相近、变化规律相似的变形测点 A、B、C，如图 1.1 所示，其中测点 A 和 C 的实测序列完整、测点 B 存在部分测值缺失。

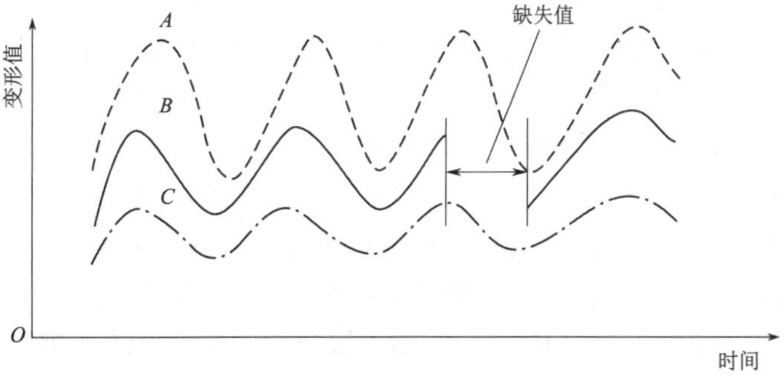

图 1.1　部分序列缺失示意

考虑到测点 A、B、C 处坝体变形的相关性，测点 B 的变形与测点 A 和测点 C 的变形之间存在一定的相关关系。根据统计模型的建模思想，将测点 A 和测点 C 的变形测值作为影响因子，将测点 B 的变形作为目标输出，建立测点 B 与测点 A 和测点 C 之间的相关关系：

$$\delta_B = f(\delta_A, \delta_C) + \varepsilon \tag{1.60}$$

式中：$f(\delta_A, \delta_C)$ 为 δ_B 与两个影响因子 δ_A 和 δ_C 之间的一般函数，该函数关系用多项式可表示为

$$\delta_B = \sum_{i=1}^{K_A} \lambda_{Ai}\delta_A^i + \sum_{i=1}^{K_C} \lambda_{Ci}\delta_C^i + \beta_B + \varepsilon \tag{1.61}$$

式中：λ_{Ai}、λ_{Ci} 分别为 δ_A 与 δ_C 每一个多项式的系数；K_A、K_C 分别为 δ_A 和 δ_C 的最高次，具体的数值可以通过绘制自变量与因变量之间的相关关系散点图来确定；β_B 为平移项。

将式（1.61）进行延伸，目标测点局部区域内的邻近测点数量抽象为 L 个，则有

$$\delta_{it} = \sum_{j=1}^{L} \lambda_{ij} f(\delta_{jt}) + \beta_i + \varepsilon \tag{1.62}$$

式中：δ_{it}、δ_{jt} 分别为 t 时刻测点 i 与邻近测点 j 的变形测值；λ_{ij} 为每一个因子的影响系数。

通过上述分析，根据目标测点和邻近测点已知的变形实测信息，同样采用最小二乘法

估计出各影响系数，模型的表达式由此建立。将邻近测点的假设缺失信息代入式（1.62）即可估计出目标测点的缺失信息。

1.3.2.3 BP 神经网络映射方法

空间邻近点回归法建立了目标测点变形测值与邻近点变形测值之间的相关关系，在很大程度上可以揭示出空间相邻测点变形之间的影响关系。但位于同一变形体上的测点，比如混凝土重力坝同一坝段上的测点或混凝土拱坝坝体上的测点，其变形具有整体性和相关性，相互影响、相互关联，而且这些测点变形之间具体的作用关系复杂。尽管空间邻近点回归法借鉴了统计模型的建模思想，但仅对变量的有限个整数项幂级数展开进行回归，有时难以全面刻画测点变形之间未知的作用关系，具有局限性。为提高缺失值估计的精度，尽可能找出最接近缺失时刻变形真实值，引入 BP 神经网络来处理空间测点变形之间的未知关系，进行相应缺失值的估计。

假设坝体有 n 个在空间上邻近且结构上相关的测点，如混凝土重力坝同一条垂线上的测点或混凝土拱坝相似变形区域内的测点，当第 i 个测点的变形实测信息由于某些原因出现缺失，利用其他 $m=n-1$ 个测点的已知信息来估计 i 点的信息。设样本集中含有输入向量和输出向量之间的 Z 个模式对，随机取一个模式对 k，输入模式向量为 $\boldsymbol{A}_k=(a_1^k, a_2^k, \cdots, a_m^k)$，期望输出向量为 $\boldsymbol{Y}_k=(y_1^k)$；中间层单元输入向量为 $\boldsymbol{S}=(s_1, s_2, \cdots, s_p)$（$p$ 为隐含层节点的数目，下同），输出向量为 $\boldsymbol{B}_k=(b_1, b_2, \cdots, b_p)$；输出层单元输入向量为 $\boldsymbol{L}_k=(l_1, l_2, \cdots, l_p)$，输出向量为 $\boldsymbol{C}=(c)$；输入层与隐含层之间的连接权为 $\boldsymbol{w}=w_{ij}(i=1, 2, \cdots, m; j=1, 2, \cdots, p)$；隐含层与输出层之间的连接权为 $\boldsymbol{v}=v_j(j=1, 2, \cdots, p)$；隐含层各单元输出阈值为 $\boldsymbol{\theta}=\theta_j(j=1, 2, \cdots, p)$；输出层单元的输出阈值为 $\boldsymbol{\gamma}=(\gamma)$。

步骤 1：网络参数初始化，通过随机赋值函数给 $\boldsymbol{w}$、$\boldsymbol{v}$、$\boldsymbol{\theta}$ 和 $\boldsymbol{\gamma}$ 随机赋一个（−1，1）之间的较小值。

步骤 2：用输入向量 $\boldsymbol{A}_k$、连接权 $\boldsymbol{w}$ 和阈值 $\boldsymbol{\theta}$ 计算隐含层的输入 $\boldsymbol{S}$；用 $\boldsymbol{S}$ 通过 Sigmoid 函数计算隐含层的输出 $\boldsymbol{B}_k$，即

$$s_j = \sum_{i=1}^{m} w_{ij} a_i - \theta_j \quad (j=1,2,\cdots,p) \tag{1.63}$$

$$b_j = f(s_j) \quad (j=1,2,\cdots,p) \tag{1.64}$$

$$f(x) = \frac{1}{1+\mathrm{e}^{-x}} \tag{1.65}$$

步骤 3：用隐含层的输出 $\boldsymbol{B}_k$、连接权 $\boldsymbol{v}$ 和阈值 $\boldsymbol{\gamma}$ 计算输出层单元的输入 $\boldsymbol{L}_k$，再用 $\boldsymbol{L}_k$ 计算输出层单元的输出向量 $\boldsymbol{C}$，即

$$l = \sum_{j=1}^{p} v_j b_j - \gamma \tag{1.66}$$

$$c = f(l) \tag{1.67}$$

步骤 4：用期望输出向量 $\boldsymbol{Y}_k$、网络实际输出 $\boldsymbol{C}$ 计算输出层单元的一般化误差 $\boldsymbol{d}^k=(d^k)$，即

$$d^k = (y^k - c)c(1-c) \tag{1.68}$$

步骤 5：用连接权 $\boldsymbol{v}$、输出层的一般化误差 $\boldsymbol{d}^k$ 和隐含层的输出 $\boldsymbol{B}_k$ 计算隐含层各单元的一般化误差 $\boldsymbol{e}^k=(e_j^k)$，即

$$e_j^k=(d^k v_j)b_j(1-b_j) \tag{1.69}$$

步骤 6：用输出层单元的一般化误差 $\boldsymbol{d}^k$、中间层各单元的输出 $\boldsymbol{B}_k$ 修正连接权 $\boldsymbol{v}$ 和阈值 $\boldsymbol{\gamma}$，即

$$v_j(N+1)=v_j(N)+\eta d^k b_j+\alpha[v_j(N)-v_j(N-1)] \tag{1.70}$$

$$\gamma(N+1)=\gamma(N)+\eta d^k \tag{1.71}$$

式中：η 为学习效率，取 $\eta=0.01\sim0.8$；α 为动量因子，取 $\alpha=0.9$。

步骤 7：用隐含层各单元的一般化误差 e_j^k、输入模式向量 $\boldsymbol{A}_k$ 修正连接权 $\boldsymbol{w}$ 和阈值 $\boldsymbol{\theta}$，即

$$w_{ij}(N+1)=w_{ij}(N)+\eta e_j^k a_i^k+\alpha[w_{ij}(N)-w_{ij}(N-1)] \tag{1.72}$$

$$\theta_j(N+1)=\theta_j(N)+\eta e_j^k \tag{1.73}$$

步骤 8：随机选取训练样本集中另一个学习模式对，重复步骤 3～步骤 6，直至所有的模式对训练完毕。

步骤 9：计算网络全局误差函数 E

$$E=\sum_{k=1}^{Z}E_k=\frac{1}{2}\sum_{k=1}^{Z}(y^k-c)^2 \tag{1.74}$$

若 E 小于预先设定的一个误差值，则网络停止学习；否则重复步骤 3～步骤 8，进行样本集的下一轮学习训练。

步骤 10：将训练好的网络保存，输入新样本，得出缺失信息估计输出结果。

1.3.2.4 去跟踪自编码器方法

BP 神经网络对缺失值处理过程分为网络模型的训练与缺失值填补两个阶段，遵循先建模后应用的思路，此时模型训练与填补是完全分离的。由于在模型训练阶段只使用完整实测数据样本，若数据集的缺失率过大，必然降低训练精度。此外，完整数据样本和不完整数据样本内的信息结构和数据质量不同，导致训练和填补期间的模型输入存在差异，影响了模型对不完整数据样本的适应能力。针对这种情况，引入去跟踪自编码器的处理方法。

自编码器是一类利用输出重构输入的神经网络，通过构建输入层、输出层神经元数量等于输入样本属性个数的网络结构，挖掘数据属性间的关联关系。自编码器与去跟踪自编码器网络结构如图 1.2 所示，$\boldsymbol{x}_i=[x_{i1},x_{i2},\cdots,x_{is}]^{\mathrm{T}}(i=1,2,\cdots,n)$ 表示属性个数为 s 的输入数据样本，$\boldsymbol{y}_i=[y_{i1},y_{i2},\cdots,y_{is}]^{\mathrm{T}}$ 表示网络输出，则

$$y_{ij}=g\left[\sum_{k=1}^{m}v_{kj}\cdot f\left(\sum_{l=1}^{s}w_{lk}x_{il}+a_k\right)+b_j\right]\quad(j=1,2,\cdots,s) \tag{1.75}$$

式中：$g(\cdot)$ 为输出层激活函数；m 为隐含层神经元的数量；v_{kj} 为第 k 个隐含层神经元与第 j 个输出层神经元的连接权重；$f(\cdot)$ 为隐含层激活函数；w_{lk} 为第 l 个输入层神经元与第 k 个隐含层神经元的连接权重；a_k 为第 k 个隐含层神经元的阈值；b_j 为第 j 个输出层神经元阈值。

在自编码器中，第 k 个隐含层神经元将所有加权输入与阈值进行求和，并将求和结

果传入激活函数中，如图 1.2（a）所示，其表达式为

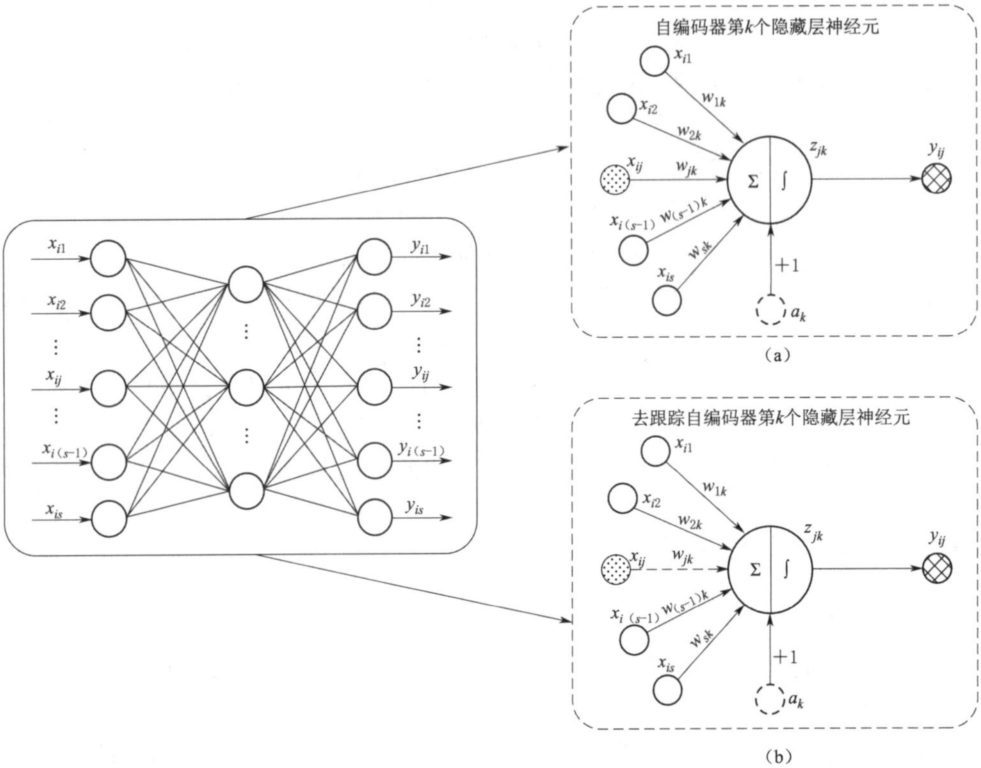

图 1.2　自编码器与去跟踪自编码器网络结构

$$z_{ik}=f\left(\sum_{l=1}^{s}w_{lk}x_{il}+a_k\right) \tag{1.76}$$

在自编码器中，式（1.75）可简化为

$$y_{ij}=G_1(x_{i1},x_{i2},\cdots,x_{ij},\cdots x_{is}) \tag{1.77}$$

式中：$G_1(\cdot)$为基于自编码器得到的非线性拟合函数。

由式（1.77）可知，x_{ij} 作为自变量参与 y_{ij} 的求解，自编码器通过网络训练会削弱除 x_{ij} 外其他输入属性变量对网络输出的作用，使得网络输出 y_{ij} 与输入 x_{ij} 高度相似，即可实现有效重构，体现了自编码器的自跟踪性特征。

在基于自编码器的实测数据缺失值处理中，缺失值通常需要预填补才能参与网络模型的训练。此时自编码器的自跟踪特性对缺失值填补存在一定的负面影响，预填补值的合理性会影响填补精度，可采用去跟踪自编码器对隐含层神经元的计算规则进行改进，削弱网络的自跟踪特性，如图 1.2（b）所示，模型输出为

$$y_{ij}=g\left[\sum_{k=1}^{m}v_{kj}\cdot f\left(\sum_{l=1,l\neq j}^{s}w_{lk}x_{il}+a_k\right)+b_j\right] \tag{1.78}$$

在去跟踪自编码器中，第 k 个隐含层神经元针对每个输出层神经元，分别计算输出值，其表达式为

$$z_{ik}=f\left(\sum_{l=1,l\neq j}^{s}w_{lk}x_{il}+a_k\right) \tag{1.79}$$

在去跟踪自编码器中，式（1.78）可简化为

$$y_{ij}=G_2(x_{i1},x_{i2},\cdots,x_{i(j-1)},x_{i(j+1)},\cdots x_{is}) \tag{1.80}$$

式中：$G_2(\cdot)$为基于去跟踪自编码器得到的非线性拟合函数。

由式（1.80）可知，在求解 y_{ij} 时，需剔除 x_{ij} 而用剩余其他属性值作为自变量进行计算。由于 x_{ij} 不参与求解 y_{ij}，y_{ij} 难以直接跟踪 x_{ij}，为了使输出尽可能重构输入，模型需充分学习 y_{ij} 与除 x_{ij} 外其他输入属性的互相关性。

将现有数据样本参与网络模型训练，视缺失值为变量协同模型参数，利用优化算法进行动态调整，缺失值的估计误差会随着迭代优化的深入而渐进降低，则模型的准确性和填补精度得以协调提升，训练结束时，缺失值处理过程也随即完成。缺失值参与网络模型训练方案如图 1.3 所示，在缺失值处理过程中，关键环节是模型参数的更新和缺失值变量动态更新。

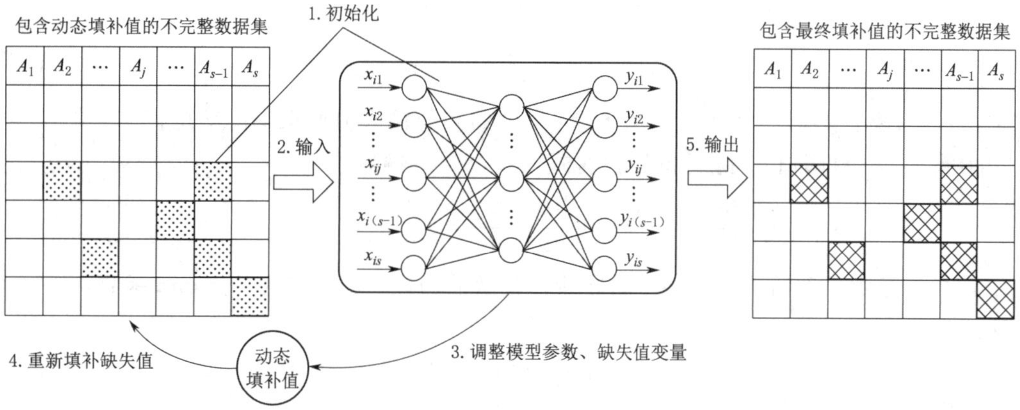

图 1.3 缺失值参与网络模型训练方案

令 e_i 为模型输出 y_i 和输入 x_i 间的拟合误差，即

$$e_i=\frac{1}{2}\sum_{x_{ij}\in X_P}(x_{ij}-y_{ij})^2+\frac{1}{2}\sum_{x_{ij}\in X_M}(\hat{x}_{ij}-y_{ij})^2 \tag{1.81}$$

式中：X_P 为现有值集合；X_M 为缺失值集合；$\hat{x}_{ij}$ 为缺失值变量 x_{ij} 的取值，即动态填补值。

令 $W=\{w_{lk},a_k,v_{kj},b_j,\hat{x}_{ij}\}$ 为模型参数和填补值构成的集合，采用基于动量的随机梯度下降算法作为优化算法，对集合 W 的所有元素实现动态更新，更新规则表达式为

$$\theta(t+1)=\theta(t)-\eta\frac{\partial e_i}{\partial\theta}+\alpha[\theta(t)-\theta(t-1)],\quad \theta\in W \tag{1.82}$$

式中：η 为学习率；α 为动量因子；$\theta(t+1)$、$\theta(t)$和 $\theta(t-1)$分别为 θ 在第 $t-1$ 次、第 t 次和第 $t+1$ 次迭代中更新前的取值；$\theta(t)-\theta(t-1)$为相邻两次迭代中 θ 取值的差异，该差异记录了历史梯度信息，可使 θ 朝着最优方向进行调整。

为计算 θ 在每次迭代中的更新值，需要获得 e_i 关于 θ 中所有元素的偏导数，分析过

程如下：

步骤1：e_i 对模型输出值 y_{ij} 进行偏导。通过对式（1.81）求偏导得

$$o_{ij}=\frac{\partial e_i}{\partial y_{ij}}=\begin{cases}y_{ij}-x_{ij}, & x_{ij}\in X_P\\ y_{ij}-\hat{x}_{ij}, & x_{ij}\in X_M\end{cases} \tag{1.83}$$

式中：o_{ij} 为 e_i 对模型输出值 y_{ij} 的偏导数；$\hat{x}_{ij}$ 为在上一次迭代中缺失值变量 x_{ij} 的取值，即动态填补值。

若 y_{ij} 的期望输出 x_{ij} 为现有值时，o_{ij} 为输出和输入间的误差；若 y_{ij} 的期望输出 x_{ij} 为缺失值，可将动态填补值 $\hat{x}_{ij}$ 视为期望输出，进而求解 o_{ij}。

步骤2：e_i 对阈值 b_j 进行偏导。经对式（1.78）求偏导得

$$\frac{\partial e_i}{\partial b_j}=\frac{\partial e_i}{\partial y_{ij}}\frac{\partial y_{ij}}{\partial b_j}=o_{ij}g' \tag{1.84}$$

式中：g' 为输出层激活函数 $g(\cdot)$ 的导数，若 $g(\cdot)$ 为线性函数，则 $g'=1$。

步骤3：e_i 对权重 v_{kj} 进行偏导。对式（1.78）求偏导得

$$\frac{\partial e_i}{\partial v_{kj}}=\frac{\partial e_i}{\partial y_{ij}}\frac{\partial y_{ij}}{\partial v_{kj}}=o_{ij}g'z_{ik} \tag{1.85}$$

式中：z_{ik} 为隐含层第 k 个神经元基于除 x_{ij} 外的其他输入值所求解的输出。

步骤4：e_i 对阈值 a_k 进行偏导。对式（1.78）求偏导得

$$\frac{\partial e_i}{\partial a_k}=\sum_{k=1}^{m}\frac{\partial e_i}{\partial y_{ij}}\frac{\partial y_{ij}}{\partial z_{ik}}\frac{\partial z_{ik}}{\partial a_k}=\sum_{k=1}^{m}o_{ij}g'v_{kj}f' \tag{1.86}$$

式中：f' 为隐含层激活函数 $f(\cdot)$ 的导数，若激活函数 $f(\cdot)$ 选为 Sigmoid 函数，则 f' 的表达式为

$$f'=f(1-f) \tag{1.87}$$

步骤5：e_i 对权重 w_{lk} 进行偏导。对式（1.78）求偏导得

$$\frac{\partial e_i}{\partial w_{lk}}=\sum_{l=1,l\neq j}^{s}\frac{\partial e_i}{\partial y_{ij}}\frac{\partial y_{ij}}{\partial z_{ik}}\frac{\partial z_{ik}}{\partial w_{lk}}=\begin{cases}\displaystyle\sum_{l=1,l\neq j}^{s}(o_{ij}g'v_{kj}f')x_{il}, & x_{il}\in X_P\\ \displaystyle\sum_{l=1,l\neq j}^{s}(o_{ij}g'v_{kj}f')\hat{x}_{il}, & x_{il}\in X_M\end{cases} \tag{1.88}$$

通过式（1.83）～式（1.88）得到的误差 e_i 关于所有模型参数的偏导数，代入式（1.82）进行每次迭代过程中参数的更新。

同理，动态填补值 $\hat{x}_{ij}$ 的迭代更新需进行 e_i 关于 $\hat{x}_{ij}$ 的偏导数，其表达式为

$$\begin{aligned}\frac{\partial e_i}{\partial \hat{x}_{ij}}&=\sum_{k=1}^{m}\sum_{l=1,l\neq j}^{s}\frac{\partial e_i}{\partial y_{ij}}\frac{\partial y_{ij}}{\partial z_{ik}}\frac{\partial z_{ik}}{\partial \hat{x}_{ij}}\\&=\sum_{k=1}^{m}\left[\sum_{l=1,l\neq j}^{s}(o_{ij}g'v_{kj}f')w_{lk}\right]+(\hat{x}_{ij}-y_{ij})\end{aligned} \tag{1.89}$$

在缺失值参与网络模型训练的填补方案的每次迭代中，采用更新后的模型参数求解 e_i 对 $\hat{x}_{ij}$ 的偏导数，其目的是加快网络模型训练的收敛速度。将式（1.89）代入式（1.82）求解缺失值变量的值，由此完成缺失值的处理。

参 考 文 献

[1] 吴中如. 水工建筑物安全监控理论及其应用 [M]. 北京：高等教育出版社，2003.

[2] 顾冲时，赵二峰. 大坝安全监控理论与方法 [M]. 南京：河海大学出版社，2019.

[3] 赵二峰. 大坝安全的监测数据分析理论和评估方法 [M]. 南京：河海大学出版社，2018.

[4] 唐亘. 精通数据科学：从线性回归到深度学习 [M]. 北京：人民邮电出版社，2018.

[5] 景继，顾冲时. 数学形态滤波在大坝安全监控数据粗差检测中的应用 [J]. 武汉大学学报（信息科学版），2009，34（9）：1126-1129.

[6] 汪亚超，范永，赵二峰，等. 大坝安全监测数据实时异常诊断研究 [J]. 水力发电，2009，35（1）：99-102.

[7] GU C S，ZHAO E F，JIN Y，et al. Singular value diagnosis in dam safety monitoring effect [J]. Science China Technological Sciences，2011，54（5）：1169-1176.

[8] AYDILEK I B，ARSLAN A. A hybrid method for imputation of missing values using optimized fuzzy c-means with support vector regression and a genetic algorithm [J]. Information Sciences，2013，233：25-35.

[9] TUTZ G，RAMZAn S. Improved methods for the imputation of missing data by nearest neighbor methods [J]. Computational Statistics & Data Analysis，2015，90：84-99.

[10] 王娟，杨杰，程琳. 基于 KICA-RVM 的大坝缺失监测数据插值方法 [J]. 水资源与水工程学报，2017，28（1）：197-201.

[11] HU J，MA F H，WU S H. Anomaly identification of foundation uplift pressures of gravity dams based on DTW and LOF [J]. Structural Control and Health Monitoring，2018，25（5）：1-17.

[12] 李子阳，郭丽，马福恒，等. 基于统计诊断的大坝监测数据合理性检验 [J]. 水利水电科技进展，2018，38（5）：71-75.

[13] 胡添翼. 基于空间分布的混凝土坝变形缺失信息估计方法 [J]. 长江科学院院报，2019，36（4）：39-42.

[14] LI X，LI Y L，LU X，et al. An online anomaly recognition and early warning model for dam safety monitoring data [J]. Structural Health Monitoring，2020，19（3）：796-809.

[15] 郑森，顾冲时，邵晨飞. 基于图像处理技术的大坝监测数据粗差识别 [J]. 南水北调与水利科技，2020，18（5）：123-129.

[16] 郑霞忠，陈国梁，邹韬. 考虑时间序列关联的大坝监测异常数据清洗 [J]. 水力发电，2020，46（4）：111-114.

[17] 张东华，李志娟，刘全明，等. 奇异谱分析的变形监测序列粗差探测方法 [J]. 测绘科学，2020，45（8）：14-18.

[18] 赵新华，范振东，何宇，等. 基于数据重构与孤立森林法的大坝自动化监测数据异常检测方法 [J]. 中国农村水利水电，2021，9：174-178.

[19] GU H，WANG T F，ZHU Y T，et al. A completion method for missing concrete dam deformation monitoring data pieces [J]. Applied Sciences，2021，11（1）：463.

[20] WEI W，GU C S，FU X. Processing method of missing data in dam safety monitoring [J]. Mathematical Problems in Engineering. 2021：9950874.

[21] 黎祎，赵二峰，何菁. 大坝变形监测异常数据识别和重构模型 [J]. 水利水电科技进展，2023，43（2）：109-114.

第2章 混凝土坝长效服役性态实测数据挖掘方法

混凝土坝承受环境和荷载多种因素的长期作用形成的综合效应，体现在各类监测效应量实测数据上。传统方法通过分析单测点数据或多测点数据时空分布特征构建分析模型，由于只关注局部测点，或者关注多个测点时只考虑了测点埋设位置的邻近性，往往忽略了测点数据属性间的关联性，存在代表性不足以及信息冲突等局限性，降低了从更深层角度分析数据共性、发现数据特性、综合数据信息的能力。为此，需要运用系统观念观察形势、分析问题，科学论证、比较选优，以统筹兼顾之谋驾驭复杂局面。数据挖掘技术是处理大量复杂信息的有效手段，其中图神经网络和图嵌入技术应用是深度学习领域的研究热点。在数据挖掘的聚类应用中，可以利用图神经网络强大的结构捕获功能和图嵌入技术的特征提取能力，提升聚类算法的效果。同时，机器学习方法能从数据中自动学习到有效的特征表示，利用其深层的网络结构对数据进行高度抽象，在隐含信息挖掘方面优势明显。为此，本章为实现混凝土坝长效服役性态实测数据的深度挖掘，首先介绍多测点贪心模块最大化强相似集挖掘方法；然后结合图神经网络和图嵌入技术，融入注意力机制，介绍深度注意力图嵌入聚类方法，由此获得关联密切的效应量集合；最后引入小形状分析理论，建立多测点变化特性小形状演化图表征模型，有效表征多测点监测效应量的变化规律。

2.1 实测数据强相似集挖掘方法

混凝土坝在环境及荷载等因素的共同作用下，多个测点测值往往具有相似的变化规律，这种相似性度量常采用相关系数，如 Pearson 相关系数、Spearman 秩相关系数等。但是，不同的监测效应量常存在一定的时滞性变化，或者由于噪声污染以及监测仪器自身、外在环境或人为因素的干扰，实测数据可能会出现一些偏差，此时相关系数分析方法难以得到较好的相似性度量结果。为充分利用多测点测值间的相似信息，深度挖掘工程性态变化隐含信息，利用时间偏差编辑距离（time-warp-edit-distance，TWED）相似性分析方法构建多测点间 TWED 相似矩阵，进行多测点监测信息的图数据表征，基于图网络中的社区发现相关理论，开展多测点实测数据强相似集挖掘。

2.1.1 强相似集构建

2.1.1.1 时间偏差编辑距离相似性分析

时间偏差编辑距离相似性分析方法建立在编辑操作的基础上。比如，对于二维空间中的监测效应量实测序列 A 和 B，序列长度分别为 N 和 M，令 a'_p 表示序列 A 的第 p 个测值及其在时间轴上的标记值，即 $a'_p=(a_p,t_{a_p}),p\in(1,N)$ ；b'_q 表示序列 B 的第 q 个测值及其在时间轴上的标记值，即 $b_q'=(b_q,t_{b_q}),q\in(1,M)$ 。

为了寻求以较小的编辑距离将序列 A 变换成序列 B，采用三种编辑操作方式，如图 2.1 所示，分别为匹配 match、删除 delete_A 和 delete_B，图中横坐标表示时间轴，纵坐标表示测值。

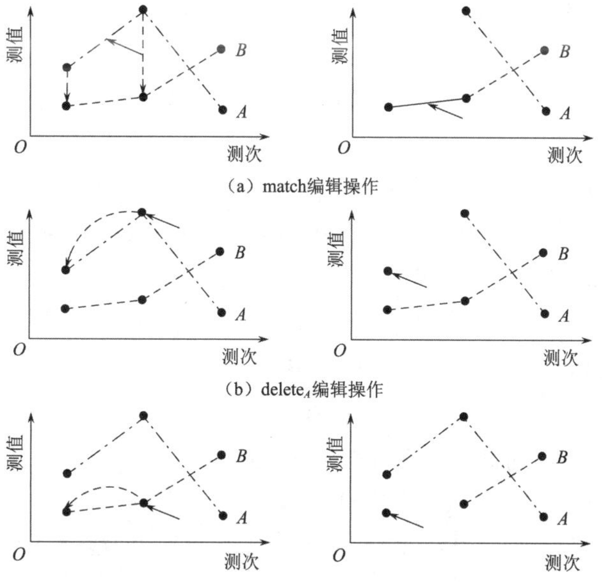

(a) match编辑操作

(b) delete_A编辑操作

(c) delete_B编辑操作

图 2.1 三种基本编辑操作方式

(1) match 编辑操作。将序列 A 中(a_p',a_{p-1}') 段拖放到序列 B 中(b_q',b_{q-1}') 段上完成匹配操作。

(2) delete_A 编辑操作。对于序列 A 中(a_p',a_{p-1}') 段，将测值点 a_p' 拖放到前面的测值点 a_{p-1}' 完成删除操作。

(3) delete_B 编辑操作。其具体删除操作同 delete_A 编辑操作，其区别只是在序列 B 中(b_q',b_{q-1}') 段上完成。

对上述编辑操作，主要从测值空间和时间两个角度出发度量编辑距离。对于 delete 操作添加额外的惩罚项，各编辑操作产生的编辑距离为

$$\begin{cases}\Gamma(a_p'\to\Lambda)=d_{LP}(a_p,a_{p-1})+v(t_{a_p}-t_{a_{p-1}})+\lambda & \text{delete}_A\\ \Gamma(a_p'\to b_q')=d_{LP}(a_p,b_q)+d_{LP}(a_{p-1},b_{q-1})+v(|t_{a_p}-t_{b_q}|+|t_{a_{p-1}}-t_{b_{q-1}}|) & \text{match}\\ \Gamma(\Lambda\to b_q')=d_{LP}(b_q,b_{q-1})+v(t_{b_q}-t_{b_{q-1}})+\lambda & \text{delete}_B\end{cases}\tag{2.1}$$

式中：$\Gamma(\cdot)$ 为对应编辑操作产生的编辑距离；$d_{LP}(x,y)$ 为测值 x 与 y 之间空间距离 $|x-y|$ 的 LP 范数；v 为对于时间距离的弹性度量；λ 为 delete 操作的惩罚常数。

TWED 编辑操作的目标是将序列 A 与序列 B 完全叠加在一起，其编辑进程从实测数据序列最前端开始，在时间轴上从前往后逐步进行，在此编辑进程中不断得到各阶段的累

加编辑距离，形成累加编辑距离计算矩阵，最终得到两序列之间的 TWED 计算结果。为了更好地表述这个过程，将序列 A 和序列 B 的测值分别组成两个有限时间序列集 $U_A=\{A_1^p \mid p\in N\}$、$U_B=\{B_1^q \mid q\in M\}$，其中 A_1^p 表示离散时间坐标在 $1\sim p$ 间的序列，A_1^0 表示空的序列（零长度）；同时以 $\delta_{\lambda,v}(A_1^p,B_1^q)$ 表示在编辑进程中进行到 A_1^p 与 B_1^q 这两个子序列时计算得到的累加编辑距离。对于 A_1^p 与 B_1^q 这两个子序列而言，其编辑进程存在三种情况：①在 A_1^{p-1} 与 B_1^{q-1} 子序列的编辑进程基础上，加上序列 A 中 (a'_p, a'_{p-1}) 段到序列 B 中 (b'_q, b'_{q-1}) 段之间的 match 编辑操作；②在 A_1^{p-1} 与 B_1^q 子序列的编辑进程基础上，加上序列 A 中 (a'_p, a'_{p-1}) 段的 delete_A 编辑操作；③在 A_1^p 与 B_1^{q-1} 子序列的编辑进程基础上，加上序列 B 中 (b'_q, b'_{q-1}) 段的 delete_B 编辑操作。不同的编辑进程会产生不同的编辑距离计算结果，需对这三种情况得到的编辑距离进行比较，将其最小值作为当前 A_1^p 与 B_1^q 两子序列之间的累加编辑距离。

$$\delta_{\lambda,v}(A_1^p,B_1^q)=\min\begin{cases}\delta_{\lambda,v}(A_1^{p-1},B_1^q)+\Gamma(a'_p\rightarrow\Lambda) & \text{delete}_A\\ \delta_{\lambda,v}(A_1^{p-1},B_1^{q-1})+\Gamma(a'_p\rightarrow b'_q) & \text{match}\\ \delta_{\lambda,v}(A_1^p,B_1^{q-1})+\Gamma(\Lambda\rightarrow b'_q) & \text{delete}_B\end{cases} \tag{2.2}$$

为了保证计算过程顺利进行，设置初始化条件为

$$\begin{cases}\delta_{\lambda,v}(A_1^0,B_1^0)=0\\ \delta_{\lambda,v}(A_1^0,B_1^j)=\infty, & j\geqslant 1\\ \delta_{\lambda,v}(A_1^i,B_1^0)=\infty, & i\geqslant 1\end{cases} \tag{2.3}$$

为便于理解上述编辑距离计算原理，以序列 $A=[1, 4, 3, 2, 2, 3]$、$B=[2, 3, 2, 2, 3, 4]$ 为例，当弹性度量系数 v 取 0.001，编辑操作惩罚常数 λ 取 1，测值距离范数 LP 取 2 时，得到 TWED 距离计算结果为 7.008，其累加编辑距离计算矩阵见表 2.1。

表 2.1　累加编辑距离计算矩阵

测值序列 B		测值序列 A						
		第 0 个	第 1 个	第 2 个	第 3 个	第 4 个	第 5 个	第 6 个
		—	1	4	3	2	2	3
第 0 个	—	0	∞	∞	∞	∞	∞	∞
第 1 个	2	∞	1.000	5.001	7.002	9.003	10.004	12.005
第 2 个	3	∞	3.001	3.000	5.001	7.002	8.003	10.004
第 3 个	2	∞	5.002	5.001	5.000	5.003	6.004	8.005
第 4 个	2	∞	6.003	6.002	6.001	6.000	5.005	7.006
第 5 个	3	∞	8.004	8.003	8.002	8.001	7.000	5.007
第 6 个	4	∞	10.005	10.004	10.003	10.002	9.001	7.008

TWED 计算结果会受到实测数据序列长度以及测值量级的影响，从而可能对序列间相似性的判断造成不利影响。在计算多种效应量间时间偏差编辑距离前，尽可能选取分析时段内相同长度的序列进行相似性分析，避免不同长度带来的不利影响。同时，需要对各实测数据序列进行归一化处理，从而统一不同监测效应量实测数据序列量级，以客观反映

序列间的相似性关系。而进行归一化处理后，消除了各数据的量纲，此处的 TWED 没有具体的量纲。此外，各实测数据序列间 TWED 计算结果较为散乱，不方便后续对相似信息的挖掘，参考相关系数矩阵的形式，可按顺序将各距离值整理成对称的 TWED 相似矩阵。

2.1.1.2 多测点信息图表征形式

由于多测点实测数据既包含点特征，又包含点之间关系，这种数据结构属于图数据结构，可利用图论联合表征上述两方面信息。假定图 G 是一个三元组，记作 $G=\langle V(G),E(G),\varphi(G)\rangle$。$V(G)=\{v_1,v_2,\cdots,v_n\}$ 为图 G 的节点集合，其中 $V(G)\neq\varnothing$，每一个测点都可作为图中的一个节点。而在节点特征方面，取决于所要表述的问题，可提取整体时段或者局部时段内实测数据序列的某些特征值作为输入，或者将某一时刻或某一时段的测值作为输入。当只对测点测值间的相似关系进行研究时，也可用单位阵来作为节点特征。$E(G)=\{e_1,e_2,\cdots,e_m\}$ 是图 G 的边集合，其中 e_i 为 (v_j,v_t) 或 $\langle v_j,v_t\rangle$。若 e_i 为 (v_j,v_t)，则 e_i 为以 v_j 和 v_t 为节点的无向边；若 e_i 为 $\langle v_j,v_t\rangle$，则 e_i 为以 v_j 为起点、v_t 为终点的有向边。对应到多测点信息中，测点测值间的相似关系对应图中的边。因此，当进行 TWED 相似性分析时，得到的相似关系可视为图中的无向边。$\varphi(G):E\rightarrow V\times V$ 称为关联函数，关联函数将 E 中的每一个元素映射到 $V\times V$ 中，即多测点测值间的相似信息。将多测点中蕴含的信息通过图的形式进行表征，所建立的图称为多测点图，被同一条边相连的两个节点互为邻接节点，与节点 $v(v\in V)$ 相连的边数量称为节点的度数，对应到多测点图中，两个存在相似关系的测点互为邻接节点，与某测点具有相似关系的测点数量为该节点的度。根据多测点测值间相似关系的特点，可从不同方面将构建的多测点图进行归类，具体的归类方法有以下几种：

（1）无向图及有向图。无向图即每条边都是无向边的图，而有向图则为每一条边都是有向边的图，如图 2.2 所示。根据无向图及有向图的定义，多测点监测效应量测值间相似性分析所建立的多测点图属于无向图。

（2）无权图及有权图。无权图为节点与节点之间的边上只存在连接与否关系的图，而有权图则为节点与节点之间的边上存在一定权值的图，如图 2.3 所示。不同的应用中，权有着不同的意义，比如权可用来表示两个节点之间的距离等具有某种意义的数值。对应到多测点图中，如果忽视通过相似信息初步挖掘方法得到的具体相似数值，只考虑是否有明显的相似性，此时得到的相似关系仅反映图中节点是否连接，则建立的图为无权图。无权图仅表征了多测点测值间部分相似信息，需将具体相似数值转化为边的权值输入，此时建立的图为有权图。

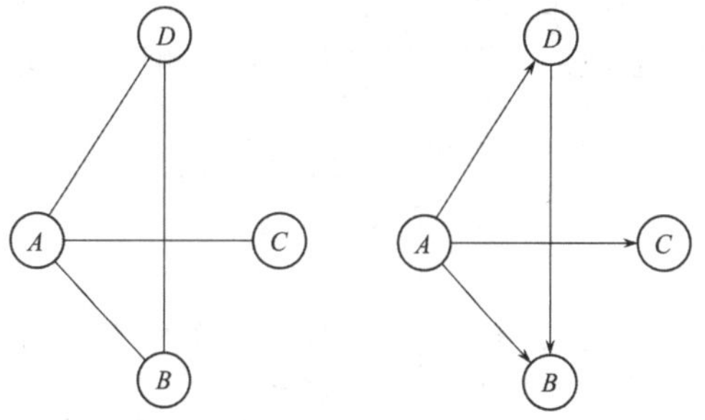

（a）无向图 （b）有向图

图 2.2 无向图及有向图示意

（3）简单图及非简单图。在图论中，把不含有平行边和自环的图称为简单图，否则称为非简单图，如图 2.4 所示。在多测点图中，由于测点测值间的相似关系是唯一的，对应图中不含有平行边，且多数情况不会专门考虑测点的自相关，对应图中不会出现自环，即邻接矩阵的主对角线均为 0，故多测点图为简单图。

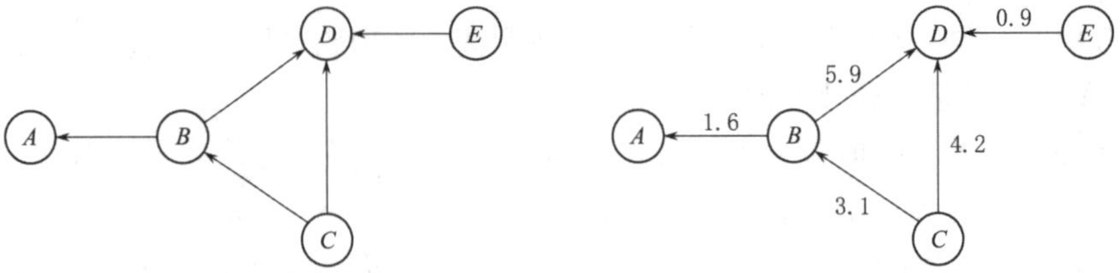

(a) 无权图　　(b) 有权图

图 2.3　无权图及有权图示意

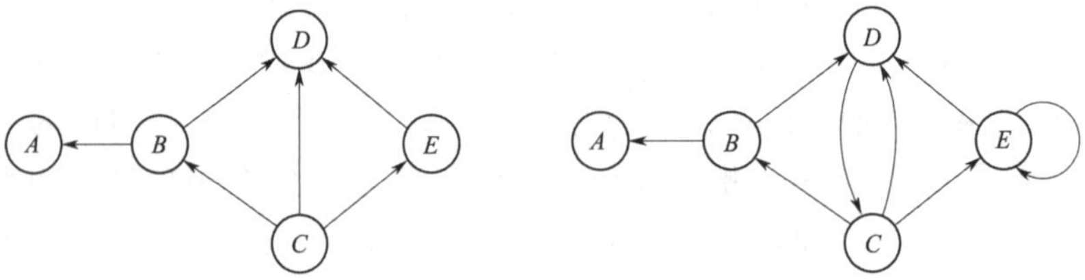

(a) 简单图　　(b) 非简单图

图 2.4　简单图及非简单图示意

(4) 连通图及非连通图。在一个无向图 G 中，若从节点 v_i 到节点 v_j 有路径相连（当然从 v_j 到 v_i 也一定有路径相连），则称 v_i 和 v_j 两节点间是连通的；对于有向图而言，还需要额外满足连接 v_i 和 v_j 的路径中所有的边都保持同向，则称 v_i 和 v_j 两节点间是连通的。如果图中任意两点都是连通的，那么图被称为连通图，否则称为非连通图，如图 2.5 所示。在多测点图中，根据实际情况的不同，如果各测点测值之间总能通过一系列相似关系实现联系，则此时构建的多测点图为连通图；如果某工程部位的变化规律确实与其他部位不同，无法建立联系，或者某测点自身发生异常，规律性出现较大变化，无法与其他测点建立联系，那么此时构建的多测点图为非连通图。

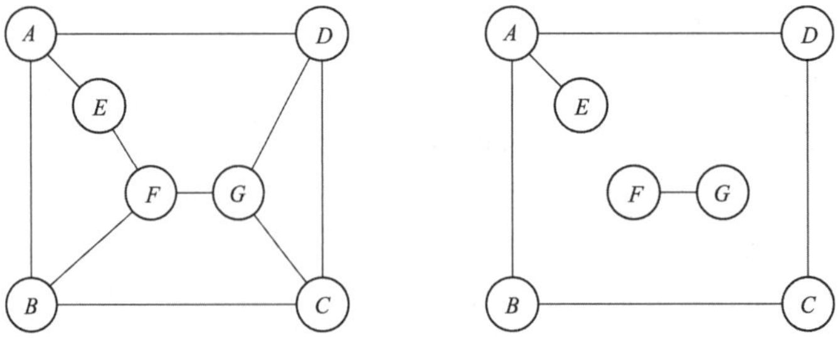

(a) 连通图　　(b) 非连通图

图 2.5　连通图及非连通图示意

(5) 完全图及非完全图。在一个图 G 中，若每对不同的顶点之间都恰有一条边相连，那么图被称为完全图，否则称为非完全图，如图 2.6 所示。在多测点图中，如果保留所有测点测值之间的相似关系，则建立的多测点图为完全图；如果只保留较为明显的相似关系，那么工程整体建立的多测点图一般为非完全图。对于混凝土坝工程某一部位而言，测点测值之间很可能都具有明显的相似关系，此时该部位建立的多测点图即工程整体多测点图的一个子图，有可能为完全图。

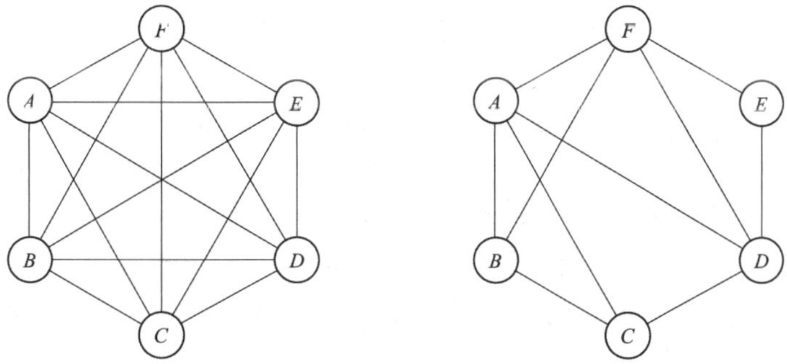

(a) 完全图　　(b) 非完全图

图 2.6　完全图及非完全图示意

根据多测点图的定义，需要将多测点信息表示成节点集合 $V(G)$ 以及边集合 $E(G)$，即可通过图的形式进行表征，其中节点集合 $V(G)$ 可直接利用多测点测值信息，而边集合 $E(G)$ 需要将多测点测值间相似关系进行一定的转化才能得到。为便于用计算机处理图相关问题，常采用邻接矩阵表示图中节点与节点之间的邻接关系，邻接矩阵是边集合 $E(G)$ 的常用表示形式。

对于多测点信息，建立的多测点图为无向有权图，故着重介绍无向有权图的邻接矩阵构建方法。

设 $G=(V,E)$ 是具有 n 个节点的多测点无向有权图，则图 G 的邻接矩阵 A 中第 i 行第 j 列对应的元素 $A(i,j)$ 可表示为

$$A(i,j)=\begin{cases} w_{ij}, & \text{若}(v_i,v_j)\text{是}E(G)\text{中的边} \\ 0, & \text{若}(v_i,v_j)\text{不是}E(G)\text{中的边} \end{cases} \tag{2.4}$$

式中：w_{ij} 为边上的权值。

例如图 2.7 所示的某 5 个节点的多测点无向有权图，其 5 阶邻接矩阵 $\mathbf{A}_1$ 为

$$\mathbf{A}_1=\begin{bmatrix} 0 & 0.82 & 0 & 0 & 0 \\ 0.82 & 0 & 0.90 & 0.93 & 0 \\ 0 & 0.90 & 0 & 0.85 & 0 \\ 0 & 0.93 & 0.85 & 0 & 0.74 \\ 0 & 0 & 0 & 0.74 & 0 \end{bmatrix} \tag{2.5}$$

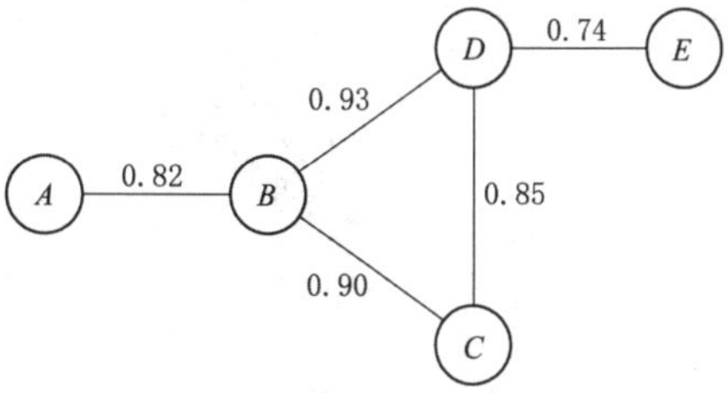

图 2.7　某 5 个节点的多测点无向有权图

多测点图邻接矩阵具有以下性质：①多测点图属于简单图，不包括自环，其邻接矩阵主对角线上各元素为 0，即 $A(i,i)=0(1\leqslant i\leqslant n)$；②多测点图属于无向图，其邻接矩阵是对称的，即 $A(i,j)=A(j,i)(1\leqslant i\leqslant n,1\leqslant j\leqslant n)$，而且其邻接矩阵的第 i 行（或第 i 列）非零元素的个数正好是第 i 个节点的度。

多测点测值间相似性越强，对应多测点图中边的权值 w_{ij} 越大，但对于用时间偏差编辑距离算法得到的监测效应量序列间的 TWED 距离，测点测值间相似性越强，其 TWED 距离值越小，最小为 0；相似性越差，TWED 距离值越大。因此，监测效应量测值间的 TWED 距离相似矩阵不能直接作为多测点图的邻接矩阵，需要进行转化。在转化过程中，除了确保相似性越强的边权值越大外，需将相似关系权值归一化为 0～1 范围内的数值，方便后续应用。此外，为体现多测点测值之间的相似性差异，应突出较强的相似关系。TWED 距离相似矩阵转化为多测点图邻接矩阵的具体过程如下：

步骤 1：根据时间偏差编辑距离算法，确定长度为 L 的两归一化测值序列间可能的最大距离值 $d_{L_{\max}}$（为 $2L-1$），用于对 TWED 距离相似矩阵中各元素 d_{ij} 进行归一化处理，其中 d_{ij} 为第 i 个测点与第 j 个测点监测效应量序列间的 TWED 距离。

步骤 2：计算归一化后 TWED 距离相似矩阵内各元素相对于 1 的差值。

步骤 3：计算邻接矩阵中各元素 w_{ij}，其值为 $\left(1-\dfrac{d_{ij}}{d_{L_{\max}}}\right)^{a}$，其中 a 的数值通过权值的分布效果来确定，由此形成多测点图的邻接矩阵。

利用构建的邻接矩阵，结合多测点监测效应量的测值信息，即可建立多测点图，由此表征多测点信息变化。以某混凝土高拱坝监测系统中的部分测点为例，利用监测效应量信息建立多测点图，如图 2.8 所示。

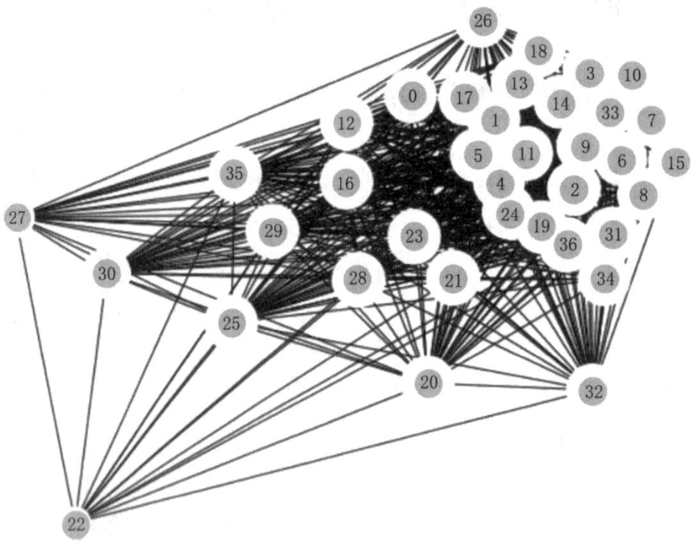

图 2.8　多测点图示意

2.1.1.3　多测点贪心模块最大化强相似集

混凝土坝长效服役过程中，部分测点测值间存在较强相似关系，将这些相似性较强的测点集合称为强相似集。强相似集挖掘采用在模式识别和数据挖掘领域中的聚类相关方法，根据度量方式的不同，包括基于距离、密度及互连性的强相似集挖掘方法。从拓扑类型的角度出发，前两者采用的数据结构都属于矢量结构，对于多测点采用的图数据结构这种非矢量结构，不能直接进行强相似集挖掘。在基于互连性的强相似集挖掘方法中，社区发现方法是一类专门针对图网络设计的图聚类算法，贪心模块最大化方法为社区发现的一种方法，可用以进行多测点强相似集挖掘。在图网络中，将内部连接比较紧密的节点子集合对应的子图称为社区，对应到多测点图中，即为一组强相似集内的测点组成的子图，而不同强相似集子图之间的连接相对来说比较弱。社区发现就是在复杂图网络中发现这些连接紧密的社区结构的过程，对应到多测点图中，就是对强相似集子图的挖掘过程。模块度 Q 可以反映强相似集子图中连接的紧密程度与随机情况下的差距，是评估多测点图强相似集挖掘结果好坏的指标，模块度越大，则得到的强相似集子图划分结果越紧密，强相似集挖掘结果越合理。在实际划分过程中，Q 值的最高点一般出现在 0.3～0.7 之间。

$$Q=\frac{1}{2m}\sum_{i,j}\left(A_{ij}-\frac{k_i k_j}{2m}\right)\delta(c_i,c_j) \tag{2.6}$$

其中

$$A_{ij}-\frac{k_i k_j}{2m}=A_{ij}-k_i\frac{k_j}{2m}$$

式中：A_{ij} 为节点 i 和节点 j 之间边的权重，网络为无权图时，所有边的权重可以看作是 1；$k_i=\sum_j A_{ij}$ 为所有与节点 i 相连的边的权重之和（无权图时为节点 i 的度数）；c_i 为节点 i 所属的强相似集子图；$m=\frac{1}{2}\sum_{ij}A_{ij}$ 为所有边的权重之和（无权图时为图中所有边的数目）；$\frac{k_j}{2m}$ 为节点 j 连接到任意一个节点的概率，因为与节点 i 相连的边的权重之和为 k_i，在随机情况下节点 i 与节点 j 的边上的权值为 $k_i\frac{k_j}{2m}$；当 $c_i=c_j$ 时，$\delta(c_i,c_j)=1$，否则为 0。

进一步，模块度的计算公式可作如下简化：

$$\begin{aligned} Q&=\frac{1}{2m}\sum_{i,j}\left(A_{ij}-\frac{k_i k_j}{2m}\right)\delta(c_i,c_j)=\frac{1}{2m}\left(\sum_{i,j}A_{ij}-\frac{\sum_i k_i\sum_j k_j}{2m}\right)\delta(c_i,c_j)\\ &=\frac{1}{2m}\sum_c\left[\sum in-\frac{(\sum tot)^2}{2m}\right] \end{aligned} \tag{2.7}$$

式中：$\sum in$ 为强相似集子图 c 内的边的权重之和；$\sum tot$ 为随机情况下与强相似集子图 c 内的节点相连的边的权重之和。

式（2.7）还可以进一步简化为

$$Q=\sum_c\left[\frac{\sum in}{2m}-\left(\frac{\sum tot}{2m}\right)^2\right]=\sum_c(e_c-a_c^2) \tag{2.8}$$

式中：e_c 为强相似集子图 c 内的边的权重平均值；a_c 为随机情况下与强相似集子图 c 内的节点相连的边的权重平均值。

多测点图贪心模块最大化强相似集挖掘，基于不断求解局部最优解的贪心思想，对多测点图中的各节点进行划分。首先将各个节点组成一个单独强相似集子图，计算此时的模块度 Q_0。合并使模块度 Q 增值最大的强相似集子图，即依次按照模块度增量 ΔQ 的最大到最小的方向合并有边相连的强相似集子图，并计算合并后的模块度 Q_1，直到图中的节点均属于同一个强相似集为止。上述分析过程由底向上进行，记录每次合并后的强相似集子图结构以及模块度 Q_i，整个过程得到一个树图，即树的叶子节点表示多测点图中的节点，树的每一层对应网络的某个具体划分。最后基于模块度值最大的选取原则，直至整个多测点图合并成一个强相似集子图，从树图的所有层次划分中，将过程中模块度 Q_i 最大时的强相似集子图划分结果作为最优的强相似集挖掘结果。通过贪心模块最大化强相似集挖掘方法，将多测点图划分为多个内部之间联系紧密的强相似集子图，则同一强相似集子图内部各节点对应的各测点组成一组强相似集，整理所有强相似集子图划分结果，即可得到该组多测点的所有强相似集挖掘结果。

2.1.2 单强和多强相似集分析方法

2.1.2.1 强相似集测点归属关系判别指标

当工程服役性态改变引起各测点测值间的相似关系发生变化时，原强相似集中的 TWED 可能会增大，导致原有强相似集挖掘结果在当前时刻失效，易引起误判。为此，利用测点测值与强相似集中其他所有测点测值间的综合距离定量表示其与强相似集归属关系，对该测点测值与强相似集中其他测点测值间分时段滑动计算 TWED 距离，并进行均值平方处理。测值序列变化下的强相似集组成状况跟踪分析流程如图 2.9 所示。

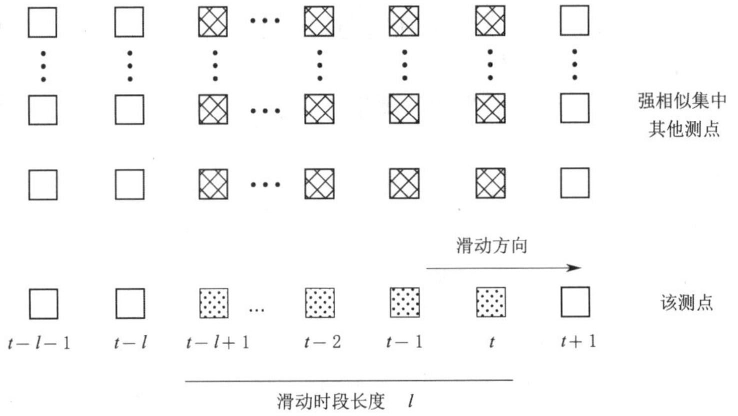

图 2.9 测值序列变化下强相似集组成状况跟踪分析流程

$$D_{itl}=\left(\frac{1}{m-1}\sum_{j=1}^{m-1}d_{ijtl}\right)^2 \quad (i=1,2,\cdots,m;t=l,l+1,\cdots,n) \tag{2.9}$$

式中：m 为此强相似集内的测点数量；n 为测值序列的长度；t 为当前计算时刻；l 为滑动时段长度；d_{ijtl} 为该测点与其他测点测值间在 t 时刻及之前的 l 滑动时段长度内的 TWED；D_{itl} 为该测点在 t 时刻及之前的 l 滑动时段长度内的测点强相似集综合距离。

在测点强相似集综合距离的构建过程中，对其进行平方处理的目的是放大测点测值间的 TWED，从而提高对相似性变弱情况的敏感程度；均值处理的目的则是减小平方操作中距离较大的测点的影响。对于滑动时段长度 l，可以结合测点测值变化等实际情况来确定，如滑动时段长度越短，可以更及时地发现测点测值间可能出现的相似性变弱的情况。但如果测值变化规律性较差，突跳较多，则应设置更长的滑动时段长度，以减少误判情况的发生。当该测点测值与强相似集中其余测点测值间相似性变弱时，在该时段内计算得到的 D_{itl} 会显著增大，选用典型小概率法对测点 D_{itl} 设定阈值上界。在该测点测值与强相似集中其余测点测值间的综合距离序列中，将各固定长度时段内的综合距离极大值 X_{mi} 逐一提取出来，组成样本数为 z 的一个样本空间 X ，即

$$X=\{X_{m1},X_{m2},\cdots,X_{mz}\} \tag{2.10}$$

由于样本空间 X 的样本数 z 常较少，X 属于小子样样本空间，需采用 A－D 法、K－S 法等小子样统计检验方法，对其概率密度函数 $f(X)$ 对应的分布函数 $F(X)$ 的类型进行检验，如正态分布、对数正态分布或极值 I 型分布等。估计其统计特征值为

$$\overline{X}=\frac{1}{z}\sum_{i=1}^{z}X_{mi} \tag{2.11}$$

$$\sigma_x=\sqrt{\frac{1}{z-1}\left(\sum_{i=1}^{z}X_{mi}^2-z\overline{X}^2\right)} \tag{2.12}$$

式中：$\overline{X}$ 为样本均值；σ_x 为样本均方差。

令 X_m 为综合距离的极值，当 $X>X_m$ 时，该测点已不属于此强相似集，其概率为

$$P(X>X_m)=P_\alpha=\alpha=\int_{X_m}^{\infty}f(X)\mathrm{d}X \tag{2.13}$$

为了得到 X_m 的估计值，将统计检验方法确定的 X_{mi} 分布函数 $F(X)$ ，与根据式（2.11）和式（2.12）计算得到的 X_{mi} 两个统计特征值 $\overline{X}$、σ_x，以及认为发生小概率事件的概率 P_α（简写为 α ）相结合，由此确定 X_m 的估计值为 $X_m=F^{-1}(\overline{X},\sigma_x,\alpha)$ ，即该测点的强相似集测点归属关系判别指标。需要注意的是，该判别结果可能存在两种误判情况：①在该判别时刻存在粗差，导致 D_{itl} 超过强相似集测点归属关系判别指标的误判情况；②D_{itl} 会受到强相似集中任一测点测值变化的影响，可能会出现虽然该测点变化规律未发生变化，但由于强相似集内其他部分测点测值变化规律发生改变，引起 D_{itl} 增大，超过强相似集测点归属关系判别指标的误判情况。对于情况①，需进行粗差处理后，再次判别对应测点是否归属原强相似集；对于情况②，需根据原强相似集组成测点情况，逐一判别其现在是否仍归属于原强相似集。

2.1.2.2 单强相似集分析

1. 局部线性嵌入信息融合

利用降维方法中的局部线性嵌入（locally linear embedding，LLE）方法，将强相似集内多测点实测数据经降维处理，融合成能反映所在范围内工程性态变化的一维综合量，从而达到信息融合的目的。LLE 方法认为高维数据通常处于流形空间，对于样本之间的距离测量不能简单地使用欧氏距离判定，在假定高维数据整体是非线性的，但在足够小的局部范围内是线性的前提下，高维数据中任何数据点都可以被局部近邻线性表示。基于上述假设，局部线性嵌入方法可以以非线性的方式，将高维数据整体降维到低维空间，在降维过程中，同时保持高维空间的局部线性关系。

假设将强相似集内多测点在某时刻的测值视为向量中某维度上的数值，则 k 个近邻之间在高维空间有如下线性关系：

$$x=w_1x_1+w_2x_2+\cdots+w_ix_i+\cdots+w_kx_k \tag{2.14}$$

式中：w_i 为权重；x_i 为第 i 个近邻。

利用 LLE 方法降维处理之后，仍能使得在低维空间中的投影之间保持如下线性关系：

$$x' = w_1 x'_1 + w_2 x'_2 + \cdots + w_k x'_k \tag{2.15}$$

也就是在低维空间中仍能保留相似的权重关系。

对于 n 个时刻 D 个多测点测值，按列排列组成的矩阵 $\boldsymbol{X} \in \boldsymbol{R}^{D \times n}$，在目标一定的情况下，求得目标空间中的一维降维结果 $\boldsymbol{Y} \in \boldsymbol{R}^{d \times n}$，其中目标维度 $d=1$ 。假设邻域大小为 k，在降维过程中，为保持局部范围内的近邻关系不变，LLE 方法在原始空间中采用约束条件：

$$\begin{cases} \min_W \sum\limits_{i=1}^{n} \left\| x_i - \sum\limits_{j=1}^{k} W_{ij} x_{ij} \right\| \\ \text{s.t.} \sum\limits_{j=1}^{k} W_{ij} = 1 \end{cases} \tag{2.16}$$

式中：W_{ij} 为由 k 个近邻 x_{ij} 线性表示 x_i 时的权重，若用 $N_k(x_i)$ 表示 x_i 的 k 近邻范围，当 $x_j \notin N_k(x_i)$ 时，$W_{ij}=0$ 。

对权重矩阵 $\boldsymbol{W}$ 做归一化处理，即 $\sum\limits_{j=1}^{k} W_{ij} = 1$ ，则式（2.16）可写为

$$\sum_{i=1}^{n} \left\| x_i - \sum_{j=1}^{k} W_{ij} x_{ij} \right\|_2^2 = \sum_{i=1}^{n} \left\| \sum_{j=1}^{k} W_{ij} (x_i - x_{ij}) \right\|_2^2 = \sum_{i=1}^{n} (\boldsymbol{W}_i \tilde{\boldsymbol{x}}_i^{\mathrm{T}})(\tilde{\boldsymbol{x}}_i \boldsymbol{W}_i^{\mathrm{T}}) = \sum_{i=1}^{n} \boldsymbol{W}_i \tilde{\boldsymbol{x}}_i^{\mathrm{T}} \tilde{\boldsymbol{x}}_i \boldsymbol{W}_i^{\mathrm{T}}$$

$$\begin{cases} \text{s.t.}\ \boldsymbol{W}_i \boldsymbol{e} = 1 \\ \boldsymbol{W}_i = [W_{i1}, W_{i2}, \cdots, W_{ik}] \in \boldsymbol{R}^{1 \times k} \\ \tilde{\boldsymbol{x}}_i = [x_i - x_{i1}, x_i - x_{i2}, \cdots, x_i - x_{ik}] \in \boldsymbol{R}^{D \times k} \\ \boldsymbol{e} = [1, 1, \cdots, 1]^{\mathrm{T}} \in \boldsymbol{R}^{k \times 1} \end{cases} \tag{2.17}$$

式中：$\boldsymbol{e}$ 为全为 1 的列向量。

上述最优化问题可以由 Lagrange 乘子法求解，构造 Lagrange 函数：

$$L(\boldsymbol{W}, \lambda) = \sum_{i=1}^{n} \boldsymbol{W}_i \tilde{\boldsymbol{x}}_i^{\mathrm{T}} \tilde{\boldsymbol{x}}_i \boldsymbol{W}_i^{\mathrm{T}} + \lambda_i (1 - \boldsymbol{W}_i \boldsymbol{e}^{\mathrm{T}}) \tag{2.18}$$

令各变量的偏导数为零，得

$$\begin{cases} \dfrac{\partial}{\partial \boldsymbol{W}_i} L(\boldsymbol{W}, \lambda) = 2\boldsymbol{W}_i \tilde{\boldsymbol{x}}_i^{\mathrm{T}} \tilde{\boldsymbol{x}}_i - \boldsymbol{\lambda}_i \boldsymbol{e}^{\mathrm{T}} = 0 \\ \dfrac{\partial \boldsymbol{W}}{\partial \lambda_i} L(\boldsymbol{W}, \lambda_i) = 1 - \boldsymbol{W}_i \boldsymbol{e}^{\mathrm{T}} = 0 \end{cases} \tag{2.19}$$

基于式（2.19）求得权重矩阵 $\boldsymbol{W}$，为在低维空间中保持各点之间的近邻关系不变，在子空间中构造约束：

$$\min_Y \sum_{i=1}^{n} \| y_i - \sum_{j=1}^{k} W_{ij} y_{ij} \|_2^2 = \sum_{i=1}^{n} \| \boldsymbol{Y}\boldsymbol{I}_i - \boldsymbol{Y} \sum_{j=1}^{k} W_{ij} \boldsymbol{I}_{(i)j} \|_2^2$$

$$
\begin{aligned}
&= \sum_{i=1}^{n} \| \boldsymbol{Y}(\boldsymbol{I}_i - \widetilde{\boldsymbol{W}}_i^{\mathrm{T}}) \|_2^2 \\
&= \sum_{i=1}^{n} (\boldsymbol{I}_i^{\mathrm{T}} - \widetilde{\boldsymbol{W}}_i) \boldsymbol{Y}^{\mathrm{T}} \boldsymbol{Y} (\boldsymbol{I}_i - \widetilde{\boldsymbol{W}}_i^{\mathrm{T}}) \\
&- \mathrm{tr}(\boldsymbol{G}^{\mathrm{T}} \boldsymbol{Y}^{\mathrm{T}} \boldsymbol{Y} \boldsymbol{G}) \\
\mathrm{s.\,t.}\ & \boldsymbol{Y}^{\mathrm{T}} \boldsymbol{Y} = I
\end{aligned}
\tag{2.20}
$$

式中：$\boldsymbol{I}_i$为将 y_i转化为矩阵形式而构造的列向量，其第 i 个元素为 1，其余全为 0； $\widetilde{\boldsymbol{W}}_i^{\mathrm{T}} \in \boldsymbol{R}^{n\times 1}$也是一个列向量，若 $x_j \in N_k(x_i)$ ，则$\widetilde{\boldsymbol{W}}_{ij}^{\mathrm{T}} = \boldsymbol{W}_{ij}$，否则$\widetilde{\boldsymbol{W}}_{ij}^{\mathrm{T}} = 0$ ；tr（$\boldsymbol{X}$）为任意矩阵 $\boldsymbol{X}$ 的迹，即对角线元素的和。

上述约束可用 Lagrange 乘子法求解，在求解过程中，构造 Lagrange 函数：

$$
L(\boldsymbol{Y}, \boldsymbol{\lambda}) = \mathrm{tr}(\boldsymbol{G}^{\mathrm{T}} \boldsymbol{Y}^{\mathrm{T}} \boldsymbol{Y} \boldsymbol{G}) + \mathrm{tr}[\boldsymbol{\lambda}(\boldsymbol{I} - \boldsymbol{Y}\boldsymbol{Y}^{\mathrm{T}})] \tag{2.21}
$$

式中：$\boldsymbol{\lambda}$ 为对角阵。

对式（2.21）中各变量求偏导得

$$
\begin{cases}
\dfrac{\partial}{\partial \boldsymbol{Y}} L(\boldsymbol{Y}, \boldsymbol{\lambda}) = 2\boldsymbol{Y}\boldsymbol{G}\boldsymbol{G}^{\mathrm{T}} - 2\boldsymbol{\lambda}\boldsymbol{Y} = 0 \\
\dfrac{\partial}{\partial \boldsymbol{\lambda}} L(\boldsymbol{Y}, \boldsymbol{\lambda}) = \boldsymbol{I} - \boldsymbol{Y}\boldsymbol{Y}^{\mathrm{T}} = 0
\end{cases}
\tag{2.22}
$$

由式（2.22）可得，$\boldsymbol{G}\boldsymbol{G}^{\mathrm{T}}\boldsymbol{Y}^{\mathrm{T}} = \boldsymbol{Y}^{\mathrm{T}}\boldsymbol{\lambda}$ ，则 $\boldsymbol{G}\boldsymbol{G}^{\mathrm{T}}$的特征向量构成了 $\boldsymbol{Y}$ 的每一行，而特征值按对角线排列即为 $\boldsymbol{\lambda}$ 矩阵。因此，将 $\boldsymbol{G}\boldsymbol{G}^{\mathrm{T}}$的特征值从小到大排列，取其前 d 个特征值的特征向量组成d 维矩阵，即为降维后的数据矩阵 $\boldsymbol{Y}$。需要注意的是，$\boldsymbol{G}\boldsymbol{G}^{\mathrm{T}}$的最小特征值为 0，此时对应的特征向量为全 1 向量，不能正确反映数据特征，故在实际操作中，通常选取 $\boldsymbol{G}\boldsymbol{G}^{\mathrm{T}}$的第 2 个到第 $d+1$ 个最小特征值所对应的特征向量。

2. *云模型判别指标构建*

上文研究了强相似集内多测点信息融合方法，得到了可反映强相似集所在范围内工程变化性态的综合效应量，对这一综合效应量拟定判别指标，可及时发现这一范围内工程性态的异常情况。云模型兼顾数据异常的随机性和模糊性，优势显著，可利用其拟定单强相似集综合效应量判别指标。

云模型由三个数字特征表示，即期望值 Ex、熵 En、超熵 He，如图 2.10 所示，采用三个数字特征示意了定性语言的表达形式，并决定了该定性语言云模型的整体分布形状。基于云的“$3En$”准则，确定单强相似集综合效应量性态判别指标的区间范围，在论域 U 内，任一小区间的元素 Δx 对定性概念 A 的贡献 ΔA 可表示为

$$
\Delta A \approx \frac{\mu(x)\Delta x}{\sqrt{2\pi} En} \tag{2.23}
$$

式中：$\mu(x)$为服从正态分布的概率密度函数。

则论域 U 内所有元素对概念 A 的总贡献为

$$
A = \frac{\int_{-\infty}^{+\infty} \mu(x)\mathrm{d}x}{\sqrt{2\pi} En} = \frac{\int_{-\infty}^{+\infty} \mathrm{e}^{-\frac{(x-Ex)^2}{2E^2 n}} \mathrm{d}x}{\sqrt{2\pi} En} = 1 \tag{2.24}
$$

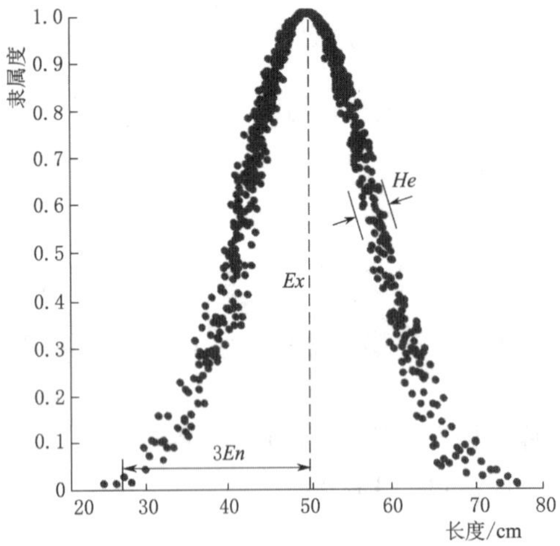

图 2.10　云模型数字特征示意

由于 $\Delta A \approx \frac{1}{\sqrt{2\pi}En}\int_{Ex-3En}^{Ex+3En}\mu(x)\mathrm{d}x = 99.74\%$，则论域 U 对定性概念 A 贡献的定量值主要位于 $[Ex-3En, Ex+3En]$ 区间。运用统计学可得到正态云模型在各个区间的元素贡献值，见表 2.2。高达 99.74% 的云滴分布在区间 $[Ex-3En, Ex+3En]$ 内，而在该区间以外的云滴贡献率很小，即表示事件发生的概率极小。因此，在进行单强相似集综合效应量判别指标拟定时，当落在 $[Ex-3En, Ex+3En]$ 以外，则可以认为该强相似集所在范围内的工程性态可能出现异常。

为了充分利用强相似集中的强相似性，需要尽可能消除不同测点测值间量值差异的影响。在进行局部线性嵌入降维前，应对强相似集中实测数据进行归一化处理。对于降维后得到的初步结果，需要根据各测点测值平均值变化范围调整其量值范围，得到可反映强相似集范围内工程性态变化的综合效应量值。在分析 t' 时刻单强相似集范围内的工程性态时，需将 t' 时刻及之前的整个 $1\sim t'$ 分析时段内的实测数据进行局部线性嵌入降维处理，得到整个时段的综合效应量序列。然后，将 $1\sim(t'-1)$ 时段内的综合效应量序列输入云模型中，计算对应的数字特征，用于拟定 t' 时刻综合效应量对应的性态判别指标。将 t' 时刻强相似集综合效应量值 $Y_{t'}$，与判别指标上限值 T_u 以及下限值 T_l 进行比较，即可直接得到在该时刻强相似集所在范围内的工程性态分析结果。若 $T_l \leqslant Y_{t'} \leqslant T_u$，则工程性态正常；若 $Y_{t'} < T_l$ 或 $Y_{t'} > T_u$，则工程性态可能发生异常。尽管如此，这些分析结果不便于后续进行递阶融合，为此进一步量化处理，得到分析结果 s，即

表 2.2　正态云模型元素贡献

区　间　范　围	元素贡献值/%
$[Ex-0.67En,\ Ex+0.67En]$	50.00
$[Ex-En,\ Ex+En]$	68.30
$[Ex-2En,\ Ex+2En]$	95.50
$[Ex-3En,\ Ex+3En]$	99.74

$$s = \frac{|Y_{t'} - Ex|}{3En} \tag{2.25}$$

式中：$Y_{t'}$ 为 t' 时刻强相似集综合效应量值；Ex 、En 分别为强相似集综合效应量序列云模型的期望及熵。

根据式 (2.25)，s 取值范围大于等于 0。若 $0 \leqslant s \leqslant 1$，表明工程性态正常；若 $s > 1$，表明工程性态可能发生异常。

2.1.2.3　多强相似集分析

构建基于多强相似集的混凝土坝长效服役性态分层分析体系，如图 2.11 所示，将整个大坝划分为自下而上的四个递阶层，同一层中的各部分（简称元素）具有相同的等级，上下相邻两层元素之间具有整体和部分的关系。①测点层，表示每个测点自身的单测点监

测信息，是整个分析体系的基础层级；②同部位强相似集层，通过对同部位范围内的各测点测值进行强相似集挖掘，将各测点均划分入某一强相似集中，即可利用强相似集中的强相似性，得到较准确的单强相似集所在范围内大坝服役性态分析结果，如河床坝段坝顶附近的各测点具有较强的变化相似性，对其进行单强相似集工程服役性态分析，可以得到河床坝段坝顶部位的服役性态信息；③部位层，即混凝土坝可具体区分的主要部位，也可根据实际情况进一步细分出关键部位和断面等，在该层中，通过对强相似集层中各强相似集分析结果的递阶融合，即可得到该部位服役性态分析结果；④混凝土坝整体层，整体层的对象即工程整体的服役性态，通过其下各层分析结果的递阶融合，得到大坝整体服役性态分析结果。

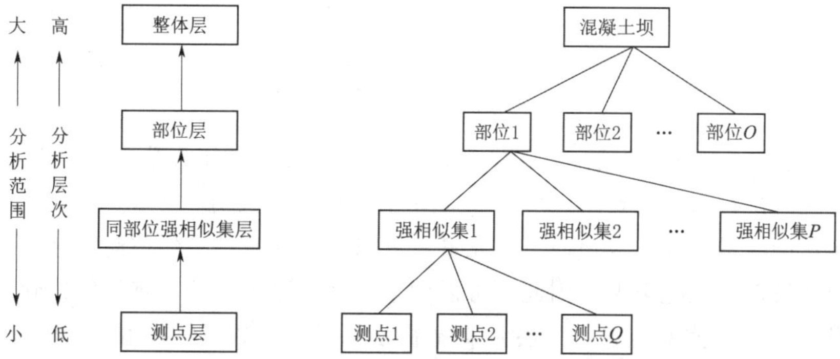

图 2.11　基于多强相似集的混凝土坝长效服役性态分层分析体系

对于某层元素而言，其上一层中的某个元素 c_j 在本层中对应的 l 个元素集合为 $N=\{n_1,n_2,\cdots,n_i,\cdots,n_l\}$ ，而本层中 n_i 元素在下一层中对应的 m 个元素集合为 $P=\{p_1,p_2,\cdots,p_k,\cdots,p_m\}$ 。在第 t 时刻，得到下一层各元素的服役性态分析结果集合为 $\{p_1^{(t)},p_2^{(t)},\cdots,p_k^{(t)},\cdots,p_m^{(t)}\}$ ，对其进行融合，得到本层 n_i 元素的服役性态分析结果 $n_i^{(t)}$。同理，进行进一步融合，得到上一层 c_j 元素的服役性态分析结果 $c_j^{(t)}$，由此从下往上逐层完成递阶融合的过程。表示事物间关系的判断矩阵可以实现信息融合，利用基于重要性的判断矩阵融合方法，可实现混凝土坝服役性态分析结果的逐层递阶融合。

设同层各元素服役性态分析结果之间的判断矩阵为 $\boldsymbol{D}$ ，其表达式为

$$\boldsymbol{D}=\begin{bmatrix} a_{11} & a_{12} & \cdots & a_{1l} \\ a_{21} & a_{22} & \cdots & a_{2l} \\ \cdots & \cdots & a_{ij} & \cdots \\ a_{l1} & a_{l2} & \cdots & a_{ll} \end{bmatrix} \tag{2.26}$$

式中：a_{ij} 为某层内元素 i 得到的分析结果相对于元素 j 的重要程度，是本层各元素的分析结果向更高一层进行递阶融合的权值确定依据。

1. *权值确定方法*

由于同一层各元素分别反映其对应部位服役性态，需要制定统一的权值确定标准。为此，综合考虑下一层各元素分析结果的离散程度，以及下一层元素的数量特征，作为本层各元素分析结果向上一层递阶融合时的权值确定依据。

(1) 分析结果的离散程度。若在 t 时刻，本层 n_i 元素对应的下一层各元素的分析结果越相近，即其整体的离散程度越小，说明分析结果越可靠，可信度越高。因此，可以度量这种离散程度的大小，将其作为确定权值的依据之一。采用标准差方式进行度量，则 t 时刻 n_i 元素对应的所有下一层 m 个元素的分析结果的离散程度 $C_i^{(t)}$ 为

$$C_i^{(t)} = \sqrt{\frac{1}{m}\sum_{k=1}^{m}[p_k^{(t)} - \overline{p}^{(t)}]^2} \tag{2.27}$$

式中：$p_k^{(t)}$ 为下一层 p_k 元素在第 t 时刻的服役性态分析结果；$\overline{p}^{(t)}$ 为下一层各元素在第 t 时刻的分析结果的数学期望。

基于此，进一步得到在 1～T 时段内，n_i 元素对应的下一层元素的分析结果的平均离散程度值 $C_{\mathrm{D}i}$ 为

$$C_{\mathrm{D}i} = \frac{1}{T}\sum_{t=1}^{T} C_i^{(t)} \tag{2.28}$$

若 $C_{\mathrm{D}i}$ 值越小，则表明本层 n_i 元素对应的下一层元素的分析结果具有越小的离散程度，在向上一层进行递阶融合时，应对 n_i 元素给予更大的权值。

(2) 元素的数量特征。一般而言，元素数量越多，其所具有的监测信息越多，越能反映混凝土坝服役性态变化情况。因此，可以度量元素的数量特征，将其作为确定权值的依据之一。当本层 n_i 元素对应的下一层元素数量为 m 时，其数量特征值 $C_{\mathrm{Q}i}$ 为

$$C_{\mathrm{Q}i} = \ln m \tag{2.29}$$

若 $C_{\mathrm{Q}i}$ 值越大，则表明本层 n_i 元素对应的下层元素的数量越多，在向上一层进行递阶融合时，应对 n_i 元素给予更大的权值。

(3) 权值计算。根据在 1～T 时段内，下一层各元素分析结果的离散程度，以及下一层元素的数量特征，即可得到在第 T 时刻的判断矩阵 $\boldsymbol{D}^{(T)}$ 中，本层 n_i 元素相对于 n_j 元素的分析结果的相对重要程度 $a_{ij}^{(T)}$，其计算公式为

$$a_{ij}^{(T)} = \left(\frac{C_{\mathrm{Q}i}}{C_{\mathrm{D}i}}\right) \Big/ \left(\frac{C_{\mathrm{Q}j}}{C_{\mathrm{D}j}}\right) = \frac{C_{\mathrm{D}j}C_{\mathrm{Q}i}}{C_{\mathrm{D}i}C_{\mathrm{Q}j}} \tag{2.30}$$

在此基础上，可进一步得到在第 T 时刻本层 n_i 元素的分析结果对上一层的影响权值 $W_i^{(T)}$，其计算式为

$$W_i^{(T)} = \frac{\sum_{j=1}^{l} a_{ij}^{(T)}}{\sum_{i=1}^{l}\sum_{j=1}^{l} a_{ij}^{(T)}} \tag{2.31}$$

式中：$\sum_{j=1}^{l} a_{ij}^{(T)}$ 为 n_i 元素相对于同层其他元素的相对重要程度之和；$\sum_{i=1}^{l}\sum_{j=1}^{l} a_{ij}^{(T)}$ 为判断矩阵 $\boldsymbol{D}^{(T)}$ 中各项之和，l 为本层元素数量。

2. 递阶融合方法

在第 T 时刻，根据上一层元素 c_j 在本层中对应的各元素的分析结果，以及本层各元素对上一层的影响权值，即可融合得到上一层元素 c_j 的分析结果 $c_j^{(T)}$，其计算式为

$$c_j^{(T)} = \sum_{i=1}^{l} W_i^{(T)} n_i^{(T)} \tag{2.32}$$

需要说明的是，对于基于多强相似集的混凝土坝服役性态分层分析体系，需先得到各强相似集所在范围内的分析结果 s，然后逐层向上递阶融合，得到部位层中各部位的分析结果 Z ，最终得到大坝整体服役性态分析结果。

设混凝土坝被划分为 d 个部位，将第 T 时刻各部位分析结果 $Z^{(T)}$ 从大到小排序，排序结果为

$$Z_1^{(T)} > Z_2^{(T)} > \cdots > 1 > \cdots > Z_D^{(T)} \tag{2.33}$$

当 $Z^{(T)}>1$，反映所属部位的分析结果为异常，特别是对排序结果中分析结果相对较大的几个部位，应当予以重点关注。

2.2 工程性态小形状演化图表征模型

本节论述监测效应量数据动静态属性深度聚类分析方法，利用滑动主成分分析提取同类效应量数据的综合演变特征，实现对监测信息的划分、汇集及主要特征的提取。在此基础上，介绍监测效应量变化特性的表征方法，建立考虑监测信息模糊随机性的长短期记忆残差网络表征模型，构建小形状演化图表征模型，实现对混凝土坝长效运行性态时空变化特征的辨识。

2.2.1 深度注意力图嵌入聚类分析

混凝土坝同一部位或者邻近部位的不同测点实测数据具有相似特征，这些特征能够体现该部位的变化状况。聚类能通过分析实测数据的多种属性，将其划分为特征更为密切的一组对象的集合，从而避免了传统单纯分析单测点监测信息特征带来的偏误性。本节应用图神经网络和图嵌入技术，融入注意力机制，论述深度注意力图嵌入聚类方法，由此获得关联密切的效应量集合。

2.2.1.1 相似度度量

在实测数据聚类过程中，考虑到不同监测效应量数据类型的不同，相似度的度量方法也不同。对于空间数据点的聚类计算，常采用欧氏距离、Menkowski 距离或 Manhattan 距离度量数据对象的相似度，并基于简单的匹配系数或 Jaccard 系数来表征数据对象之间的相似程度。

设 n 维空间中有两点 $i=\{x_{i1},x_{i2},\cdots,x_{in}\}$ 和 $j=\{x_{j1},x_{j2}\cdots,x_{jn}\}$，则两点之间的欧氏距离表示为

$$d(i,j)=\sqrt{|x_{i1}-x_{j1}|^2+|x_{i2}-x_{j2}|^2+\cdots+|x_{in}-x_{jn}|^2} \tag{2.34}$$

对应的 Manhattan 距离的定义为

$$d(i,j)=|x_{i1}-x_{j1}|+|x_{i2}-x_{j2}|+\cdots+|x_{in}-x_{jn}| \tag{2.35}$$

Menkowski 距离是前两者的统一抽象化，其定义为

$$d(i,j)=\sqrt[m]{|x_{i1}-x_{j1}|^m+|x_{i2}-x_{j2}|^m+\cdots+|x_{in}-x_{jn}|^m} \tag{2.36}$$

根据式（2.36），当 $m=1$ 时，Menkowski 距离转化为 Manhattan 距离；$m=2$ 时，

转化为欧氏距离。当 $m=\infty$ 时，$d(i,j)=\max_{i=1}^{n}\{|x_i-y_i|\}$，称为最大距离，一般满足三个条件：①非负性，$d(i,j)\geqslant 0$，当且仅当 $i=j$ 时，$d(i,j)=0$；②对称性，$d(i,j)=d(j,i)$；③距离三角不等式，$d(i,j)\leqslant d(k,j)+d(i,k)$。在实际聚类分析时，应从测点层面进行分类，通过式（2.34）计算属性空间中两测点的间距，实现属性空间中测点的分类。但计算两测点间距前，需要计算测点在单个属性维度上的距离，当监测序列的某个属性值为单一值时，一般为静态属性，可直接通过式（2.36）计算距离。当监测序列某个属性值为数据集合时，通常为动态属性，则需要利用某种能够计算数据集合距离的方法，来实现单个属性维度上两个测点之间的距离度量。在单个属性维度上进行监测效应量属性数据集合值的距离计算时，传统分析方法通常建立在数据对象两两间的相似度基础上，总体计算较为烦琐。对离散的变量集合，由于信息熵是度量其不确定性的有效手段，基于熵理论，通过分析集合的整体相似度，能较好地实现集合的距离计算。

1. 表征监测效应量变化的信息熵的基本测度指标

将监测效应量实测数据视作随机变量 $\boldsymbol{X}=\{x_1,x_2,\cdots,x_n\}$，其状态空间中的状态值称为信息状态，信息状态 x_i 出现的概率为 $p_i(i=1,2,\cdots,n)$，则 $\boldsymbol{X}$ 的概率向量表示为 $\boldsymbol{p}=(p_1,p_2,\cdots,p_n)$。带有信息状态出现概率的状态空间，则为信源，表示为 $[\boldsymbol{X},\boldsymbol{p}]$，$p_i\geqslant 0$ 且 $\sum_{i=1}^{n}p_i=1$。x_i 的信息量是 $f(p_i)$，$f(p_i)$ 是 p_i 的单调递减函数，在连续且可导的条件下，其形式是唯一的，即

$$f(p_i)=-\log_b p_i \tag{2.37}$$

式中：b 的取值一般为 2、e、10。

对于信源 $[\boldsymbol{X},\boldsymbol{p}]$ 的信息量，定义为信息状态信息量的平均值，即信息熵 $H(\boldsymbol{X})$：

$$H(\boldsymbol{X})=\sum_{i=1}^{n}p_i\ln\frac{1}{p_i}=-\sum_{i=1}^{n}p_i\ln p_i \tag{2.38}$$

信息熵从平均意义上表征了监测效应量变化的信息测度，代表了监测信息不确定性和随机性的程度，因而 $H(\boldsymbol{X})$ 越大，随机变量 $\boldsymbol{X}$ 越不确定。基于式（2.38），可以用表征监测效应量变化的信息熵度量其不确定性，利用多元随机变量的联合分布和条件概率分布，得到联合熵与条件熵。定义实测数据序列随机变量 $(\boldsymbol{X},\boldsymbol{Y})$ 服从联合概率分布 $P(a_i,b_j)(i=1,2,\cdots,m;j=1,2,\cdots,n)$，则

$$H(\boldsymbol{X},\boldsymbol{Y})=-\sum_{i=1}^{m}\sum_{j=1}^{n}P(a_i,b_j)\ln P(a_i,b_j) \tag{2.39}$$

式中：$H(\boldsymbol{X},\boldsymbol{Y})$ 为表征随机变量 $(\boldsymbol{X},\boldsymbol{Y})$ 的联合熵，作为 $(\boldsymbol{X},\boldsymbol{Y})$ 不确定性的度量。

对于监测效应量信息，当同类型的特征参量序列有两个或两个以上，同时它们之间具有一定的相关性时，则可构建多元随机变量的联合分布空间，并利用 $H(\boldsymbol{X},\boldsymbol{Y})$ 来分析两个实测数据集合之间的相关性和相对不确定性。

若 $P(b_j|a_i)$ 描述了已知随机变量 $\boldsymbol{X}$ 的条件下 $\boldsymbol{Y}$ 的分布，则可得到

$$H(\boldsymbol{Y}\mid\boldsymbol{X})=-\sum_{i=1}^{m}\sum_{j=1}^{n}P(a_i,b_j)\ln P(b_j\mid a_i) \tag{2.40}$$

称 $H(\boldsymbol{Y}|\boldsymbol{X})$ 为表征监测效应量变化的随机变量的条件熵。在信息论中，假设一个随机变

量 $\boldsymbol{X}$ 的值已知，条件熵量化了描述随机变量 $\boldsymbol{Y}$ 的结果所需的信息量。当随机变量 $\boldsymbol{X}$ 和 $\boldsymbol{Y}$ 分别表示两个测点的测值时，则 $H(\boldsymbol{Y}|\boldsymbol{X})$ 表示接收到测值 $\boldsymbol{X}$ 后，对于另一个测值 $\boldsymbol{Y}$ 存在的平均不确定性。这些相对不确定性反映了两者之间的差异，或噪声和误差等多种因素导致的干扰，又反映了它们之间的互相关联依赖性。

通常，$H(\boldsymbol{Y})$ 和 $H(\boldsymbol{X})$ 总是大于等于条件熵 $H(\boldsymbol{Y}|\boldsymbol{X})$ 或 $H(\boldsymbol{X}|\boldsymbol{Y})$，即条件熵和熵之间存在如下关系：

$$\begin{cases} H(\boldsymbol{Y} \mid \boldsymbol{X}) \leqslant H(\boldsymbol{Y}) \\ H(\boldsymbol{X} \mid \boldsymbol{Y}) \leqslant H(\boldsymbol{X}) \end{cases} \tag{2.41}$$

由式（2.41）可知，由于监测效应量信息之间的互相关联性，对于随机变量 $\boldsymbol{X}$ 和 $\boldsymbol{Y}$ 的平均不确定性降低，平均互信息定义了这种不确定性的减少量，即

$$I(\boldsymbol{X},\boldsymbol{Y}) = H(\boldsymbol{X}) - H(\boldsymbol{X} \mid \boldsymbol{Y}) \tag{2.42}$$

从式（2.42）可看出，当获得变量 $\boldsymbol{Y}$ 后，同时也获得了相关于 $\boldsymbol{X}$ 的信息量的多少，也表现了两者之间的统计约束程度。由熵的定义可知：

$$I(\boldsymbol{X},\boldsymbol{Y}) = \sum_i \sum_j P(a_i,b_j) \ln \frac{P(a_i,b_j)}{P(a_i)P(b_j)} \tag{2.43}$$

可以看出，$I(\boldsymbol{X},\boldsymbol{Y}) \geqslant 0$。同样地，平均互信息也可定义为 $I(\boldsymbol{Y},\boldsymbol{X}) = H(\boldsymbol{Y}) - H(\boldsymbol{Y}|\boldsymbol{X})$，并可推导出 $I(\boldsymbol{X},\boldsymbol{Y}) = I(\boldsymbol{Y},\boldsymbol{X})$。

由上分析可知，$H(\boldsymbol{X}|\boldsymbol{Y})$ 能够用来定量地表示两个测点实测数据序列 $\boldsymbol{X}$ 和 $\boldsymbol{Y}$ 之间的依赖关系，当要评价其相近程度时，可以利用相对熵来计算。定义 $\boldsymbol{W} = (w_1, w_2, \cdots, w_n)$ 和 $\boldsymbol{V} = (v_1, v_2, \cdots, v_n)$ 是随机变量 $\boldsymbol{X} = (x_1, x_2, \cdots, x_n)$ 的两个不同概率分布，则 $\boldsymbol{W}$ 和 $\boldsymbol{V}$ 之间的相对熵可表示为

$$H(\boldsymbol{W} \parallel \boldsymbol{V}) = \sum_{i=1}^{n} w_i \ln \frac{w_i}{v_i} \tag{2.44}$$

相对熵 $H(\boldsymbol{W} \parallel \boldsymbol{V})$ 表示 $\boldsymbol{X}$ 和 $\boldsymbol{Y}$ 之间的相似程度，$H(\boldsymbol{W} \parallel \boldsymbol{V})$ 越小，代表两组数据序列的分布规律越相近。

信息熵、条件熵、平均互信息、联合熵和相对熵分别给出了实测数据序列不确定性的度量，以及这一不确定性减少信息的度量，其特点总结如下：信息熵是监测效应量实测信息无序性的度量，条件熵和互信息表示了两个测点实测数据之间统计依存性的量度，相对熵则是它们之间差异性或相近程度的度量。这四种信息熵测度指标从不同角度对监测效应量信息之间的概率分布相关性和统计约束程度进行了表征，$I(\boldsymbol{X},\boldsymbol{Y})$ 表现了 $\boldsymbol{X}$、$\boldsymbol{Y}$ 之间的公共信息，表示了信息的重合相关部分，可称为冗余特性；$H(\boldsymbol{X}|\boldsymbol{Y})$ 或 $H(\boldsymbol{Y}|\boldsymbol{X})$ 表示了 $\boldsymbol{X}$ 或 $\boldsymbol{Y}$ 自身特有的信息部分，称为互补特性，参照互信息的定义 $I(\boldsymbol{Y},\boldsymbol{X}) = H(\boldsymbol{Y}) - H(\boldsymbol{Y}|\boldsymbol{X})$ 可知，在 $\boldsymbol{X}$ 和 $\boldsymbol{Y}$ 的信息量确定条件下，当冗余特性增强时，相对来说互补特性就会减弱，反之亦然。因此，相对于传统的相关性分析，基于信息熵的关联性分析能体现信息更多的关联特性，在监测效应量信息不确定性分析的基础上，考虑到了重合相关部分和不重合的互补部分。

2. 监测效应量属性数据序列的关联性测度

假设两个测点实测数据序列 $\boldsymbol{X}$、$\boldsymbol{Y}$ 的联合概率分布为 $P(a_i, b_j)$，边缘分布为

$P(a_i)=\sum P(a_i,b_j)$，则 $\boldsymbol{X}$、$\boldsymbol{Y}$ 之间的平均互信息及联合分布和乘积分布关系为

$$I(\boldsymbol{X},\boldsymbol{Y})=H\left[P(a_i,b_j)\parallel P(a_i)P(b_j)\right] \tag{2.45}$$

由前述对 $I(\boldsymbol{X},\boldsymbol{Y})$ 定义可知

$$0\leqslant I(\boldsymbol{X},\boldsymbol{Y})=H(\boldsymbol{X})-H(\boldsymbol{X}\mid\boldsymbol{Y})\leqslant H(\boldsymbol{X}) \tag{2.46}$$

同理可得

$$0\leqslant I(\boldsymbol{Y},\boldsymbol{X})=H(\boldsymbol{Y})-H(\boldsymbol{Y}\mid\boldsymbol{X})\leqslant H(\boldsymbol{Y}) \tag{2.47}$$

若令 $S=\min[H(\boldsymbol{X}),H(\boldsymbol{Y})]$，则可定义信息熵的关联性测度，$\boldsymbol{X}$ 和 $\boldsymbol{Y}$ 的关联性测度表示为

$$R_s=\frac{I(\boldsymbol{X},\boldsymbol{Y})}{S}=\min[H(\boldsymbol{X}),H(\boldsymbol{Y})]-I(\boldsymbol{X},\boldsymbol{Y}) \tag{2.48}$$

由定义可知，$\boldsymbol{X}$ 与 $\boldsymbol{Y}$ 的关联性越大则 R_s 越大，当 $\boldsymbol{X}$ 已知时，$\boldsymbol{Y}$ 也完全确定，$R_s=1$；当 $\boldsymbol{X}$ 与 $\boldsymbol{Y}$ 的关联性越小则 R_s 越小，当 $\boldsymbol{X}$ 与 $\boldsymbol{Y}$ 不相关，即相互独立时，$R_s=0$。由于 R_s 具有非负性和关于 $\boldsymbol{X}$ 和 $\boldsymbol{Y}$ 的独立性，因而可作为实测信息的相关性度量，即 R_s 作为实测数据集合的关联性测度。

3. 实测数据序列的差异性测度

关联性测度表述了 $\boldsymbol{X}$ 和 $\boldsymbol{Y}$ 的近似性，基于熵原理定义 $\boldsymbol{X}$ 和 $\boldsymbol{Y}$ 之间属性数据集合的差异性测度。

由上文可知 $\boldsymbol{X}$ 和 $\boldsymbol{Y}$ 之间的联合熵为 $H(\boldsymbol{X},\boldsymbol{Y})$，平均互信息熵为 $I(\boldsymbol{X},\boldsymbol{Y})$，则信息距离测度，即差异性测度为

$$\begin{aligned}d(\boldsymbol{X},\boldsymbol{Y})&=H(\boldsymbol{X},\boldsymbol{Y})-I(\boldsymbol{X},\boldsymbol{Y})\\&=-\sum_i\sum_j P(a_i,b_j)\ln P(a_i,b_j)-\sum_i\sum_j P(a_i,b_j)\ln\frac{P(a_i,b_j)}{P(a_i)(b_j)}\\&=\sum_i\sum_j P(a_i,b_j)\ln\frac{P^2(a_i,b_j)}{P(a_i)(b_j)}\end{aligned} \tag{2.49}$$

差异性测度 $d(\boldsymbol{X},\boldsymbol{Y})$ 表征了两个实测序列之间不重合相关的部分，表现了各自独有部分的综合。

4. 实测数据序列广义距离测度

联合关联性测度和差异性测度，给出在属性空间中表征监测效应量变化的信息熵的广义距离测度，其表达式为

$$D(\boldsymbol{X},\boldsymbol{Y})=d(\boldsymbol{X},\boldsymbol{Y})/R_s \tag{2.50}$$

当广义距离测度 $D(\boldsymbol{X},\boldsymbol{Y})$ 越大时，关联性测度 R_s 越小，即序列 $\boldsymbol{X}$ 和属性序列 $\boldsymbol{Y}$ 之间的相互依存程度越小，在已知 $\boldsymbol{X}$ 的情况下推得 $\boldsymbol{Y}$ 的不确定性越大，同时差异性测度 $d(\boldsymbol{X},\boldsymbol{Y})$ 越大，$\boldsymbol{X}$ 和 $\boldsymbol{Y}$ 之间的互相独立性越强，独立性的不确定程度越小。

2.2.1.2 聚类分析

在聚类应用中，利用图神经网络和图嵌入技术可以提升聚类算法的效果。本节将深度注意力图嵌入聚类（deep attentional graph embedded clustering，DAGEC）应用到实测数据聚类分析中，借助深度学习技术来学习数据结构的嵌入表示，以利用结构数据的丰富信息。

图数据结构往往是高维、难以处理的，图嵌入方法作为降维技术的一部分，首先根据实测数据构造 D 维空间中的图结构，然后将图节点嵌入 $d(d \ll D)$维向量空间中。图自编码器作为一种图嵌入方法，利用神经网络学习图结构中顶点向量的低维表示，然后通过降维后的低维向量来重构输出。注意力机制核心内容是为输入向量的每个元素学习一个权重，从而放人数据中重要特征的影响。为了获得不同测点实测数据的相互关系，一方面，构建基于注意力机制的图自编码器来学习节点的嵌入表示，该编码器利用多层编码器堆叠，由此构建用于嵌入学习的深层架构；另一方面，构建解码器重构图结构并获得图嵌入表示，同时采用了自训练模块，该模块将聚类任务作为标签来指导优化过程。两步图嵌入模型和 DAGEC 模型对比如图 2.12 所示，与基于两步图嵌入学习的方法相反，这种专门的聚类组件在统一的框架中同时学习图嵌入和执行聚类，具有更好的聚类性能。

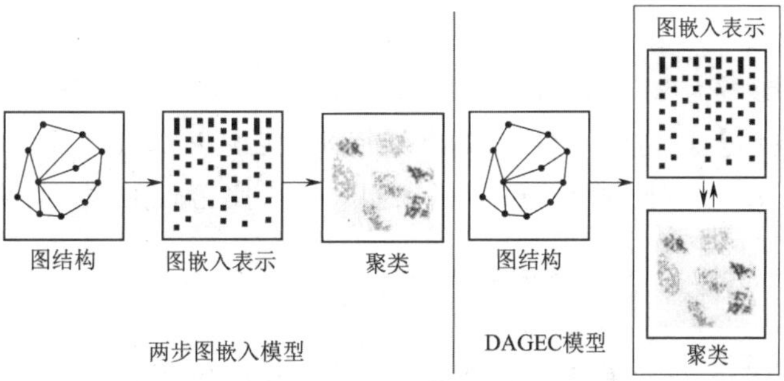

图 2.12　两步图嵌入模型和 DAGEC 模型对比

1. 整体框架

实测数据图表示为 $G=(\boldsymbol{V},\boldsymbol{E},\boldsymbol{X})$，$\boldsymbol{E}$ 为边的集合，$\boldsymbol{V}$ 是顶点的集合，$\boldsymbol{V}=[v_{ij}]_{n\times n}$，每个顶点 v_{ij} 表示数据点 x_i 和 x_j 两个点连通。图 G 的拓扑结构可以用邻接矩阵 $\boldsymbol{A}$ 来表示，如果$(v_i,v_j)\in E$，则 $A_{ij}=1$；否则 $A_{ij}=0$，$\boldsymbol{X}=\{x_1,x_2,\cdots,x_n\}$是属性值集合。给定图 G，图聚类的目的是将 G 中的节点划分成 k 个不相交的组$\{G_1,G_2,\cdots,G_k\}$，使得同一簇内的节点在图结构上彼此靠近，以及尽可能具有相似的属性值。DAGEC 的概念框架如图 2.13 所示。具体包括：①带注意力机制的图自编码器，自编码器以属性值和图结构为输入，通过最小化重构损失来学习图嵌入表示；②自训练聚类，自训练模块基于所学习的图表示执行聚类，并根据当前聚类结果对图嵌入表示进行处理。

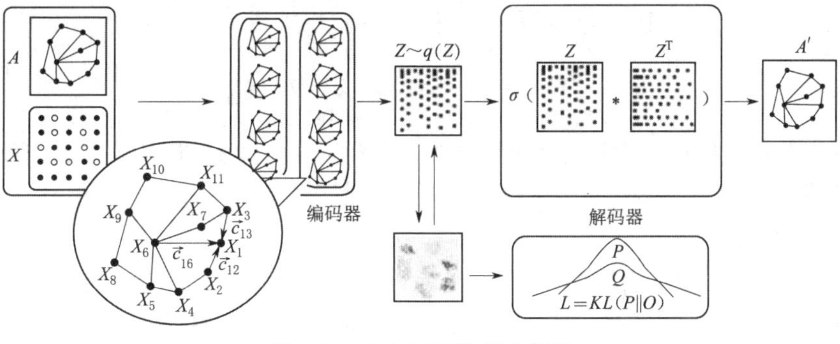

图 2.13　DAGEC 的概念框架

2. 带注意力机制的图自编码器

构建图注意力网络的变体作为图编码器，通过每个节点的邻域节点信息来学习节点的嵌入表示，将节点属性值与嵌入表示中的图结构相结合，利用注意力机制聚合特征信息，确定节点邻域的权重。融合注意力机制的图自编码器进行聚合邻域信息来更新节点的过程：

$$z_i^{l+1}=\sigma\Big(\sum_{j\in N_i}\alpha_{ij}Wz_j^l\Big) \tag{2.51}$$

式中：z_i^{l+1} 为节点 i 的输出；N_i 为节点 i 的邻域；α_{ij} 为邻域节点 j 对节点 i 相对重要性的注意力系数；W 为线性映射；σ 为非线性激活函数。

式（2.51）中的注意力系数 α_{ij} 可以表示 x_i 和 x_j 带权重连接的单层前馈神经网络，对于顶点 i，逐个计算它的邻域节点和它之间的相似系数，即

$$c_{ij}=a\,[Wx_i\parallel Wx_j] \tag{2.52}$$

首先通过一个参数为 W 的映射对图结构顶点向量的特征进行增维，$[\cdot\parallel\cdot]$对于顶点 i,j 增维后的特征进行拼接，拼接后的高维特征最后通过非线性函数 $a(\cdot)$返回一个实数值。注意力系数 α_{ij} 通常使用 softmax 函数归一化，使它们在节点间易于比较，即

$$\alpha_{ij}=\mathrm{softmax}_j(c_{ij})=\frac{\exp(c_{ij})}{\sum\limits_{r\in N_i}\exp(c_{ir})} \tag{2.53}$$

将 $x_i=z_i^0$ 作为输入，并堆叠两个图注意力层，迭代公式为

$$\begin{cases} z_i^{(1)}=\sigma\Big[\sum\limits_{j\in N_i}\alpha_{ij}W^{(0)}x_j\Big] \\ z_i^{(2)}=\sigma\Big[\sum\limits_{j\in N_i}\alpha_{ij}W^{(1)}z_j^{(1)}\Big] \end{cases} \tag{2.54}$$

通过式（2.54），编码器将结构和节点属性都编码成一个隐藏的表示，由此得到第 i 个节点的表示 z_i。

在此基础上，通过计算节点对的内积来重构原始图结构，实现无监督的节点表示学习，即

$$\hat{A}_{ij}=\mathrm{sigmoid}(z_i^{\mathrm{T}}z_j) \tag{2.55}$$

式中：$\hat{\mathbf{A}}_{ij}$ 为 $\hat{\mathbf{A}}$ 的元素，$\hat{\mathbf{A}}$ 为邻接矩阵 $\mathbf{A}$ 的重构矩阵。

通过计算 $\mathbf{A}$ 和 $\hat{\mathbf{A}}$ 之间的差值来最小化重构误差 L_r：

$$L_r=\sum_{i=1}^{n}\mathrm{loss}(A_{ij},\hat{A}_{ij}) \tag{2.56}$$

式中：A_{ij} 为节点 i 和其邻域节点 j 的连接值；$\hat{A}_{ij}$ 为经过学习重构后的节点 i 和其邻域节点 j 的连接值。

3. 自训练聚类

图自编码器提取到的监测效应量数据节点嵌入表示是为了更好地重构数据图结构，与数据聚类并无直接联系。因此，构建自训练聚类模块，对图自编码器学习到的数据节点嵌入表示进行转化，使其更适合于聚类。

假设实测数据聚类中心为 μ_u，则节点 i 属于某个类别的概率 q_{iu} 可表示为

$$q_{iu}=\frac{(1+\| z_i-\mu_u \|^2)^{-1}}{\sum_k (1+\| z_i-\mu_k \|^2)^{-1}} \tag{2.57}$$

式中：q_{iu} 为节点类别分配的分布；k 为聚类中心的数量。

为了引入聚类信息来实现聚类导向的节点表示，需要每个节点与相应的聚类中心的距离尽可能小，以实现类内距离最小而类间距离最大。定义目标分布为

$$p_{iu}=\frac{q_{iu}^2/\sum_i q_{iu}}{\sum_k \left(q_{ik}^2/\sum_i q_{ik}\right)} \tag{2.58}$$

在目标分布中，通过 q_{iu} 的二次方实现一种强调的效果（二次方后，分布会变得更加尖锐），并经计算两个分布之间的 KL 散度来实现 P 和 Q 的互相约束，即

$$L_c=KL(P \| Q)=\sum_i \sum_u p_{iu} \ln \frac{p_{iu}}{q_{iu}} \tag{2.59}$$

式中：i 为节点编号；u 为聚类中心编号。

综合 L_r 和 L_c，模型最终的损失函数为

$$L=L_r+\gamma L_c \tag{2.60}$$

式中：γ 为控制两者之间平衡的系数，$\gamma \geqslant 0$。

节点 i 所处于的簇 $\boldsymbol{s}_i$ 为

$$\boldsymbol{s}_i=\arg \max_u q_{iu} \tag{2.61}$$

2.2.2 演变特征的滑动主成分提取方法

表征混凝土坝长效服役性态的监测信息还具有模糊随机性，通过主成分分析能够表征实测数据的变化趋势，不但能避免数据误差大、精度低、变量之间的多重共线性问题，而且能随时间动态融入更多数据信息。本节应用滑动主成分分析方法，提取其共同趋势，去除噪声等无效信息，构建监测效应量信息分析的信息簇结构，由此提出监测效应量信息集成方法，有效表征监测效应量信息复杂的内部结构。

对实测数据利用主成分分析获得数据中的主分量，首先将同类监测效应量的多个测点数据形成矩阵 $\boldsymbol{X}$，即

$$\boldsymbol{X}=\begin{bmatrix} x_{11} & x_{12} & \cdots & x_{1m} \\ x_{21} & x_{22} & \cdots & x_{2m} \\ \cdots & \cdots & \ddots & \cdots \\ x_{n1} & x_{n1} & \cdots & x_{nm} \end{bmatrix} \tag{2.62}$$

式中：n 为测次；m 为测点个数；$\boldsymbol{X}$ 中每一列形成一个测点的数据序列。

计算每列的均值，并进行归一化处理，即

$$\bar{x}_i=\frac{1}{n}\sum_{j=1}^{n} x_{ij} \quad (i=1,2,\cdots,m) \tag{2.63}$$

令第 t_j 次监测时的归一化监测数据向量为

$$\boldsymbol{x}_j=[x_{1j}-\bar{x}_1, x_{2j}-\bar{x}_2, \cdots, x_{mj}-\bar{x}_m]^{\mathrm{T}} \tag{2.64}$$

则 $m\times m$ 的相关矩阵 $\boldsymbol{R}$ 可表示为

$$\boldsymbol{R}=\sum_{j=1}^{n}\boldsymbol{x}(t_j)\boldsymbol{x}(t_j)^{\mathrm{T}} \tag{2.65}$$

式中：相关矩阵 $\boldsymbol{R}$ 的特征值 λ 和特征向量 $\boldsymbol{v}_i$ 满足以下条件：

$$(\boldsymbol{R}-\lambda\boldsymbol{I})\boldsymbol{v}_i=0\quad(i=1,2,\cdots,m) \tag{2.66}$$

式中：$\boldsymbol{I}$ 为 $m\times m$ 的单位矩阵。

计算出矩阵 $\boldsymbol{R}$ 的 m 个实特征值 λ 和 m 个实特征向量 $\boldsymbol{v}$，其中每一个特征向量为一个主成分分量，按特征值的大小进行排列，$\lambda_n\leqslant\cdots\leqslant\lambda_2\leqslant\lambda_1$，获得对应主成分分量的排序。主成分分量代表原始数据中变化的方向，第一个分量代表着原始数据中最主要的方向，第二个分量次于第一个分量，并且垂直于第一个分量。通过计算获得所有主成分分量，可以将 m 维的数据 $\boldsymbol{X}$ 降维形成 d 维的数据，以 $\boldsymbol{Z}$ 表示，且 $d<m$，即

$$\boldsymbol{Z}=\boldsymbol{X}\boldsymbol{V}^{\mathrm{T}}=\boldsymbol{X}[\boldsymbol{v}_1,\boldsymbol{v}_2,\cdots,\boldsymbol{v}_d]^{\mathrm{T}} \tag{2.67}$$

式中：$\boldsymbol{V}$ 为正交矩阵，则

$$\boldsymbol{X}=\boldsymbol{Z}\boldsymbol{V}=\boldsymbol{z}_1\boldsymbol{v}_1^{\mathrm{T}}+\boldsymbol{z}_2\boldsymbol{v}_2^{\mathrm{T}}+\cdots+\boldsymbol{z}_m\boldsymbol{v}_m^{\mathrm{T}} \tag{2.68}$$

式中：$\boldsymbol{z}_i$ 为得分向量即 $\boldsymbol{X}$ 的主成分分量；$\boldsymbol{v}_i$ 为负荷向量。

得分向量 $\boldsymbol{z}_i$ 是监测效应量实测数据矩阵 $\boldsymbol{X}$ 在与得分向量 $\boldsymbol{z}_i$ 对应的负荷方向 $\boldsymbol{v}_i$ 上的投影，$\boldsymbol{z}_i$ 的内积 $\|\boldsymbol{z}_i\|$ 反映了同类监测效应量整体在 $\boldsymbol{v}_i$ 方向上的变化程度。显然，当 $\boldsymbol{z}_i$ 的模越大，这种变化就越大。$\boldsymbol{X}$ 的变化信息主要体现在前几个主成分分量上，后面几个分量很小，主要包含了噪声等随机因素。通常经计算累计方差百分比，选择前几个主分量的个数，即

$$CPV(n)=\frac{\sum_{i=1}^{L}\|p_i\|}{\sum_{i=1}^{n}\|p_i\|}\times 100\% \tag{2.69}$$

式中：CPV（n）为累计方差百分比值，当此值大于 80%，选择前 L 个分量作为输出因子，一般在 1～3 之间。

因此可以将式（2.68）改写成

$$\boldsymbol{X}=\boldsymbol{z}_1\boldsymbol{v}_1^{\mathrm{T}}+\boldsymbol{z}_2\boldsymbol{v}_2^{\mathrm{T}}+\cdots+\boldsymbol{z}_L\boldsymbol{v}_L^{\mathrm{T}}+\boldsymbol{E} \tag{2.70}$$

式中：$\boldsymbol{E}$ 为残差。

在混凝土坝长期服役过程中，对较长的实测数据序列进行分析，其相关矩阵及其特征值、特征矩阵的计算工作量较大。为此，在实测数据序列上构造一个固定可滑动的时间窗口，截取此时间窗内的数据进行相关矩阵的计算和主成分的提取分析，形成滑动主成分分析。当有 n 个同类测点，测值序列长度为 n 时，设定时间窗口的长度为 N，且 $n>N$，取 n 次测量中 N 个监测数据进行分析，对应的归一化均值和相关矩阵计算公式为

$$\bar{x}_i=\frac{1}{N}\sum_{j=n-N+1}^{n}x_{ij}\quad(i=1,2,\cdots,m;n>N) \tag{2.71}$$

$$\boldsymbol{R}=\sum_{j=n-N+1}^{n}\boldsymbol{x}(t_j)\boldsymbol{x}(t_j)^{\mathrm{T}} \tag{2.72}$$

通过深度聚类，形成变化特征密切关联的监测效应量集合 $\boldsymbol{X}=\{x_1,x_2,\cdots,x_n\}$，$\boldsymbol{X}$ 在

其属性空间中形成同一类。令类的中心为点 o，则 o 在空间中的位置代表了这个类的整体位置，定义类内测点 x_i 与类中心的距离为 d_i，则有

$$d_i = \sqrt[m]{\sum_{w=1}^{m}(p_{iw} - p_{ow})^2} \tag{2.73}$$

式中：p_{iw} 为测点 x_i 在第 w 个维度上的位置；p_{ow} 为类中心在第 w 个维度上的位置。测点 x_i 有 m 个属性值，即聚类空间有 m 维。

在同一类中，距离类中心越近的测点则包含的有效演变特征信息越多，因此可以按照与类中心距离的大小，形成测点群的排序，即 $d_1 \geqslant d_2 \geqslant \cdots \geqslant d_n$。在此基础上，按照距离的大小形成定量化的比重值，即

$$d'_i = \frac{d_i}{\sum_{j=1}^{n} d_j} \tag{2.74}$$

式中：d'_i 为测点数据富集变化信息的多少。

通过滑动主成分分析，形成多个不相关的主分量序列，代表多级综合演变特征，这些主分量显示了测点群数据在某个时段体现出的数据综合变化特征。第一分量体现了数据变化的主要特征，第二分量反映了较次一级的变化特征，第三分量则更次一级。一般来说，前几个分量就能表现同类监测效应量的不同变化特征。将同一聚类的监测效应量作为一个整体，通过聚类分析和滑动主成分分析，据此获得效应量间关联信息和多级综合演变特征信息，从而形成由监测效应量和主分量构成的信息簇结构。信息簇结构内测点数据间的关系及测点与主分量间的关系是定量化的，可作为后续分析的数据基础。

2.2.3 小形状演化图表征模型

利用上节信息簇内的各个同类监测点，从监测信息的随机性、模糊性角度，研究监测效应量实测数据的模糊随机性表征方法，通过将残差网络和长短期记忆结合，建立监测效应量变化特性的表征模型。经对信息簇内同类监测效应量综合演变特征分析，提取信息簇多测点的主成分，运用时间序列分段分析方法，引入小形状理论，构建多测点变化特性小形状演化图表征模型，实现对混凝土坝长效运行性态监测数据变化特征的辨识。

2.2.3.1 监测效应量的模糊随机性表征方法

混凝土坝安全监测信息的随机性是指环境荷载与坝体及坝基材料参数的随机性，使得监测信息与影响因素之间的关系存在不确定性，随机性通常通过统计特征来表征。监测信息的模糊性是指有些参数的真实分布往往与实际统计结果不同，并且导致其不同的影响因素又通常是未知的或难以客观度量的，只能通过近似的方法表达出来，这种不确定性即模糊不确定性，提供的信息称模糊信息。

监测信息的模糊性用隶属函数来表示。令 U 为论域，A 为 U 上的模糊子集，x 是 U 中的任意元素，A 的隶属函数将 x 映射为区间[0,1]中的一个数，即

$$A(x) = a, \quad a \in [0,1] \tag{2.75}$$

式中：a 为度量 x 隶属 A 的程度，若 a 仅取 0 或 1，模糊集退化为标准集。

模糊集 A 的 a 水平截集可定义为

$$A_a = \{x \mid A(x) \geqslant a, x \in U\}, \quad a \in [0,1] \tag{2.76}$$

若存在 $x_0 \in \boldsymbol{R}$，使 $A(x_0)=1$，且对 $\forall a \in [0,1]$，A_a 为闭区间，则称 A 为模糊数。

设模糊数 A 的隶属函数定义为

$$A(x)=\begin{cases} F_A^L(x), & a_1 \leqslant x < a_2 \\ 1, & a_2 \leqslant x < a_3 \\ F_A^R(x), & a_3 \leqslant x < a_4 \end{cases} \tag{2.77}$$

式中：$F_A^L(x)$为 $A(x)$的左半分支，为单调递增函数；$F_A^R(x)$为 $A(x)$的右半分支，为单调递减函数。

在监测效应量变化特性分析中，常用三角模糊函数来表示，三角模糊函数的隶属函数如图 2.14 所示。令 $k=(\sigma,\alpha)$，则其隶属函数为

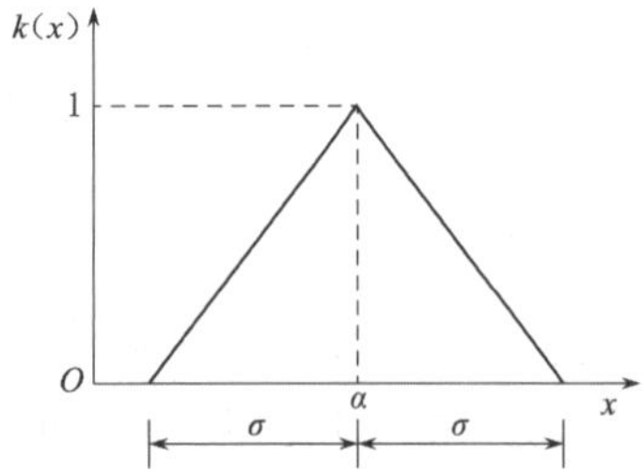

图 2.14　三角模糊数的隶属函数

$$k(x)=\begin{cases} \dfrac{1}{\sigma}x+\dfrac{\sigma-\alpha}{\sigma}, & x \leqslant \alpha \\ -\dfrac{1}{\sigma}x+\dfrac{\sigma+\alpha}{\sigma}, & x > \alpha \end{cases} \tag{2.78}$$

由于模糊性和随机性是监测信息的两种特性，可用信息熵来表征信息的不确定性。在保持反映监测效应量变化特性总的信息熵不变的原则下，可将监测信息的不确定性转化成等效的随机性，然后应用随机有限元等数值分析方法进行大坝服役性态分析。具有模糊性的监测信息称为“模糊信息”，可用信息熵来表征模糊信息的不确定性，它是对监测效应量信息模糊性的度量。

监测信息非概率模糊信息熵定义为

$$G=-\int_y \{f(y)\ln f(y)+[1-f(y)]\ln[1-f(y)]\}\mathrm{d}y \tag{2.79}$$

式中：$f(y)$为监测效应量模糊变量 Y 的隶属度。

定义随机变量 X 的概率信息熵为

$$H=-\int_x p(x)\ln p(x)\mathrm{d}x \tag{2.80}$$

式中：$p(x)$为随机变量 X 的概率密度函数。

由于信息熵是对监测信息不确定性的度量，概率信息熵和非概率模糊信息熵都表征了监测信息的不确定性程度，可以进行转换。这种变换的基础是总熵值的不变性，即模糊性和随机性转换的前提是熵值相等。假设监测信息既具有随机性又具有模糊性，将概率信息熵与非概率模糊信息熵结合，则可描述该信息整体的不确定性。

设 E 为模糊随机信息熵，定义为

$$E=H+G \tag{2.81}$$

式中：H 为参数随机变异性对应的概率熵；G 为对应的模糊信息熵。

如果已知混凝土坝服役过程信息某一参数的模糊随机信息熵 E，在保证总熵值不变的前提下，可以将该参数转换为等效的随机变量，其转换方法是监测效应量随机变量的熵等于原变量的随机模糊信息熵，即 $H_e=E$。

由于正态分布是大坝安全监控中常见的分布形式，以下介绍将模糊随机变量转换为等效正态随机变量的原理。令监测效应量模糊变量 Y 的隶属函数为 $f(y)$，经模糊随机转换

后成为正态随机变量 X，其均值为 μ、标准差为 σ，则等效正态随机变量 X 的均值 μ 等于隶属函数为 1 的监测效应量模糊变量的值，X 的概率熵为

$$H_e = -\int_x f(x)\ln f(x)\mathrm{d}x = \ln\sqrt{2\pi e\sigma} \tag{2.82}$$

由式（2.81）可以得到等效正态随机变量 X 的标准差 σ 为

$$\sigma = \frac{1}{\sqrt{2\pi}} e^{E-0.5} \tag{2.83}$$

等效正态随机变量的概率密度函数为

$$f(x) = \frac{1}{\sigma\sqrt{2\pi}} e^{-\frac{1}{2}\left(\frac{x-\mu}{\sigma}\right)^2} \tag{2.84}$$

在监测信息的模糊随机性被等效转换为随机性后，可运用摄动法进行监测效应量变化特性分析。摄动法是处理复杂非线性问题的应用较广的方法，在摄动法中，最常用的是小参数摄动法。将随机变量 X 表示为

$$X = \mu(1 + a) \tag{2.85}$$

式中：a 为均值为零的随机场，它反映了 X 的随机性；μ 为 X 的均值。

由式（2.85）可知，X 的随机性由 a 来体现。对随机场 a 进行局部平均离散化，将结构中所有随机函数在 a 的均值处按泰勒级数展开，并略去二阶以上项，则得到摄动递归控制方程组为

$$[K]_0\{\delta\}_0 = \{F\}_0 \tag{2.86}$$

$$[K]_0\{\delta\}_i = \{F\}_i - [K]_i\{\delta\}_0 \tag{2.87}$$

$$[K]_0\{\delta\}_{ij} = \{F\}_{ij} - [K]_j\{\delta\}_j - [K]_j\{\delta\}_i - [K]_{ij}\{\delta\}_0 \tag{2.88}$$

式中：对于位移场，$[K]$、$\{\delta\}$、$\{F\}$ 分别为结构的劲度矩阵、节点位移列阵、荷载列阵；对于渗流场，$[K]$、$\{\delta\}$、$\{F\}$ 分别为渗透矩阵、节点水头列阵、节点流量列阵；下标“0”为各个量的均值；下标“i、j”分别为各量对 a_i 和 a_j 求偏导。

求解上述递归两阶统计量，得到效应量的计算值和协方差为

$$E[\{\delta\}] = \{\delta\}_0 + \frac{1}{2}\sum_{i=1}^{n}\sum_{j=1}^{n}\{\delta\}_{ij}\mathrm{cov}(a_i, a_j) \tag{2.89}$$

$$\mathrm{cov}(\{\delta\}, \{\delta\}^{\mathrm{T}}) = \sum_{i=1}^{n}\sum_{j=1}^{n}\{\delta\}_i\{\delta\}_j^{\mathrm{T}}\mathrm{cov}(a_i, a_j) \tag{2.90}$$

2.2.3.2 长短期记忆残差网络表征模型建立

监测效应量变化特性的影响因素十分复杂，传统表征模型非线性映射功能不强，没有充分考虑变化特性的随机性和模糊性，难以客观反映各个分量对监测效应量的综合影响程度。长短期记忆（long short-term memory，LSTM）网络通过门控装置能有效缓解梯度消失和爆炸问题；而注意力机制关注数据的重点特征，排除了无关信息，降低了网络训练的难度，同时通过学习到的权重系数来分离模型变量，提高模型的可解释性；残差网络能解决深度网络退化的问题。将 LSTM 和残差网络相结合，建立监测效应量变化特性的长短期记忆残差网络表征模型（long short-term memory residual network analysis model，LRAM），利用有限元得到的水压分量计算值拟合出水压分量的表达式，结合常规统计模

型的温度分量因子以及时效分量因子，将三者共同作为网络的输入，通过残差网络单元提取监测数据的特征，借助基于注意力机制的 LSTM 单元为提取出的特征分配不同的权重，经全连接层处理，将提取的局部特征延展为一维向量，经加权处理，网络的输出为荷载和时效影响下的监测效应量测值，最终利用训练好的神经网络的权值反映影响因素和监测效应量的关系。

1. 监测效应量变化特性残差网络

监测效应量变化特性残差网络的结构对模型性能的影响较大，当增加网络层数后，网络可以进行更加复杂特征模式的提取，建立的模型理论上可以取得更好的结果。在实际应用中发现，网络层数增加时，模型准确度会停止提升，甚至出现下降，这就是深度神经网络的退化问题。残差学习可以解决退化问题，深层网络模型一般利用恒等映射来构建。假设 $H(\boldsymbol{x})=\boldsymbol{x}$ 表示一组堆叠网络层的映射，当网络层数较深时，神经网络模型难以直接拟合出映射 $H(\boldsymbol{x})$，残差网络结构通过引入跳接将问题转换为拟合残差映射 $F(\boldsymbol{x})$，则 $H(\boldsymbol{x})$可表示为 $H(\boldsymbol{x})=F(\boldsymbol{x})+\boldsymbol{x}$。深度神经网络模型只需通过残差函数 $F(\boldsymbol{x})=H(\boldsymbol{x})-\boldsymbol{x}$ 来学习实际映射，以此解决网络层数增加造成的深度神经网络的退化问题。残差学习单元的结构如图 2.15 所示，图中右侧折线为跳接，通过跳接到整流线性单元（rectified linear unit，ReLU）激活函数前，将之前的输出结果与本层得到的输出结果相加，将求和的结果输入到 ReLU 激活函数中作为本层的输出。

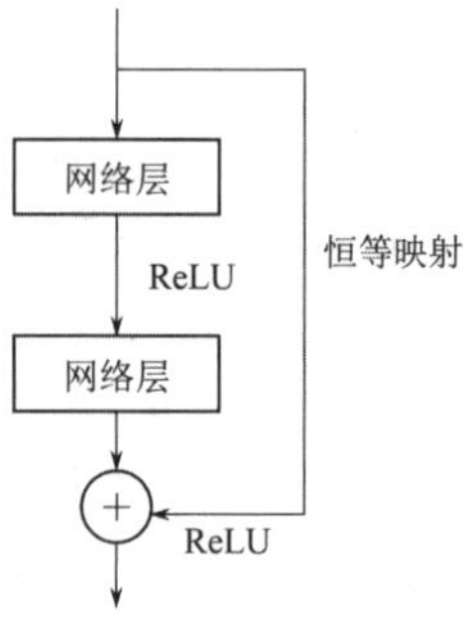

图 2.15 残差学习单元的结构

图 2.15 中，ReLU 激活函数的表达式为

$$\mathrm{ReLU}(x)=\begin{cases}x, & x\geqslant 0\\ 0, & x<0\end{cases} \tag{2.91}$$

假设有 L 个残差学习单元进行堆叠连接，以$\boldsymbol{x}^{(l)}$表示第 l 个单元的输入，$\boldsymbol{x}^{(l+1)}$表示单元的输出，可以推导出第 L 个单元的输出为

$$\boldsymbol{x}^{(L+1)}=\boldsymbol{x}^{(l)}+\sum_{i=l}^{L-1}F[\boldsymbol{x}^{(i)}+\boldsymbol{W}^{(i)}] \tag{2.92}$$

利用链式规则，求得反向传播的梯度为

$$\frac{\partial \mathrm{loss}}{\partial \boldsymbol{x}^{(l)}}=\frac{\partial \mathrm{loss}}{\partial \boldsymbol{x}^{(L)}}\frac{\partial \boldsymbol{x}^{(L)}}{\partial \boldsymbol{x}^{(l)}}=\frac{\partial \mathrm{loss}}{\partial \boldsymbol{x}^{(L)}}\left\{1+\frac{\partial}{\partial \boldsymbol{x}^{(L)}}F[\boldsymbol{x}^{(i)}+\boldsymbol{W}^{(i)}]\right\} \tag{2.93}$$

式中：第一个因子$\dfrac{\partial \mathrm{loss}}{\partial \boldsymbol{x}^{(l)}}$表示的损失函数到达 L 层的梯度可直接传递至任意比它浅的网络层，括号中的因子表明跳接机制可以无损传播梯度，从而避免了网络性能退化。

2. 基于注意力机制的长短期记忆网络

当用神经网络来处理大量的监测信息时，可借助注意力机制，只选择一些关键信息进行处理以提高效率。循环神经网络（recurrent neural network，RNN）在训练期间会反复使用同一个权重 w，在监测数据序列时间跨度较大时，会导致在训练时的梯度消失和梯度爆炸（也称长期依赖问题），故引入 LSTM 网络来解决此问题。LSTM 和普通 RNN 的区别在于，RNN 把前面时刻的监测信息全都存下来，因为它没有挑选的能力，而 LSTM

会利用门控装置选择性地存储信息。LSTM 的三个门分别是输入门、输出门、遗忘门，监测信息先经过输入门，判断是否允许信息输入，再利用遗忘门是否选择遗忘记忆单元里的信息，最后再经过输出门，判断是否将这一时刻的信息输出。

结合 LSTM 网络的当前输入 x^t 和上一个状态传递下来的隐含层变量 h^{t-1}，得到四个状态变量 Z、Z^i、Z^f 和 Z^o，其表达式为

$$\begin{cases} Z = \tanh(W[x^t, h^{t-1}]) \\ Z^i = \sigma(W^i[x^t, h^{t-1}]) \\ Z^f = \sigma(W^f[x^t, h^{t-1}]) \\ Z^o = \sigma(W^o[x^t, h^{t-1}]) \end{cases} \tag{2.94}$$

式中：Z^f、Z^i、Z^o 为由合并向量乘以权值矩阵，再通过一个 Sigmoid 激活函数转换成 0～1 之间的数值作为门控指标；Z 为将结果通过一个 tanh 激活函数转换成－1～1 之间的值。

图 2.16 为 LSTM 的内部结构，⊙代表矩阵元素相乘，要求两个相乘矩阵是同型的；⊕代表矩阵相加。相比 RNN 只有一个传递状态 h^t，LSTM 有 c^t（单元状态）和 h^t（隐藏状态）两个传输状态，其中 c^t 是上一个状态传过来的 c^{t-1} 加上一些数值。在遗忘阶段，通过计算得到的 Z^f 作为遗忘门控，控制上一个状态的 c^{t-1}。在记忆阶段，对输入的监测信息 x^t 进行选择记忆，重要的监测信息则着重记录，当前的输入内容由前面计算得到的 Z 表示，而选择的门控信号则由 Z^i 进行控制。在输出阶段，通过 Z^o 进行控制，并且还对上一阶段得到的 c^o 通过 tanh 激活函数进行缩放，其值域是(－1,1)。

$$\tanh(x) = \frac{\exp(x) - \exp(-x)}{\exp(x) + \exp(-x)} \tag{2.95}$$

注意力机制能利用神经网络模型对重要程度不同的监测效应量信息分配相应的权值，以充分提取其特征。它不是一个完整的神经网络模型，而是一种技术手段，能够嵌入到任何模型中。当特征提取网络对输入的荷载和时效因子序列进行处理时，提取的特征具有时间顺序，把这些具备时间顺序的特征输入到基于注意力机制的 LSTM 网络中，并赋以不同的权重，由此突出重要特征对输出结果的影响。

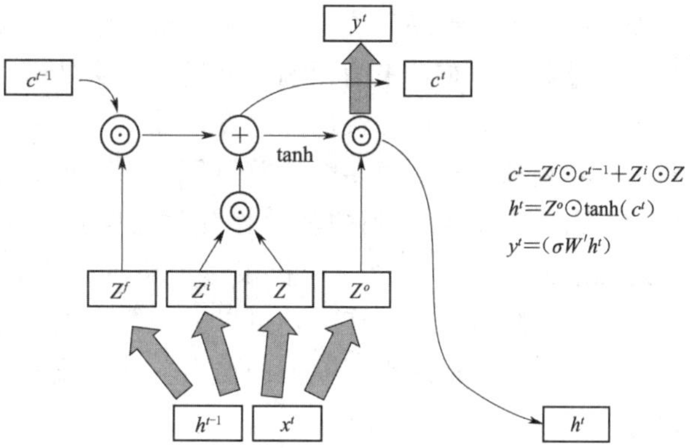

图 2.16　LSTM 的内部结构

若监测序列经残差网络特征提取后为

$$\boldsymbol{f}_{\text{res}} = \{\boldsymbol{f}_1, \boldsymbol{f}_2, \cdots, \boldsymbol{f}_M\}, \qquad \boldsymbol{f}_i \in \boldsymbol{R}^D \tag{2.96}$$

式中：M 为监测效应量变化特性残差网络输出的特征向量的数量；$\boldsymbol{f}_i$ 为 $1\times D$ 的特征向量，D 为模型输入向量的维度。

将式（2.96）提取的特征 $\boldsymbol{f}_{\text{res}}$ 输入到基于注意力机制的 LSTM 网络中，LSTM 首先将提取到的特征 $\boldsymbol{f}_{\text{res}}$ 转化，由此得到隐含层的特征 $\boldsymbol{H} = [\boldsymbol{h}_1, \boldsymbol{h}_2, \cdots, \boldsymbol{h}_D]$，$\boldsymbol{H} \in \boldsymbol{R}^{N\times D}$，$N$

为 LSTM 隐含层的维度。注意力机制可以通过网络学习，构建注意力矩阵，其表达式为

$$\begin{cases} u_i = \tanh(\boldsymbol{W}_s \boldsymbol{h}_i + b_s) \\ \alpha_i = \dfrac{\exp(u_i)}{\sum\limits_i \exp(u_i)}, \quad \sum\limits_i \alpha_i = 1 \\ \boldsymbol{f}_{\text{map}} = \sum\limits_i \alpha_i \boldsymbol{h}_i \end{cases} \tag{2.97}$$

式中：$\boldsymbol{W}_s$ 为隐变量的权值矩阵；b_s 为偏置；α_i 为各隐变量的权重系数；$\boldsymbol{f}_{\text{map}}$ 为加权后的特征。

3. 长短期记忆残差网络表征模型构建

监测效应量变化特性残差网络在加深网络结构、提取高维特征的同时，减少了网络的参数量，能够避免网络退化的出现。基于注意力机制的 LSTM 能够给不同的特征分配权重，使提取的特征能反映输入信息的重点。将两者优势相结合，设计带有卷积核的残差学习单元块结构，如图 2.17 所示，构建 LRAM，如图 2.18 所示。图 2.17 中，残差学习单元块由两个一维卷积核组成，为提升网络的非线性映射能力，加入归一化层（BN＋ReLU），对每一批数据进行归一化。图 2.18 中，LRAM 的输入为：①水压分量 δ_H，利用有限元计算结果拟合出水压分量表达式，即 $\delta_H = \sum\limits_{i=1}^{n} a_i'(H^i - H_0^i)$；②温度分量因子，选取 $\sin\dfrac{2\pi it}{365} - \sin\dfrac{2\pi it_0}{365}$、$\cos\dfrac{2\pi it}{365} - \cos\dfrac{2\pi it_0}{365}$、$\sin\dfrac{4\pi it}{365} - \sin\dfrac{4\pi it_0}{365}$、$\cos\dfrac{4\pi it}{365} - \cos\dfrac{4\pi it_0}{365}$ 共 4 项温度因子；③时效分量因子，选取 $\theta - \theta_0$、$\ln\theta - \ln\theta_0$ 共 2 项时效因子。

输入的 7 维向量序列首先经过卷积层，添加了批归一化层以减少监测效应量数据分布带来的影响，经过池化层处理，对于输入的监测数据进行降维压缩，以加快运算速度；然后经过残差单元 a，该单元包括两个卷积核；再经过多个残差单元 b，提取到的特征通过含有隐藏单元的 LSTM 层，得到的输出作为注意力层的输入，监测数据特征经过注意力层完成特征的加权表达。通过丢弃（dropout）层与全连接层进行“随机失活”连接，可以有效缓解模型的过拟合问题，起到正则化的作用。最后得到模型的输出，即荷载和时效影响下的监测效应量测值。

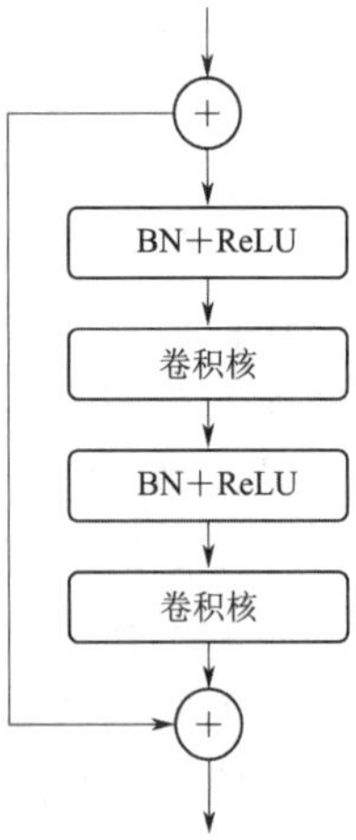

图 2.17　残差学习单元块结构

2.2.3.3　小形状演化图表征模型建立

小形状作为一种时序分析方法，在时间轴上将时序分段，从分段中挖掘其细部特征波形。为了表征监测效应量实测数据序列的动态演变规律，提取多测点主分量时间序列的小形状，并随时间累积转移关系，构建动态图进行表示，形成一种可推理可解释的方法，用于多测点监测效应量的变化特性表征。

基于小形状的时间序列分类算法，首先从小形状候选池中找到最具代表性的子序列作为小形状，然后计算每个时间序列和这些提取出的小形状之间的距离，通过设置距离阈值

实现时间序列的分类。令多测点监测数据集合为 $T=\{\boldsymbol{t}_1,t_2,\cdots,\boldsymbol{t}_{|T|}\}$，其中每个 $\boldsymbol{t}$ 包含 n 个按时间顺序排列的元素，即 $\boldsymbol{t}=\{x_1,x_2,\cdots,x_n\}$，$\boldsymbol{t}$ 的时序片段 $\boldsymbol{s}=\{x_i,\cdots,x_j\}$，为了度量序列的相异程度，将两个时序片段 $\boldsymbol{s}_i$ 和 $\boldsymbol{s}_j$ 之间的距离表示为 $d(\boldsymbol{s}_i,\boldsymbol{s}_j)$，一般采用欧氏距离，但是欧氏距离不能处理不同的序列长度和时间偏移，故引入动态时间规整（dynamic time warping，DTW）距离，用以计算两个不同长度序列相似度。

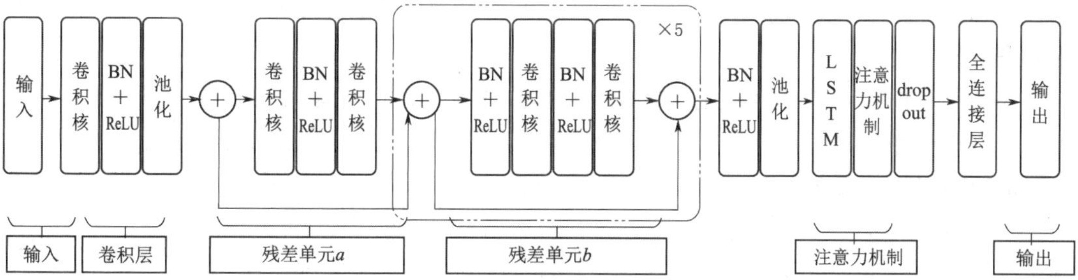

图 2.18 长短期记忆残差网络表征模型

为给定的序列对找到合适的对齐方式，将两个时序片段 $\boldsymbol{s}_i$ 和 $\boldsymbol{s}_j$ 的所有可能对齐表示为 $A(\boldsymbol{s}_i,\boldsymbol{s}_j)$，则 DTW 距离为

$$d_{\mathrm{DTW}}(\boldsymbol{s}_i,\boldsymbol{s}_j)=\min_{\boldsymbol{a}\in A(\boldsymbol{s}_i,\boldsymbol{s}_j)}\tau(\boldsymbol{s}_i,\boldsymbol{s}_j \mid \boldsymbol{a}) \tag{2.98}$$

式中：$\tau(\boldsymbol{s}_i,\boldsymbol{s}_j|\boldsymbol{a})$是在采用对齐方式 $\boldsymbol{a}$ 时，时序片段之间的相异性。

小形状 $\boldsymbol{v}$ 为具有代表性的一个时序片段，可以通过特定的标准将时序样本集合 $\boldsymbol{T}$ 分成两个较小的集合 $\boldsymbol{T}_1$ 和 $\boldsymbol{T}_2$，一个靠近 $\boldsymbol{v}$，另一个远离 $\boldsymbol{v}$，划分标准的损失函数：

$$L=-g[S_1(\boldsymbol{v},T_1),S_2(\boldsymbol{v},\boldsymbol{T}_2)] \tag{2.99}$$

式中：L 为时序样本集合和小形状 $\boldsymbol{v}$ 的相异程度；$S(\boldsymbol{v},\boldsymbol{T})$为小形状与时序样本集合的距离；函数 g 返回一个标量值，代表分类的信息增益。

小形状对时间序列特征进行识别和变换的示例如图 2.19 所示。分为三步：提取两个小形状；在时间序列中定位最接近的曲线段；利用小形状转化时序数据，以表征原始时间序列的特征。左侧的 S_1、S_2 为在数据集上学习到的小形状，右侧的图为经小形状转化过后的时序数据的二维表示，中间的四张图显示了时间序列中和小形状最接近时序片段，每一个小形状都会在时序片段中找到和自身最匹配的位置。

现有的小形状分析方法主要着眼于静态的分析，但监测效应量时序小形状通常是动态

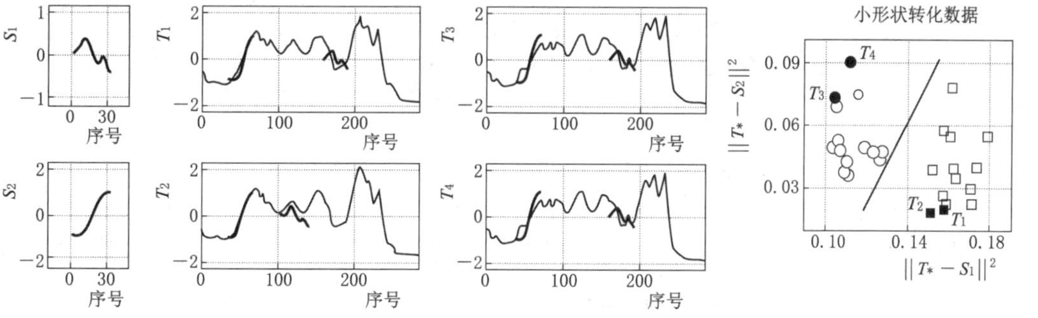

图 2.19 小形状对时间序列特征进行识别和变换的示例

的。为捕获多测点效应量时序小形状的时变特性，定义两个因子来衡量多测点效应量时序小形状在不同时间的影响。定义局部因子 w_n 表示多测点效应量时序小形状的第 n 个元素的权重，则小形状与时序片段之间的距离可以被重新定义为

$$\hat{d}(\boldsymbol{v},\boldsymbol{s} \mid w)=\tau(\boldsymbol{v},\boldsymbol{s} \mid \boldsymbol{a}^*,w)=\sqrt{\sum_{k=1}^{p} w_{\boldsymbol{a}_1^*(k)}\left[\boldsymbol{v}_{\boldsymbol{a}_1^*(k)}-\boldsymbol{s}_{\boldsymbol{a}_2^*(k)}\right]^2} \tag{2.100}$$

式（2.100）可以理解为将权重 w 投影到 DTW 对齐路径上，$\boldsymbol{a}^*$ 为式（2.98）取最小值时的对齐方式。

在全局层面上，多测点效应量时序小形状在不同的时间可能代表完全不同的含义，可以通过添加时序片段的权重来度量这种偏差，定义全局因子 u_m，则小形状 $\boldsymbol{v}$ 和时间序列 $\boldsymbol{t}$ 之间的距离可以改写为

$$\hat{D}(\boldsymbol{v},\boldsymbol{t} \mid w,u)=\min_{1\leqslant k\leqslant m} u_k \cdot \hat{d}(\boldsymbol{v},\boldsymbol{s}_k \mid w) \tag{2.101}$$

式中：$\boldsymbol{t}$ 被分成 m 段，即 $\boldsymbol{t}=\{\boldsymbol{s}_1,\cdots,\boldsymbol{s}_m\}$。

在加入局部因子和全局因子的基础上，损失函数式（2.99）可以重新定义为

$$L=-g[S_1(\boldsymbol{v},\boldsymbol{T}_1),S_2(\boldsymbol{v},\boldsymbol{T}_2)]+\lambda\|w\|+\gamma\|u\| \tag{2.102}$$

式中：λ 和 γ 为惩罚因子的超参数。

从所有多测点效应量子序列中筛选出可作为小形状的片段候选池，假设给定的时序集合遵循特定的分布，例如高斯分布，由此可以估计其分布参数，然后由这些参数导出式（2.102）中 g 的梯度，选择损失最小的前 k 个小形状作为最终的动态小形状。在获得多测点时序小形状后，可以利用小形状来转化多测点效应量时间序列数据，但传统的转化方法忽略了小形状之间的相关性，包括共现性和出现的顺序。为此，构建多测点效应量时序小形状演化图来表征这种相关性。

多测点效应量时序小形状演化图是有向加权图 $\boldsymbol{G}=(\boldsymbol{V},\boldsymbol{E})$，图结构中 $\boldsymbol{V}$ 由 K 个顶点组成，顶点代表小形状，有向边 $e_{ij}\in\boldsymbol{E}$ 与一个权重 w_{ij} 相关联，以表示在相同的时间序列中，小形状 $\boldsymbol{v}_i\in\boldsymbol{V}$ 随时间演变为另一个小形状 $\boldsymbol{v}_j\in\boldsymbol{V}$ 的概率，所以图中的路径可以反映出小形状的演变及其转移模式。定义距离阈值 δ，当多测点时序小形状与时序片段之间的距离小于阈值时，给每个时序片段 $\boldsymbol{s}_i$ 分配几个距离最近的小形状，令分配给 $\boldsymbol{s}_i$ 的小形状为 $\boldsymbol{v}_{i,*}$，$\boldsymbol{v}_{i,j}$ 是 $\boldsymbol{s}_i$ 的第 j 个小形状，为了衡量分配是否合理，定义标准化的分配概率 $p_{i,j}$ 为

$$p_{i,j}=\frac{\max[\hat{d}_{i,*}(\boldsymbol{v}_{i,*},\boldsymbol{s}_i)]-\hat{d}_{i,j}(\boldsymbol{v}_{i,j},\boldsymbol{s}_i)}{\max[\hat{d}_{i,*}(\boldsymbol{v}_{i,*},\boldsymbol{s}_i)]-\min[\hat{d}_{i,*}(\boldsymbol{v}_{i,*},\boldsymbol{s}_i)]} \tag{2.103}$$

其中

$$\hat{d}_{i,*}(\boldsymbol{v}_{i,*},\boldsymbol{s}_i)=u_*[i]\cdot\hat{d}(\boldsymbol{v}_{i,*},\boldsymbol{s}_i \mid w_*) \tag{2.104}$$

小形状集合 $\boldsymbol{v}_{i,*}$ 分配给 $\boldsymbol{s}_i$ 的概率为 $\boldsymbol{p}_{i,*}$，对于每对小形状 (j,k)，通过权重 $p_{i,j}\cdot p_{i+1,k}$ 为 $\boldsymbol{v}_{i,j}$ 到 $\boldsymbol{v}_{i+1,k}$ 创建加权边，并将所有重复的边权重相加合并，然后将每个节点的边权重标准化，则边权重就代表了顶点 $\boldsymbol{v}_i$ 转变为顶点 $\boldsymbol{v}_j$ 的条件概率 $P(\boldsymbol{v}_j|\boldsymbol{v}_i)$。多测点监测效应量时序小形状演化图构建过程如下：①给定距离阈值 δ，初始化有向加权图 $\boldsymbol{G}$；

②对每一个时序片段s_i 和小形状 v_j，当 $\hat{d}(v_j, s|w_j)\cdot u_j[i]\leqslant\delta$ 时，依照式（2.103）计算分配概率，将 v_j 分配给s_i；③对所有相邻的时序片段(s_i, s_{i+1})和分配的小形状$(v_{i,j}, v_{i+1,k})$，求边的加权和；④将每个顶点的边权重标准化；⑤得到演化图 G。小形状演化图的分时段可视化效果示例如图 2.20 所示。

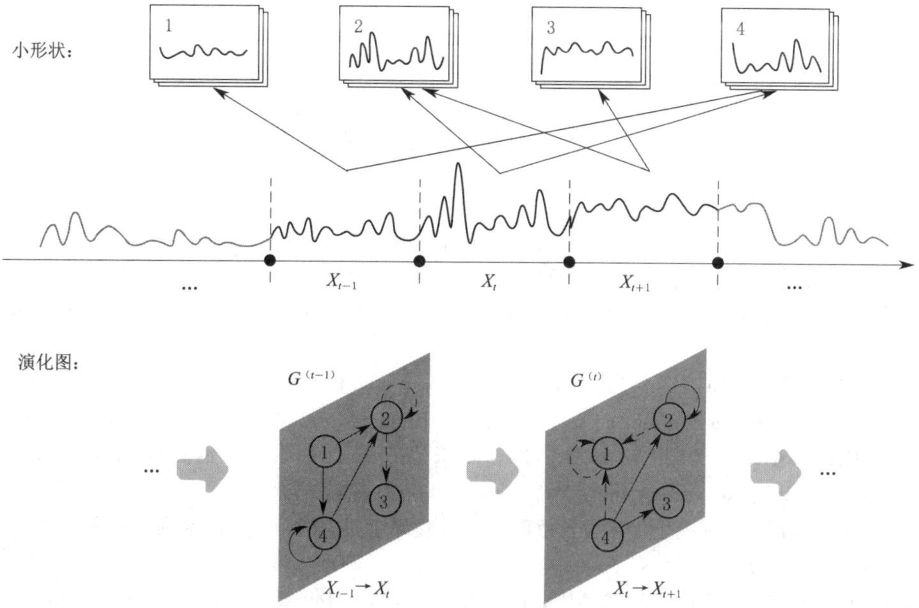

图 2.20　小形状演化图的分时段可视化效果示例

多测点监测效应量时序小形状演化图，将时间轴上相邻两时序片段之间的状态变化用图结构进行表示，则监测效应量时序状态的演变转化为图结构，形成可视化的表示，可用于表征多测点时序的演变规律。在混凝土坝长期运行过程中积累了大量的监测数据，而其中疑似异常的演化时序片段往往出现的频次较少，当在时间轴上汇总所有演化图时，如图 2.21 所示，图中顶点圆圈的大小代表了顶点的重要性，边的宽度则反映了顶点之间边权重的大小。对于正常的演化时序片段，小形状变换在演化图中有一条清晰的路径。对于疑似异常的演

图 2.21　多测点时序小形状演化图汇总示例

化时序片段，小形状变换的路径往往不存在或者不明显。

在实际应用中，如发现时序过程线出现异常波动，可以提取出波动时段的小形状演化路径，然后和经过汇总的小形状演化图对比，确定是否为次要路径，再结合对相应时段的环境和荷载因素分析，解释出现波动的原因。通过观察图结构的变化，可以发现时序中的变化趋势、异常的拐点特征，小形状演化图路径的连通性可以有效表征多测点时序演变规律。

参考文献

[1] 王朝瑞. 图论 [M]. 3版. 北京：北京理工大学出版社，2004.

[2] 王宏志. 大数据分析原理与实践 [M]. 北京：机械工业出版社，2018.

[3] 蔡德文，王继敏，赵二峰，等. 特高拱坝安全监控分析 [M]. 北京：中国水利水电出版社，2022.

[4] CHENG L，ZHENG D J. Two online dam safety monitoring models based on the process of extracting environmental effect [J]. Advances in Engineering Software，2013，57：48－56.

[5] SERRA J，ARCOS J L. An empirical evaluation of similarity measures for time series clasification [J]. Knowledge-based Systems，2014，67：305－314.

[6] 顾冲时，苏怀智. 混凝土坝工程长效服役与风险评定研究述评 [J]. 水利水电科技进展，2015，35 (5)：1－12.

[7] PRAKASH G，SADHU A，NARASIMHAN S，et al. Initial service life data towards structural health monitoring of a concrete arch dam [J]. Structural Control and Health Monitoring. 2018，25 (1)：e2036.

[8] HU J，MA F H. Zoned safety monitoring model for uplift pressures of concrete dams [J]. Transactions of the Institute of Measurement and Control，2019，41 (14)：3952－3969.

[9] YANG D S，GU C S，ZHU Y T，et al. A concrete dam deformation prediction method based on LSTM with attention mechanism [J]. IEEE Access. 2020，8：185177－185186.

[10] LI Y T，BAO T F，GONG J，et al. The prediction of dam displacement time series using STL，extra-trees，and stacked LSTM neural network [J]. IEEE Access，2020，8：94440－94452.

[11] WANG S W，XU C，GU C S，et al. Displacement monitoring model of concrete dams using the shape feature clustering-based temperature principal component factor [J]. Structural Control and Health Monitoring，2020，27 (10)：e2603.

[12] FAN H L，ZHONG Y C，ZENG G P，et al. Attributed network representation learning via improved graph attention with robust negative sampling [J]. Applied Intelligence，2021，51 (1)：416－426.

[13] MOLAEI S，BOUSEJIN N G，ZARE H，et al. Deep node clustering based on mutual information maximization [J]. Neurocomputing，2021，455：274－282.

第3章　混凝土坝长效服役性态智能预测模型

混凝土坝长效服役性态异常是从量变到质变的过程，但结构或渗流异常发展到一定程度后有可能会导致混凝土坝的失事。因此，对混凝土坝服役性态进行预测，不仅可以及时发现大坝的异常状况，避免事态的恶化，还可以提前了解大坝的运行状态，防止可能异常事故的发生。大坝安全监控模型的发展需要从夯基垒台、立柱架梁到全面推进、积厚成势，再到系统集成、协同高效，实现系统性重塑、整体性重构。传统的预测模型主要以统计分析为基础，注重假设和模型解释，对长序列规律性强的实测数据预测效果较好，但有时无法进行短序列或长周期预测。而以机器学习为基础的人工智能模型注重模型预测效果，以监测数据序列为训练样本集，以影响因子为学习机器的输入，通过训练获得一个具有良好泛化能力的学习机器，以效应量为学习机器的输出，对处理复杂数据优势明显。为此，本章着重介绍高斯过程、支持向量机、支持回归机、时间卷积网络等单测点智能预测模型，以及基于最小二乘法的空间变形场模型、基于偏最小二乘回归的多测点信息融合时空模型、多测点支持向量机模型等。

3.1　单测点智能预测模型

智能预测模型的构建相当于机器学习问题，从实测数据本身来看，监测效应量反映了大坝在环境与外荷载作用下的动态演化过程，而且与其历史数据存在相关性。因此，可将监测效应量的实测数据作为学习机器的输入，预测未来的变化。在对实测数据预处理的基础上，本节着重探讨单测点智能预测模型的构建方法，用于对监测效应量和影响量间非线性映射关系的表征和预测。

3.1.1　GP 模型

常规统计模型难以对预测值进行不确定性分析，引入具有良好学习能力的高斯过程（Gaussian process，GP）模型，通过定义不确定性系数（uncertainty coefficient，UC）对 GP 模型预测结果进行不确定性分析。GP 模型是一种基于 Bayes 学习理论的机器学习算法，在处理高维数、小样本等复杂非线性问题方面有着较好的非线性拟合和预测能力，具有良好的适应性和很强的泛化能力。GP 模型通过训练给定的样本集，建立输入变量和输出结果之间的非线性映射关系，属于有监督的学习算法。

假设训练集 $\boldsymbol{D}=(\boldsymbol{X},\boldsymbol{y})=\{(x_i,y_i|i=1,2,\cdots,n)\}$，其中 $\boldsymbol{X}$ 为环境因子输入变量，为

$d\times n$ 的矩阵，$\boldsymbol{y}$ 表示效应量输入变量，为 $1\times n$ 的矩阵，即 $x_i\in\boldsymbol{R}^d$，$y_i\in\boldsymbol{R}$。训练好的GP 模型可以反映环境因子与效应量之间的最优非线性映射，即输入新的 $\boldsymbol{X}^*$，GP 模型可以直接输出结果 $\boldsymbol{y}^*$。

GP 模型假定输出结果 $\boldsymbol{y}^*$ 含有符合正态分布的白噪声 ε，则

$$y^*=f(X)+\varepsilon \tag{3.1}$$

式中：ε 为均值 0、方差 σ_n^2 的白噪声，$\varepsilon\sim N(0,\sigma_n^2)$。

于是，$\boldsymbol{y}^*$ 的先验分布可表示为

$$\boldsymbol{y}^*\sim N(0,\boldsymbol{K}+\sigma_n^2\boldsymbol{I}) \tag{3.2}$$

其中

$$\boldsymbol{K}=\begin{bmatrix} k(\boldsymbol{X}_1,\boldsymbol{X}_1) & \cdots & k(\boldsymbol{X}_1,\boldsymbol{X}_m)\\ k(\boldsymbol{X}_2,\boldsymbol{X}_1) & \cdots & k(\boldsymbol{X}_2,\boldsymbol{X}_m)\\ \vdots & \vdots & \vdots\\ k(\boldsymbol{X}_m,X_1) & \cdots & k(\boldsymbol{X}_m,\boldsymbol{X}_m)\end{bmatrix},\quad k(\boldsymbol{X}^*,\boldsymbol{X})=\begin{bmatrix} k(\boldsymbol{X}^*,\boldsymbol{X}_1)\\ k(\boldsymbol{X}^*,\boldsymbol{X}_2)\\ \vdots\\ k(\boldsymbol{X}^*,\boldsymbol{X}_m)\end{bmatrix}^{\mathrm{T}},$$

$$k(\boldsymbol{X},\boldsymbol{X}^*)=\begin{bmatrix} k(\boldsymbol{X}_1,\boldsymbol{X}^*)\\ k(X_2,X^*)\\ \vdots\\ k(\boldsymbol{X}_m,\boldsymbol{X}^*)\end{bmatrix}$$

式中：$\boldsymbol{K}$ 为由训练样本得到的核矩阵，$\boldsymbol{I}$ 为单位矩阵。

进一步确定训练样本集输出 $\boldsymbol{y}$ 和测试样本输出 $\boldsymbol{y}^*$ 的联合正态先验分布表达式

$$\begin{bmatrix}\boldsymbol{y}\\ \boldsymbol{y}^*\end{bmatrix}\sim N\left\{0,\begin{bmatrix}\boldsymbol{K}(\boldsymbol{X},\boldsymbol{X})+\sigma_n^2\boldsymbol{I} & \boldsymbol{K}(\boldsymbol{X},\boldsymbol{x}^*)\\ \boldsymbol{K}(\boldsymbol{X},\boldsymbol{x}^*) & \boldsymbol{K}(\boldsymbol{x}^*,\boldsymbol{x}^*)\end{bmatrix}\right\} \tag{3.3}$$

式中：$\boldsymbol{K}(\boldsymbol{X},\boldsymbol{x}^*)$为学习训练样本集的输入 $\boldsymbol{X}$ 与测试样本输入 $\boldsymbol{x}^*$ 的协方差，$\boldsymbol{K}(\boldsymbol{X},\boldsymbol{X})$和 $\boldsymbol{K}(\boldsymbol{x}^*,\boldsymbol{x}^*)$均为学习训练样本集和测试样本对其自身的协方差。

建立能反映输入变量与输出结果之间的非线性映射的最优 GP 模型，需要合理选定协方差函数中的超参数。通过建立对数形式的极大似然函数，结合梯度算法自适应确定最优超参数

$$L=\ln p(\boldsymbol{y}\mid\boldsymbol{x})=-\frac{1}{2}y^{\mathrm{T}}(\boldsymbol{K}+\sigma_n^2\boldsymbol{I})^{-1}\boldsymbol{y}-\frac{1}{2}\ln|\boldsymbol{K}+\sigma_n^2\boldsymbol{I}|-\frac{n}{2}\ln 2\pi \tag{3.4}$$

基于最优 GP 模型，通过输入测试样本 $\boldsymbol{x}^*$，可以直接得到输出 $\boldsymbol{y}^*$ 的预测均值与方差，即

$$\bar{y}^*=\boldsymbol{k}(\boldsymbol{x}^*,\boldsymbol{x})(\boldsymbol{K}+\sigma_n^2\boldsymbol{I})^{-1}\boldsymbol{y} \tag{3.5}$$

$$\operatorname{cov}(\boldsymbol{y}^*)=\boldsymbol{k}(\boldsymbol{x}^*,\boldsymbol{x}^*)-\boldsymbol{k}(\boldsymbol{x}^*,\boldsymbol{x})(\boldsymbol{K}+\sigma_n^2\boldsymbol{I})^{-1}\boldsymbol{k}(\boldsymbol{x},\boldsymbol{x}^*) \tag{3.6}$$

可见，GP 模型通过非线性拟合预测可以求得输出值的均值 $\bar{y}^*$，还可以进一步求得相应的输出预测值的方差 $\operatorname{cov}(\boldsymbol{y}^*)$，据此可以构建 GP 模型预测值的置信区间。

根据 GP 模型的基本原理，协方差函数类型及其相关参数对 GP 模型的拟合和预测精度具有关键性作用，需要合理选定。常见 GP 模型协方差函数表达式列于表 3.1，待定超参数主要包含平方指数函数和 Matérn 函数等。

表 3.1 常见 GP 模型协方差函数表达式

函数名称	函数表达式
平方指数函数	$k_{SE}(x_p,x_q)=\sigma_f^2\exp\left(-\frac{1}{2l^2}\Vert x_p-x_q\Vert\right)+\sigma_n^2\delta_{pq}$
Matérn 函数 ($v=3/2$)	$k_{v=3/2}(x_p,x_q)=\sigma_f^2\left(1+\frac{1}{l}\sqrt{3\Vert x_p-x_q\Vert^2}\right)\exp\left(-\frac{1}{l}\sqrt{3\Vert x_p-x_q\Vert^2}\right)+\sigma_n^2\delta_{pq}$
Matérn 函数 ($v=5/2$)	$k_{v=5/2}(x_p,x_q)=\sigma_f^2\left(1+\frac{1}{l}\sqrt{5\Vert x_p-x_q\Vert^2}\right)\exp\left(-\frac{1}{l}\sqrt{5\Vert x_p-x_q\Vert^2}\right)+\sigma_n^2\delta_{pq}$
神经网络函数	$k_{NN}(x_p,x_q)=\sigma_f^2\arcsin\left[\frac{x_px_q}{l\sqrt{(l^2+x_p^2)(l^2+x_q^2)}}\right]+\sigma_n^2\delta_{pq}$
有理二次函数	$k_{RQ}(x_p,x_q)=\sigma_f^2\left[1+\left(\frac{(x_p-x_q)}{2\alpha l^2}\right)\right]^{-\alpha}+\sigma_n^2\delta_{pq}$
周期函数	$k_{PER}(x_p,x_q)=\sigma_f^2\exp\left[-2\sin^2\frac{\pi(x_p-x_q)}{l^2}\right]+\sigma_n^2\delta_{pq}$
线性函数	$k_{LIN}(x_p,x_q)=\frac{1}{l^2}x_px_q+\sigma_n^2\delta_{pq}$

表 3.1 中，x_p 和 x_q 分别为学习训练样本集和测试样本集中样本点，l、σ_f、σ_n 为超参数，l 为确定 GP 模型输入与输出直接相关性参数；σ_f 为确定协方差函数的标准差，用于控制模型输入与输出之间的局部相关性；σ_n 为实测数据中噪声的标准差；δ_{pq} 为 Kronecker 函数，p 和 q 为下标，当 $p=q$ 时，$\delta_{pq}=0$，否则 $\delta_{pq}=1$。

以混凝土坝变形为例，建立 GP 模型的主要步骤如下。

步骤 1：构建 GP 模型的训练样本集 $d=(\boldsymbol{x},\boldsymbol{y})=\{(x_i,y_i)\}$。

步骤 2：数据标准化预处理。混凝土坝变形影响因子间存在量纲差异、数量级别悬殊且具有较大的离散性等问题，这些问题往往会导致降低 GP 模型的训练学习速度和精度，甚至会使模型预测结果出现很大偏差，进而导致错误。因此，需要对 GP 模型的学习训练样本集和测试样本集等数据进行标准化预处理

$$\begin{cases}p_i=x_i/s\\ s=\left[\dfrac{1}{n-1}\sum\limits_{i=1}^{n}(x_i-\bar{x})^2\right]^{\frac{1}{2}}\\ \bar{x}=\dfrac{1}{n}\sum\limits_{i=1}^{n}x_i\end{cases}\tag{3.7}$$

式中：x_i 为第 i 个影响因子的测值；p_i 为标准化预处理后的值。

步骤 3：选定 GP 模型的协方差函数和均值函数的类型，并初始化 GP 模型的超参数。

步骤 4：GP 模型训练学习。假设学习样本服从高斯分布，根据边缘似然函数得到后验预测分布，对于 GP 模型最优超参数采用极大似然法并结合梯度算法得到。

步骤 5：GP 模型变形预测。根据步骤 4 训练获得的最优超参数，得到反映 X 和 Y 的非线性映射关系的最优 GP 模型，通过输入新的环境因子 x^*，可以得到预测值 y^* 的均值

和方差，均值可以作为混凝土坝变形预测值，结合预测方差可以对预测值的可信程度进行评价，通过进一步分析计算易得相应预测因子条件下的预测值的置信区间。

定义预测结果的标准差与学习样本集的拟合标准差的比值为 UC，其表达式如下

$$UC = \sigma^* / \overline{\sigma}_t \tag{3.8}$$

式中：σ^* 为 GP 模型的预测结果的标准差；$\overline{\sigma}_t$ 为 GP 模型学习样本集的拟合标准差。

当 UC 值越小，表明预测样本的标准差越小，预测结果的置信区间范围越窄小，不确定性越小；反之，则不确定性越大。根据 UC 值大小，将 UC 值划分为三个区间，对应为 GP 模型预测结果的三个不确定性等级，见表 3.2。

表 3.2　GP 模型预测结果不确定性等级

不确定性等级	低	中	高
UC 值	≤3.0	3.0～5.0	≥5.0

3.1.2　SVM 模型

混凝土坝长效服役性态实测数据序列具有明显的非线性、非平稳特征，而支持向量机（support vector machine，SVM）作为新型的机器学习方法，在处理非线性数据方面具有其他算法无法比拟的优势，故 SVM 方法可用于预测模型的构建，并引入改进的粒子群（particle swarm optimization，PSO）算法对 SVM 模型进行优化，达到有效确定模型最优核参数的目的。

3.1.2.1　SVM 模型的构建

SVM 模型构建的基本原理是通过非线性变换（即核函数），把低维空间的数据映射到高维特征空间（Hilbert 空间），并在这个空间进行线性优化，从而实现把低维空间的非线性优化问题转化为高维特征空间的线性优化问题的目的，这种映射可形象地表达为

$$x \rightarrow \phi(x) = [a_1\phi_1(x), a_2\phi_2(x), \cdots, a_n\phi_n(x)] \quad (a_n \in \boldsymbol{R}, \phi_n \in \boldsymbol{R}) \tag{3.9}$$

将实测数据序列作为训练样本，设为 $a_n \in \boldsymbol{R}\{\boldsymbol{x}, \boldsymbol{y}\} = \boldsymbol{R}\{(x_i, y_i)\}(i = 1, 2, \cdots, l)$，$x_i \in \boldsymbol{R}^m$ 是第 i 个学习样本的输入值，且输入值的形式为 m 维列向量，$y_i \in \boldsymbol{R}$ 是学习和输出的目标值。由于实测数据序列是非线性的，需要通过非线性函数 $\phi(\cdot)$将训练样本映射到维数为 k 的高维特征空间中。

设高维空间中的线性理论值函数为

$$f(x) = \boldsymbol{w} \cdot \phi(x) + b \tag{3.10}$$

式中：$\boldsymbol{w}$ 为权向量，$\boldsymbol{w} \in \boldsymbol{R}^k$，反映了函数的复杂度；$b$ 为常数。

由结构风险最小化原则可知，$\boldsymbol{w}$ 和 b 可以通过求得惩罚风险函数的最小值进行估计。惩罚风险函数 $R(C)$由经验风险之和与高维空间惩罚项构成，即

$$R(C) = C\frac{1}{l}\sum_{i=1}^{l} L_\varepsilon[y_i - f(x)] + \frac{1}{2}\|\boldsymbol{w}\|^2 \tag{3.11}$$

其中

$$L_\varepsilon[y_i - f(x)] = \begin{cases} 0, & |y_i - f(x)| \leqslant \varepsilon \\ |y_i - f(x)| - \varepsilon, & |y_i - f(x)| > \varepsilon \end{cases} \tag{3.12}$$

式中：$\|\boldsymbol{w}\|^2$ 为惩罚函数；C 为惩罚常数，起到调节经验风险之和与惩罚项两者之间重

要性的作用，比如增大 C 的值，代表增大了经验风险的重要性；ε 为设定的理论值与实际值的误差阈值。

模型的损失函数采用 SVM 中使用较多的 ε 不敏感损失函数，其含义为：当预测值与实测值的误差在允许范围内，则损失函数值取 0；当误差超出预定的界限时，损失函数值取两者之差。为了确保 $f(x)$在 ε 精度下能够估计出所有的监测数据，引入松弛变量 ξ_i、ξ_i^*，则式（3.11）转化为

$$R(\boldsymbol{w},\xi,\xi_i^*)=C\sum_{i=1}^{l}(\xi_i+\xi_i^*)+\frac{1}{2}\|\boldsymbol{w}\|^2 \tag{3.13}$$

求解凸优化问题，即

$$\min R=C\sum_{i=1}^{l}(\xi_i+\xi_i^*)+\frac{1}{2}\|\boldsymbol{w}\|^2 \tag{3.14}$$

$$\text{s.t.}\begin{cases}y_i-\boldsymbol{w}\phi(x)-b\leqslant\varepsilon+\xi_i & (i=1,2,\cdots,n)\\-y_i+\boldsymbol{w}\phi(x)+b\leqslant\varepsilon+\xi_i^* & (i=1,2,\cdots,n)\\\xi_i\geqslant 0, & \xi_i^*\geqslant 0\end{cases} \tag{3.15}$$

构造 Lagrange 函数，并引入对偶变量，得到

$$\begin{aligned}L=&\frac{1}{2}\|\boldsymbol{w}\|^2+C\sum_{i=1}^{l}(\xi_i+\xi_i^*)-\sum_{i=1}^{l}\alpha_i(\xi_i+\varepsilon-y_i+\boldsymbol{w}\cdot x_i+b)\\&-\sum_{i=1}^{l}\alpha_i^*(\xi_i^*+\varepsilon+y_i-\boldsymbol{w}\cdot x_i-b)-\sum_{i=1}^{l}(\eta_i\xi_i+\eta_i^*\xi_i^*)\end{aligned} \tag{3.16}$$

式中：η_i、η_i^*、α_i、α_i^* 为 Lagrange 乘子，且均为不小于 0 的常数。

将 KKT（Karush-Kuhn-Tucker）条件引入，则有

$$\frac{\partial L}{\partial b}=\sum_{i=1}^{l}(\alpha_i-\alpha_i^*)=0\quad(\alpha_i\geqslant 0,\alpha_i^*\leqslant C) \tag{3.17}$$

$$\frac{\partial L}{\partial \boldsymbol{w}}=\boldsymbol{w}-\sum_{i=1}^{l}(\alpha_i-\alpha_i^*)\phi(x_i)=0\Rightarrow\boldsymbol{w}=\sum_{i=1}^{l}(\alpha_i-\alpha_i^*)\phi(x_i) \tag{3.18}$$

$$\frac{\partial L}{\partial \xi_i^{(*)}}=C-\alpha_i^*-\eta_i^*=0\Rightarrow C=\alpha_i^*+\eta_i^* \tag{3.19}$$

$$\begin{aligned}W(\alpha,\alpha^*)=&-\frac{1}{2}\sum_{i,j=1}^{l}(\alpha_i-\alpha_i^*)(\alpha_j-\alpha_j^*)k(x_i,x_j)\\&+\sum_{i=1}^{l}(\alpha_i-\alpha_i^*)y_i-\sum_{i=1}^{l}(\alpha_i+\alpha_i^*)\varepsilon\end{aligned} \tag{3.20}$$

上述问题即可转化为求式（3.20）的最大值问题，解出参数 α_i、α_i^* 代入式（3.18）即可得出 $\boldsymbol{w}$ 的表达式，下一步需要求解理论值函数中的偏置量 b，即

$$b=\frac{1}{\text{Length}SV}\sum_{k=1}^{\text{length}SV}\left[\delta_k+y_k-\sum_{i=1}^{l}(\alpha_i-\alpha_i^*)k(x_i,x_k)\right] \tag{3.21}$$

$$\delta_k=\varepsilon\cdot\text{sgn}(\alpha_k-\alpha_k^*) \tag{3.22}$$

式中：δ_k 为预测误差；lengthSV 为所有支持向量的个数。

$\alpha_i-\alpha_i^*$ 不等于 0 的样本数据就是模型中的支持向量。

式（3.21）充分利用了所有的支持向量样本，将其逐一代入回归函数，求出所有的 b 值后再取平均，从而避免了 b 值求解的片面化。

综上所述，即可得到实测数据序列理论值的表达式：

$$f(x)=\sum_{i=1}^{l}(\alpha_i-\alpha_i^*)[\phi(x_i)\cdot\phi(x)]+b=\sum_{i=1}^{l}(\alpha_i-\alpha_i^*)k(x_i,x)+b \quad (3.23)$$

式中：$k(x_i,x)$为核函数。

基于 Mercer 条件和函数复杂度的考虑，径向基（radial basis function，RBF）核函数只需要设置 1 个参数，对函数的优化仿真能力强，故采用 RBF 核函数。

$$k(x,x_i)=\exp\left(-\frac{\| x-x_i \|^2}{2\sigma^2}\right) \quad (3.24)$$

式中：σ 为核函数的宽度，$\sigma>0$。

从理论值函数的最终表达式（3.23）可以看出，SVM 模型的性能和预测能力在很大程度上取决于核函数和参数的选择，而实际应用时不同工程对核函数和参数的要求也不同，如何选择最优参数以发挥 SVM 模型的最优性能需要进一步研究。为此，下节研究利用改进的 PSO 算法对 SVM 模型参数进行寻优。

3.1.2.2 PSO 算法

PSO 算法是在鱼类觅食行为和鸟群行为模型的研究基础上提出来的新型群体智能优化算法。PSO 算法将解空间中的每一个可能解视为体积和质量不存在的“粒子”，只考虑粒子的位置和速度，粒子根据自身以及同伴的移动经验来调整自己的移动，通过不断运动搜索找出自身的最优解和整个粒子群的最优解，依此更新自己的位置，搜索结束即可找出全局最优解。整个过程可以理解为每个粒子追随着当前的最优粒子在解空间中搜索更优的粒子，同时每个粒子都有一个由适应度函数决定的适应度值来衡量粒子的优劣性，这里采用的适应度函数为均方误差。

假设 N 维解空间中有 m 个粒子，第 i 个粒子的位置为 $\boldsymbol{x}_i=(\boldsymbol{x}_{i1},\boldsymbol{x}_{i2},\cdots,\boldsymbol{x}_{iN})$，速度为 $\boldsymbol{v}_i=(\boldsymbol{v}_{i1},\boldsymbol{v}_{i2},\cdots,\boldsymbol{v}_{iN})$（$i=1，2，\cdots，m$）。在搜索的过程中，个体 i 的最优解记为 $p_{\text{best}_i}=(p_{i1},p_{i2},\cdots,p_{iN})$，群体的最优解记为 $g_{\text{best}}=(g_1,g_2,\cdots,g_N)$，粒子更新自己的速度和位置：

$$v_{id}^{k+1}=wv_{id}^k+c_1rand_1(p_{id}^k-x_{id}^k)+c_2rand_2(g_d^k-x_{id}^k) \quad (3.25)$$

$$x_{id}^{k+1}=x_{id}^k+v_{id}^{k+1} \quad (3.26)$$

式中：c_1、c_2 为学习因子，且均为非负常数，通常令 $c_1=c_2=2$；$d=1，2，\cdots，N$；k 为迭代的次数；$rand_1$ 和 $rand_2$ 为两个［0，1］区间内的随机数；w 为惯性权重，表征算法的搜索能力。

在迭代的过程中，v_{id}^k 需要限制在$[-v_{d\max},v_{d\max}]$范围内。

由式（3.25）可以看出，粒子的最新速度取决于三部分：第一部分为粒子的过去速度，平衡了全局搜索和局部搜索；第二部分体现了粒子自身的认知能力，增强算法的全局搜索能力；第三部分体现了群体的信息共享。由此可以实现 PSO 算法的全局寻优功能。粒子群算法搜索过程如图 3.1 所示。实线表示群体寻优后位置调整结果 x_{k+1}，每个粒子在搜索空间中单独地搜寻最优解 p_{best_k}，并将个体极值与整个粒子群里的其他粒子共享，找到最优的那个个体极值作为整个粒子群的当前全局最优解 g_{best_k}，粒子群中的所有粒子根据自己找到的当前个体极值和整个粒子群共享的当前全局最优解来调整自己的速度 v_k 和位置 x_k。

尽管粒子群算法具有收敛速度快、结构简单、易于实现等优点，但在实际操作过程中仍然存在某些缺陷，比如惯性权重 w 的值固定不变、粒子的多样性无法保持、容易使计算结果陷入局部最优；学习因子也需要根据计算进程实行动态调整。因此，对 PSO 算法做出如下改进。

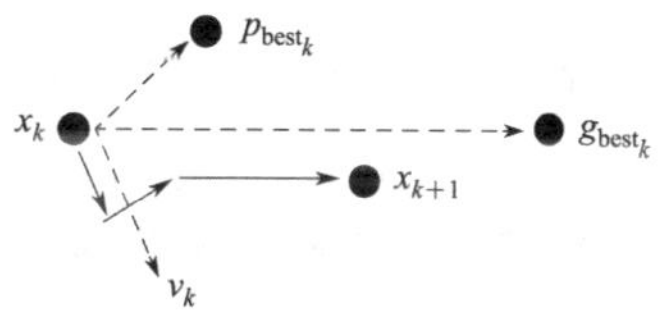

图 3.1 粒子群算法搜索过程

(1) 惯性权重 w 的改进。惯性权重 w 代表了粒子过去速度对当前速度的影响程度，对 PSO 算法最优结果的输出影响很大，当 w 取值较大时，有利于扩大粒子的搜索范围，使算法摆脱局部最优状况；当 w 取值较小时，有利于算法收敛，提高算法计算的准确度。因此，固定权值在优化过程中很不合适。最佳的惯性权值取值方法包括线性递减权值策略、模糊惯性权值策略和随机惯性权值策略等。惯性权重为

$$w=(w_{\max}-w_{\min})\frac{k_{\max}-k}{k_{\max}}+w_{\min} \tag{3.27}$$

式中：$w_{\max}$ 为惯性权重的最大值；$w_{\min}$ 为惯性权重的最小值；$k_{\max}$ 为最大迭代次数；k 为当前迭代次数。

(2) 学习因子 c_1、c_2 的改进。学习因子 c_1、c_2 分别影响了信息的个体认知和群体共享两部分内容，分别代表了迭代过程中个体最优和群体最优所占的比重。在算法初期应该让粒子在整个空间进行搜索，避免过早陷入局部最优；而在算法收尾阶段应该提高算法的收敛速度和准确度，有效找出全局最优。据此，根据粒子适应度与群体适应度平均值的数量关系进行 c_1、c_2 的动态调整。

$$c_1^{k+1}=\begin{cases}1+\dfrac{f(x_i^k)-\overline{f}(x^k)}{\max f(x_i^k)}, & f(x_i^k)\geqslant\overline{f}(x^k)\\[2ex] \dfrac{\overline{f}(x^k)-f(x_i^k)}{\overline{f}(x^k)-\min f(x_i^k)}, & f(x_i^k)<\overline{f}(x^k)\end{cases} \tag{3.28}$$

$$c_2^{k+1}=4-c_1^{k+1} \tag{3.29}$$

式中：$f(x_i^k)$ 和 $\overline{f}(x^k)$ 分别为第 k 次迭代时粒子的适应度值和群体的平均适应度值。

(3) PSO-SVM 模型的构建。采用改进的 PSO 算法对 SVM 模型中的参数（惩罚常数 C、核函数的宽度 σ）进行寻优，具体步骤如下：

步骤 1：整理混凝土坝监测效应量实测数据序列，确定训练样本和预测样本，归一化处理后输入 SVM 模型。

步骤 2：粒子群参数的初始化。随机产生一个包含 N 个粒子的种群，设定最大迭代次数、参数的寻优范围、学习因子的初始值等，将参数（C、σ）组成一个粒子，并随机赋予其初始位置和初始速度。

步骤 3：训练 SVM，在迭代过程中计算每个粒子的适应度值和群体的平均适应度值，

据此调整学习因子的值。

步骤 4：对粒子的当前值与粒子的最优值进行比较，令较大值为新的粒子最优值；对粒子的最优值与群体的最优值进行比较，令较大值为新的群体最优值；如此不断比较调整，直至迭代结束。

步骤 5：更新粒子的速度和位置。

步骤 6：若迭代次数超过最大迭代次数，或全局最优值满足精度要求，则终止迭代，输出最优解；否则返回步骤 3。

步骤 7：利用训练好的支持向量机模型进行预测，得到混凝土坝监测效应量预测值。

为了综合评价 PSO-SVM 模型的预测效果，采用如下统计指标：

1）可决系数（R^2）。

$$R^2 = \frac{\sum_{i=1}^{n}(\hat{y}_i - \bar{y})^2}{\sum_{i=1}^{n}(y_i - \bar{y})^2} \tag{3.30}$$

R^2 的取值范围在 0～1 之间，R^2 越接近于 1，模型的预测效果越好。

2）平均绝对百分比误差（mean absolute percentage error，MAPE）。

$$MAPE = \frac{1}{n}\sum_{i=1}^{n}\left|\frac{y_i - \hat{y}_i}{y_i}\right| \tag{3.31}$$

3）均方根误差（root mean square error，RMSE）。

$$RMSE = \sqrt{\frac{1}{n}\sum_{i=1}^{n}(y_i - \hat{y}_i)^2} \tag{3.32}$$

式中：y_i 为实测值；$\hat{y}_i$ 为预测值；n 为实测数据个数。

3.1.3 SVR 模型

支持回归机（support vector regression，SVR）是基于 SVM 的理论框架，通过定义新的 ε 损失函数发展而来的新方法。由于 SVR 继承了 SVM 良好的泛化能力等优点，其应用于建立混凝土坝各影响因子与效应量间复杂非线性关系时有较大实用性。但如何合理选定对 SVR 模型精度有重要影响的核参数和惩罚参数等仍有待研究。本节提出采用寻优性能良好的改进型蛙跳算法（improved shuffled frog leaping algorithm，ISFLA）优化 SVR 模型参数，进而构建混凝土坝长效服役性态的 ISFLA-SVR 预测模型。

设 SVR 模型训练集为$\{(\boldsymbol{x}_1,z_1),(x_2,z_2),\cdots,(\boldsymbol{x}_l,z_l)\}$，$l$ 为训练样本总量，$\boldsymbol{x}_i \in \boldsymbol{R}^n$ 为特征向量，$z_i \in \boldsymbol{R}(i=1,2,\cdots,l)$为输出值。采用符合特定变换条件的映射函数 $f(\boldsymbol{x})$，可以将难以解决的复杂非线性的低维问题转换至高维空间以实现最优拟合。建立最优 SVR 模型的核心问题是寻找一个最优分类面，使所有训练样本与该分类面距离最小化。而实现最优拟合的重要一环就是要定义合理精度的不敏感损失函数 ε，SVR 模型中的 ε 不敏感函数定义为

$$L[f(\boldsymbol{x}),z,\varepsilon] = \begin{cases} 0, & |z - f(\boldsymbol{x})| \leqslant \varepsilon \\ |z - f(\boldsymbol{x})| - \varepsilon, & |z - f(\boldsymbol{x})| > \varepsilon \end{cases} \tag{3.33}$$

式中：$f(\boldsymbol{x})$为 SVR 模型的预测值；z 为真实值。

为解决处理实际问题中拟合误差的问题，引入松弛因子 ξ_i 和 ξ_i^*，且满足 $\xi_i \geqslant 0$、$\xi_i^* \geqslant 0$，则 SVR 模型的标准表达式为

$$\begin{cases}\min\limits_{w,b,\xi,\xi^*} \ \dfrac{1}{2}\boldsymbol{w}^{\mathrm{T}}\boldsymbol{w}+C\sum\limits_{i=1}^{l}\xi_i+C\sum\limits_{i=1}^{l}\xi_i^* \\ \text{s. t. } \boldsymbol{w}^{\mathrm{T}}\phi(\boldsymbol{x}_i)+b-z_i \leqslant \varepsilon+\xi_i \\ z_i-\boldsymbol{w}^{\mathrm{T}}\phi(\boldsymbol{x}_i)-b \leqslant \varepsilon+\xi_i^* \\ \xi_i\xi_i^* \geqslant 0\end{cases} \tag{3.34}$$

式中：$\boldsymbol{w}$ 为非线性拟合的权重向量；b 为偏置值；ε 为误差精度值；C 为 SVR 模型中的惩罚常数，且必须满足 $C>0$。

引入 Lagrange 函数可得其对偶问题：

$$\begin{cases}\min\limits_{\alpha,\alpha^*} \ \dfrac{1}{2}(\boldsymbol{\alpha}-\boldsymbol{\alpha}^*)^{\mathrm{T}}Q(\boldsymbol{\alpha}-\boldsymbol{\alpha}^*)+\varepsilon\sum\limits_{i=1}^{l}(\alpha_i+\alpha_i^*)+\sum\limits_{i=1}^{l}z_i(\alpha_i-\alpha_i^*) \\ \text{s. t. } \ \boldsymbol{e}^{\mathrm{T}}(\boldsymbol{\alpha}-\boldsymbol{\alpha}^*)=0\end{cases} \tag{3.35}$$

式中：α_i 和 α_i^* 均为确定最优非线性拟合的支持向量，$\alpha_i \geqslant 0, \alpha_i^* \leqslant C$；$Q(\cdot)$为 RBF 核函数，$Q(\cdot)=K(\boldsymbol{x}_i,\boldsymbol{x}_j)\equiv\phi(\boldsymbol{x}_i)^{\mathrm{T}}\phi(\boldsymbol{x}_j)$。

求解式（3.35），可得

$$z=f(\boldsymbol{x})=\sum_{i=1}^{l}(-\alpha_i+\alpha_i^*)K(\boldsymbol{x}_i,\boldsymbol{x})+b \tag{3.36}$$

采用寻优性能良好的 ISFLA 优化 SVR 模型参数。标准蛙跳算法是一种寻优性能良好且较新的优化算法，主要模拟青蛙觅食的过程。首先全体蛙群进行分组，组内最差青蛙以组内最好青蛙或者总体蛙群最优青蛙为目标进行局部深度搜索；待各组蛙群深度局部搜索完成后再进行周期性混合和重新分组，最终实现全局最优的目标。

步骤 1：蛙群初始化。设初始蛙群为 $\boldsymbol{X}^0=[x_1^0,x_2^0,\cdots,x_p^0]$，其中 x_i^0 为优化问题的一个初始解。

步骤 2：蛙群分组。首先根据适应度值的大小对初始蛙群中的个体进行降序排列，记录种群的最优解为 x^g；然后将种群分成 r 组，每组包含 s 只青蛙，即 $p=r\times s$。分组规则如下：第 1 只青蛙进入第 1 组，第 2 只青蛙进入第 2 组，第 r 只青蛙进入第 r 组，第 $r+1$ 只青蛙进入第 1 组……直到所有的青蛙均完成分组。

步骤 3：组内局部深度搜索。组内更新策略是组内最差青蛙以组内或者总蛙群的最优青蛙为目标进行更新，更新方法如下：

$$\begin{cases}d_i=rand(\ )(X_b^k-X_w^{k,\mathrm{old}}) \\ X_w^{k,\mathrm{new}}=X_w^{k,\mathrm{old}}+d_i\end{cases} \tag{3.37}$$

式中：$rand()$为［0，1］区间内的随机数；X_b^k 为第 k 组的最优青蛙；$X_w^{k,\mathrm{old}}$ 为第 k 组更新前的最差青蛙；d_i 为组内最差青蛙的移动步长，且应该满足最大、最小步长允许值；$X_w^{k,\mathrm{new}}$ 为最差青蛙更新后的值。

如果 $X_w^{k,\mathrm{new}}$ 比 $X_w^{k,\mathrm{old}}$ 更好，则用 $X_w^{k,\mathrm{new}}$ 替代 $X_w^{k,\mathrm{old}}$，否则，用 x^g 替代 X_b^k 进行第二次

更新产生 $X_w^{k,\text{new}}$，若第二次更新的 $X_w^{k,\text{new}}$ 比 $X_w^{k,\text{old}}$ 更好，则用 $X_w^{k,\text{new}}$ 替代 $X_w^{k,\text{old}}$，否则，随机产生一个新解直接替代 $X_w^{k,\text{old}}$，组内最差青蛙的位置就得到更新。

步骤4：将组内局部寻优后 r 组青蛙重新混合形成新的总种群，然后重复步骤2和步骤3，算法最后满足下面两个条件之一即终止：①在连续一定代数内，全局最优解没有明显的改进；②算法已经达到预设的最大迭代次数。

蛙跳算法是一种群智能随机优化算法，蛙群初始化极其重要，初始蛙群的均匀性对于算法收敛速度和精度均具有重要的影响。考虑引入拉丁超立方体抽样方法（latin hypercube sampling，LHS）作为蛙群初始化的方法，LHS是试验设计中均匀性较好且容易实现的常用方法。LHS一般采用最大化最小距离设计原则可以获得均匀性良好的试验点，该原则是尽可能保证任意试验点之间的最小距离最大化，其数学表述为

$$\begin{cases}\max\limits_{1\leqslant i,j\leqslant n,i\neq j} d(x_i,x_j)\\ d(x_i,x_j)=d_{ij}\left(\sum\limits_{k=1}^{m}|x_{ik}-x_{jk}|^t\right)^{\frac{1}{t}}\end{cases} \tag{3.38}$$

其中

$$m=n(n+1)/2$$

式中：$d(x_i,x_j)$为任意两试验点 x_i,x_j 间的距离；m 为试验点的相互组合个数；t 为任意两试验点间的欧氏距离测度，其取值一般为1或2。

蛙跳算法中组内最差解的更新的大小和方向存在随机性较强的缺点，这往往会影响算法中后期的收敛速度，将蛙跳算法中的随机移动算子改进为线性自适应移动算子：

$$\theta_t=\frac{t}{N}\quad(t=1,2,\cdots,N) \tag{3.39}$$

式中：t 为当前蛙群的进化代数；N 为设定的蛙群的最大进化代数。

由式（3.39）可知，移动算子的值随着蛙群不断进化而逐步增大。在蛙群进化前期，每个蛙群小组中最差青蛙的更新步长较小，以实现抑制蛙群的全局搜索能力，加强蛙群小组内的局部深度搜索能力，扩大蛙群的搜索范围；当蛙群进化至中后期，移动算子的值也随之增大，从而蛙群的全局搜索能力得以释放，收敛速度也随之加快。因此，ISFLA的全局寻优和局部寻优性能更加均衡，能更大限度地避免陷入局部最优，提高了蛙跳算法的实用性。

由于SVR模型中的参数 C 和 σ 对其拟合和预测精度产生重要影响，采用ISFLA优选SVR模型的 C 和 σ，进而建立反映混凝土坝变形影响因子与实测变形之间的最优非线性映射的ISFLA-SVR模型。由于核参数 σ 敏感性较高，ISFLA直接对 C 和 σ 进行预设区间内全局寻优，ISFLA寻优过程中的适应度函数为训练集交叉验证意义下的MSE。

3.1.4 TCN模型

时间卷积网络（temporal convolutional network，TCN）属于卷积人工神经网络的一种，采用了由扩张因果卷积层结合残差模块的整体架构方式，能将卷积网络应用于处理具有滞后性现象的时间序列预测问题中。但传统的TCN直接用于混凝土坝监测效应量预测会出现以下问题：①不能较好地提取监测效应量复杂影响因素中的变化特征，模型的学习效果较差；②不同的监测效应量相对于影响因素变化具有不同的滞后时段，对于滞后时段较短

的监测效应量来说，网络深度不足，难以充分学习到监测效应量的复杂非线性影响。因此，针对混凝土坝安全监测效应量的变化特点，在保留传统 TCN 基本架构的基础上，对其进行改进，由此得到改进的时间卷积网络（improved temporal convolutional network，ITCN）。

3.1.4.1 加入全连接层

针对混凝土坝长效服役性态影响因素复杂的特点，通过对影响因子实测数据采取升维处理，可分离其所蕴含的复杂特征，便于后续对特征的提取和学习。全连接层是经典的神经网络结构，其主要结构特点就是将层中的每一个神经元都与上一层中的所有神经元建立连接，通过矩阵乘积操作，将数据从某个维度的向量空间线性变换到指定维度的另一个向量空间中。因此，在传统 TCN 模型前部加入一层全连接层，可把监测效应量影响因子实测数据映射到高维空间中，将其中蕴含的复杂特征分离出来。监测效应量影响因子实测数据全连接层升维示意如图 3.2 所示，对于 n 维监测效应量影响因子实测数据，设置全连接层的神经元数量 k 大于 n，从而实现升维处理；在此基础上，将全连接层升维后的 k 维数据作为之后 TCN 卷积层的输入数据，再进行影响因素特征的提取和学习。

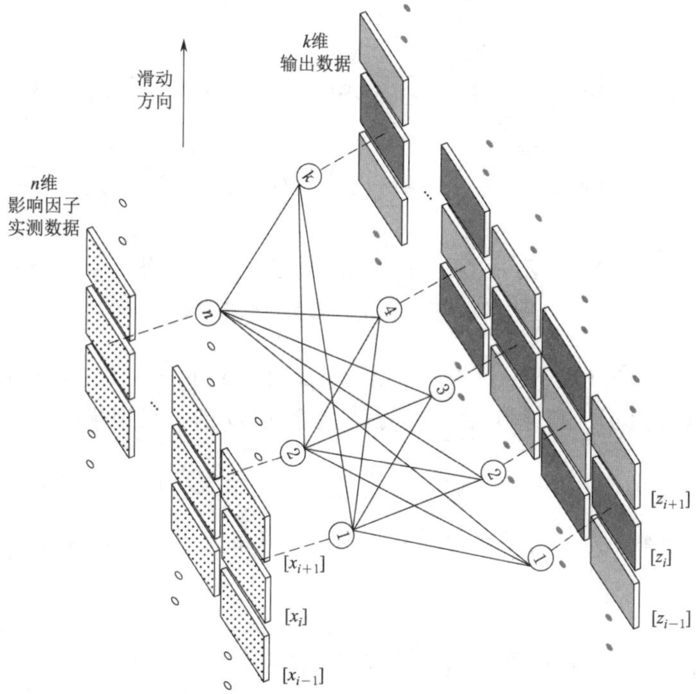

图 3.2 监测效应量影响因子实测数据全连接层升维示意

3.1.4.2 改进残差模块

为解决当监测效应量滞后时段长度较短时传统 TCN 网络深度不足的问题，对传统 TCN 网络中的残差模块结构进行改进。

1. *改进理论基础*

(1) 因果卷积。由于各监测效应量变化与影响因素变化之间常存在一定的滞后效应，影响量与效应量测值序列间具有因果关系，即 t 时刻的监测效应量测值只与 t 时刻及之前时刻的影响因子实测数据序列 $\{[x_1],[x_2],\cdots,[x_t]\}$ 有关，而与“未来”的数据序列 $\{[x_{t+1}],[x_{t+2}],\cdots,[x_T]\}$ 无关。为此，引入因果卷积的概念，其定义如下：对于序列 $\boldsymbol{X}=\{[x_1],[x_2],\cdots,[x_t],\cdots,[x_T]\}$，有滤波器 $F=(f_1,f_2,\cdots,f_K)$，K 为卷积核尺寸（即感受野大小），只对当前时刻 t 及 t 之前时刻的输入数据进行卷积操作，得到在 $[x_t]$ 处的因果卷积为

$$(F*\boldsymbol{X})_{([x_t])}=\sum_{k=1}^{K}f_k\,[x_{t-K+k}] \tag{3.40}$$

(2) 扩张因果卷积。在普通因果卷积的基础上，为方便提取较长时间范围内历史数据的信息，同时减少计算负担，扩张因果卷积通过增加空洞的方式来增加模型感受野。为避免网格效应，将各层空洞大小 D 设为一个超参数扩张率 d 的指数形式$(1,d^1,d^2,\cdots,d^i)$，并要求扩张率不小于卷积核大小（在标准卷积网络中 $d=1$）。三层扩张因果卷积网络结构如图 3.3 所示，卷积核大小为 2、扩张率 d 为 2，通过加入空洞，模型感受野随网络深度增加而明显增大。

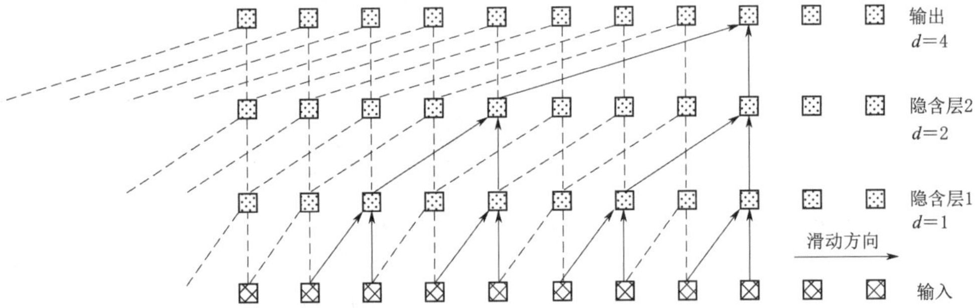

图 3.3 三层扩张因果卷积网络结构

扩张因果卷积的定义如下：对于序列 $\boldsymbol{X}=\{[x_1],[x_2],\cdots,[x_i],\cdots,[x_T]\}$，有滤波器 $F=(f_1,f_2,\cdots,f_K)$，则在 $[x_t]$ 处空洞大小等于 D 的扩张因果卷积为

$$(F*_D\boldsymbol{X})_{([x_t])}=\sum_{k=1}^{K}f_k\,[x_{t-(K-k)D}] \tag{3.41}$$

经分析，对于深度为 n 的扩张因果卷积网络，其最终感受野大小为

$$R_n=(K-1)\sum_{i=1}^{n}d^{n-i}+1 \tag{3.42}$$

在实际分析时，为较快地确定感受野大致范围，可采用近似计算：

$$R_n=Kd^{n-1} \tag{3.43}$$

(3) 残差模块。在相连接的几层神经网络前后，通过添加一个跳跃连接构成的网络结构即残差模块，可以解决网络退化问题，即随着网络深度的增加，神经网络的性能反而发生退化的现象。在卷积网络中，残差模块 $O(x)$ 可以表示为

$$O(x)=\text{Activation}[x+F(x,W\_H)] \tag{3.44}$$

式中：x 为残差模块的输入；W_H 为需要学习的卷积核权重；Activation(・)为激活函数。

图 3.4 所示为包含两层卷积层的简单残差模块结构，64 为输入数据维度，3×3 为卷积核尺寸，ReLU 为采用的激活函数。

2. 具体改进方法

传统 TCN 残差模块中两层网络均为扩张因果卷积层，这虽然方便增加模型感受野，但也限制了网络深度的发展。为此，基于瓶颈残差模块的思想，设计出一种改进的残差模块，改进的时间卷积人工神经网络模型整体架构如图 3.5 所示。该模块的改进之处在于将原残差模块中的第一层扩张因果卷积层替换为标准卷积层，将标准卷积层的卷积核个数设置为与第二层扩张因果卷积层相同，即相当于用改进的残差模块代替单层扩张因果卷积层，由此在保证一定的模型感受野，将网络的深度翻倍，从而提高模型的学习能力。此外，第一层标准卷积层及第二层扩张因果卷积层均采用 ReLU 作为激活函数，并且每层之后均保留 Dropout 正则化层，这与传统的 TCN 残差模块相同；对第二层扩张因果卷积层进行 Weight Normalization 正则化处理，以此加快训练参数收敛速度，同时提高模型鲁棒性。

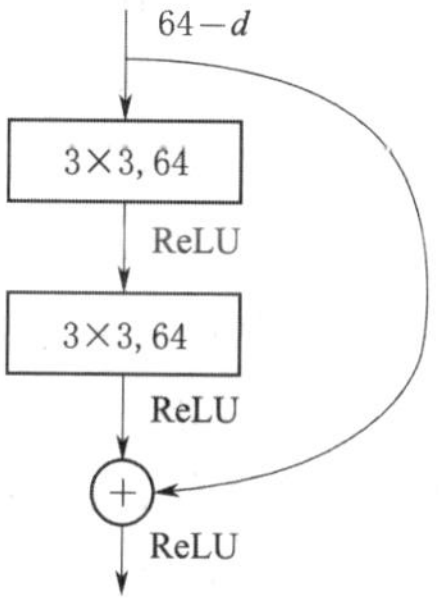

图 3.4 简单残差模块结构

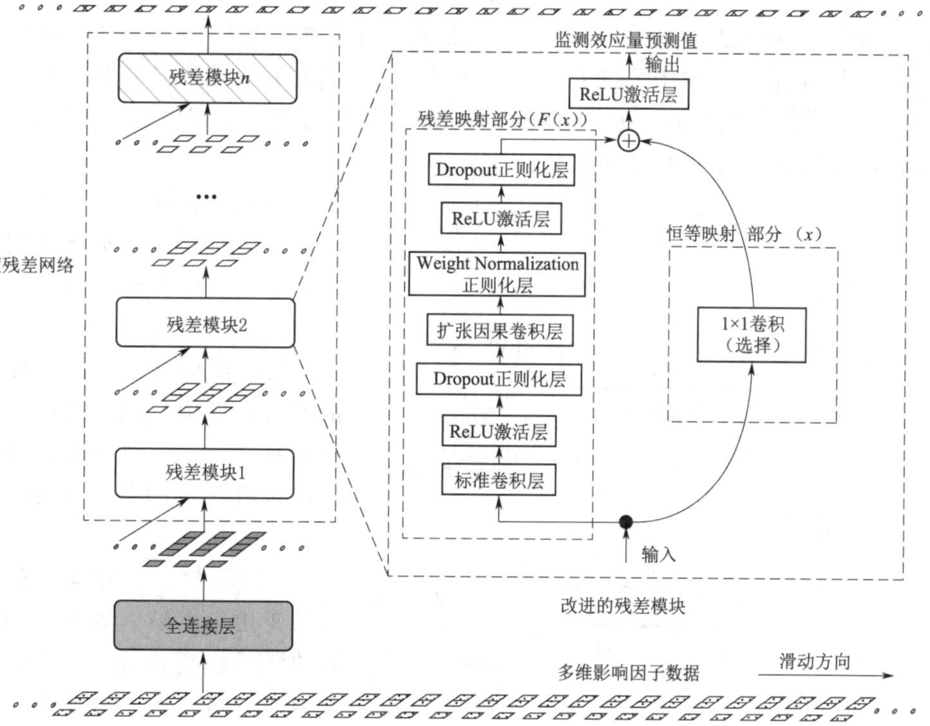

图 3.5 改进的时间卷积人工神经网络模型整体架构

3. 改进的时间卷积人工神经网络模型整体架构

在改进的时间卷积人工神经网络设计中，将多个残差模块依次堆叠形成一个深度残差网络，其整体架构可以表示为：将监测效应量的多维影响因子序列 $[x_i]$ 输入全连接层，进行升维处理后，再输入深度残差网络，经过内部多个残差模块的降维处理后，最终输出一维的监测效应量预测序列$\boldsymbol{Y}$。单测点预测模型构建具体实现过程如下。

（1）影响因子构建。在实际问题中，影响混凝土坝监测效应量变化的因素往往极其复杂，并且不同坝型、不同监测效应量的影响因素差别较大。因此，需要针对监测效应量自身的特点，结合坝工理论构建相应的影响因子，不再赘述。

（2）模型设置及初始化。

1）网络结构方面。在全连接层中，设置全连接层的神经元数量k大于监测效应量影响因子实测数据维数n，从而实现对影响因子的升维处理；在深度残差网络中，各卷积层的卷积核个数，以及与模型感受野相关的参数需要结合滞后性试验优化确定。

2）初始化方面。对于全连接层以及各卷积层的权值矩阵初始值，按正态分布的方式截尾生成，距数学期望2倍标准差之内的值作为各权值矩阵的初始值，而偏置向量均采用全零初始化。

3）正则化方面。为防止模型过拟合，除残差模块中设置的Dropout正则化层及Weight Normalization正则化层外，对每一个卷积层权值矩阵均设置L2正则化。

4）数据集的处理与划分方面。对于输入模型的多维影响因子实测数据以及监测效应量实测数据均进行归一化处理；根据实际应用情况划分训练集及预测集，在划分训练集批次时，为保证每批次的学习效果，需设置每批次训练数据长度大于最大可能感受野，同时在训练过程中，在训练集中采取K折交叉验证的方式进行相应参数的调整寻优。

5）神经网络优化方面。为了对神经网络权重进行寻优，确定各权重矩阵的最优值，采用经典的Adam优化算法进行优化。

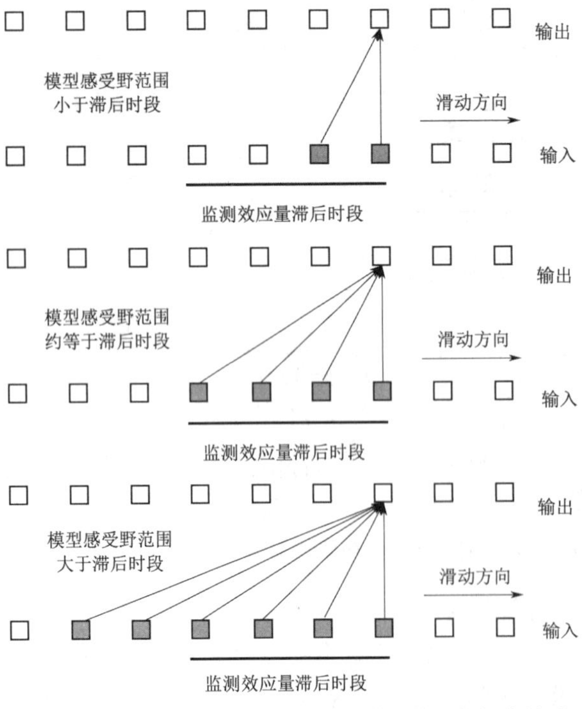

图3.6 模型感受野与监测效应量滞后时段的长度关系

（3）滞后性试验。由于监测效应量变化与影响因素变化间常存在滞后效应，故当模型感受野的范围与监测效应量滞后时段的长度较为接近时，模型即可充分感受该时间范围内的历史信息，从而达到最好的学习效果。模型感受野与监测效应量滞后时段的长度关系如图3.6所示。

不同坝型、不同部位的监测效应量变化与影响因素变化间具有不同的滞后性变化规律，故针对不同监测效应量，需要通过改变模型感受野的大小来适应不同的滞后时段长度。由式（3.42）和式（3.43）可知，在时间卷积人工神经网络中，决定感受野的参数有：卷积核尺寸C、扩张率d以及扩张因果卷积网络

层数 n；在改进的时间卷积人工神经网络中，扩张因果卷积网络层数 n 即等于残差模块个数，由此通过调整相应参数来改变模型感受野大小。在此基础上，结合 K 折交叉验证，确定最接近测点处监测效应量滞后时段的最优感受野，从而得到监测效应量的最优预测模型结构。

3.2 多测点智能预测模型

单测点智能预测模型反映的仅仅是该测点或坝体局部的工作性态，忽略了各测点的空间分布特征以及各部位之间的相互影响，难以反映不同测点监测信息的空间关联性。尤其在反映重力坝坝段或拱坝整体变形的变化过程方面，建立能够体现空间特征的多测点联合智能预测模型十分必要。但由于混凝土坝不同区域的变形规律相差较大，有时很难采用统一的分析模型进行描述，尤其是由于不同部位的约束条件、材料性质及荷载作用的多样性，采用常规时空模型难以保证模型的解释能力及拟合精度。因此，本节在介绍空间变形场模型的基础上，论述多测点信息融合时空模型、多测点支持向量机模型的建模方法。

3.2.1 空间变形场模型

在水压和温度等荷载作用下，混凝土坝坝体、坝基将产生变形，为分析各部分变形之间的相互影响，结合混凝土坝空间变形场预测模型的构建过程，研究混凝土坝各部分变形间的关系。

混凝土坝空间变形场的数值分析模型表达式为

$$\delta = f(H, T, \theta, x, y, z) \tag{3.45}$$

式中：H 为水压因子；T 为温度因子；θ 为混凝土徐变和岩基流变等因素引起的时效因子；x、y、z 为空间坐标变量，规定 x 为顺河向（即坝体上下游方向），y 为横河向（即坝轴向），z 为垂直向（即沿高程方向）。

在小变形范围内，式（3.45）在定义域内是连续函数。根据空间变形场预测模型可以及时了解坝体任一部位在某时刻任一荷载组合下的变形情况，掌握因局部因素使某些部位偏离真实变形场的情况。

混凝土坝在荷载作用下产生的变形场是矢量场，即

$$\begin{aligned}\delta(H, T, \theta, x, y, z) = {} & u(H, T, \theta, x, y, z)\boldsymbol{i} + v(H, T, \theta, x, y, z)\boldsymbol{j} + \\ & w(H, T, \theta, x, y, z)\boldsymbol{k}\end{aligned} \tag{3.46}$$

通常也分为三个分量 u、v 和 w，称 u 为顺河向变形，v 为横河向变形，w 为垂直变形，分析计算时可以将上述矢量场简化为标量场。三个分量的推导过程一致，下面以 u 分量（简写为 δ）为例推导其计算公式。

空间变形场可分为水压分量、温度分量和时效分量三个部分，即

$$\begin{aligned}\delta &= f(H, T, \theta, x, y, z) \\ &= f_1(H, x, y, z) + f_2(T, x, y, z) + f_3(\theta, x, y, z)\end{aligned} \tag{3.47}$$

（1）水压分量。在水压和库水重作用下，混凝土坝变形场的表达式为

$$f_1(H, x, y, z) = f_1[f(H), f(x, y, z)] \tag{3.48}$$

式中：$f(H)$为坝体或坝基某一固定点的水压分量，即

$$f(H)=\sum_{i=0}^{3(4)}a_iH^i \tag{3.49}$$

式中：重力坝取 $i=3$，拱坝取 $i=4$。

$f(x,y,z)$为某一水位时，由于水压力、扬压力和库水重作用，坝体和坝基产生的变形场。$f(x,y,z)$在区域内连续，可用多元幂级数展开（一般取三项式），得到

$$f(x,y,z)=\sum_{l=1}^{3}\sum_{m=1}^{3}\sum_{n=1}^{3}a_{lmn}x^ly^mz^n=\sum_{l,m,n=1}^{3}a_{lmn}x^ly^mz^n \tag{3.50}$$

将式（3.49）和式（3.50）代入式（3.48），得

$$f_1(H,x,y,z)=f\left[\sum_{i=1}^{3(4)}a_iH^i,\ \sum_{l,m,n=1}^{3}a_{lmn}x^ly^mz^n\right] \tag{3.51}$$

式（3.51）在定义域内连续，可用多元幂级数将其展开，略去高次项，合并同类项，得

$$f_1(H,x,y,z)=\sum_{k=1}^{3(4)}\sum_{l,m,n=1}^{3}A_{klmn}H^kx^ly^mz^n \tag{3.52}$$

（2）温度分量。在变温场作用下，坝体或坝基变形场为

$$f_2(T,x,y,z)=f_2[f(T),f(x,y,z)] \tag{3.53}$$

式中：$f(x,y,z)$为某一固定变温场作用下坝体的变形场，表达式同式（3.50）；$f(T)$为某一固定点的温度分量。

根据温度的实测情况，$f(T)$可用下列几种表达式。

1）有混凝土温度的实测资料时，$f(T)$用混凝土温度计的实测温度 T_i 或者等效温度$(\overline{T}_i,\beta)$作为因子，即

$$f(T)=\sum_{i=1}^{m_1}b_iT_i,\ f(T)=\sum_{i=1}^{m_2}(b_{1i}\overline{T}_i+b_{2i}\beta_i) \tag{3.54}$$

式中：m_1 为混凝土温度计的支数；m_2 为混凝土温度计的层数。

2）无混凝土温度计而只有气温和水温资料时，$f(T)$用前 i 天的平均气温和水温 $\overline{T}_i$ 或者用复合型的周期项作为因子，即

$$f(T)=\sum_{i=1}^{m_3}b_i\overline{T}_i,\ f(T)=\sum_{j=1}^{m_4}b_{1j}\sin\frac{2\pi jt}{365}+\sum_{k=1}^{m_4}b_{2k}\sin\frac{2\pi kt}{365} \tag{3.55}$$

式中：m_3 为平均气温或水温的组数；m_4 为谐波因子的组数，一般取 1、2。

取 $f(T)$两种情况下的第二个表达式代入式（3.53），即可得到 $f_2(T,x,y,z)$的计算表达式。用多元幂级数将其展开整理，得

$$f_2(T,x,y,z)=\sum_{j,k=1}^{m_2}\sum_{l,m,n=1}^{3}B_{jklmn}\overline{T}_j\beta_kx^ly^mz^n \tag{3.56}$$

或

$$f_2(T,x,y,z)=\sum_{j,k=1}^{2}\sum_{l,m,n=1}^{3}B_{jklmn}\sin\frac{2\pi jt}{365}\cos\frac{2\pi kt}{365}x^ly^mz^n \tag{3.57}$$

（3）时效分量。时效分量表达式为

$$f_3(\theta,x,y,z)=f_3[f(\theta),f(x,y,z)] \tag{3.58}$$

式中：$f(x,y,z)$为坝体或坝基某一时刻的时效分量，表达式同式（3.50）；$f(\theta)$为坝体某一固定点的时效分量，即

$$f(\theta)=c_1\theta+c_2\ln\theta \tag{3.59}$$

同理，可以得到

$$f_3(\theta,x,y,z)=\sum_{j,k=1}^{2}\sum_{l,m,n=1}^{3}C_{jklmn}\theta_j\ln\theta_k x^l y^m z^n \tag{3.60}$$

（4）空间变形场预测模型。将三个分量的表达式代入式（3.47），得到空间变形场预测模型的表达式为

$$\delta=\sum_{k=1}^{3(4)}\sum_{l,m,n=1}^{3}A_{klmn}H^k x^l y^m z^n+\sum_{j,k=1}^{m_2}\sum_{l,m,n=1}^{3}B_{jklmn}\overline{T}_j\beta_k x^l y^m z^n+\sum_{j,k=1}^{2}\sum_{l,m,n=1}^{3}C_{jklmn}\theta_j\ln\theta_k x^l y^m z^n \tag{3.61}$$

或

$$\delta=\sum_{k=1}^{3(4)}\sum_{l,m,n=1}^{3}A_{klmn}H^k x^l y^m z^n+\sum_{j,k=1}^{2}\sum_{l,m,n=1}^{3}B_{jklmn}\sin\frac{2\pi jt}{365}\cos\frac{2\pi kt}{365}x^l y^m z^n+\sum_{j,k=1}^{2}\sum_{l,m,n=1}^{3}C_{jklmn}\theta_j\ln\theta_k x^l y^m z^n \tag{3.62}$$

将各测点的坐标(x,y,z)及其对应实测变形值$\delta^0(H,T,\theta,x,y,z)$时的水深$H$、温度$T$和时间$\theta$代入式（3.61）或式（3.62），用最小二乘法进行最优拟合，从而求得上述模型中的各个参数，即

$$Q=\sum[\delta^0(H,T,\theta,x,y,z)-f(H,T,\theta,x,y,z)]^2 \tag{3.63}$$

对式（3.63）求偏导，得

$$\partial Q/\partial A_i=0,\ \partial Q/\partial B_i=0,\ \partial Q/\partial C_i=0 \tag{3.64}$$

从而求得模型中的各个参数(A_i,B_i,C_i)，即建立各种类型的空间变形场数值分析模型。

空间变形场预测模型的表达式确定以后，将混凝土坝空间任一点未来时刻的环境量代入该表达式中，即可得到该点未来时刻的变形预测值。由于该预测模型是基于多测点变形值拟合得到的，在拟合的过程中将包含多测点的监测误差。根据误差理论可以证明，其标准差为各测点标准差的平均数。

设空间变形场有k个测点，各测点的测值具有相同的样本n，其误差ε_t相互独立，并服从$N(0,S^2)$分布，即$\varepsilon_t\sim N(0,S^2)$，则各测点的标准差为

$$S^2=\frac{1}{n-2}\sum(\delta_{it}-\hat{\delta}_{it})^2\quad(t=1,2,\cdots,n;i=1,2,\cdots,k) \tag{3.65}$$

式中：δ_{it}、$\hat{\delta}_{it}$分别为各个测点的实测值和理论计算值。

对式（3.65）的标准差进行加权平均，得

$$S=\sqrt{\frac{ns_1^2+ns_2^2+\cdots+ns_k^2}{kn}}=\sqrt{\sum_{i=1}^{k}\frac{s_i^2}{k}} \tag{3.66}$$

式（3.66）即混凝土坝空间变形场预测模型的标准差。

由上述分析可知，在混凝土坝空间变形场预测模型的构建过程中，所确定的模型因子及其表达式，可用于利用监测资料建立如基于支持向量机的预测模型影响因子集。当混凝土坝空间变形场预测模型中的影响因子相关性不强时，该模型可较好地预测空间场中任一测点的变形情况。但是，当模型中的影响因子相关性较强时，则难以反映各影响因子对坝体变形的影响程度，有可能会影响模型预测效果。

3.2.2 多测点信息融合时空模型

利用混凝土坝监测效应量实测数据序列进行建模分析时，不仅要从时间的角度研究混凝土坝服役性态的变化规律，还要从空间的维度探究测点间变化行为的关联性和相似性。单测点预测模型虽然能够反映测点附近部位坝体服役性态变化规律，但未能将测点间的空间关联性考虑在内，难以体现混凝土坝工作性态的整体性和协同性。为凸显混凝土坝多测点间的关联性，基于偏最小二乘回归方法（partial least squares regression，PLS），构建多测点实测信息融合的时空预测模型，并利用影响因素与多测点间主成分的交叉验证，提升影响因素对效应量作用机制的解释能力。

3.2.2.1 偏最小二乘回归原理

偏最小二乘回归是在最小二乘回归的基础上，进行信息融合和筛选的方法。该方法用于多测点预测时，能够考虑影响因素之间以及多测点之间的相关性，通过主成分分析，对已有的影响因素和效应量分别进行筛选组合，获得相互之间独立而又能体现原有影响因素和效应量变化特征的新变量，再进行回归分析。这种变量组合不仅能充分利用主成分分析、典型相关性分析的优点，同时通过信息组合优化，能够将有用信息进行融合表达，由此提升预测模型处理多重相关问题的能力。

假设混凝土坝安全监测效应量多测点实测数据集为$\boldsymbol{Y}=[y_{1t},y_{2t},\cdots,y_{nt}]_{m\times n}$，影响因素集为$\boldsymbol{X}=[x_{1t},x_{2t},\cdots,x_{pt}]_{m\times p}$，其中$m$为同一变量的实测数据个数，也就是影响因素或者多测点的监测次数，而p、n为不同变量（影响因素和效应量）的数量，如变形影响因素集$\boldsymbol{X}$包含了H、H^2、H^3、H^4等。

对影响因素集$\boldsymbol{X}$和多测点实测数据集$\boldsymbol{Y}$进行标准化处理，其表达式为

$$\begin{cases}\hat{x}_{ij}=(x_{ij}-\bar{x})/s_x\\\hat{y}_{ij}=(y_{ij}-\bar{y})/s_y\end{cases}\tag{3.67}$$

式中：$\bar{x}$和s_x、$\bar{y}$和s_y分别为影响因素集x_{ij}、实测数据集y_{ij}的均值和方差。

标准化后的变量矩阵为

$$\begin{cases}\boldsymbol{E}_0=(\hat{x}_{ij})_{m\times p}\\\boldsymbol{F}_0=(\hat{y}_{ij})_{m\times n}\end{cases}\tag{3.68}$$

式中：$\boldsymbol{E}_0$为标准化后的影响因子集$\boldsymbol{X}$；$\boldsymbol{F}_0$为标准化后的多测点实测数据集$\boldsymbol{Y}$。

提取标准化变量$\boldsymbol{E}_0$和$\boldsymbol{F}_0$的第一主成分t_1和u_1，其表达式为

$$\begin{cases}t_1=\boldsymbol{E}_0\boldsymbol{w}_1\\u_1=\boldsymbol{F}_0\boldsymbol{c}_1\end{cases}\tag{3.69}$$

式中：$\boldsymbol{w}_1$和$\boldsymbol{c}_1$分别为$\boldsymbol{E}_0$和$\boldsymbol{F}_0$的第一主轴，且两者均为单位向量，即

$$\begin{cases} \| \boldsymbol{w}_1 \| = 1 \\ \| \boldsymbol{c}_1 \| = 1 \end{cases} \tag{3.70}$$

式（3.69）中 t_1 和 u_1 需尽可能地分别含有更多的影响因素、多测点实测数据的信息，从而使预测模型对影响因素和测点间具有更强的解释能力，因此应满足以下最优化条件：

$$\max(\boldsymbol{w}_1^{\mathrm{T}} \boldsymbol{E}_0^{\mathrm{T}} \boldsymbol{F}_0 \boldsymbol{c}_1) \tag{3.71}$$

$$\text{s.t.} \begin{cases} \boldsymbol{w}_1^{\mathrm{T}} \boldsymbol{w}_1 = 1 \\ \boldsymbol{c}_1^{\mathrm{T}} \boldsymbol{c}_1 = 1 \end{cases} \tag{3.72}$$

对式（3.71）和式（3.72）联立求解，可得 $\boldsymbol{w}_1$ 和 $\boldsymbol{c}_1$ 分别为矩阵 $\boldsymbol{E}_0^{\mathrm{T}} \boldsymbol{F}_0 \boldsymbol{F}_0^{\mathrm{T}} \boldsymbol{E}_0$ 和 $\boldsymbol{F}_0^{\mathrm{T}} \boldsymbol{E}_0 \boldsymbol{E}_0^{\mathrm{T}} \boldsymbol{F}_0$ 的最大特征值对应的特征向量。使用偏最小二乘回归进行多测点预测，属于多自变量多因变量的情况，需根据特征向量分别计算 $\boldsymbol{w}_1$ 和 $\boldsymbol{c}_1$，然后代入式（3.69）得到第一主成分 t_1 和 u_1。

对 $\boldsymbol{E}_0$ 和 $\boldsymbol{F}_0$ 分别关于影响因素的第一主成分 t_1 进行回归分析，可得到 $\boldsymbol{E}_0$ 和 $\boldsymbol{F}_0$ 的回归方程，即

$$\begin{cases} \boldsymbol{E}_0 = t_1 \boldsymbol{\alpha}_1^{\mathrm{T}} + \boldsymbol{E}_1 \\ \boldsymbol{F}_0 = t_1 \boldsymbol{\beta}_1^{\mathrm{T}} + \boldsymbol{F}_1 \end{cases} \tag{3.73}$$

式中：$\boldsymbol{E}_1$ 和 $\boldsymbol{F}_1$ 为回归方程组的残差矩阵；$\boldsymbol{\alpha}_1^{\mathrm{T}}$ 和 $\boldsymbol{\beta}_1^{\mathrm{T}}$ 分别为第一主成分 t_1 和 u_1 的回归系数向量，由式（3.73）进行最小二乘估计得到，其表达式为

$$\begin{cases} \boldsymbol{\alpha}_1 = \dfrac{\boldsymbol{E}_0^{\mathrm{T}} t_1}{\| t_1 \|^2} \\ \boldsymbol{\beta}_1 = \dfrac{\boldsymbol{F}_0^{\mathrm{T}} t_1}{\| t_1 \|^2} \end{cases} \tag{3.74}$$

每次主成分提取后，需要对回归模型进行交叉有效性的检验，据此确定是否需要继续提取主成分。以 $\boldsymbol{E}_1$ 和 $\boldsymbol{F}_1$ 取代 $\boldsymbol{E}_0$ 和 $\boldsymbol{F}_0$，然后继续进行影响因素集和多测点的第二主轴及第二主成分 t_2 和 u_2 的计算，其计算表达式类似于式（3.69），即

$$\begin{cases} t_2 = \boldsymbol{E}_1 \boldsymbol{w}_2 \\ u_2 = \boldsymbol{F}_1 \boldsymbol{c}_2 \end{cases} \tag{3.75}$$

类似于式（3.74）确定第二主成分 t_2 和 u_2 回归系数向量为

$$\begin{cases} \boldsymbol{\alpha}_2 = \dfrac{\boldsymbol{E}_1^{\mathrm{T}} t_2}{\| t_2 \|^2} \\ \boldsymbol{\beta}_2 = \dfrac{\boldsymbol{F}_1^{\mathrm{T}} t_2}{\| t_2 \|^2} \end{cases} \tag{3.76}$$

假设最终影响因素集和多测点各提取了 h 个主成分，则有

$$\boldsymbol{F}_0 = t_1 \boldsymbol{\beta}_1^{\mathrm{T}} + t_2 \boldsymbol{\beta}_2^{\mathrm{T}} + \cdots + t_h \boldsymbol{\beta}_h^{\mathrm{T}} \tag{3.77}$$

由于影响因素集的主成分 $u_1, u_2, \cdots, u_m$ 为影响因素的线性组合，即

$$t_k = \boldsymbol{E}_{k-1} \boldsymbol{w}_k = \boldsymbol{E}_0 \prod_{j=1}^{k-1} (\boldsymbol{I} - \boldsymbol{w}_j \boldsymbol{\alpha}_j^{\mathrm{T}}) \boldsymbol{w}_k \quad (k = 1, 2, \cdots, h) \tag{3.78}$$

令

$$\boldsymbol{w}_h^* = \prod_{j=1}^{h-1}(\boldsymbol{I} - \boldsymbol{w}_j\boldsymbol{\alpha}_j^{\mathrm{T}})\boldsymbol{w}_h \tag{3.79}$$

由于多测点实测数据集 $\boldsymbol{F}_0$ 又为主成分 $u_1, u_2, \cdots, u_m$ 的线性组合，将式（3.78）和式（3.79）代入式（3.77），得到标准化的 $\boldsymbol{F}_0$ 关于标准化后的影响因素集 $\boldsymbol{E}_0$ 的回归模型，即

$$\begin{aligned}\boldsymbol{F}_0 &= t_1\boldsymbol{\beta}_1^{\mathrm{T}} + t_2\boldsymbol{\beta}_2^{\mathrm{T}} + \cdots + t_h\boldsymbol{\beta}_h^{\mathrm{T}} \\ &= \boldsymbol{E}_0\boldsymbol{w}_1^*\boldsymbol{\beta}_1^{\mathrm{T}} + \boldsymbol{E}_0\boldsymbol{w}_2^*\boldsymbol{\beta}_2^{\mathrm{T}} + \cdots + \boldsymbol{E}_0\boldsymbol{w}_h^*\boldsymbol{\beta}_h^{\mathrm{T}} \\ &= \boldsymbol{E}_0\sum_{j=1}^{h}\boldsymbol{w}_j^*\boldsymbol{\beta}_j^{\mathrm{T}}\end{aligned} \tag{3.80}$$

对式（3.80）进行逆标准化，得到多测点实测数据与影响因子间的偏最小回归预测模型，即

$$\begin{Bmatrix} y_1 \\ y_2 \\ \vdots \\ y_n \end{Bmatrix} = \begin{Bmatrix} a_{01} \\ a_{02} \\ \vdots \\ a_{0n} \end{Bmatrix} + \begin{Bmatrix} a_{11}x_1 \\ a_{12}x_1 \\ \vdots \\ a_{1n}x_1 \end{Bmatrix} + \cdots + \begin{Bmatrix} a_{k1}x_k \\ a_{k2}x_k \\ \vdots \\ a_{kn}x_k \end{Bmatrix} \quad (k = 1, 2, \cdots, p) \tag{3.81}$$

式中：$x_1, x_2, \cdots, x_k$ 前的系数 a_{kn} 为 $\sum_{j=1}^{h}\boldsymbol{w}_j^*\boldsymbol{\beta}_j^{\mathrm{T}}$ 逆标准化的结果。

在上述分析过程中，交叉有效性检验是为了严格限制时空预测模型中主成分数量，通过类似抽样检测的方法，来判断影响因子集新提取的主成分对提升预测精度的作用。进行交叉有效性检验时，随机地忽略影响因子集中某一时刻 i 的信息，用剩余时刻的影响因子信息作为样本，提取其 h 个主成分构建预测模型，将建模时忽略的 i 时刻的影响因子作为样本代入预测模型，得到预测值 $\hat{y}_{hj(-i)}$，其对应 n 个影响因子样本点逐一忽略，求得预测误差平方和 $PRESS_{hj}$，其计算表达式为

$$PRESS_{hj} = \sum_{i=1}^{n}[y_{ij} - \hat{y}_{hj(-i)}]^2 \tag{3.82}$$

预测模型对应 p 个测点实测序列的预测误差平方和总和 $PRESS_h$ 为

$$PRESS_h = \sum_{j=1}^{p} PRESS_{hj} \tag{3.83}$$

类似于式（3.82），在不去除任何一个样本点的条件下，用 h 个主成分构建预测模型，同样将样本点 i 代入，得到预测值 $\hat{y}_{hji}$，其预测误差平方和 SS_{hj} 的表达式为

$$SS_{hj} = \sum_{i=1}^{n}(y_{ij} - \hat{y}_{hji})^2 \tag{3.84}$$

类似于式（3.83），对应 p 个测点实测序列的预测误差平方和总和 SS_h 的表达式为

$$SS_h = \sum_{j=1}^{p} SS_{hj} \tag{3.85}$$

通常存在 $PRESS_h > SS_h$ 且 $SS_h < SS_{h-1}$ 的情况，可将比值 $PRESS_h / SS_{h-1}$ 作为交叉有效性的判断依据，即

$$Q_h^2 = 1 - PRESS_h / SS_{h-1} \tag{3.86}$$

一般限制值设为 0.05，即 $Q_h^2 \geqslant 1-(1-0.05)^2=0.0975$，则表示继续提取影响因子的主成分的边际贡献率显著，对减少偏最小二乘模型的预测误差有显著作用，因此需继续进行主成分的提取、回归迭代与交叉有效性检验；否则，若 $Q_h^2<0.0975$，则说明模型的精度已满足要求，可直接停止迭代，得到变形预测模型。

对于最终预测模型中的 h 个主成分，其既要能完整地保留影响因子集的全部信息，又需要与多测点实测数据集具有较强的关联性。为此，定义主成分 t_h 对效应量的解释与预测能力为

$$\begin{cases} Rd(x_j;t_h)=r^2(x_j;t_h) \\ Rd(y_i;t_h)=r^2(y_i;t_h) \end{cases} \tag{3.87}$$

式中：$Rd(x_j;t_h)$和 $Rd(y_i;t_h)$分别为 t_h 对自变量影响因素 x_j 的解释能力和对因变量 y_i 的预测能力；$r(x_i,x_j)$表示变量 x_i 与 x_j 间的相关关系，其中

$$Rd(\boldsymbol{X};t_1,t_2,\cdots,t_h)=\sum_{m=1}^{h} Rd(X;t_m) \tag{3.88}$$

式中：$\boldsymbol{X}$ 为影响因素集。

式 (3.88) 表示所有选取的主成分 $t_1,t_2,\cdots,t_h$ 对影响因素集 $\boldsymbol{X}$ 的累计解释能力，其中

$$Rd(\boldsymbol{X};t_h)=\frac{1}{n}\sum_{j=1}^{n} Rd(x_j;t_h) \tag{3.89}$$

类似式 (3.88)，主成分 $t_1,t_2,\cdots,t_h$ 对多测点实测数据集 $\boldsymbol{Y}$ 的累计预测能力为

$$Rd(\boldsymbol{Y};t_1,t_2,\cdots,t_h)=\sum_{m=1}^{h} Rd(\boldsymbol{Y};t_m) \tag{3.90}$$

其中

$$Rd(\boldsymbol{Y};t_h)=\frac{1}{p}\sum_{j=1}^{p} Rd(y_j;t_h) \tag{3.91}$$

此外，为了更直观地体现自变量对因变量 y 的解释能力，定义变量投影重要性指标 VIP_j，其表达式为

$$VIP_j=\sqrt{\frac{k}{Rd(y;t_1,t_2,\cdots,t_m)}\sum_{h=1}^{m} Rd(y;t_h)w_{hj}^2} \tag{3.92}$$

式中：w_{hj}^2 为主轴 w_h 的第 j 个分量。

VIP_j 能直观反映影响因素集对多测点的解释能力，可作为判断预测效果的重要依据。

3.2.2.2 基于偏最小二乘回归信息融合时空预测模型的构建

偏最小二乘回归中，运用了主成分分析方法对自变量影响因素或因变量多测点进行信息的融合和筛选，尤其是对因变量的信息融合，如果不同测点间变化规律相差较大，会导致所提取信息的混杂，不利于运用偏最小二乘回归实现影响因素与多测点关联规律的发现与解释，需要对测点进行聚类分析，不再赘述。

基于偏最小二乘回归的监测效应量时空预测模型实现过程如下：

步骤 1：粗差剔除。监测数据序列受外界因素影响，难免存在误差，对序列中存在的

粗差进行处理。

步骤 2：对多测点进行时空聚类分析，得到其空间变形分类。根据第 2 章方法计算两两测点间的相似度，并运用离差平方和聚类进行坝体变形分区，选择同簇的测点进行多测点预测模型的构建。

步骤 3：对变形集、影响因素集的测值进行标准化处理。为避免单位以及数量级对模型预测精度的影响，对步骤 2、步骤 3 中选择同簇的测点实测值及影响因素分别进行标准化处理。

步骤 4：对多测点监测量进行回归建模。采用偏最小二乘回归，通过主成分提取、交叉有效性验证，实现变量间的信息融合，回归计算后，构建得到多测点时空预测模型。

3.2.3 多测点支持向量机模型

在前文单输出支持向量机的基础上，引入针对多输出系统的多输入多输出支持向量机（multi-input multi-output SVM，MIMO-SVM）构建混凝土坝多测点预测模型。该方法是针对模型的输出变量是一个向量而发展出来的新方法，可以实现多测点同步预测。

3.2.3.1 多输入多输出支持向量机

多输出支持向量机优化算法对单输出模式下的损失函数进行了改进，其核心是用定义在超球上的损失函数替代定义在超立方体上的损失函数，由此对所有输出变量建立同一个约束，模型的目标函数能综合考虑所有输出变量的拟合误差，从而达到全局优化的目的。将式（3.12）的损失函数改写，即可得到多输出支持向量机的损失函数

$$L_{\varepsilon}[y_i - f(x)] = \begin{cases} 0, & |y_i - f(x)| \leqslant \varepsilon \\ [\| y_i - f(x) \| - \varepsilon]^2, & |y_i - f(x)| > \varepsilon \end{cases} \tag{3.93}$$

设实测数据序列为 $\boldsymbol{D}=\{(x_i, y_i)\}, x\in \boldsymbol{R}^m, y\in \boldsymbol{R}^d$，$i=1, 2, \cdots, n$，其中 m 代表模型的输入维数，d 代表模型的输出维数。多输出支持向量机非线性优化问题同样通过转化成高维空间中的线性优化问题来解决。设高维空间中的线性理论值函数为 $f_i(x)=\boldsymbol{w}_i \cdot \phi(x)+b_i, b_i\in \boldsymbol{R}$，由结构风险最小化原则可知，$f_i(x)$应使 $C\sum_{i=1}^{d}\sum_{j=1}^{n}L_i[y_i^j - f_i(x^j)] + \frac{1}{2}\sum_{i=1}^{d}\| \boldsymbol{w}_i \|^2$ 最小，其中，C 为惩罚常数。

于是，多输出问题即可转化为如下最优化问题：

$$\begin{cases} \min R = C\sum_{i=1}^{d}\sum_{j=1}^{n}L_i[y_i^j - f_i(x^j)] + \frac{1}{2}\sum_{i=1}^{d}\| \boldsymbol{w}_i \|^2 \\ \text{s.t. } |f_i(x^j) - y_i^j| < \varepsilon_i \end{cases} \tag{3.94}$$

为确保上述优化问题在约束条件下有解，引入松弛转化量 ξ_i^j、ξ_i^{j*}。则上述问题转化为

$$\begin{cases} \min R = C\sum_{i=1}^{d}\sum_{j=1}^{n}(\xi_i^j + \xi_i^{j*}) + \frac{1}{2}\sum_{i=1}^{d}\| \boldsymbol{w}_i \|^2 \\ \text{s.t.} \begin{cases} y_i^j - \boldsymbol{w}_i \cdot \phi(x_i) - b_i \leqslant \varepsilon_i + \xi_i^j \\ \boldsymbol{w}_i \cdot \phi(x_i) + b_i - y_i^j \leqslant \varepsilon_i + \xi_i^{j*} \\ \xi_i^j \geqslant 0 \\ \xi_i^{j*} \geqslant 0 \end{cases} \end{cases} \tag{3.95}$$

构造 Lagrange 函数，并引入对偶变量，得

$$L=C\sum_{i=1}^{d}\sum_{j=1}^{n}(\xi_i^j+\xi_i^{j*})+\frac{1}{2}\sum_{i=1}^{d}\|\boldsymbol{w}_i\|^2-\sum_{i=1}^{d}\sum_{j=1}^{n}\alpha_i^j[\xi_i^j+\varepsilon_i-y_i^j+\boldsymbol{w}_i\cdot\phi(x_i^j)+b_i]$$
$$-\sum_{i=1}^{d}\sum_{j=1}^{n}\alpha_i^{j*}[\xi_i^{j*}+\varepsilon_i+y_i^j-\boldsymbol{w}_i\cdot\phi(x_i^j)-b_i]-\sum_{i=1}^{d}\sum_{j=1}^{n}(\eta_i^j\xi_i^j+\eta_i^{j*}\xi_i^{j*})\tag{3.96}$$

式中：η_i^j、η_i^{j*}、α_i^j、α_i^{j*} 为 Lagrange 乘子，且均为不小于零的常数；C 为惩罚常数，$C>0$。

由鞍点条件可知，Lagrange 函数关于变量$\{b_i,\boldsymbol{w}_i,\xi_i^j,\xi_i^{j*}\}$在最优解处的偏微分的值应等于 0，即

$$\frac{\partial L}{\partial b_i}=0,\quad \frac{\partial L}{\partial \boldsymbol{w}_i}=0,\quad \frac{\partial L}{\partial \xi_i^j}=0,\quad \frac{\partial L}{\partial \xi_i^{j*}}=0\tag{3.97}$$

将式（3.96）代入式（3.97），得

$$\begin{cases}\dfrac{\partial L}{\partial b_i}=-\sum\limits_{j=1}^{n}(\alpha_i^j+\alpha_i^{j*})=0\Rightarrow\sum\limits_{j=1}^{n}(\alpha_i^j+\alpha_i^{j*})=0\\ \dfrac{\partial L}{\partial \boldsymbol{w}_i}=\boldsymbol{w}_i-\sum\limits_{j=1}^{n}(\alpha_i^j-\alpha_i^{j*})\phi(x_i^j)=0\Rightarrow\boldsymbol{w}_i=\sum\limits_{j=1}^{n}(\alpha_i^j-\alpha_i^{j*})\phi(x_i^j)\\ \dfrac{\partial L}{\partial \xi_i^j}=C-\alpha_i^j-\eta_i^j=0\Rightarrow C=\alpha_i^j+\eta_i^j\\ \dfrac{\partial L}{\partial \xi_i^{j*}}=C-\alpha_i^{j*}-\eta_i^{j*}=0\Rightarrow C=\alpha_i^{j*}+\eta_i^{j*}\end{cases}\tag{3.98}$$

将式（3.98）代入式（3.96），并用核函数 $k(x,x')$代表高维空间中的内积运算$\langle\phi(x),\phi(x')\rangle$，得到优化问题的对偶形式为

$$\begin{cases}\max\quad W(\alpha_i^j,\alpha_i^{j*})=-\dfrac{1}{2}\sum\limits_{i=1}^{d}\sum\limits_{j,l=1}^{n}(\alpha_i^j-\alpha_i^{j*})(\alpha_i^l-\alpha_i^{l*})k(x^j,x^l)+\\ \qquad\qquad\sum\limits_{i=1}^{d}\sum\limits_{j=1}^{n}(\alpha_i^j-\alpha_i^{j*})y_i^j-\sum\limits_{i=1}^{d}\sum\limits_{j=1}^{n}(\alpha_i^j+\alpha_i^{j*})\varepsilon_i\\ \text{s. t.}\ \sum\limits_{j=1}^{n}(\alpha_i^j-\alpha_i^{j*})=0,\quad 0<\alpha_i^j,\ \alpha_i^{j*}<C\end{cases}\tag{3.99}$$

由式（3.99）即可解出 α_i^j 和 α_i^{j*} 的值，得到多输出非线性支持向量机的理论值函数为

$$f_i(x)=\boldsymbol{w}_i\cdot\phi(x)+b_i=\sum_{j=1}^{n}(\alpha_i^j-\alpha_i^{j*})k(x^j,x^l)+b_i\tag{3.100}$$

由 KKT 条件可知，在最优解处应该满足：

$$\begin{cases}\alpha_i^j[\xi_i^j+\varepsilon_i-y_i^j+f_i(x^j)]=0\\ \alpha_i^{j*}[\xi_i^{j*}+\varepsilon_i-y_i^j+f_i(x^j)]=0\end{cases}\tag{3.101}$$

$$\begin{cases}\eta_i^j\xi_i^j=0\\ \eta_i^{j*}\xi_i^{j*}=0\end{cases}\tag{3.102}$$

由式（3.101）可知 $\alpha_i^j\alpha_i^{j*}=0$，即 α_i^j、α_i^{j*} 中至少有一个为 0，由式（3.98）和

式（3.102）可得

$$\begin{cases}(C-\alpha_i^j)\xi_i^j=0\\(C-\alpha_i^{j^*})\xi_i^{j^*}=0\end{cases} \tag{3.103}$$

对式（3.103）分析可知，只有当 $\alpha_i^j=C$、$\alpha_i^{j^*}=C$ 时，$f_i(x)$ 与 y_i 的误差才可能大于 ε_i，所以可以得出

$$\begin{cases}\varepsilon_i-y_i^j+f_i(x^j)=0, & 0<\alpha_i^j<C\\\varepsilon_i+y_i^j-f_i(x^j)=0, & 0<\alpha_i^{j^*}<C\end{cases} \tag{3.104}$$

由此可以求解出阈值变量为

$$\begin{cases}b_i=y_i^j-\sum\limits_{j=1}^{n}(\alpha_i^j-\alpha_i^{j^*})k(x^j,x^l)-\varepsilon_i, & 0<\alpha_i^j<C\\b_i=y_i^j-\sum\limits_{j=1}^{n}(\alpha_i^j-\alpha_i^{j^*})k(x^j,x^l)+\varepsilon_i, & 0<\alpha_i^{j^*}<C\end{cases} \tag{3.105}$$

3.2.3.2 模型因子选择

不同于单点支持向量机模型，利用多输入多输出支持向量机对多测点同步建模时，处理的是多测点实测序列，需综合考虑所有实测序列的整体情况，优选影响因子作为模型输入样本。在已有的影响因子选择方法中，常用的有先验知识法、线性相关系数法、逐步回归法、主成分分析法、灰色关联度分析法等，这些方法虽然可行，但在使用过程中都有各自的局限性。比如，先验知识法过于依赖经验，误差较大；主成分分析法对相关变量的要求较高，只有当待分析变量之间的共线性较强时，降维处理后的综合指标精度才较高；灰色关联度分析法只能将因子按照关联度进行排序，没有明确的评判标准选择因子。目前，模型输入样本的选择多采用统计模型影响因子集，但统计模型的各影响因子之间可能存在一定程度的相关性，也就是多重共线性，这会降低模型的精度。针对上述不足，引入偏互信息理论和 Copula 熵理论，将 Copula 熵和偏互信息结合起来，从统计模型的经验影响因子集中筛选出影响显著的因子，以实现对模型输入因子的优选。

1. Copula 熵理论

Copula 熵理论涉及熵理论、Copula 函数和 Copula 熵等。现以混凝土坝变形为例，介绍上述理论在混凝土坝长效服役性态预测中的应用。

（1）熵理论。熵理论可用来度量随机事件的不确定性或信息量。对于混凝土坝，其效应量监测信息可视为连续的随机变量，则 Shannon 信息熵可表示为

$$H(x)=-\int_a^b f(x)\ln f(x)\mathrm{d}x \tag{3.106}$$

式中：$H(x)$为连续型信息的熵函数；$f(x)$为变量 X 的概率密度函数。

可见，信息熵实际上描述的是随机事件的概率分布情况。令 X_1 和 X_2 为反映混凝土坝变形的两个随机变量，则两者的联合熵为

$$H(x_1,x_2)=-\int_0^\infty\int_0^\infty f(x_1,x_2)\ln f(x_1,x_2)\mathrm{d}x_1\mathrm{d}x_2 \tag{3.107}$$

扩大到反映混凝土坝变形的多个随机变量 $X_1,X_2,\cdots,X_d$，则多维联合熵为

$$H(x_1,x_2,\cdots,x_d)=-\int_0^{\infty}\cdots\int_0^{\infty}f(x_1,x_2,\cdots,x_d)\ln f(x_1,x_2,\cdots,x_d)\mathrm{d}x_1\mathrm{d}x_2\cdots\mathrm{d}x_d \tag{3.108}$$

两个变量 X_1、X_2 的互信息 $T(x_1,x_2)$表示的是两个变量中重合的信息量，有

$$\begin{aligned}T(x_1,x_2)&=H(x_1)+H(x_2)-H(x_1,x_2)\\&=-\int_0^{\infty}f(x_1)\ln f(x_1)\mathrm{d}x_1-\int_0^{\infty}f(x_2)\ln f(x_2)\mathrm{d}x_2\\&\quad+\int_0^{\infty}\int_0^{\infty}f(x_1,x_2)\ln f(x_1,x_2)\mathrm{d}x_1\mathrm{d}x_2\\&=\int_0^{\infty}\int_0^{\infty}f(x_1,x_2)[-\ln f(x_1)-\ln f(x_2)+\ln f(x_1,x_2)]\mathrm{d}x_1\mathrm{d}x_2\\&=\int_0^{\infty}\int_0^{\infty}f(x_1,x_2)\ln\frac{f(x_1,x_2)}{f(x_1)f(x_2)}\mathrm{d}x_1\mathrm{d}x_2\end{aligned} \tag{3.109}$$

（2）Copula 函数。Copula 函数是用来刻画多维联合分布的函数形式，若函数 C 满足以下条件，则 C 为 Copula 函数。$\forall u,v\in\boldsymbol{I},C(u,0)=0;C(0,v)=0;C(u,1)=u;C(1,v)=v$；$\forall u_1,u_2,v_1,v_2\in\boldsymbol{I}$，且 $u_1\leqslant u_2,v_1\leqslant v_2$，有 $C(u_2,v_2)-C(u_2,v_1)-C(u_1,v_2)+C(u_1,v_1)\geqslant 0$。就混凝土坝多测点变形来说，其联合分布可以分解为多个边缘分布和 1 个 Copula 函数。实质上，Copula 函数是一种构建联合分布函数与其各随机变量的边缘分布函数之间关系的函数，通过多种边缘分布函数来求解联合分布函数，以此刻画随机变量之间的相关性。

令 F 为与混凝土坝变形相关的 n 维变量的联合累积分布函数，其变量的边缘累积分布函数记为 F_i，$x_1,x_2,\cdots,x_n$ 为 n 个随机变量，那么存在 1 个 n 维 Copula 函数 C，使得

$$F(x_1,x_2,\cdots,x_n)=C[F_1(x_1),F_2(x_2),\cdots,F_n(x_n)] \tag{3.110}$$

若 $F_1,F_2,\cdots,F_n$ 是连续的，则 C 是唯一确定的；反之不唯一。

应用最为广泛的 Copula 函数主要有两类，即 Elliptical Copula 函数和 Archimedean Copula 函数，其中 Elliptical Copula 函数是基于椭圆分布的多元分布函数，主要包括正态 Copula 函数和 t-Copula 函数。这里仅给出建模需用到的二维 Copula 函数的表达式。

1）二维正态 Copula 函数表达式为

$$C_{\Gamma}^{\text{normal}}(u_1,u_2)=\Phi_{\Gamma,2}[\phi^{-1}(u_1),\phi^{-1}(u_2)] \tag{3.111}$$

相应的密度函数为

$$c_{\Gamma}^{\text{normal}}(u_1,u_2;\boldsymbol{\Gamma})=|\boldsymbol{\Gamma}|^{-\frac{1}{2}}\exp\left\{-\frac{1}{2}\boldsymbol{Z}'(\boldsymbol{\Gamma}^{-1}-\boldsymbol{I})\boldsymbol{Z}\right\} \tag{3.112}$$

$$\boldsymbol{Z}'=\boldsymbol{Z}(Z_1,Z_2)=[\phi^{-1}(u_1),\phi^{-1}(u_2)] \tag{3.113}$$

式中：$\boldsymbol{\Gamma}$ 为相关系数矩阵；$\Phi_{\Gamma,2}$ 为 $\boldsymbol{\Gamma}$ 的二维标准正态分布函数；ϕ^{-1} 为标准正态分布函数的反函数。

2）二维自由度为 n 的 t-Copula 函数表达式为

$$C_{R,n}^{\mathrm{T}}(u_1,u_2,n)=T_{R,n}[T_{n_1}^{-1}(u_1),T_{n_2}^{-1}(u_2)] \tag{3.114}$$

相应的密度函数为

$$c_{R,n}=(u_1,u_2)=|\boldsymbol{R}|^{\frac{1}{2}}\frac{\boldsymbol{\Gamma}\frac{n+2}{2}}{\boldsymbol{\Gamma}\frac{n}{2}}\left(\frac{\boldsymbol{\Gamma}\frac{n}{2}}{\boldsymbol{\Gamma}\frac{n+1}{2}}\right)^n\frac{\left(1+\frac{1}{n}\boldsymbol{Z}'\boldsymbol{R}^{-1}\boldsymbol{Z}\right)^{-\frac{n+2}{2}}}{\left(1+\frac{Z_1^2}{n}\right)^{-\frac{n+1}{2}}\left(1+\frac{Z_2^2}{n}\right)^{-\frac{n+1}{2}}} \tag{3.115}$$

其中

$$\boldsymbol{Z}'=\boldsymbol{Z}(Z_1,Z_2)=[t_{n_1}^{-1}(u_1),t_{n_2}^{-1}(u_2)] \tag{3.116}$$

式中：$\boldsymbol{R}$ 为相关系数矩阵；$T_{R,n}$ 为$\boldsymbol{R}$ 的二维 t 分布函数。

Archimedean Copula 函数具有模型构造方便和计算简单的优点，且较符合混凝土坝变形数据序列的特点。设 φ：$[0,1]\rightarrow[0,+\infty)$是连续的严格单调递减函数，且 $\varphi(1)=0$，则 φ 的逆函数 $\varphi^{[-1]}$ 定义为

$$\varphi^{[-1]}(t)=\begin{cases}\varphi^{-1}(t), & 0\leqslant t<\varphi(0)\\ 0, & \varphi(0)\leqslant t<\infty\end{cases} \tag{3.117}$$

若 $\varphi^{[-1]}$ 是满足定义域为$[0,+\infty)$，值域为$[0,1]$的连续严格单调递减函数，则称 φ 为 Archimedean Copula 的生成函数。$C(u,v)=\varphi^{[-1]}[\varphi(u)+\varphi(v)]$为由 φ 生成的 Archimedean Copula 函数。每个 Archimedean Copula 函数对应的生成函数都是唯一的。Nelsen 给出的二元随机变量 $C(u,v)$的分布函数为

$$K_C(t)=P[C(U,V)\leqslant t]=t-\varphi(t)/\varphi'(t^+) \tag{3.118}$$

式中：$\varphi'(t^+)$为函数 φ 在 t 处的右导数，$t\in[0,1]$。

根据 φ 形式的不同，Archimedean Copula 函数主要可以分为 Gumbel Copula 函数、Clayton Copula 函数和 Frank Copula 函数。

1）Gumbel Copula 函数。生成函数为 $\varphi(t)=(-\ln t)^\theta,\theta\in[1,\infty)$，表达式为

$$C(u,v,\theta)=\exp\{-[(-\ln u)^{1/\theta}+(-\ln v)^{1/\theta}]^\theta\} \tag{3.119}$$

Gumbel Copula 函数具有较明显的上尾相关性。

2）Clayton Copula 函数。生成函数为 $\varphi(t)=1/\theta(t^{-\theta}-1),\theta\in[-1,0)\cup(0,\infty)$，表达式为

$$C(u,v,\theta)=\max\{(u^{-\theta}+v^{-\theta}-1)^{-\frac{1}{\theta}},0\} \tag{3.120}$$

Clayton Copula 函数具有明显的下尾相关性。

3）Frank Copula 函数。生成函数为 $\varphi(t)=\ln(\mathrm{e}^{-\theta}-1)-\ln(\mathrm{e}^{-\theta t}-1)$，$\theta\in(-\infty,0)\cup(0,\infty)$，表达式为

$$C(u,v,\theta)=-\frac{1}{\theta}\ln\left[1-\frac{(1-\mathrm{e}^{-\theta u})(1-\mathrm{e}^{-\theta v})}{1-\mathrm{e}^{-\theta}}\right] \tag{3.121}$$

Frank Copula 函数是对称的 Copula 函数，它的上尾和下尾相关系数为 0。

不同形式的 Copula 函数，适用情况各不相同，后续 Copula 熵的计算结果也差异较大，因而无从比较。因此，需从工程实际出发，采用一定标准选择出最优 Copula 函数结构，选择标准主要从三方面来考虑：①根据各 Copula 函数的特性以及由此导出的相关性测度进行选择；②基于检验的 Copula 函数选择方法；③利用 AIC 准则进行辅助选择。这

里仅介绍前两种方法。

第一种方法采用相关性测度的方式，考察各影响因子与变形之间的相关性，并用 Kendall τ 进行选择。设$\{(x_i,y_i)\}(i=1,2,\cdots,n)$为二维总体（$X$，$Y$）中的 n 个样本，基于样本的 Kendall τ 非参数估计为

$$\hat{\tau}(X,Y)=\frac{2}{n(n-1)}\sum_{1\leqslant i\leqslant j\leqslant n}\operatorname{sgn}[(x_i-x_j)(y_i-y_j)] \tag{3.122}$$

当样本足够大时，非参数估计值 $\hat{\tau}$ 将无限接近于真实值，再根据给定的 Copula 函数计算 τ，将其与 $\hat{\tau}$ 作比较，选择与 $\hat{\tau}$ 最接近的 τ 所对应的 Copula 函数结构。

第二种方法，设与混凝土坝变形相关的随机向量（X，Y）的边缘分布分别为（0，1）上的均匀分布，Copula 函数为 C（x，y，θ），生成元为 $K(t,\theta)$，$K_n(t)$为给定 X_i 和 Y_i 后的经验分布函数，则

$$K(t,\theta)=P[C(X,Y,\theta)\leqslant t] \tag{3.123}$$

$$\lambda(t,\theta)=t-K(t,\theta) \tag{3.124}$$

定义样本的经验函数为

$$F_n(x,y)=\frac{1}{n}\sum_{i=1}^{n}1\{X_i\leqslant x,Y_i\leqslant y\} \tag{3.125}$$

模拟出 $T_i\triangleq F_n(x_i,y_i),i=1,2,\cdots,n$，建立 $K(t,\theta)$的经验分布函数：

$$K_n(t)=\frac{1}{n}\sum_{i=1}^{n}1\{T_i\leqslant t\} \tag{3.126}$$

式中：1 为示性函数。

$$\lambda_n(t)=t-K_n(t) \tag{3.127}$$

选择与 $K_n(t)$足够接近的 $K(t)$所对应的 $C(x,y,\theta)$即为最优的 Copula 函数。

（3）Copula 熵。由式（3.107）可以得出与混凝土坝变形相关的二维随机变量 Copula 函数熵为

$$H_c(u,v)=-\int_0^1\int_0^1 c(u,v)\ln c(u,v)\mathrm{d}u\,\mathrm{d}v \tag{3.128}$$

式中：$c(u,v)$为 Copula 函数的概率密度函数，可表示为$\partial^2C(u,v)/(\partial u\partial v)$。

若要求解 Copula 熵的值，必须先估计出 Copula 函数中的未知参数 θ，这里采用普遍适用的半参数法。考虑式（3.110）中与混凝土坝变形相关的二维随机变量的情况，联合分布函数为

$$F(x;\delta_1,\delta_2,\theta)=C[F_1(x_1;\delta_1),F_2(x_2;\delta_2),\theta] \tag{3.129}$$

联合密度函数为

$$f(x;\delta_1,\delta_2,\theta)=c[F_1(x_1;\delta_1),F_2(x_2;\delta_2),\theta]f_1(x_1;\delta_1)f_2(x_2;\delta_2) \tag{3.130}$$

用经验分布函数 $\hat{F}(x)$替换式（3.130）中的边缘分布函数，并构造似然函数 $L(\theta)=\sum_{j=1}^{n}\ln c_\theta[F_1(x_{1j}),F_2(x_{2j}),\theta]$，求出使 $L(\theta)$达到最大时 θ 的估计$\hat{\theta}$ 即为所求的目标参数，从而由式（3.128）得到 Copula 熵值。

2. 偏互信息

互信息可用于度量影响因子和输出变形值之间的线性、非线性相关关系，偏互信息（partial mutual information，PMI）是由 Sharma 对互信息的方法进行改进提出的概念，表示了一个变量中包含另一个变量的信息量。与互信息不同的是，偏互信息可以度量两变量之间在排除其他变量影响下的互信息，即可以估计混凝土坝变形在剔除已选影响因子的情况下，新加入的影响因子与输出变形值之间的相关性。在式（3.109）基础上给出 PMI 的表达式为

$$\begin{aligned} PMI &= H(x')+H(y')-H(x',y') \\ &= \int_0^{\infty}\int_0^{\infty} f_{X',Y'}(x',y')\ln\frac{f_{X',Y'}(x',y')}{f_{X'}(x')f_{Y'}(y')}\mathrm{d}x'\mathrm{d}y' \end{aligned} \tag{3.131}$$

$$x'=x-E[x\mid Z],\quad y'=y-E[y\mid Z] \tag{3.132}$$

式中：E 为期望值；x 为待选支持向量机的输入因子；y 为变形输出；Z 为已选入的影响因子集。

再由 $H(x',y')=H(x')+H(y')+H_C(u',v')$ 可推出 $PMI=-H_C(u',v')$，即偏互信息是 Copula 函数的负熵。计算出混凝土坝变形各影响因子与输出值之间的偏互信息后，需要为 PMI 赋予合适的阈值作为影响因子选入的标准，采用 Hampel 检验作为 PMI 算法的停止准则。Hampel 检验可以衡量一组影响变量中，其中一个变量包含的信息量（即 PMI 值）是否明显大于其他变量，其表达式为

$$Z_j=\frac{d_j}{1.4826d_j^{(50)}} \tag{3.133}$$

其中

$$d_j=\mid PMI-PMI^{(50)}\mid \tag{3.134}$$

式中：$PMI^{(50)}$ 为一组数据中 PMI 值的中位数；$d_j^{(50)}$ 为所有 d_j 的中位数；Z_j 为 Hampel 距离，当 $Z_j>3$ 时，将对应的影响因子确定为模型最终的输入因子，反之剔除，从而实现支持向量机输入因子集的确定。

3.2.3.3 Copula 熵-MSVM 预测模型构建

利用混凝土坝多测点和环境量实测数据，综合多输入多输出支持向量机和基于 Copula 熵理论的模型输入因子优选方法，建立混凝土坝多测点同步预测模型，即 Copula 熵-MSVM 预测模型，模型的构建过程如下：

步骤 1：选取多个测点的实测数据序列，采用第 1 章的方法进行数据预处理。

步骤 2：确定模型的备选影响因子集，采用 Copula 熵理论和偏互信息对备选影响因子集进行筛选，得到最优影响因子集。

步骤 3：对多个测点处理后的实测序列以及模型的最优影响因子进行归一化处理，优选后的各因子作为模型的输入，效应量作为模型的输出，并确定模型的训练样本和预测样本。

步骤 4：利用 PSO 算法对多输出支持向量机的参数进行寻优，确定模型参数 C、σ 的最优值，并训练模型。

步骤 5：将预测样本导入训练好的模型，完成多个测点实测数据的预测。

参 考 文 献

[1] 顾冲时，吴中如．大坝与坝基安全监控理论和方法及其应用［M］．南京：河海大学出版社，2006.

[2] 黄铭，葛修润，刘俊．大坝安全监测的多测点位移向量模型［J］．上海交通大学学报，2001，35（4）：514－517.

[3] HASEBE M，NAGAYAMA Y．Reservoir operation using the neural network and fuzzy systems for dam control and operation support［J］．Advances in Engineering Software，2002，33（5）：245－260.

[4] 赵二峰，金永强，金怡，等．基于递阶对角神经网络的大坝变形预报模型［J］．武汉大学学报（工学版），2009，42（3）：344－348.

[5] SU H Z，WEN Z P，WU Z R．Early-warning model of dam safety based on SVM theory［J］．Journal of Basic Science and Engineering，2009，17（1）：40－48.

[6] 苏怀智，温志萍，吴中如．基于 SVM 理论的大坝安全预警模型研究［J］．应用基础与工程科学学报，2009，1：40－48.

[7] 殷详详，赵二峰，蔡德文．基于伯努利神经网络的拱坝施工期变形预测模型［J］．人民长江，2014，45（S2）：210－212.

[8] 梁嘉琛，赵二峰，张秀山，等．基于集合经验模态分解和自回归滑动平均的某碾压混凝土重力坝变形预测模型及应用［J］．水电能源科学，2015，33（3）：67－70.

[9] ZHU Y T，GU C S，ZHAO E F，et al．Structural safety monitoring of high arch dam using improved ABC-BP model［J］．Mathematical Problems in Engineering，2016，44：306－314.

[10] CHEN S Y，GU C S，LIN C N，et al．Safety monitoring model of a super-high concrete dam by using RBF neural network coupled with kernel principal component analysis［J］．Mathematical Problems in Engineering，2018：1712653.

[11] SHAO C F，GU C S，YANG M，et al．A novel model of dam displacement based on panel data［J］．Structural Control and Health Monitoring，2018，25（1）：e2037.

[12] SIGTRYGGSDOTTIR F G，SNAEBJOERNSSON J T，GRANDE L．Statistical model for dam-settlement prediction and structural-health assessment［J］．Journal of Geotechnical & Geoenvironmental Engineering，2018，144（9）：04018059.

[13] SU H Z，LI X，YANG B B，et al．Wavelet support vector machine-based prediction model of dam deformation［J］．Mechanical Systems and Signal Processing，2018，110：412－427.

[14] 杜辉，赵二峰，郭珅，等．大坝服役性态安全监控的 GA-RBF 组合模型［J］．三峡大学学报（自然科学版），2018，40（2）：11－14.

[15] 王少伟，包腾飞，胡坤．基于 PCA 的高混凝土坝变形空间融合监控模型［J］．水利水电技术，2018，49（8）：123－127.

[16] YIN W Z，ZHAO E F，GU C S，et al．A nonlinear method for component separation of dam effect quantities using kernel partial least squares and pseudo samples［J］．Advances in Civil Engineering，2019：1958173.

[17] 赵二峰，尹文中，高嵩，等．基于 AdaBoost-SVM 的混凝土坝变形预测模型［J］．南水北调与水利科技，2019，17（5）：188－193.

[18] 李明超，任秋兵，孔锐，等．多维复杂关联因素下的大坝变形动态建模与预测分析［J］．水利学报，2019，50（6）：687－698.

[19] HU Y T, GU C S, MENG Z Z, et al. Improve the model stability of dam's displacement prediction using a numerical-statistical combined model [J]. IEEE Access, 2020, 8: 147482 - 147493.

[20] WANG S W, XU Y L, GU C S, et al. Two spatial association-considered mathematical models for diagnosing the long-term balanced relationship and short-term fluctuation of the deformation behaviour of high concrete arch dams [J]. Structural Health Monitoring, 2020, 19 (5): 1421 - 1439.

[21] GU C S, FU X, SHAO C F, et al. Application of spatiotemporal hybrid model of deformation in safety monitoring of high arch dams: a case study [J]. International Journal of Environmental Research and Public Health, 2020, 17 (1): 319.

[22] REN Q B, LI M C, SONG L G, et al. An optimized combination prediction model for concrete dam deformation considering quantitative evaluation and hysteresis correction [J]. Advanced Engineering Informatics, 2020, 46: 101154.

[23] 柳志坤，周兰庭．基于小波理论的混凝土坝变形 PCA-IPSO-SVM 预测模型 [J]. 中国农村水利水电，2020，7：185 - 189.

[24] 胡安玉，包腾飞，杨晨蕾，等．基于 LSTM-Arima 的大坝变形组合预测模型及其应用 [J]. 长江科学院院报，2020，37 (10)：64 - 68.

[25] YANG G, GU H, CHEN X D, et al. Hybrid hydraulic-seasonal-time model for predicting the deformation behaviour of high concrete dams during the operational period [J]. Structural Control and Health Monitoring, 2021, 28 (3): e2685. DOI: 10.1002/stc. 2685

[26] WEI B W, LIU B, YUAN D Y, et al. Spatiotemporal hybrid model for concrete arch dam deformation monitoring considering chaotic effect of residual series [J]. Engineering Structures, 2021, 228: 111488.

[27] LI Y T, BAO T F, SHU X S, et al. A hybrid model integrating principal component analysis, fuzzy C-means, and gaussian process regression for dam deformation prediction [J]. Arabian Journal for Science and Engineering, 2021, 46 (5): 4293 - 4306.

[28] CHEN S Y, GU C S, LIN C N, et al. Prediction of arch dam deformation via correlated multitarget stacking [J]. Applied Mathematical Modelling, 2021, 91: 1175 - 1193.

[29] CHEN S Y, GU C S, LIN C N, et al. Multi-kernel optimized relevance vector machine for probabilistic prediction of concrete dam displacement [J]. Engineering with Computers, 2021, 37 (3):1943 - 1959.

[30] FANG W H, XU L Y. Multi-scale model of dam safety condition monitoring based on dynamic Bayesian networks [J]. Intelligent Automation and Soft Computing, 2012, 18 (7): 909 - 921.

[31] 张涛，苏怀智．基于贝叶斯框架下大坝服役性态综合评估方法 [J]. 长江科学院院报，2021，38 (2)：32 - 38.

[32] LI Y T, BAO T F, GONG J, et al. The prediction of dam displacement time series using STL, extra-trees, and stacked LSTM neural network [J]. IEEE Access, 2020, 8: 94440 - 94452.

[33] 任秋兵，沈扬，李明超，等．水工建筑物安全监控深度分析模型及其优化研究 [J]. 水利学报，2021，52 (1)：71 - 80.

[34] 李昕，赵二峰，王嘉毅．基于 PCA-SSA-ELM 的混凝土坝变形预测模型 [J]. 水力发电，2022，48 (12)：62 - 66，91.

[35] ZHAO E F, LI Y, ZHANG J M, et al. Interval prediction model of deformation behavior for dam safety during long term operation using Bootstrap-GBDT [J]. Structural Control and Health Monitoring, 2023: 6929861.

[36] SHAO C F, ZHAO E F, XU Y X, et al. Genesis analysis of special deformation characteristics

for super-high arch dams in the alpine and gorge regions of southwest China [J]. Mathematics, 2023, 11 (7): 1753.

[37] 赵二峰，李章寅，袁冬阳. 基于双阶段注意力机制的大坝变形深度学习预测模型 [J]. 河海大学学报（自然科学版），2023，48 (12)：62－66.

[38] 任秋兵，李明超，沈扬，等. 耦合时空相关特性的大坝变形动态监控模型 [J]. 水力发电学报，2021，40 (10)：1－13.

[39] TASCI L, KOSE E. Deformation forecasting based on multi variable grey prediction models [J]. Journal of Grey System, 2016, 28 (4): 56－64.

[40] 安慧琳，李艳玲，曾贝佳，等. 重力坝挠度多测点空间模型研究 [J]. 水电能源科学，2016，34 (11)：77－81.

[41] ZHAO E F, WU C Q. Risk probabilistic assessment of ultrahigh arch dams through regression panel modeling on deformation behavior [J]. Structural Control and Health Monitoring, 2021, 28 (5): e2716.

[42] ZHAO E F, WU C Q. Centroid deformation-based nonlinear safety monitoring model for arch dam performance evaluation [J]. Engineering Structures, 2021, 243: 112652.

[43] 胡江，马福恒，王春红. 特高拱坝变形监测的分区及其模型构建方法 [J]. 河海大学学报（自然科学版），2021，49 (2)：148－154.

第4章　混凝土坝裂缝变化及其影响分析方法

由于混凝土微裂缝的存在及其抗拉强度低的力学特性，加上混凝土坝复杂多变的服役环境，裂缝在混凝土坝中普遍存在，对工程运行安全有着显著影响。尽管它们大多都是表面裂缝，但会降低坝体混凝土的强度和耐久性；也有部分裂缝因控制不当或遭受不利工况，可发展成为数十米深的深层裂缝或贯穿裂缝，进而对大坝的结构性能和工作性态造成影响，威胁混凝土坝工程长效安全服役。本章应用数据挖掘和机器学习等，论述混凝土坝裂缝变化的影响因素挖掘、分析模型构建等方法，以及裂缝变化对大坝结构性能影响的分析方法。

4.1　裂缝变化影响因素挖掘方法

混凝土坝裂缝的变化是复杂的力学行为，不仅受到服役环境的影响，还与坝体结构型式、材料特性以及工程施工质量等多方面因素关系密切。混凝土坝裂缝的再生和发展降低了坝体结构的稳定和强度，破坏了大坝的整体性和防渗性，需要对其进行有效的监测分析。鉴于混凝土坝裂缝变化的影响因素众多且作用关系复杂，通常是多种因素的综合作用所致，与这些影响因素有关的监测种类较多，包括水位、温度等环境变量和裂缝开度、变形等与裂缝相关的监测效应量和设计、施工情况等资料，往往难以用一种变量形式进行表征。本质上，混凝土坝裂缝变化的影响因素分析，就是通过多变量类型信息的数据规律挖掘，确定施工及运行过程中各影响因素与裂缝性态变化特征之间的关联关系。

4.1.1　裂缝致因分析

由于混凝土坝裂缝的产生受诸多因素的影响和作用，不同工程的裂缝致因各异，其产生和变化往往是多种主要因素联合作用的结果。结合国内外典型工程结构裂缝产生与扩展情况，对混凝土坝裂缝的主要致因进行分析。

(1) 施工因素。混凝土坝施工环境恶劣，可能遭受气温骤变、降雨、降雪等因素的影响；施工工序复杂，包括基础开挖及处理、混凝土制备与养护、坝体浇筑等；施工工期较长，大多需要数年时间，个别工程的修筑甚至耗费数十年时间。混凝土坝施工过程涉及的众多因素均会影响施工质量，尤其是温控不严等问题，可能直接或间接地造成混凝土坝裂缝的产生。

(2) 材料因素。良好的筑坝原材料以及经过优化的配合比对提高坝体混凝土抗拉强度、降低自生体积变形至关重要。同时，掺用粉煤灰等混合材料或添加减水剂等外加剂，能够显著降低混凝土绝热温升。对于混凝土配合比选择不当或外加剂使用不合理，会从材料源头造成坝体抗裂能力较差。此外，混凝土坝运行过程中，筑坝材料特性会随时间或因环境因素作用发生劣化，使得大坝开裂风险增加。

（3）设计因素。混凝土坝的结构型式、布置方式、断面设计以及分缝距离等坝工设计因素对坝体温度裂缝的产生和发展均有重要影响。尤其是新中国成立初期修筑的一些混凝土坝，受限于当时坝工设计水平，很多工程存在设计不合理的情况，导致裂缝的产生。

（4）物理化学反应。

1）混凝土收缩。混凝土收缩由湿度收缩和自收缩两部分组成。混凝土在发生收缩时，如果受到前期混凝土或基岩的约束作用，则有可能产生收缩裂缝，并可能发展成为危害性裂缝。尤其对于地处炎热干燥地区的薄壁结构，混凝土收缩形成裂缝可能性相对较大。

2）碱骨料反应。混凝土碱骨料反应是指骨料中特定成分在一定条件下与混凝土中的碱性物质发生化学反应，导致混凝土结构产生膨胀、开裂甚至破坏的现象。因防治难度大、潜伏时间长，国内外诸多混凝土工程都遭受碱骨料反应的影响而出现开裂现象。

3）混凝土碳化。混凝土碳化是指空气中的二氧化碳与混凝土孔隙液中氢氧化钙反应生成碳酸钙的过程，属化学侵蚀破坏。随着运行时间的增加，混凝土坝表层的碳化现象愈发严重，可能造成坝体出现表面裂缝。

（5）地质地形因素。坝基的不均匀沉降、承载力不足和断层、破碎带的存在以及基础本身较大的约束，都可能会造成坝体产生较大的结构拉应力，从而导致大坝出现裂缝。

（6）荷载因素。

1）温度荷载。混凝土坝作为典型的大体积混凝土结构，在施工浇筑过程中会释放出大量水化热；在运行过程中，混凝土坝与空气或库水直接接触，环境温度的改变也会对坝体结构应力状态带来显著影响。因此，温度荷载的控制不当或异常变化易造成混凝土坝产生裂缝或已有裂缝的进一步扩展。混凝土坝内部温度的降低是非常缓慢的，而有效的温控措施如控制浇筑温度、水管冷却和加强早期养护等，可使坝体内部温度场在较短时间内趋于稳定，这对施工期防裂至关重要。

即使在水化热大量消散后的稳定运行期，混凝土坝尤其是结构断面较为单薄的拱坝，仍对环境温度荷载的变化较为敏感。根据现场监测情况和数值模拟成果可知，拱坝内部温度场沿厚度方向变化较大，如遇剧烈的温变，坝体内部温度场变化显著，温度梯度增大，加上坝体基础边界均与基岩接触，造成较强的外部约束，会引起结构内部的拉应力增大，从而导致坝体裂缝的产生。由此可见，温度荷载是混凝土坝重要荷载类型，成为混凝土坝裂缝萌生和扩展的主要致因。

2）水压荷载。混凝土坝作为重要的挡水建筑物，坝体应力状态与库水位变化有着密切关系，对于水库放空时有上部倒悬结构的混凝土坝，或库水位出现骤变并与其他荷载形成不利运行工况，也会引起坝体混凝土开裂。此外，对于迎水面存在裂缝的混凝土坝，水压荷载作用下的高压裂隙水可能会诱发水力劈裂现象，造成混凝土坝裂缝的进一步扩展。

3）偶然荷载。地震、泄洪以及交通振动等偶然的动力荷载因动力效应强、出现较为突然而成为混凝土坝裂缝产生的重要原因。地震作为对各类工程危害最大的自然灾害之一，一旦发生，将在混凝土坝结构内部产生复杂的动应力，极有可能造成坝体开裂；泄洪以及交通振动等动力荷载，还会对混凝土坝裂缝的稳定性造成难以预测的影响。

(7) 渗流因素。裂缝造成混凝土坝渗漏量增大的现象非常普遍，而裂缝中的渗流本身因其溶蚀、侵蚀以及渗透力的作用也会造成坝体开裂区的材料劣化，降低裂缝的稳定性。此外，较高库水位下的裂缝渗流具有较高的孔隙水压力，可能会导致裂缝失稳扩展。

结合实际工程经验，对于混凝土坝这样的大型工程而言，由于其坝体结构庞大、服役环境多变，裂缝的产生与扩展的机制非常复杂，通常是上述多种影响因素共同作用的结果，且不同工程的裂缝对各种影响因素的响应也不一样。比如始建于20世纪50年代的陈村重力拱坝，坝体浇筑期间曾出现长达7年的施工间隔（施工因素），后浇混凝土的收缩变形（物理化学反应）受到先浇混凝土的约束，导致坝体下游面105.00m高程出现了贯穿20多个坝段、长度约450m的水平裂缝，严重影响了坝体结构的整体性，加上大坝遭遇高低温交替与低水位结合的不利运行工况（荷载因素），该裂缝后期在灌浆处理后仍发生了进一步的扩展。又如2010年建成的小湾双曲拱坝的部分坝段和不同高程处在施工期出现了形状不一的裂缝，如图4.1所示，裂缝的产生与施工期过大的温降幅度和温度梯度有关（温度荷载），而且受到坝体混凝土收缩（物理化学反应）和坝基不均匀沉陷（地形地质因素）的影响。再如我国西北地区的李家峡双曲拱坝，坝体较为单薄（设计因素），且坝体混凝土因水泥用量超标、骨料质量较差、养护时间不足而抗拉强度偏低（材料因素），加上西北地区变化显著的温度作用（荷载因素），导致大坝出现各类裂缝100多条，其中一条为严重的深层裂缝。

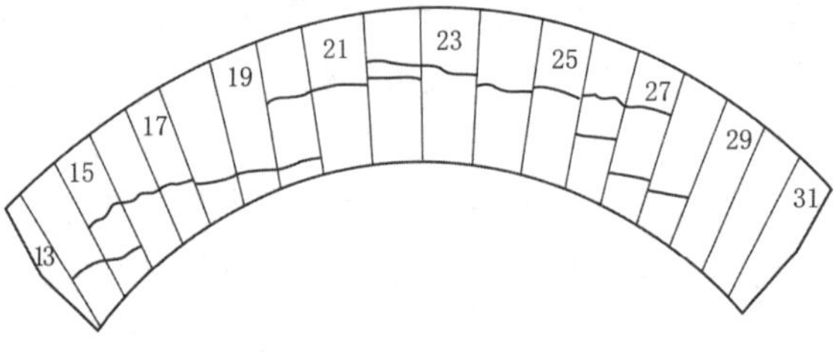

(a) 典型高程水平拱圈

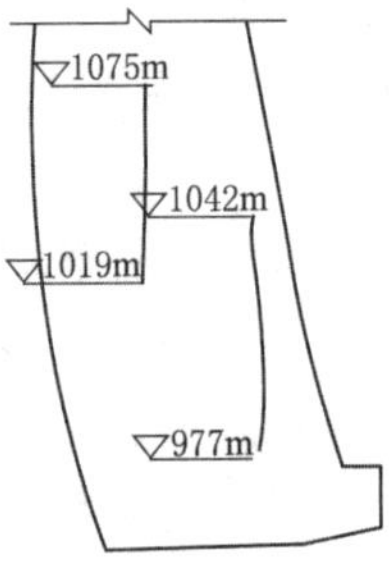

(b) 悬臂梁剖面

图4.1 小湾拱坝典型高程和典型坝段的裂缝分布

综上所述，混凝土坝裂缝的产生与扩展往往是种类众多且关系复杂的致因综合作用的结果。为此，下面介绍利用监测资料对混凝土坝裂缝变化主要影响因素进行挖掘与量化分析的方法。

4.1.2 模糊量化关联规则挖掘

数据挖掘是从海量数据中发现和建立具有特殊相关性的规则和知识的技术，混凝土坝服役性态监测数据以及施工、运行、管理过程中的相关资料为裂缝变化的影响因素挖掘提供了大量的待处理数据和信息。关联规则挖掘通过数据库各项集之间的概率关系建立规则，并利用支持度和置信度两个参量对其进行描述，是一种非常重要且成熟的数据挖掘思想。因此，可基于关联规则挖掘的思想对混凝土坝裂缝变化的主要影响因素进行分析。

为了建立混凝土坝裂缝变化影响因素挖掘数据库，首先搜集裂缝变化影响因素相关信息，对其进行分类，见表4.1。裂缝变化影响因素的相关信息可分为布尔型和数值型两种变量，裂缝变化影响因素挖掘问题属于多变量数据挖掘问题。而经典的关联规则挖掘的Apriori算法仅适用于布尔型变量的挖掘，但裂缝变化影响因素挖掘过程中的诸多影响因素信息均为连续的实测数据序列，需对其进行离散化。常用的数值型变量离散化方法大多存在划分边界过硬的问题。模糊量化关联规则融合了模糊集的概念，在挖掘裂缝变化主要影响因素时，可以达到裂缝状态和影响因素属性划分边界软化的效果，能够实现划分后的数据在各分区间的光滑过渡。由于传统的关联规则挖掘方法会穷尽数据库中的所有数据项目之间的组合，来寻找频繁项集，而在裂缝变化影响因素挖掘问题中，裂缝产生与扩展属性是必然且唯一的目标关联项，需对传统的关联规则挖掘算法进行改进，以便更有效地解决裂缝变化的影响因素挖掘问题。

表4.1　　混凝土坝裂缝变化影响因素挖掘相关信息

影响因素信息	变量类型
是否发生混凝土碳化、干缩、碱骨料反应等	布尔型变量
坝基是否发生不均匀沉降、是否存在破碎带等	
裂缝内部是否存在渗流等	
是否发生地震、泄洪等偶然荷载	
水位、温度等环境量监测数据序列	数值型变量
裂缝开度、坝体变形等效应量监测数据序列	

下面基于模糊量化关联规则挖掘的思想，针对裂缝变化影响因素挖掘的单决策属性特点，改进传统的Apriori算法，以提高挖掘效率；引进模糊集理论和模糊C均值方法对传统关联规则进行模糊量化，使其能够适用于裂缝变化影响因素多变量类型数据库的关联规则挖掘；在此基础上，论述裂缝变化影响因素的模糊量化关联规则挖掘方法，实现对裂缝变化影响因素的深度挖掘和量化分析。

4.1.2.1　关联规则的数学描述

1. 关联规则的概念

设数据集$\boldsymbol{D}$为裂缝变化影响因素相关信息的数据集合，数据集$\boldsymbol{D}$内包含了n条记录，$\boldsymbol{D}=\{\boldsymbol{T}_1,\boldsymbol{T}_2,\cdots,\boldsymbol{T}_k,\cdots,\boldsymbol{T}_n\}$；$m$个项，包含$m-1$项裂缝变化影响因素属性$\boldsymbol{L}'$和1项裂缝状态属性$\boldsymbol{I}_m$，$\boldsymbol{L}=\boldsymbol{L}'+\boldsymbol{I}_m=\{L_1',L_2',\cdots,L_{m-1}'\}\cup\boldsymbol{I}_m$为数据库所有项的集合。$\boldsymbol{D}$中的每条记录即每个事务$\boldsymbol{T}$均为非空集合，$\boldsymbol{T}_k=\{T_1,T_2,\cdots,T_p\}(1\leqslant p\leqslant m)$，$\boldsymbol{T}$为项的集合$\boldsymbol{T}\in\boldsymbol{L}$，每条记录的标识符记为$T_{ID}$。$\boldsymbol{T}_k$中的元素$T_e(1\leqslant e\leqslant p)$组成的集合称为项集，包含$k$个项的集合称为$k$-项集。

频繁模式是在数据集中出现频率较高的模式，频繁模式挖掘即在给定数据集中确定出现频率较高的关联形式。属性集合内部的频繁关联模式，即裂缝变化影响因素属性项集与裂缝状态属性的关系，可用形如$\boldsymbol{A}\Rightarrow\boldsymbol{B}$的关联规则的形式给出，其中$\boldsymbol{A}\subseteq\boldsymbol{L}$，$\boldsymbol{B}\subseteq\boldsymbol{L}$，$\boldsymbol{A}\neq\varnothing$，$\boldsymbol{B}\neq\varnothing$，且$\boldsymbol{A}\cap\boldsymbol{B}=\varnothing$。对于裂缝变化影响因素的挖掘问题，$\boldsymbol{A}\subseteq\boldsymbol{L}'$，$\boldsymbol{B}=\boldsymbol{I}_m$，$\boldsymbol{A}\neq\varnothing$，且$\boldsymbol{A}\cap\boldsymbol{B}=\varnothing$。规则的支持度与置信度是描述规则的有效性和确定性的两种度量。假设规则$\boldsymbol{A}\Rightarrow\boldsymbol{B}$在数据集$\boldsymbol{D}$中成立，其支持度为$s$的意义是数据集$\boldsymbol{D}$中包含$\boldsymbol{A}\cup\boldsymbol{B}$的项所占的百分比，即概率$\boldsymbol{P}(\boldsymbol{A}\cup\boldsymbol{B})$，置信度$c$的意义为包含$\boldsymbol{A}$的项中同时包含$\boldsymbol{A}\cup\boldsymbol{B}$的项所占

的百分比，即概率 $P(\boldsymbol{B}|\boldsymbol{A})$。规则 $\boldsymbol{A}\Rightarrow\boldsymbol{B}$ 的支持度和置信度表示为

$$\text{support}(\boldsymbol{A}\Rightarrow\boldsymbol{B})=P(\boldsymbol{A}\cup\boldsymbol{B}) \tag{4.1}$$

$$\text{confidence}(\boldsymbol{A}\Rightarrow\boldsymbol{B})=P(\boldsymbol{B}\mid\boldsymbol{A}) \tag{4.2}$$

同时满足最小支持度和最小置信度的规则，即为最终所求的关联规则。传统的关联规则的挖掘过程需要先获取所有的频繁项集，对于裂缝变化影响因素的挖掘问题，只需保留包含裂缝状态决策属性 $\boldsymbol{I}_m$ 的频繁项集即可，再由这些频繁项集生成裂缝变化影响因素的关联规则。

2. 关联规则的算法

针对裂缝变化影响因素挖掘的特点，选用布尔型关联规则挖掘中的 Apriori 算法进行裂缝变化影响因素挖掘。Apriori 算法是在识别所有频繁项集的基础上构造规则，其基本原理是利用逐层迭代算法获取数据集中的所有频繁项集，即使用频繁（$k-1$）-项集 $\boldsymbol{L}_{k-1}$ 生成频繁 k -项集 $\boldsymbol{L}_k$，进而根据置信度构造关联规则。Apriori 算法的核心步骤包括连接步和剪枝步，这两个关键操作步骤的循环计算保证了 Apriori 算法能够准确生成数据库中的所有频繁项集。对于裂缝变化影响因素的挖掘问题，只需保留包含裂缝状态决策属性 $\boldsymbol{I}_m$ 的频繁项集即可。因此，对 Apriori 算法进行针对性改进，简化其频繁项集生成过程。利用 Apriori 算法获得裂缝变化影响因素频繁项集的实现过程如下：

步骤 1：设定支持度阈值为 s_0，搜索数据集中所有裂缝状态决策属性 $\boldsymbol{I}_m$ 对应的项集，形成裂缝变化影响因素候选 1 -项集 $\boldsymbol{C}_1$，计算 $\boldsymbol{C}_1$ 的支持度，进而得到裂缝变化影响因素频繁 1 -项集 $\boldsymbol{L}_1$，表示为

$$\forall I_j\in\boldsymbol{H},s(I_j)\geqslant s_0,\quad \boldsymbol{L}_1=\{I_j\} \tag{4.3}$$

式中：$s(I_j)$为 I_j 的支持度，$j=1,2,\cdots,m$。

步骤 2：在 $\boldsymbol{L}_1$ 基础上进行连接运算，形成裂缝变化影响因素候选 2 -项集 $\boldsymbol{C}_2$；然后计算 $\boldsymbol{C}_2$ 中各项集的支持度，选取支持度大于 s_0 的裂缝变化影响因素候选 2 -项集形成裂缝变化影响因素频繁 2 -项集 L_2。

$$\boldsymbol{C}_2=\boldsymbol{L}_1\otimes\boldsymbol{L}_1=\{I_a\cup I_b\mid I_a,I_b\in\boldsymbol{L}_1,I_a\cap I_b=\varnothing\} \tag{4.4}$$

$$\forall I_a\cup I_b\subseteq\boldsymbol{C}_2,\quad s(I_a\cup I_b)\geqslant s_0,\quad \boldsymbol{L}_2=\{I_a\cup I_b\} \tag{4.5}$$

式中：I_a 和 I_b 为$\boldsymbol{L}_1$ 中的元素。

步骤 3：在裂缝变化影响因素频繁（$k-1$）-项集 $\boldsymbol{L}_{k-1}$ 的基础上进行第 k 次迭代，对 $\boldsymbol{L}_{k-1}$ 进行连接运算形成候选 k -项集 $\boldsymbol{C}_k$；然后计算 $\boldsymbol{C}_k$ 中项集的支持度，选取支持度大于 s_0 的裂缝变化影响因素候选（$k-1$）-项集形成裂缝变化影响因素频繁 k -项集 $\boldsymbol{L}_k$。

$$\boldsymbol{C}_k=\boldsymbol{L}_{k-1}\otimes\boldsymbol{L}_{k-1}=\{X\cup Y\mid X,Y\subseteq\boldsymbol{L}_{k-1},\mid X\cap Y\mid=k-1\} \tag{4.6}$$

$$\forall X\cup Y\subseteq\boldsymbol{C}_k,\quad s(X\cup Y)\geqslant s_0,\quad \boldsymbol{L}_k=\{X\cup Y\} \tag{4.7}$$

式中：X 和 Y 为$\boldsymbol{L}_{k-1}$ 中的元素。

步骤 4：当无法由 $\boldsymbol{L}_k$ 构造（$k+1$）-项集 $\boldsymbol{C}_{k+1}$ 时，算法终止，进而得到所有的裂缝变化影响因素频繁项集。

步骤 5：根据得到的所有裂缝变化影响因素频繁项集，构造每个裂缝变化影响因素频繁项集的子集，建立关联规则，得到规则置信度大于给定阈值 c_0 的强规则。

步骤 6：结合裂缝变化各影响因素的实际工程意义，对得到的关联规则进行解释。

4.1.2.2 模糊量化关联规则

本节基于模糊集理论对传统的关联规则进行模糊化，同时利用模糊 C 均值法对裂缝影响因素的数值型变量进行离散化，实现离散化数据在集合之间的平滑过渡，进而提出裂缝变化影响因素的模糊量化关联规则挖掘方法。

1. 模糊集基本原理

模糊集理论将目标对象视为一定的模糊集，基于一定的隶属函数及模糊集内相关的运算和操作，可将裂缝影响因素属性非此即彼的特性拓展到亦此亦彼的领域。模糊集是经典集合理论的拓展与扩充。基于经典集合理论，进行裂缝变化影响因素挖掘时，离散化的影响因素属性 x 与某集合 $\boldsymbol{A}$ 之间的关系是绝对的“属于”或“不属于”，特征函数为

$$\chi_A(x)=\begin{cases}1, & x\in \boldsymbol{A}\\ 0, & x\notin \boldsymbol{A}\end{cases} \tag{4.8}$$

而基于模糊集理论，隶属度给出了离散化的影响因素属性对某集合的归属程度，论域 $\boldsymbol{X}$ 上的模糊集 $\boldsymbol{A}$ 用隶属函数 $\mu_A(x)$ 表示，$\mu_A(x)$ 的值表示论域 $\boldsymbol{X}$ 中的离散化影响因素属性对集合 $\boldsymbol{A}$ 的隶属程度，$\mu_A(x)$ 越接近 1，表示影响因素属性对集合的隶属程度越大。对于论域内的任一元素 $x\in\boldsymbol{X}$，有且仅有唯一的隶属函数 $\mu_A(x)$，将 $\boldsymbol{X}$ 映射到 [0, 1]，即

$$\mu_A(x):\quad \boldsymbol{X}\rightarrow[0,1] \tag{4.9}$$

式中：μ_A 称为 $\boldsymbol{A}$ 的隶属函数；$\mu_A(x)$ 为 x 对 $\boldsymbol{A}$ 的隶属度。

设论域 $\boldsymbol{X}=\{x_1,x_2,\cdots,x_n\}$，论域上的模糊集合 $\boldsymbol{A}$ 的隶属函数为 $A(x_i)$，$i=1,2,\cdots,n$，则模糊集可表示为

$$\boldsymbol{A}=A(x_1)/x_1+A(x_2)/x_2+\cdots+A(x_n)/x_n \tag{4.10}$$

式中：$A(x_i)/x_i$ 为元素与隶属函数的对应关系，不表示“分数”；“+”为符号意义，不表示加法，起到列举的作用。

2. 关联规则的模糊化

设混凝土坝裂缝变化影响因素数据库 $\boldsymbol{D}_f$ 为模糊事务数据的集合，$\boldsymbol{D}_f$ 包含 n 条记录，m 个项，即 $m-1$ 项裂缝变化影响因素模糊条件属性 $\boldsymbol{L}'$ 和裂缝状态的模糊决策属性 $\boldsymbol{I}_m$，$\boldsymbol{D}_f=\{\boldsymbol{T}_1,\boldsymbol{T}_2,\cdots,\boldsymbol{T}_k,\cdots,\boldsymbol{T}_n\}(k=1,2,\cdots,n)$，$\boldsymbol{L}=\boldsymbol{L}'+\boldsymbol{I}_m=\{L'_1,L'_2,\cdots,L'_{m-1}\}\cup\boldsymbol{I}_m$ 是所有模糊项集组成的集合，$\boldsymbol{D}_f$ 内的每一条记录均为 $\boldsymbol{I}$ 的子集，$\boldsymbol{T}_k$ 内第 q 个元素相对应的模糊集为 $\boldsymbol{f}_q^k(1\leqslant q\leqslant m_k)$。模糊关联规则为类似 $\boldsymbol{A}_f\Rightarrow\boldsymbol{B}_f$ 的关系式，$\boldsymbol{A}_f$、$\boldsymbol{B}_f$ 分别表示模糊项集，其中 $\boldsymbol{A}_f\subseteq\boldsymbol{L}$，$\boldsymbol{B}_f\subseteq\boldsymbol{L}$，$\boldsymbol{A}_f\neq\varnothing$，$\boldsymbol{B}_f\neq\varnothing$，且 $\boldsymbol{A}_f\cap\boldsymbol{B}_f=\varnothing$，对于混凝土坝裂缝变化影响因素的挖掘问题，$\boldsymbol{A}_f\subseteq\boldsymbol{L}'$，$\boldsymbol{B}_f=\boldsymbol{I}_m$，$\boldsymbol{A}_f\neq\varnothing$，且 $\boldsymbol{A}_f\cap\boldsymbol{B}_f=\varnothing$。

定义支持度为模糊数据集中影响因素属性 $\boldsymbol{A}_f$、裂缝状态属性 $\boldsymbol{B}_f$ 同时出现的概率，可表示为

$$\text{support}(\boldsymbol{A}_f\Rightarrow\boldsymbol{B}_f)=P(\boldsymbol{A}_f\cup\boldsymbol{B}_f) \tag{4.11}$$

定义置信度为模糊数据集中，出现影响因素属性 $\boldsymbol{A}_f$ 后，裂缝状态属性 $\boldsymbol{B}_f$ 也出现的概率，可表示为

$$\text{confidence}(\boldsymbol{A}_f\Rightarrow\boldsymbol{B}_f)=P(\boldsymbol{B}_f\mid\boldsymbol{A}_f) \tag{4.12}$$

设定裂缝变化影响因素挖掘模糊事务 $\boldsymbol{T}_j$ 中的裂缝状态或影响因素属性模糊项 $t_p^k(p=1,2,\cdots,m)$ 被划分为 k 个模糊分区，这 k 个模糊分区对应的模糊集分别为 $\boldsymbol{R}_l^p(l=1,2,\cdots,m)$。

3. 属性的模糊离散化

模糊 C 均值聚类算法是基于模糊集思想对 K 均值方法进行改进所得到的。传统聚类算法认为每个影响因素数据点必须严格属于某一类，是非此即彼的，而模糊 C 均值对每个影响因素数据点赋予相应的隶属度使其能够同时隶属于多个类别，与裂缝变化影响因素的模糊量化关联规则思想一致。

设裂缝状态或影响因素属性 p 的数据集 $\boldsymbol{X}=\{x_1,x_2,\cdots,x_n\}$，包含 n 条裂缝状态或影响因素属性 p 的数据点，分为 c 类，则划分矩阵为 $\boldsymbol{U}(X)=[u_{ij}]_{c\times n}$。$u_{ij}$ 表示裂缝状态或影响因素属性 p 的第 i 个数据点 x_i 对第 j 个类 d_j 的隶属度，u_{ij} 需满足以下条件：①$u_{ij}\in[0,1]$，$\forall i,j$，即划分矩阵内任意元素的取值只能在区间 [0, 1] 内；② $\sum\limits_{j=1}^{c}u_{ij}=1$，$\forall i$，即每个裂缝状态或影响因素属性数据点对数据集内各个聚类的隶属度之和均为 1；③ $0<\sum\limits_{i=1}^{n}u_{ij}<n,\forall j$，即每个裂缝状态或影响因素属性聚类均不能为空集或全集。

模糊 C 均值通过迭代计算搜索数值型裂缝状态或影响因素属性变量的最优聚类中心及隶属函数，其目标函数可表示为

$$\min J_m(\boldsymbol{U},\boldsymbol{V})=\sum_{i=1}^{n}\sum_{j=1}^{c}u_{ij}^m\|x_i-c_j\|^2 \tag{4.13}$$

式中：$\boldsymbol{U}$ 为模糊划分隶属度矩阵，$\boldsymbol{U}=\{u_{ij}\}$；$\boldsymbol{V}$ 为裂缝状态或影响因素属性 p 的聚类中心集合，$\boldsymbol{V}=\{v_1,v_2,\cdots,v_c\}$；$c_j$ 为裂缝状态或影响因素属性 p 的第 j 个聚类的中心；m 为加权指数。

对于含有约束条件的目标函数，采用 Lagrange 乘数法转化为无约束目标函数，表示为

$$J_m(\boldsymbol{U},\boldsymbol{V})=\sum_{i=1}^{n}\sum_{j=1}^{c}u_{ij}^m\|x_i-c_j\|^2+\lambda\left(1-\sum_{j=1}^{c}u_{ij}\right) \tag{4.14}$$

模糊 C 均值求解时的迭代计算过程如下：

(1) 初始化参数：分别给定裂缝状态或影响因素属性分类的类别数 c、模糊加权指数 m、最大迭代次数 $T_{\max}$ 和计算终止阈值 ε。

(2) 初始化隶属度矩阵 $\boldsymbol{U}^{(0)}$，设置迭代次数 $k=0$。

(3) 更新裂缝状态或影响因素属性各个聚类中心 c_j：

$$c_j=\frac{\sum\limits_{i=1}^{n}u_{ij}^m x_i}{\sum\limits_{i=1}^{n}u_{ij}^m} \tag{4.15}$$

(4) 更新隶属度矩阵 $\boldsymbol{U}^{(k+1)}$：

$$u_{ij}^{(k+1)}=\left[\frac{\sum\limits_{l=1}^{c}(\|x_i-c_j\|)}{\|x_i-c_l\|^{\frac{2}{m-1}}}\right]^{-1}\quad(l=1,2,\cdots,c) \tag{4.16}$$

(5) 如果 $\|\boldsymbol{U}^{(k+1)}-\boldsymbol{U}^{(k)}\|\leqslant\varepsilon$ 或者 $k>T_{\max}$，则停止迭代；否则令 $k=k+1$，并返

回（3）。

（6）得到裂缝状态或影响因素属性模糊划分隶属度矩阵 $\boldsymbol{U}$ 及聚类中心矩阵 $\boldsymbol{V}$。

当模糊 C 均值算法结束时，输出的裂缝状态或影响因素属性隶属度矩阵为模糊矩阵，采用最大隶属度原则对其进行划分。常规的模糊分区方法对裂缝状态或影响因素属性数据进行离散化所得的结果是线性的，且转折处分区较为尖锐，易忽略分区间的临界值；模糊 C 均值方法确定的裂缝状态或影响因素属性模糊分区是非线性的，呈正态分布状，转折处分区过渡较为平缓光滑。在分类数为 4 时，常规隶属函数与模糊隶属函数的裂缝状态或影响因素属性分区对比情况如图 4.2 所示。

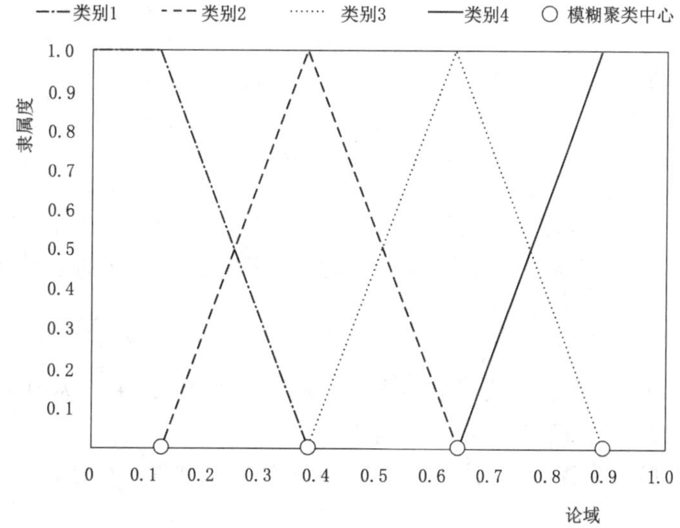

（a）常规模糊分区

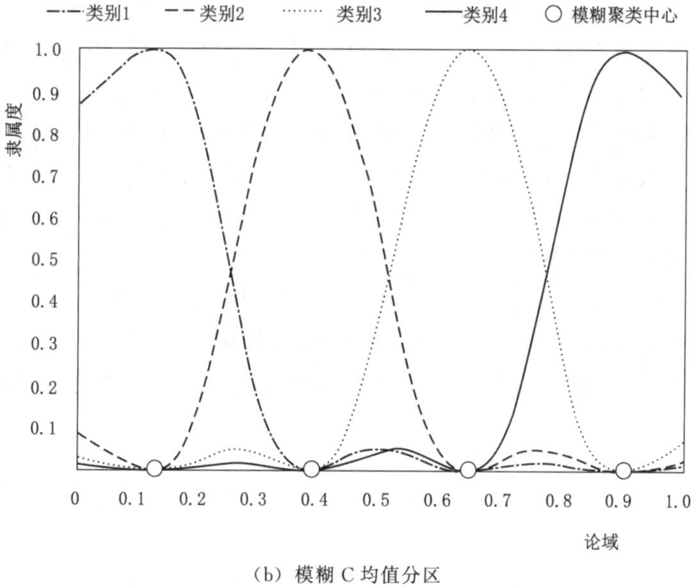

（b）模糊 C 均值分区

图 4.2　分类数为 4 时裂缝状态或影响因素属性分区

4.1.2.3 模糊关联规则挖掘过程

选取混凝土坝裂缝开度监测数据序列及水位、温度等可能影响因素监测数据序列或是否发生偶然荷载等统计信息作为初始数据库 $\boldsymbol{D}_s$，其中有 n 条裂缝变化记录，参数维度为 m，确定输入与输出，然后采用改进的 Apriori 算法进行模糊关联规则的挖掘，由此分析混凝土坝裂缝变化的主要影响因素。基于实测数据进行混凝土坝裂缝变化影响因素的改进模糊关联规则的挖掘过程如图 4.3 所示。

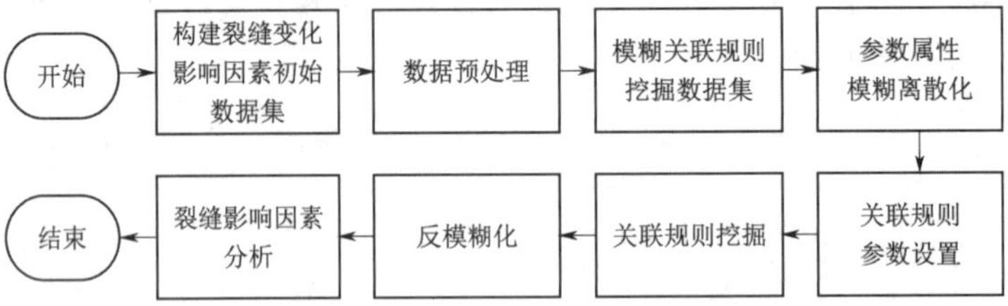

图 4.3 改进模糊量化关联规则挖掘过程

步骤 1：基于模糊 C 均值法对裂缝状态或影响因素属性序列进行模糊离散化，数据库 $\boldsymbol{D}_s$ 中的第 i 条裂缝变化记录 X_i 的第 j 项 x_{ij} 对应的模糊集用已知的隶属度函数表示，即

$$A_{ij}=\sum_{i=1}^{n}\frac{\mu_i(G_{jl})}{G_{jl}} \qquad (i=1,2,\cdots,n;j=1,2,\cdots,m) \tag{4.17}$$

式中：k 为 x_{ij} 对应的裂缝状态或影响因素属性模糊集的个数；G_{jl} 为项 x_{ij} 的第 l 个模糊集；$\mu_i(G_{jl})$为参数 x_{ij} 在模糊集 G_{jl} 上的隶属度。

步骤 2：计算各个裂缝状态或影响因素属性对应的模糊集 G_{jl} 的支持度：

$$s_{jl}=\frac{1}{n}\sum_{i=1}^{n}\mu_i(G_{jl}) \tag{4.18}$$

步骤 3：获取裂缝变化影响因素属性候选 1 -项集 $\boldsymbol{C}_1$，并将其中的对应模糊集 G_{jl} 的支持度与设定的最小支持度 s_0 对比，获得裂缝变化影响因素属性频繁 1 -项集 $\boldsymbol{L}_1$，即

$$\boldsymbol{L}_1=\{(G_{jl},s_{jl})\mid 1\leqslant j\leqslant m,1\leqslant l\leqslant k,s_{jl}\geqslant s_0\} \tag{4.19}$$

步骤 4：采用基于编码的转置矩阵法获得裂缝变化影响因素属性频繁 2 -项集 $\boldsymbol{L}_2$，同理，可根据逐层迭代准则使用频繁（$k-1$）-项集 $\boldsymbol{L}_{k-1}$ 生成频繁 k -项集 $\boldsymbol{L}_k$，直到获得所有的裂缝变化影响因素属性频繁项集，保留包含裂缝状态决策属性 $\boldsymbol{I}_m$ 的频繁项集作为裂缝变化影响因素属性频繁项集。

步骤 5：基于所得的裂缝变化影响因素属性频繁项集获得规则，计算所有规则的置信度并与设定的最小置信度 c_0 对比，获得最终的模糊关联规则。

步骤 6：对获取的裂缝变化影响因素规则属性区间进行反模糊化处理，即

$$X_c=\frac{\sum_{i=1}^{n_l}u_iv_i}{\sum_{i=1}^{n_l}u_i} \tag{4.20}$$

式中：X_c 为参数目标值；n_l 为参数 X 在裂缝变化影响因素模糊化时模糊集合的个数；u_i 为参数在各裂缝变化影响因素模糊集合中心的隶属度；v_i 为参数在集合中的取值。

步骤 7：根据获得的规则进行分析，进而得到裂缝变化的影响因素。

4.1.3 关联规则的 Bayes 网络表达模型

模糊量化关联规则挖掘方法可以对裂缝变化影响因素实现深度挖掘，但随着混凝土坝运行环境以及坝体结构性态的变化，各种影响因素的作用效应和影响概率也会发生改变，需要根据裂缝状态与其各种影响因素之间的关联关系，对关联规则进行准确表达。

4.1.3.1 Bayes 网络的基本结构

Bayes 网络是一种包含条件概率表的有向无环图，它是一个赋值的因果关系网络图，原因和结果变量均用节点表示。每个节点都有自己的概率分布，任何抽象的问题都可以用节点表示和描述，比如与混凝土坝裂缝相关的实测数据或者统计资料等，节点间的关联关系用有向弧表示。该网络中蕴含了非常重要的条件独立性假设。

（1）网络结构。Bayes 网络结构由有向无环图表达，网络中的节点代表裂缝变化影响因素属性或裂缝状态变化属性，节点间用有向弧进行连接，有向弧表示了裂缝变化影响因素节点与裂缝状态变化节点间的概率依赖关系。假定有向弧的方向是由裂缝变化影响因素节点 A 指向裂缝变化节点 B，即节点 A 的状态会对节点 B 的状态产生影响，则 A 也称为 B 的双亲节点，B 也称为 A 的子节点。

（2）条件概率表。条件概率表是 Bayes 网络中各裂缝相关属性节点条件概率的集合，用于对所查询的节点状态进行概率推理计算，即以概率形式表征各节点代表的影响因素对裂缝状态变化的影响。条件概率可由水工领域专家给出，也可根据实测数据或统计信息求得。

Bayes 网络图模型融合了概率论和图论，基于统计概率关系对裂缝的变化与其各个影响因素建立关系，可以更清楚地对裂缝变化与影响因素的不确定性关系进行表达。

4.1.3.2 故障树与 Bayes 网络表达方式对比

在故障树分析法中，假定裂缝是否发生变化的事件为 C，若系统中某影响因素引起裂缝发生显著变化，其表达方式为 $C=1$；若系统中某影响因素未引起裂缝变化，其表达方式为 $C=0$。在 Bayes 网络中，系统中某影响因素节点对裂缝变化是否产生影响通过对相应变量 C 赋不同值来实现。相较于故障树模型，Bayes 网络模型可通过调整条件概率表对多态逻辑进行表达，显著增强了对裂缝变化影响因素复杂关联关系的表达能力。因此，可基于两种模型表达方式的关系将故障树转换为 Bayes 网络。

故障树模型中，裂缝变化影响因素之间以及影响因素与裂缝状态之间是通过各种逻辑门连接的。因而，要实现故障树向 Bayes 网络的转换，必须首先将故障树的各种逻辑门关系转换为 Bayes 网络的有向无环图形式。故障树中基本事件作为 Bayes 网络中的父节点，其先验概率转换为对应 Bayes 网络父节点的先验概率。基本逻辑关系的故障树与 Bayes 网络表达方式对比如图 4.4 所示，给出了不同逻辑关系如或门、与门、非门和表决门在故障树和 Bayes 网络中的表达方式对照，亦即由故障树向 Bayes 网络基本逻辑表达的转化方法。

4.1.3.3 基于故障树的裂缝变化影响因素 Bayes 网络构建

通过改变裂缝变化影响因素在 Bayes 网络模型的条件概率表，可以表达出原故障树模型中的任意基本逻辑关系，转化过程如下：

步骤 1：将故障树按照树状结构进行分解，根据逻辑关系进行转换，裂缝变化影响因素 Bayes 网络中的裂缝状态父节点、影响因素子节点对应于原故障树中的基本事件和底事件。

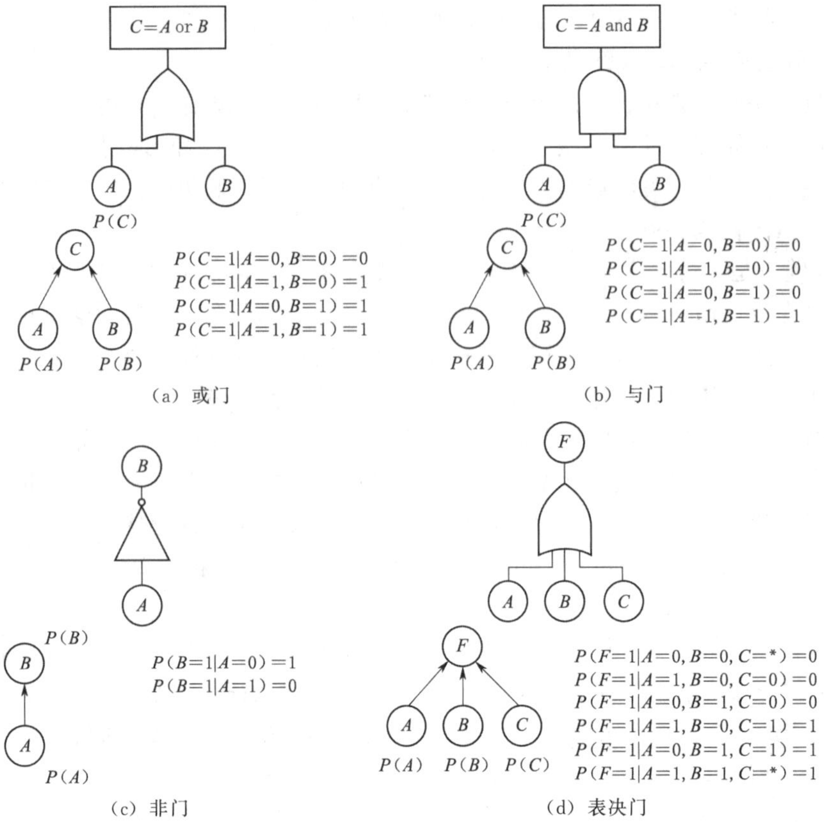

图 4.4　基本逻辑关系的故障树与 Bayes 网络表达方式对比

步骤 2：故障树中的逻辑门描述了事件间的关系，逻辑门的输出节点是 Bayes 网络的裂缝状态父节点、输入节点为影响因素子节点，裂缝变化影响因素 Bayes 网络中有向弧的方向为由影响因素子节点指向裂缝状态父节点。

步骤 3：根据图 4.4 中转换的裂缝变化影响因素 Bayes 网络与故障树的节点对应及逻辑关系，将原故障树中各个基本事件的先验概率设定为裂缝变化影响因素 Bayes 网络对应节点的先验概率。

如对于某带缝混凝土坝，其裂缝变化与水位超限、温度异常和地震以及其他荷载因素有关，则裂缝变化影响因素的 Bayes 网络模型如图 4.5 所示，图中 w、t、e 和 u 分别表示水位超限、温度异常、发生地震和出现其他因素四个影响因素事件，f 表示该混凝土坝裂缝发生变化，下标 1 和 0 分别表示该事件是否发生。由图 4.6 可以看出，裂缝变化影响因素挖掘的 Bayes 网络模型包含 6 个节点、5 条有向弧和 6 个条件概率表，涵盖了比故障树模型更加丰富的因果关系和概率语义。因此，根据 Bayes 网络模型可见：①裂缝变化影响因素可分为荷载因素和其他因素，其中引发裂缝的荷载情况包括水位超限、温度异常和发生地震；②每个影响因素节点对应的条件概率表可分别表达该影响因素节点事件是否发生且对裂缝状态产生影响的概率。例如，不利的荷载因素 l_1 和其他因素 u_1 均出现的情况下，裂缝出现裂缝的概率为 0.80，即 $P\left(f_1 \mid l_1, u_1\right)=0.80$；③网络中的水位超限 w、温度异常 t 和发生地震 e 节点没有父节点，说明在整个诊断过程中未研究对这三个影响因素节点的发生产生影响的其他变量，其局部条件概率为先验概率，且这三个影响因素节点相互独立。

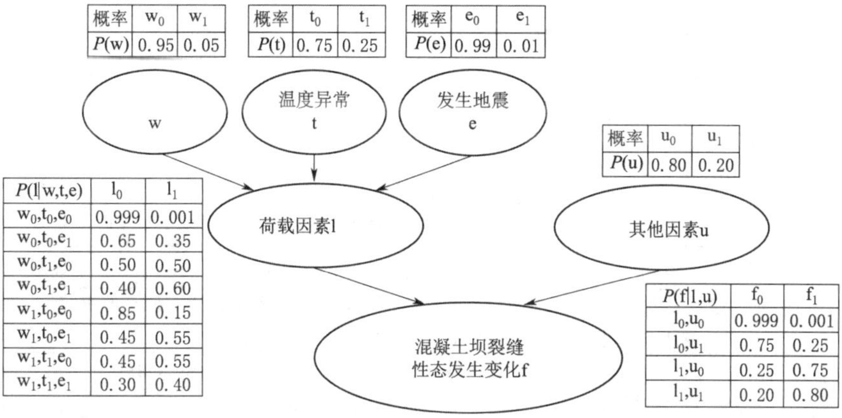

图 4.5 裂缝变化影响因素的 Bayes 网络模型

相对于故障树，Bayes 网络对裂缝变化影响因素关系的表达具有如下优势。

(1) 多态逻辑表达。故障树分析法的应用受限于基本事件两态性假定，但在裂缝变化影响因素问题分析中，影响因素属性也可能被离散划分为多种状态，且均有可能导致裂缝发生变化，故多态逻辑是广泛存在的。故障树对多态逻辑的表达比较烦琐，而 Bayes 网络只需修改其条件概率表就可实现裂缝变化影响因素的多态逻辑表达。对于裂缝变化影响因素分析问题，若影响因素属性的状态数目增加，则故障树的表达方式将变得异常复杂。

(2) 关联关系表达。在裂缝变化影响因素分析问题中，多种影响因素之间存在耦合关系，某个影响因素可能受到其他影响因素的影响，而这种相互的影响很难用故障树进行表达。而对于裂缝变化影响因素的 Bayes 网络表达模型，只需要在相互影响的影响因素节点之间连接有向弧，再分别赋予相应的条件概率即可明确表达这种关联模式。

(3) 不确定关系表达。故障树仅能表达事件间确定的逻辑关系，对裂缝变化影响因素挖掘问题中存在的不确定关系处理能力弱；而 Bayes 网络善于描述裂缝变化影响因素之间及影响因素与裂缝状态间的不确定关系，且表达方式简洁、处理速度快。因此，Bayes 网络对裂缝变化影响因素关联问题表达更具优势。

(4) 分析计算能力。Bayes 网络可以基于先验概率和条件依赖关系计算某一影响因素导致裂缝发生变化的概率，并据此更新网络参数及结构，算法具备并行、全局和高速的优势，其本质是从与裂缝相关的统计和监测资料构成的数据集中进行数据挖掘和知识发现的行为和过程。

4.1.4 应用实例

结合国内外典型混凝土坝工程的裂缝分布和影响因素等相关资料（表 4.2），利用模糊量化关联规则挖掘方法对裂缝变化的影响因素进行挖掘，构建裂缝变化影响因素的 Bayes 网络模型。

表 4.2　　典型混凝土坝裂缝类型及分布情况

序号	工程名称	坝高/m	位置	裂缝类型及分布情况
1	陈村重力拱坝	76.3	安徽	在5～28号坝段下游面的105.00m高程分布着贯穿多坝段的水平裂缝；上游面24个坝段分布着数十条竖直裂缝
2	响洪甸重力拱坝	87.5	安徽	上游面20多个坝段出现竖向裂缝和径向裂缝
3	小湾双曲拱坝	294.5	云南	大坝各廊道在施工期出现了多条裂缝
4	李家峡双曲拱坝	155.0	青海	主体工程有各类裂缝151条，有1条严重的深层裂缝
5	铁川桥拱坝	94.5	云南	大坝拱冠梁附近上下游面各发现1条竖向裂缝
6	白山双曲拱坝	149.5	吉林	上下游面均有裂缝分布，15号坝段处有4条深层裂缝
7	金坑双曲拱坝	80.6	浙江	坝体出现较大规模裂缝12条，有些已经贯穿；下游面另有两条平行于岸坡的斜裂缝
8	东江双曲拱坝	157.0	湖南	浇筑仓面出现多条微细裂缝和贯穿裂缝
9	龙羊峡重力拱坝	178.0	青海	坝体下游面出现垂直裂缝、水平裂缝和斜裂缝数十条
10	托拉拱坝	88.0	法国	大坝上部两侧靠近拱座的上下游面大面积裂缝
11	巴柯依玛拱坝	113.0	美国	拱坝与左岸重力墩间产生了长达数十米的裂缝
12	紧水滩双曲拱坝	102.0	浙江	上下游面共出现300多条贯穿性水平裂缝或垂直缝
13	普定拱坝	75.0	贵州	坝体出现多条径向裂缝，其中两条为贯穿性裂缝
14	火甲拱坝	21.0	广西	第一层拱体出现两条贯穿性对称裂缝
15	石门双曲拱坝	88.0	陕西	坝踵开裂
16	德拉根双曲拱坝	120.0	罗马尼亚	坝体上下游面共出现水平裂缝44条，垂直裂缝15条
17	潘家口重力坝	107.5	河北	50号坝段出现坝后水平裂缝；部分坝段出现垂直裂缝
18	枫树坝空腹宽缝重力坝	95.3	广东	2条顺坝轴线向的水平裂缝贯穿整个溢流坝面
19	丹江口重力坝	111.6	湖北	裂缝数量超过3000条；19～24号坝段113.00m高程有水平裂缝
20	德沃歇克重力坝	219.0	美国	上游面出现的劈头裂缝深度达50m
21	尚邦重力坝	100.0	法国	右岸坝体出现异常裂缝使坝顶上抬
22	西溪重力坝	71.0	浙江	基础垫层出现十几条纵横两个方向的贯穿裂缝
23	丰满重力坝	91.7	吉林	溢流面共450多条裂缝，其中贯穿裂缝86条
24	玉川重力坝	100	日本	上下游坝面出现垂直向劈头裂缝
25	刘家峡重力坝	107	甘肃	坝体出现200多条裂缝
26	新安江重力坝	105	浙江	1号坝段坝顶出现裂缝；10～15号坝段廊道上游出现裂缝
27	牛路岭重力坝	90.5	海南	55m和85m廊道多部位出现平行于坝轴线方向的裂缝
28	梅山连拱坝	88.2	安徽	两岸坡的拱垛及河床各垛的上游面板出现较多裂缝
29	佛子岭连拱坝	75.9	安徽	拱筒及拱垛出现1000余条裂缝
30	古田三级支墩坝	43	福建	10～12号垛墙从基础至106.00m高程有1条贯穿垛墙左右的竖直向裂缝；3号、4号、5号、7号垛墙各有1条竖直向裂缝
31	新丰江重力坝	105	广东	13～17号坝段在108.50m高程处了长达82m的贯穿裂缝

（1）初始决策信息表的建立。影响裂缝变化的因素很多，选择设计因素 d、施工因素 c、地质地形因素 b、物理化学反应 r、材料因素 m、温度荷载 t、水压荷载 w、地震荷载 e 和水力劈裂 h 作为条件属性；以裂缝产生或扩展 f 等变化行为作为单决策属性。根据实际工程裂缝成因，建立如表 4.3 所示的初始决策信息表（表中序号与表 4.2 一一对应）。

表 4.3　　初始决策信息

序号	设计因素 d	施工因素 c	地质地形因素 b	物理化学反应 r	材料因素 m	温度荷载 t	水压荷载 w	地震荷载 e	水力劈裂 h
1		c				t	w		
2						t	w		
3		c				t			
4		c				t			
5						t			
6						t			
7						t	w		
8	d	c				t			
9				r					
10						t	w		
11	d		b			t			
12								e	
13		c				t			
14						t	w		
15						t	w		
16						t	w		h
17						t			
18		c				t	w		
19						t	w		
20		c				t	w		
21						t			
22					m	t	w		
23					m	t			
24		c							h
25	d					t			
26		c				t			
27	d					t	w		
28								e	
29	d		b			t			
30		c	b			t	w		
31				r					

(2) 规则生成。因各属性的取值均为离散型变量，无须进行离散化，可直接利用改进的布尔型 Apriori 算法对裂缝变化影响因素属性库进行关联规则挖掘。因生成的规则较多，仅列举支持度大于 20%的规则，见表 4.4。从表 4.4 可以看出，温度和水位变化对大多数混凝土坝裂缝的产生和扩展均有显著影响；而施工缺陷是影响混凝土坝裂缝产生和扩展最主要的非荷载因素；若混凝土坝在施工期或运行期遭遇不利荷载因素（如低温+低水位+地震）与非荷载因素（施工缺陷+设计不当）的联合作用，则混凝土坝裂缝变化将更加显著。

表 4.4 基于统计资料的裂缝变化影响因素规则

编 号	规 则	裂缝状态
Ⅰ	t	f
Ⅱ	w	
Ⅲ	w & t	
Ⅳ	c	
Ⅴ	c & t	

(3) 裂缝变化影响因素表达。基于上述对典型混凝土坝裂缝变化影响因素的挖掘成果，可建立如图 4.6 所示的裂缝变化影响因素的 Bayes 网络模型。裂缝的产生与扩展有 90.32%的概率与荷载因素有关，其中温度荷载和水压荷载的影响较为显著；其他影响因素中，因施工因素导致裂缝变化的可能性较高。

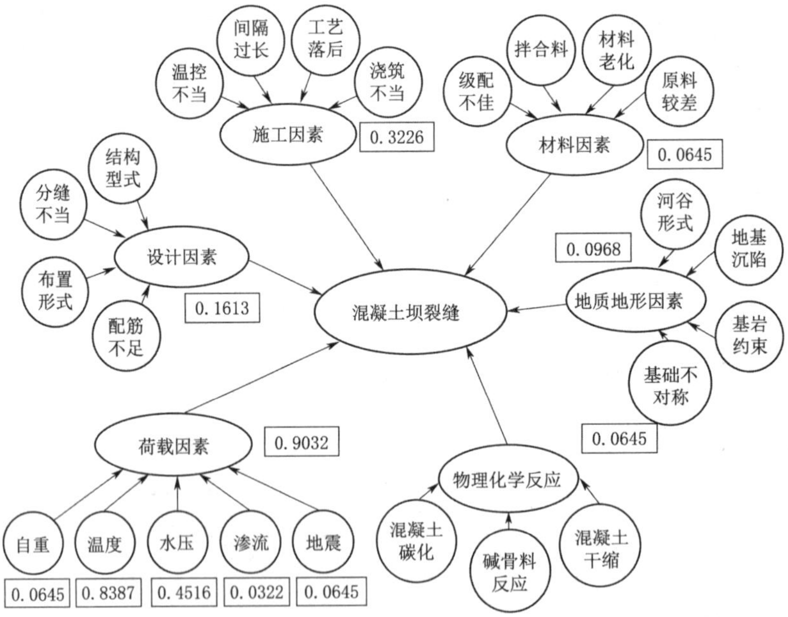

图 4.6 裂缝变化影响因素的 Bayes 网络模型

依托某同心圆变半径的混凝土重力拱坝，利用实测资料进一步进行裂缝变化影响因素挖掘。该坝坝顶高程为 126.30m，最大坝高为 76.3m，由 28 个坝段组成，大坝上游面由 105.00m 高程以上的铅垂面和 105.00m 高程以下的倒坡面构成。分三期施工完成，大坝在Ⅰ期混凝土浇筑完成后停建；五年后复工完成Ⅱ期混凝土浇筑，之后又对大坝进行了加高，将其浇筑至 126.30m 高程。在Ⅱ期混凝土浇筑过程中，由于筑坝速度较快，层间间隔时间较短，后浇混凝土受到先浇混凝土的强烈约束，在两期混凝土交界面的 105.00m 高程附近出现了长达数百米的裂缝，对工程安全造成了严重威胁。该重力拱坝 105.00m 高程裂缝在下游面和 18 号坝段横截面分布如图 4.7 所示。

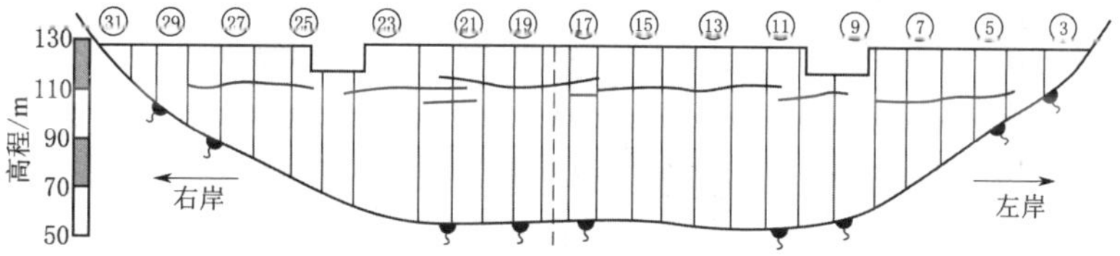

(a) 105.00m高程水平裂缝分布

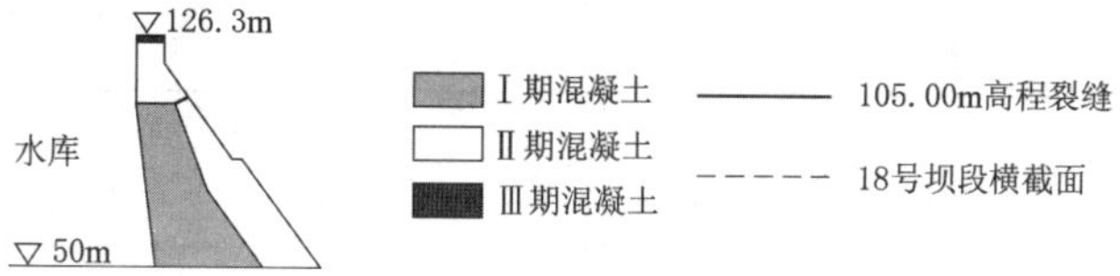

(b) 18号坝段横截面裂缝

图 4.7 某重力拱坝 105.00m 高程裂缝在下游面和 18 号坝段横截面分布

该坝曾在 1973 年对 14～20 号坝块进行跨缝插筋灌浆处理，1987 年用环氧树脂灌浆对裂缝再作处理。同时，为及时了解该裂缝的性态变化，在多个坝段设置测缝计，据此对该裂缝的变化情况进行监测。选取 18 号坝段 105.00m 高程裂缝测点Ⅰ的监测资料，利用模糊量化关联规则挖掘方法对裂缝变化的影响因素进行挖掘。随机选取 1989 年 1 月至 2013 年 7 月的裂缝开度及相应的上游水位、下游水位、温度的监测值作为初始数据库，见表 4.5。裂缝开度为状态属性，记为 d；上游水位、下游水位和气温为条件属性，记为 c_1、c_2 和 c_3。

表 4.5　　裂缝变化影响因素挖掘原始数据库

日期	裂缝开度/mm	上游水位/m	下游水位/m	气温/℃
1989-01-09	3.20	101.00	59.00	7.00
1989-01-23	3.43	101.10	59.06	2.30
1989-02-06	3.37	100.54	58.78	3.70
1989-02-20	3.20	101.23	59.10	5.50
⋮	⋮	⋮	⋮	⋮
2013-06-17	2.77	114.22	61.35	29.25
2013-06-24	2.85	111.49	61.16	25.60
2013-07-08	2.77	115.31	57.69	28.70
2013-07-22	2.85	113.96	57.67	26.10

采用模糊 C 均值聚类方法对原始数据进行离散化，将裂缝开度及相应的上游水位、下游水位及温度的实测数据划分为“高、中、低”三类，获得的模糊聚类中心及每个中心对应的区间编码见表 4.6 和图 4.8，每个区间在每种决策属性中所占比例如图 4.9 所示。

表 4.6　　条件属性和状态属性的模糊聚类中心及区间编码

属　性		低	中	高
裂缝开度/mm	聚类中心	2.78	3.33	3.85
	编码	Z	X	Y
上游水位/m	聚类中心	104.95	109.73	114.94
	编码	A	B	C
下游水位/m	聚类中心	58.39	59.26	60.43
	编码	D	E	F
气温/℃	聚类中心	5.55	17.11	26.50
	编码	H	I	G

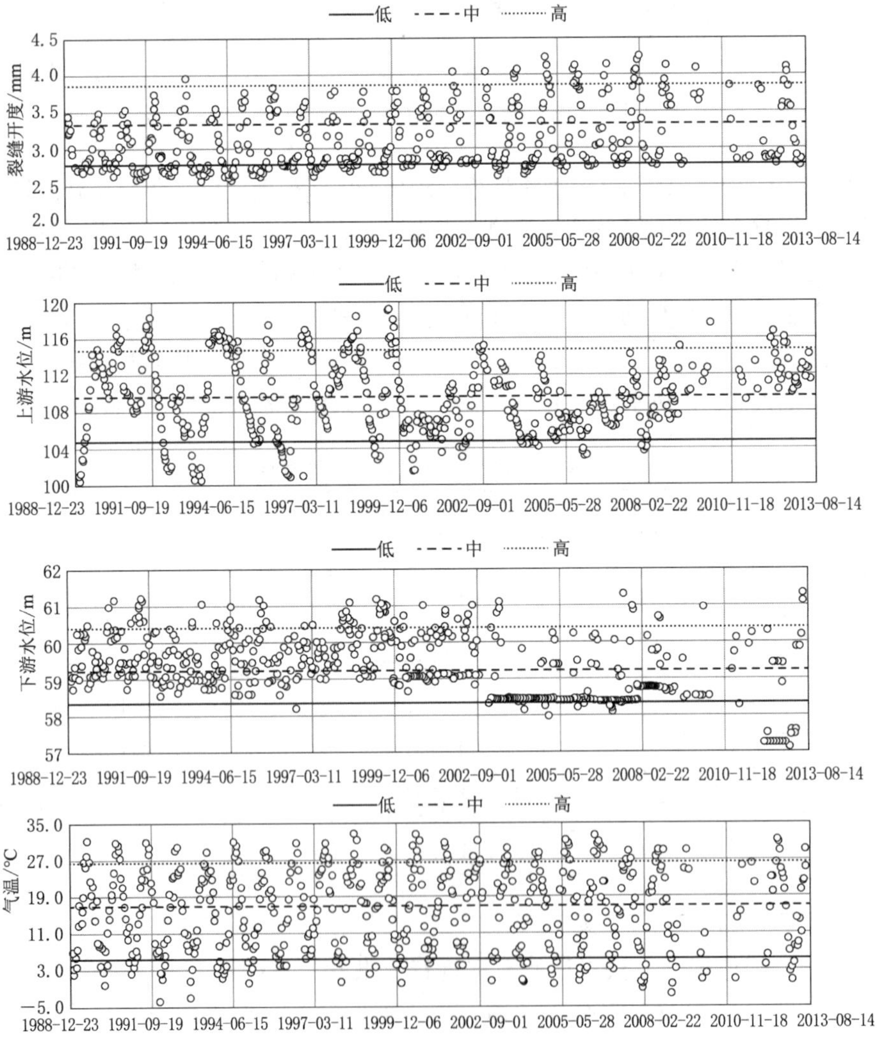

图 4.8　裂缝条件属性和状态属性数据序列的模糊聚类中心

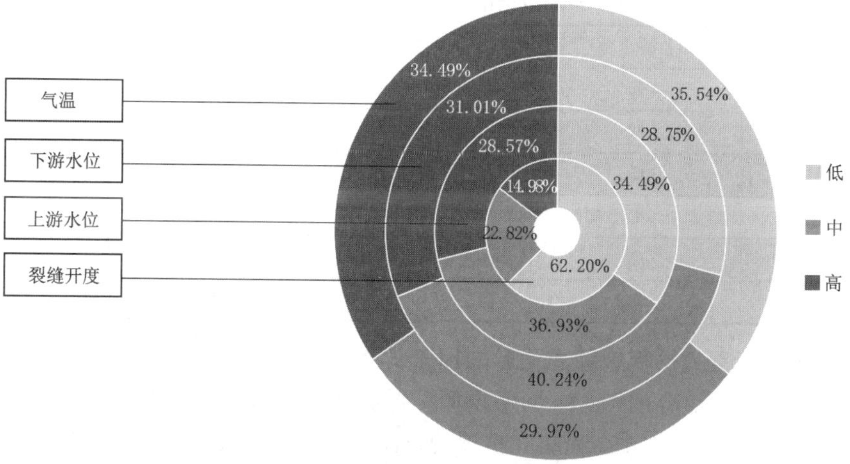

图 4.9　裂缝条件属性和状态属性聚类比例

裂缝不利影响因素挖掘关联规则预设方式如图 4.10 所示。基于上述条件属性和状态属性的离散结果，设置模糊关联规则的前部为上游水位、下游水位及气温分别取高、中、低的各种影响因素组合，规则后部为裂缝开度分别取高、中、低的各种裂缝状态。

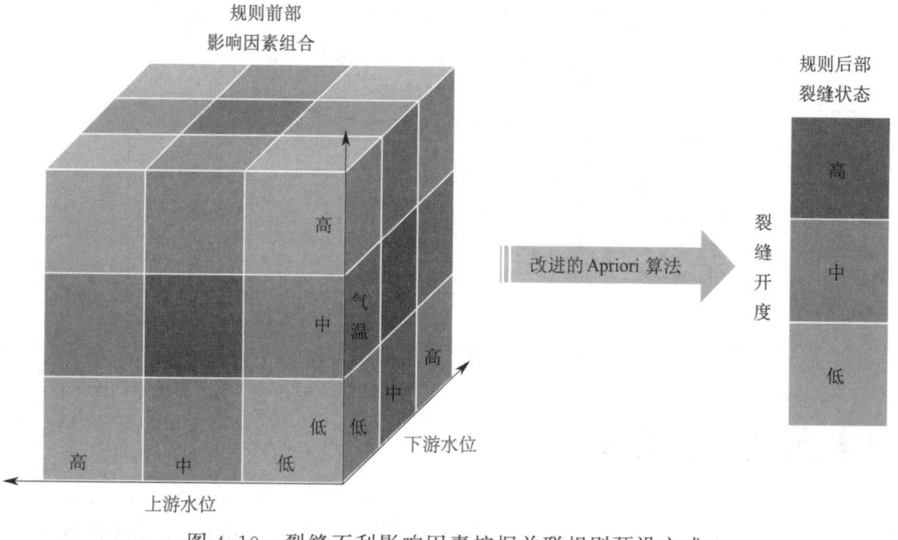

图 4.10　裂缝不利影响因素挖掘关联规则预设方式

利用改进的 Apriori 算法对离散化后的裂缝变化影响因素属性库进行模糊关联规则挖掘，选取规则后部为裂缝开度较大且支持度与置信度较高的模糊关联规则，见表 4.7。由 Apriori 算法挖掘出的模糊关联规则可以看出，置信度最高的前三条规则为低温和低上游水位与三种下游水位工况的组合，且三条规则的置信度均较高，可见下游水位对裂缝开度影响不大，而低温和低上游水位是裂缝开度增大的不利影响因素组合。而规则后部为裂缝开度较高且置信度较高的前六条模糊关联规则均包含低气温因素，可见低温是裂缝开度增大甚至发生扩展的主要影响因素。

表 4.7　基于实测数据的裂缝变化影响因素规则表

<table>
<tr><th>规　则</th><th>上游水位</th><th>下游水位</th><th>气　温</th><th>d</th></tr>
<tr><td>Ⅰ</td><td>低</td><td>中</td><td>低</td><td rowspan="6">高</td></tr>
<tr><td>Ⅱ</td><td>低</td><td>低</td><td>低</td></tr>
<tr><td>Ⅲ</td><td>低</td><td>高</td><td>低</td></tr>
<tr><td>Ⅳ</td><td>中</td><td>低</td><td>低</td></tr>
<tr><td>Ⅴ</td><td>高</td><td>低</td><td>低</td></tr>
<tr><td>Ⅵ</td><td>高</td><td>中</td><td>低</td></tr>
</table>

基于上述对某重力拱坝裂缝变化影响因素的挖掘成果，可进一步建立如图 4.11 所示的裂缝扩展影响因素组合的 Bayes 网络模型。低温和低上游水位与不同下游水位的组合工况造成该重力拱坝 105.00m 高程裂缝扩展的概率分别为 0.71、0.70 和 0.68，说明了下游水位对裂缝变化影响不显著，而低温和低上游水位的组合对裂缝的影响最为不利，与实际情况一致。

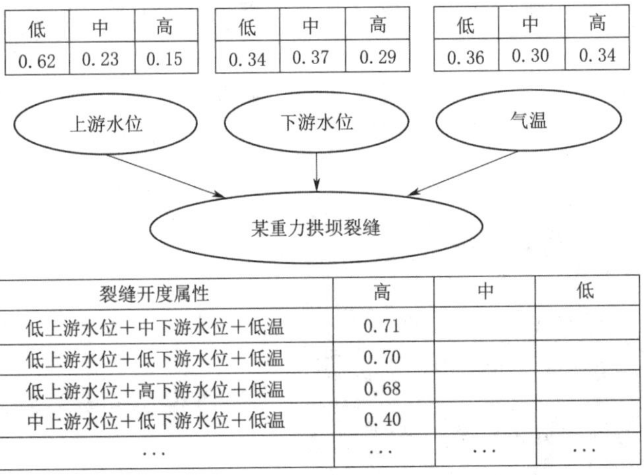

图 4.11　裂缝扩展影响因素组合的 Bayes 网络模型

4.2　裂缝变化分析模型

裂缝开度是混凝土坝裂缝性态变化的直接表征，实测资料可通过现场埋设的测缝计或裂缝计采集得到。通过裂缝开度实测数据变化规律分析，建立有效的裂缝变化分析模型，对掌握裂缝变化及其对混凝土坝结构性能的影响至关重要。混凝土坝裂缝开度变化分为可逆变形和不可逆变形两部分，其中可逆变形为荷载作用引起的瞬时变形，而不可逆变形为长期荷载作用引起的时效变形以及裂缝失稳扩展引起的突变变形。对于混凝土坝裂缝而言，裂缝的突变会引起不可逆变形的增加。现有的裂缝变化分析模型仅考虑了裂缝的可逆变形和时效变形，而未反映裂缝突变引起开度增大的影响。为此，本节首先介绍裂缝未发生突变的分析模型，然后应用裂缝开度实测资料，论述裂缝开度突变分量的表征方法和引入判别准则，构建裂缝发生突变的分析模型。

4.2.1 裂缝未发生突变的分析模型

4.2.1.1 统计模型

混凝土坝内部存在的缺陷是裂缝萌生的主要因素之一，而长期运行过程中的荷载作用和时变效应进一步加剧了裂缝的发展和开裂区的演化。基于此，运行期混凝土坝裂缝变化的影响因素可归结为外界荷载（如水压、温度）和随时间变化的时间效应。根据最大允许应力准则，当裂缝尖端区域的应力达到某一极限值时，裂缝将发生扩展，对应的裂缝开度为

$$K_0=\frac{4\sigma}{E}\sqrt{(a+r_p^*)^2-x} \tag{4.21}$$

式中：σ 为裂缝尖端附近的应力；E 为弹性模量；a 为裂缝深度的一半；r_p^* 为塑性区半径；x 为距裂缝顶端的距离。

由式（4.21）可知，裂缝开度与裂尖应力 σ 有关，受外部荷载和时变效应的共同影响，在裂缝未发生突变时，裂缝开度变化量（以下简称开度）的统计模型可表示为

$$K=K(H)+K(T)+K(\theta)+\varepsilon \tag{4.22}$$

式中：$K(H)$、$K(T)$、$K(\theta)$分别为水压、温度和时效引起的裂缝开度分量；ε 为随机误差。

（1）水压分量。裂缝在未发生突变时，其开度与坝体受力状态有关，在库水压力的作用下，其开度变化可用水压的多项式进行拟合，则裂缝开度的水压分量可表示为

$$K(H)=\sum_{i=1}^{3}a_iH^i \tag{4.23}$$

式中：a_i 为多项式回归系数；H 为库水深。

（2）温度分量。混凝土坝裂缝变化性态受温度变化影响显著，可选用各温度计的测值变化量作为因子，裂缝开度的温度分量可表示为

$$K(T)=\sum_{i=1}^{m}b_iT_i \tag{4.24}$$

式中：T_i 为各温度计的测值变化量；b_i 为系数。

当温度计数量较多时，因数据处理工作量较大，可采用等效变温场代替温度计测值变化量。采用平均变温 $\overline{T}$ 和变温梯度 β 作为因子建模，裂缝开度温度分量的表达式为

$$K(T)=\sum_{i=1}^{m_2}b_{1i}\overline{T}_i+\sum_{i=1}^{m_2}b_{2i}\beta_i \tag{4.25}$$

式中：m_2 为坝体温度计的层数；b_{1i}、b_{2i} 为回归系数。

当仅有气温和水温温度计时，对于已经处于正常运行的混凝土坝，绝大部分坝体混凝土水化热已散发，坝体内部温度场已基本稳定，坝体温度变化仅与边界温度变化有关，则可采用多周期的谐波作为因子，即

$$K(T)=\sum_{i=1}^{2}\left(b_{1i}\sin\frac{2\pi it}{365}+b_{2i}\cos\frac{2\pi it}{365}\right) \tag{4.26}$$

式中：$i=1$ 为年周期，$i=2$ 为半年周期；t 为从起始监测日开始计算的天数。

（3）时效分量。由于裂缝受到坝体混凝土徐变的影响，其开度产生持续变形，故需考虑时效的影响。时效变形通常表现为初期变化剧烈、后期逐渐趋于稳定。因此，混凝土坝裂缝开度的时效分量也可用线性项和非线性项表示，即

$$K(\theta)=c_1\theta+c_2\ln\theta \tag{4.27}$$

式中：θ 为监测日至起测日累计天数，以 100 天为单位；c_1、c_2 为回归系数。

基于上述分析，当温度分量用温度计的实测值变化量表示时，裂缝开度未发生突变的统计模型为

$$K=K(H)+K(T)+K(\theta)+\varepsilon=\sum_{i=1}^{3}a_iH^i+\sum_{i=1}^{m}b_iT_i+c_1\theta+c_2\ln\theta+\varepsilon \tag{4.28}$$

当温度分量用等效温度场测值变化量表示时，裂缝开度未发生突变的统计模型为

$$K=K(H)+K(T)+K(\theta)+\varepsilon=\sum_{i=1}^{3}a_iH^i+\sum_{i=1}^{m_2}b_{1i}\overline{T}_i+\sum_{i=1}^{m_2}b_{2i}\beta_i+c_1\theta+c_2\ln\theta+\varepsilon \tag{4.29}$$

当温度分量用周期函数项表示时，裂缝开度未发生突变的统计模型为

$$\begin{aligned}K&=K(H)+K(T)+K(\theta)+\varepsilon\\&=\sum_{i=1}^{3}a_iH^i+\sum_{i=1}^{2}\left(b_{1i}\sin\frac{2\pi it}{365}+b_{2i}\cos\frac{2\pi it}{365}\right)+c_1\theta+c_2\ln\theta+\varepsilon\end{aligned} \tag{4.30}$$

从建模的基本原理来看，裂缝开度统计模型本质上是经验模型，该模型对裂缝的变化难以从力学概念上加以解释，且对监测序列的长度要求较高。而确定性模型和混合模型能较好地规避上述问题，并且在一些实际工程实测数据分析中取得了良好的效果。这两种模型的核心是利用有限元方法计算荷载作用下效应量的各个分量，以各效应分量与实测值进行拟合，从而建立起相应的分析模型。

4.2.1.2 确定性模型和混合模型

对于水压分量，可基于随机黏聚单元模拟方法计算不同水深 H 作用下的混凝土坝裂缝开度 $K(H)$，然后用多项式进行拟合，其表达式为

$$K(H)=\sum_{i=1}^{3}a_iH^i \tag{4.31}$$

由于在计算 $K(H)$ 时假定了混凝土坝弹性模量等相关参数，因而得到的水压分量值与真实值 $K_{fe}(H)$ 有差别，需要用系数 X 对其进行调整，即

$$K_{fe}(H)=X\sum_{i=1}^{3}a_iH^i \tag{4.32}$$

对于温度分量，在裂缝开度监测的某时刻，将各温度计测值组成的瞬时温度场减去初始温度场，可得各温度计的变温值：

$$\Delta T_i(x,y,z)\big|_{t_i-t_0}=T_i(x,y,z,t_i)-T_0(x,y,z) \tag{4.33}$$

为了简便，变温值 $\Delta T_i(x,y,z)\big|_{t_i-t_0}$ 可用 T_i 表示。

在得到各温度计的变温值后，可以用随机黏聚单元分析方法计算裂缝开度的温度分量。但是，这种方法的计算工作量很大，可采用单位温度和载常数进行简化计算。下面介绍单位温度和载常数的计算方法。

按照统计模型的处理方法，将混凝土坝断面 i 层的实测变温用等效温度代替，当等效温度的平均温度 $\overline{U}_i=1℃$，温度梯度 $V_i=\tan\xi=1℃/B$，其中 B 为断面宽度，而相邻层的 $\overline{U}_j$、$V_j=0$，这样就构成单位等效温度。坝体实际变温度场可以表示为

$$T(x,y,z,t)=\sum_{i=1}^{m_2}[\overline{T}_i(t)\overline{U}_i(x,y,z)+\beta_i(t)V_i(x,y,z)] \tag{4.34}$$

式中：m_2 为温度计的个数；$\overline{T}_i(t)$为平均温度；$\beta_i(t)$为温度梯度。

然后，利用有限元计算混凝土坝各层单位等效温度 $\overline{U}_i(x,y,z)$、$V_i(x,y,z)$作用下裂缝的开度值，称为载常数，即

$$\overline{U}_i(x,y,z)\rightarrow b_{1i}(x,y,z),V_i(x,y,z)\rightarrow b_{2i}(x,y,z) \tag{4.35}$$

式中：$b_{1i}(x,y,z)$、$b_{2i}(x,y,z)$为载常数。

根据叠加原理，各变温值作用下的混凝土坝裂缝开度温度分量可表示为

$$K(T)=\sum_{i=1}^{m_2}[\overline{T}_i(t)b_{1i}(x,y,z)+\beta_i(t)b_{2i}(x,y,z)] \tag{4.36}$$

由于在计算载常数 $b_{1i}(x,y,z)$、$b_{2i}(x,y,z)$时，使用的是假定的热力学参数，因而得到的温度分量值与真实值 $K_{fe}(T)$有差别，需要用系数 Y 对其进行调整，即

$$K_{fe}(T)=Y\sum_{i=1}^{m_2}[\overline{T}_i(t)b_{1i}(x,y,z)+\beta_i(t)b_{2i}(x,y,z)] \tag{4.37}$$

对于时效分量，仍采用式（4.27）进行计算。

综上所述，可建立裂缝开度未发生突变的确定性模型：

$$K=X\sum_{i=1}^{3}a_iH^i+Y\sum_{i=1}^{m_2}[\overline{T}_i(t)b_{1i}(x,y,z)+\beta_i(t)b_{2i}(x,y,z)]+c_1\theta+c_2\ln\theta+\varepsilon \tag{4.38}$$

式中：X 和 Y 为调整系数；其他符号意义同前。

当水压分量采用有限元计算，而其他分量仍以统计方法计算时，即可建立裂缝开度未发生突变的混合模型。

4.2.2 裂缝发生突变的分析模型

4.2.2.1 裂缝开度的突变分量

混凝土坝裂缝的突变是由于水压荷载和温度荷载的组合效应达到某一临界值，坝体出现急促的局部变形，进而引起裂缝开度的突变。因此，在裂缝发生突变时，裂缝开度不能再用统计模型这样的连续函数进行表征。考虑到裂缝突变时，裂缝开度的变化机制复杂且难以预测，直接选取裂缝突变时刻的开度监测值与前一时刻的开度监测值之差，作为裂缝开度突变分量的取值：

$$K(\Delta)=K_{t_c}-K_{t_c-1} \tag{4.39}$$

式中：$K(\Delta)$为裂缝开度的突变分量；K_{t_c} 为裂缝突变时刻裂缝开度监测值；K_{t_c-1} 为裂缝突变前一时刻裂缝开度监测值。

考虑到裂缝突变分量直接取为裂缝突变时刻相较于前一监测时刻的开度监测值变化量，统计模型中的各个分量的变化值均已包含在内。因此，在裂缝突变时刻 t_c，裂缝开度发生突变的分析模型中各个分量的取值分别沿用裂缝突变前一时刻的各个分量值。

基于上述分析，将式（4.39）作为突变分量的表达式代入式（4.28）或式（4.29）或式（4.30），可构建裂缝开度发生突变的分析模型。考虑到裂缝开度的突变并不是每个时

刻都会发生，如果将突变分量直接加入分析模型，不仅不能体现裂缝突变的偶然性，还会降低原分析模型的精度。因此，裂缝开度分析模型中的突变分量只能在裂缝发生突变时才引入。下面介绍基于监测资料的裂缝突变判别方法，由此建立裂缝开度分析模型中突变分量的引入判别准则。

4.2.2.2 裂缝开度突变分量的引入判别准则

对混凝土坝裂缝数值分析模型输入不同的荷载组合工况，经有限元计算得到裂缝尖端区域的应力强度因子 δ 这一控制变量，并与其临界值 δ_c（即断裂韧度）对比，确定各水压和温度荷载组合工况(H,T)对应的裂缝突变情况。在分析裂缝突变的临界工况时，主要考虑水压和温度等可变荷载的各种不利组合，则建立裂缝开度突变分量引入判别准则的关键是求解可变荷载集与控制变量 δ 构成的效应集之间的函数关系 $\delta=f(H,T)$，由于荷载组合工况(H,T)与控制变量 δ 之间的函数关系为复杂的非线性关系，采用支持向量机建立各水压荷载和温度荷载组合工况(H,T)与控制变量 δ 之间的函数关系，并利用布谷鸟算法对其求解过程进行优化。

考虑水压和温度荷载组合，根据库水位与温度监测资料可构建荷载集 $\boldsymbol{P}=\{(H_1,T_1),(H_2,T_2),\cdots,(H_i,T_i),\cdots,(H_n,T_n)\}$，其描述的区域记为 $\Omega^{\delta}(\boldsymbol{P})$；对应于荷载集 $\boldsymbol{P}$，可求得一系列裂缝突变的控制变量，进而构成效应集 $\boldsymbol{\delta}=\{\delta_1,\delta_2,\cdots,\delta_i,\cdots,\delta_n\}$。由此可建立样本数据集合：$(H_1,T_1|\delta_1),(H_2,T_2|\delta_2),\cdots,(H_i,T_i|\delta_i),\cdots,(H_n,T_n|\delta_n)$，荷载组合$(H_i,T_i)$为第 i 个样本的输入值，控制变量 δ_i 为第 i 个荷载组合对应的目标值。支持向量机可通过对上述构建的样本数据进行训练学习，拟合荷载组合与控制变量之间的关系：

$$\delta_i=\boldsymbol{w}\varphi(H_i,T_i)+b \tag{4.40}$$

式中：$\boldsymbol{w}$ 为权矢量；$\varphi(H_i,T_i)$为输入空间中荷载组合(H_i,T_i)到高维特征空间的非线性映射函数；b 为偏置量。

基于结构风险最小化原则，综合考虑模型的复杂度和泛化能力，上述问题可转化为

$$\begin{cases}\min\limits_{w,b,e}\dfrac{1}{2}\|w\|^2+\dfrac{1}{2}C\sum\limits_{i=1}^{l}\xi_i^2\\ \text{s.t.}\ \delta_i=w^{\mathrm{T}}\varphi(H_i,T_i)+b+\xi_i\quad(i=1,2,\cdots,l)\end{cases} \tag{4.41}$$

式中：ζ 为松弛变量，$\zeta\geqslant0$；C 为惩罚因子，$C>0$；l 为样本数。

为解决上述凸二次优化问题，引入 Lagrange 乘子法，式（4.41）可转化为

$$L(w,b,e,\alpha)=\frac{1}{2}\|w\|^2+\frac{1}{2}C\sum_{i=1}^{l}\xi_i^2+\sum_{i=1}^{l}\alpha_i w^{\mathrm{T}}\varphi(H_i,T_i)+b+\xi_i-\delta_i \tag{4.42}$$

式中：α_i 为 Lagrange 乘子，$\boldsymbol{\alpha}=[\alpha_1,\alpha_2,\cdots,\alpha_l]^{\mathrm{T}}$。

根据 KKT 最优条件

$$\begin{cases}\dfrac{\partial L}{\partial w}=0\Rightarrow w=\sum\limits_{i=1}^{l}\alpha_i\varphi(H_i,T_i)\\ \dfrac{\partial L}{\partial b}=0\Rightarrow\sum\limits_{i=1}^{l}\alpha_i=0\\ \dfrac{\partial L}{\partial e_i}=0\Rightarrow\alpha_i=C\zeta_i\\ \dfrac{\partial L}{\partial\alpha_i}=0\Rightarrow w\varphi(H_i,T_i)+b+e_i-\delta_i=0\end{cases} \tag{4.43}$$

消去式（4.43）中的 w 和 ζ 可得

$$\begin{bmatrix} 0 & \boldsymbol{e}^{\mathrm{T}} \\ \boldsymbol{e} & \boldsymbol{Z}\boldsymbol{Z}^{\mathrm{T}}+\dfrac{\boldsymbol{I}}{C} \end{bmatrix}\begin{bmatrix} b \\ \alpha \end{bmatrix}=\begin{bmatrix} 0 \\ \boldsymbol{\delta} \end{bmatrix} \tag{4.44}$$

式中：$\boldsymbol{\delta}=[\delta_1,\cdots,\delta_l]^{\mathrm{T}}$；$\boldsymbol{e}-[1,1,\cdots,1]$；$\boldsymbol{Z}=[\varphi(H_1,T_1),\cdots,\varphi(H_l,T_l)]^{\mathrm{T}}$；$\boldsymbol{I}$ 为 l 阶单位矩阵；$Z_{ij}=\varphi(H_i,T_i)^{\mathrm{T}}\varphi(H_j,T_j)=k[(H_i,T_i),(H_j,T_j)]$，其中 $k[(H_i,T_i),(H_j,T_j)]$为核函数，满足 Mercer 核条件，选用具备优良的局部逼近特性的径向基函数作为核函数，即

$$k[(H_i,T_i),(H_j,T_j)]=\exp\{-\|(H_i,T_i)-(H_j,T_j)\|^2/2\sigma^2\} \tag{4.45}$$

通过引入核函数，荷载组合与控制变量之间的关系表示为

$$\delta=\sum_{i=1}^{l}\alpha_i k[(H_i,T_i),(H_j,T_j)]+b \tag{4.46}$$

考虑到惩罚因子 C 和核函数宽度 σ 对支持向量机的学习速度和泛化能力影响显著，采用布谷鸟搜索算法来确定这两个参数。

布谷鸟算法是一种新型元启发式算法，其核心是鸟类的莱维飞行。莱维飞行移动的步长服从重尾的稳定分布，步长距离长短相间，可兼顾全局寻优的效率和精度，具备较强的全局搜索能力。莱维飞行长距离和短距离结合的搜索过程，相对于随机游走，具备更简便的搜索路径和更高效的寻优过程。布谷鸟算法的具体步骤如下：

步骤 1：确定目标函数及算法各参数，包括变量的阈值范围、迭代次数、计算精度等；由于输出量的量纲和数据量级相差较大，故目标函数取为期望输出与实际输出的相对误差 f，f 越小表明对应的解越优，计算公式为

$$f=\frac{1}{N}\sum_{i=1}^{N}\left|\frac{y_0^i-y^i}{y_0^i}\right| \tag{4.47}$$

式中：N 为学习样本总数；y_0^i、y^i 分别为第 i 个样本的期望输出与实际输出值，即第 i 个样本参数的计算值与真实值。

步骤 2：初始化种群，随机产生 N_{nest} 个鸟巢 $x^1,x^2,\cdots,x^{N_{\text{nest}}}$，每个鸟窝 x^j 对应支持向量机的一组惩罚因子 C 和核函数宽度 σ：

$$\boldsymbol{M}=\left[\begin{array}{c|c} \boldsymbol{x}^1 & f(x^1) \\ \boldsymbol{x}^2 & f(x^2) \\ \vdots & \vdots \\ \boldsymbol{x}^{N_{\text{nest}}} & f(x^{N_{\text{nest}}}) \end{array}\right]=\left[\begin{array}{cccc|c} x_1^1 & x_2^1 & \cdots & x_M^1 & f(x^1) \\ x_1^2 & x_2^2 & \cdots & x_M^2 & f(x^2) \\ \vdots & \vdots & \vdots & \vdots & \vdots \\ x_1^{N_{\text{nest}}} & x_2^{N_{\text{nest}}} & \cdots & x_M^{N_{\text{nest}}} & f(x^{N_{\text{nest}}}) \end{array}\right] \tag{4.48}$$

通过支持向量机求解各个鸟巢对应的适应度函数，找到当前最优解及对应的鸟巢。

步骤 3：更新所有鸟巢，对所有鸟巢进行莱维飞行：

$$x_i^{t+1}=x_i^t+\alpha\oplus Levy(\lambda) \tag{4.49}$$

其中

$$Levy(\lambda)=0.01\frac{u}{|v|}(x_i^t-x_b^t) \tag{4.50}$$

式中：x_i^{t+1} 和 x_i^t 分别为每个鸟巢中第 i 个参数第 $t+1$ 次和第 t 次迭代的值；α 为步长，

一般取1；⊕表示乘法算子；$Levy(\lambda)$为服从参数$\lambda(1<\lambda<3)$的 Levy 分布产生的一个随机搜索向量；x_b^t为第t次存储的最优鸟巢位置；u和v均服从正态分布。

步骤4：对每一个鸟巢形成一个随机数$rand$，若随机数大于P_a，则表示鸟巢中的寄生卵被发现，该鸟巢被舍弃，在该鸟巢邻近区域重新寻找一个新鸟巢替代原先的鸟巢，并更新该鸟巢的函数值：

$$x_i^{t+1}=x_i^t+rand(x_{r1}^t-x_{r2}^t) \tag{4.51}$$

式中：x_{r1}^t和x_{r2}^t为随机选择且互不相同的解。

步骤5：通过支持向量机求解所有鸟巢对应的适应度函数，更新当前最优解及最优解对应的鸟巢。

步骤6：重复步骤3和步骤4，直到满足算法终止准则或最大迭代次数为止。

利用上述方法，可建立水压荷载和温度荷载组合工况(H,T)与控制变量δ之间的函数关系$\delta=f(H,T)$。对于建模时段上的每个时刻t_i的实测库水位H_i和实测温度T_i，均可由$\delta=f(H,T)$计算得到其对应的控制变量δ_i，将其与控制变量临界值δ_c对比，据此按照划分的区域确定裂缝是否发生突变：

$$\begin{cases}\text{裂缝稳定} & \Omega_1^\delta(P)=\{P:f(H,T)<\delta_c\} \quad (i=1,2,\cdots,n)\\ \text{裂缝临界状态} & \Gamma^\delta(P)=\{P:f(H,T)=\delta_c\} \quad (i=1,2,\cdots,n)\\ \text{裂缝扩展} & \Omega_2^\delta(P)=\{P:f(H,T)>\delta_c\} \quad (i=1,2,\cdots,n)\end{cases} \tag{4.52}$$

式中：$f(H,T)$为荷载集与效应集之间的函数关系；$\Gamma^\delta(P)$为裂缝的临界荷载组合工况；当$(H,T)\in\Omega_2^\delta(H,T)$时，需要在裂缝开度分析模型中引入突变分量。

4.2.2.3 模型建立

基于上述分析，可在裂缝开度未发生突变的分析模型的基础上，当实际荷载组合工况满足裂缝开度引入条件时，将突变分量代入分析模型，进而构建裂缝开度发生突变的分析模型。下面以建立统计模型为例进行详细分析，至于确定性模型和混合模型，其建模原理同前文，不再赘述。

当有温度计测值资料时，选用各温度计的测值变化量作为因子时，裂缝开度发生突变的分析模型可表示为

$$\begin{aligned}K&=K(H)+K(T)+K(\theta)+K(\Delta)+\varepsilon\\&=\sum_{i=0}^{3}a_iH^i+\sum_{i=1}^{m}b_iT_i+c_1\theta+c_2\ln\theta+\sum_{t=0}^{t_d}H[f(H,T)-\delta_c](K_t-K_{t-1})+\varepsilon\end{aligned} \tag{4.53}$$

当选用等效变温替代各温度计的测值变化量作为因子时，裂缝开度发生突变的分析模型可表示为

$$\begin{aligned}K&=K(H)+K(T)+K(\theta)+K(\Delta)+\varepsilon\\&=\sum_{i=1}^{3}a_iH^i+\sum_{i=1}^{m_2}b_{1i}\overline{T}_i+\sum_{i=1}^{m_2}b_{2i}\beta_i+c_1\theta+c_2\ln\theta\\&\quad+\sum_{t=0}^{t_d}H[f(H,T)-\delta_c](K_t-K_{t-1})+\varepsilon\end{aligned} \tag{4.54}$$

对于长期运行且温度场已经稳定或无温度监测资料的混凝土坝，可采用多周期的谐波作为因子，裂缝开度发生突变的分析模型可表示为

$$\begin{aligned}K &= K(H)+K(T)+K(\theta)+K(\Delta)+\varepsilon \\ &= \sum_{i=1}^{3} a_i H^i + \sum_{i=1}^{2}\left(b_{1i}\sin\frac{2\pi it}{365}+b_{2i}\cos\frac{2\pi it}{365}\right)+c_1\theta+c_2\ln\theta \\ &\quad + \sum_{t=0}^{t_d} H[f(H,T)-\delta_c](K_t-K_{t-1})+\varepsilon\end{aligned} \tag{4.55}$$

其中

$$H[f(H,T)-\delta_c]=\begin{cases}1, & f(H,T)>\delta_c\\ 0, & f(H,T)\leqslant\delta_c\end{cases}$$

式中：$H[f(H,T)-\delta_c]$为 Heaviside 函数；t 为裂缝开度的监测时刻，$t=0$ 表示从监测起始日开始；t_d 为当前监测时刻。

需要注意的是，在裂缝突变时刻 t_c，除突变分量外，裂缝发生突变的分析模型中各个分量的取值分别沿用裂缝突变前一时刻的各个分量值。

综上所述，混凝土坝裂缝发生突变的分析模型的构建流程如图 4.12 所示，具体步骤如下：

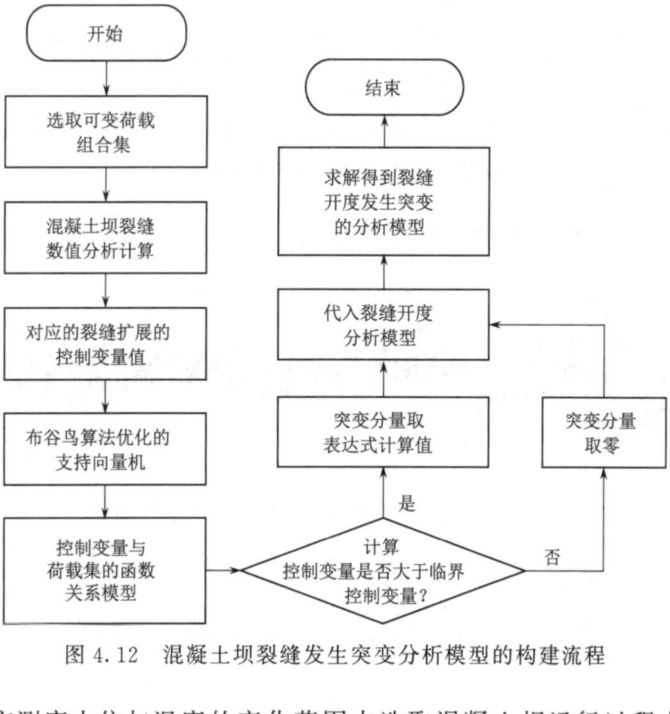

图 4.12 混凝土坝裂缝发生突变分析模型的构建流程

步骤 1：在实测库水位与温度的变化范围内选取混凝土坝运行过程中的荷载集(H_i，T_i)，并将其输入裂缝分析模型，通过数值模拟计算得到各荷载组合工况对应的裂缝突变的控制变量值 δ_i。

步骤 2：将荷载集(H_i,T_i)作为布谷鸟算法优化的支持向量机的输入变量，控制变量值 δ_i 作为其输出变量，基于步骤 1 确定的训练样本进行机器学习，进而求得控制变量与

荷载集之间的函数关系模型 $\delta=f(H,T)$。

步骤 3：通过现场原位试验或者反演分析，确定裂缝突变控制变量的临界值，进而构建裂缝突变判别的临界荷载工况，基于临界荷载工况确定裂缝开度突变分量的取值。

步骤 4：将求得的突变分量代入式（4.53）、式（4.54）或式（4.55），通过最小二乘法对模型参数进行求解，即可建立混凝土坝裂缝发生突变的分析模型。

4.2.3 应用实例

以上节重力拱坝下游面 105.00m 高程附近的裂缝为研究对象，选取埋设于 18 号坝段的裂缝测点 X18－1 的实测数据进行建模分析，建模时段为 1973 年 1 月 15 日—2017 年 12 月 11 日。首先利用裂缝未发生突变的分析模型式（4.28）对实测数据进行建模，得到的拟合值与实测值的过程线如图 4.13 所示，残差过程线如图 4.14 所示，模型回归系数取值见表 4.8。

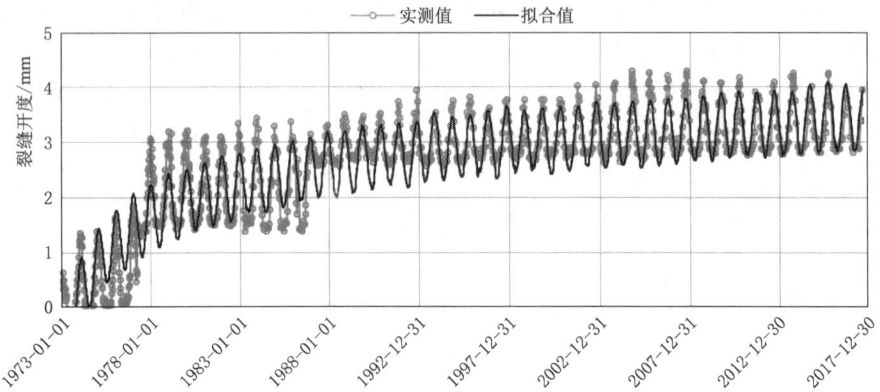

图 4.13 裂缝未发生突变的分析模型的拟合过程线

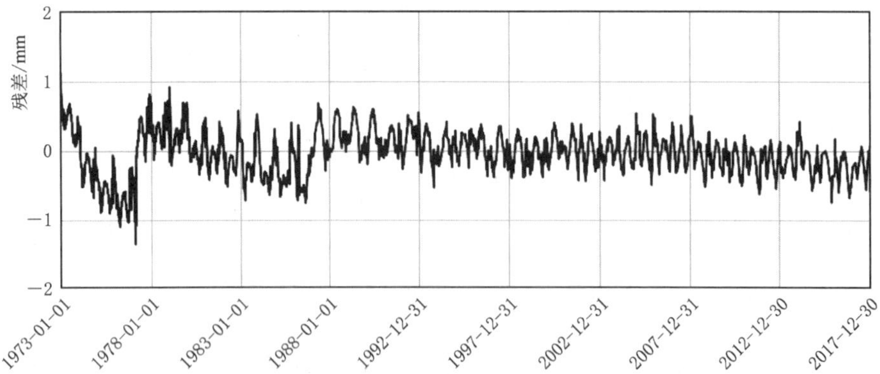

图 4.14 裂缝未发生突变的分析模型的残差过程线

表 4.8 裂缝未发生突变的分析模型系数

系数	a_0	a_1	a_2	a_3	b_1	c_1	c_2
取值	－0.990	－0.587	0.010	-5.609×10^{-5}	－0.048	－0.001	0.928

由图 4.13 和图 4.14 可以看出，裂缝未发生突变的分析模型对裂缝开度突变的描述能力不足，残差序列也在裂缝开度突变时刻出现明显突跳。由于低水位与低温的组合工况是

该重力拱坝下游面 105.00m 高程处裂缝变化的不利组合工况，为建立裂缝变化的突变分量的引入判别准则，选取库水位变化范围为 90～114m，每隔 2m 取一工况点，选取温度变化范围为－10～20℃，每隔 2℃取一工况点，共 208 种工况进行数值分析；选择等效应力强度因子作为裂缝突变的控制变量，求得各工况下该裂缝的裂尖等效应力强度因子。根据计算得到的应力强度因子，运用支持向量机对应力强度因子与库水位和温度组成的样本数据进行训练，并采用布谷鸟优化算法对支持向量机的惩罚因子 C 和核函数宽度 σ 的最优取值组合进行计算。基于优化后的惩罚因子和核函数宽度取值组合，训练得到的应力强度因子与库水位和温度的关系模型的复相关系数为 0.995。利用建立的模型，计算不同荷载组合下的应力强度因子，绘制应力强度因子与库水位和温度的关系，如图 4.15 所示。

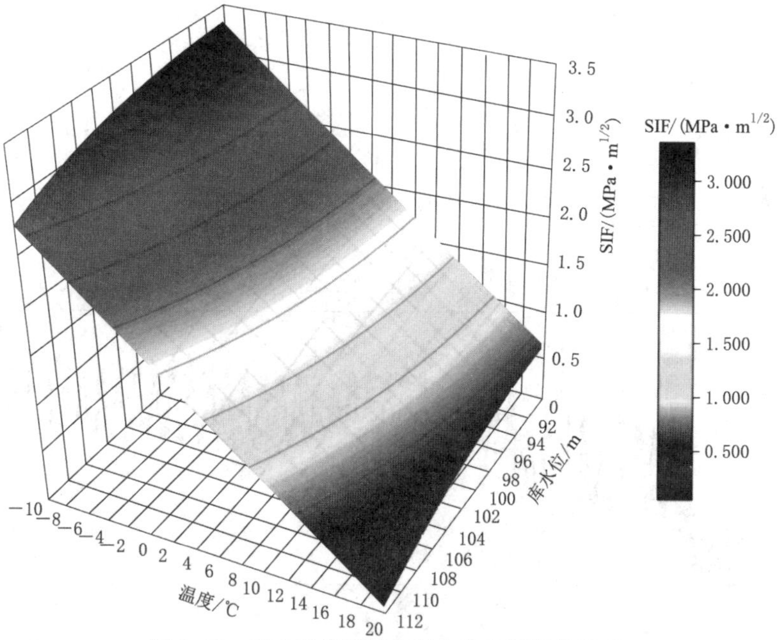

图 4.15　应力强度因子与库水位和温度的关系

该重力拱坝下游面 105.00m 高程处裂缝区域坝体混凝土的断裂韧度取为 2.50MPa·$m^{1/2}$，据此可确定如图 4.16 所示的该裂缝临界荷载图。

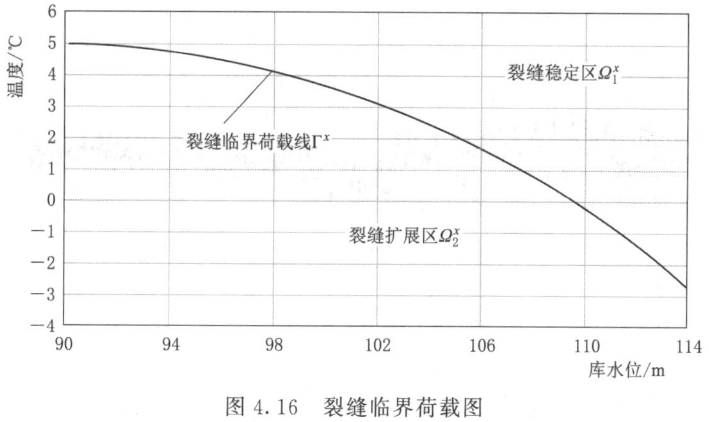

图 4.16　裂缝临界荷载图

由上述建立的混凝土坝的裂缝开度突变分量及其引入判别准则，可以求得裂缝开度突变分量序列，如图 4.17 所示。将其代入裂缝发生突变的分析模型式（4.53），利用最小二乘回归对模型参数进行求解，得到拟合过程线如图 4.18 所示，残差过程线如图 4.19 所示，模型回归系数取值见表 4.9。

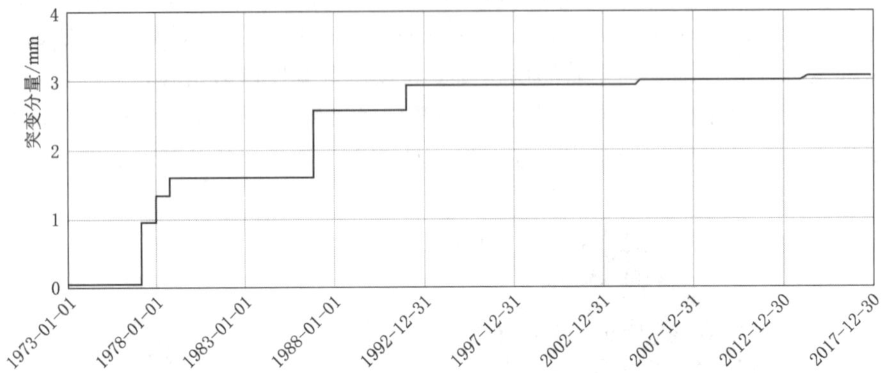

图 4.17 裂缝开度突变分量序列

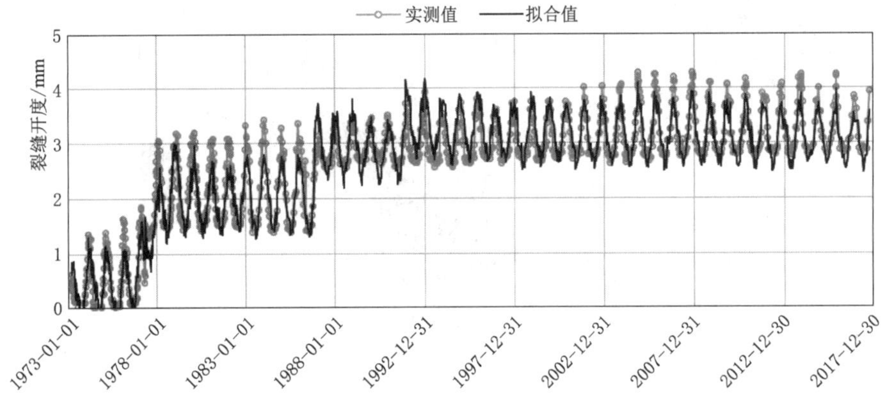

图 4.18 裂缝发生突变的分析模型的裂缝开度过程线

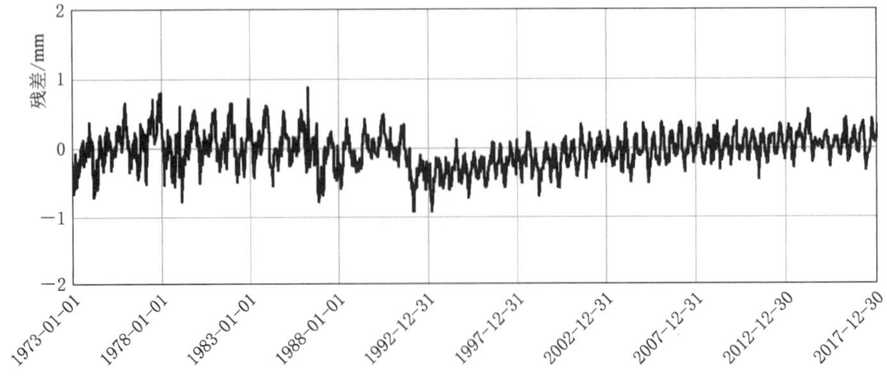

图 4.19 裂缝发生突变的分析模型的残差过程线

表 4.9 裂缝发生突变的分析模型系数

系数	a_0	a_1	a_2	a_3	b_1	c_1	c_2
取值	0.943	−0.010	0.001	1.433×10^{-5}	−0.043	−0.002	0.025

由图 4.17～图 4.19 可以看出，裂缝开度突变分量较好地对裂缝突变引起的裂缝开度的突然增加进行了解释和表征。裂缝未发生和发生突变的分析模型的拟合相关系数，标准差分别为 0.9478、0.3405mm 和 0.9903、0.2719mm，因增加了突变分量，后者拟合精度相对于前者有一定提高。

4.3 裂缝变化对大坝结构性能影响分析

在带缝混凝土坝运行过程中，不稳定裂缝的变化对混凝土坝结构性能影响较大，本节从能量和系统熵值的角度，介绍裂缝变化对混凝土坝结构性能影响的分析方法。混凝土坝应力应变状态是其内部受力状态的描述，但直接用实测应力应变资料分析裂缝变化对大坝结构性能的影响尚未找到理想的方法，需综合运用能量分析理论，以能量作为状态变量来表征混凝土坝运行状态。近年来，以结构系统熵值为主要参量的耗散结构理论和熵理论已成功地应用于土木工程性态演化分析，借助该理论，通过对应力应变实测数据和数值分析结果的有机融合，分析裂缝变化对混凝土坝结构性能的影响。

4.3.1 能量转化与熵值计算

混凝土坝裂缝的发展过程是其内部微裂缝产生、扩展、连通、贯穿直至产生对结构性能产生显著影响的过程，其本质是坝体结构与外界发生能量交换的过程，是坝体结构内部能量耗散和释放的综合结果。以典型立方体试件的单轴压缩应力-应变曲线为例，混凝土裂缝发展演化过程如图 4.20 所示，试件内部裂缝的发展可以分为四个阶段：①当施加的荷载小于极限荷载的 30%时，试件内部的微裂缝状态较为稳定，材料处于弹性阶段，应力应变呈线弹性关系，外力所做功主要以弹性应变能的形式存储于试件内部，试件内部无宏观不可逆过程，整体处于平衡状态；②当施加的荷载达到极限荷载的 30%以上时，存在于水泥砂浆与骨料之间的黏结面上的原始微裂缝逐渐扩大，且新生裂缝逐渐出现，并产生少量穿过水泥砂浆的裂缝，这时混凝土的应力应变关系开始呈现出非线性的特点，外力所做功一部分仍以弹性应变能的形式被存储，而另一部分则被缓慢发展的断裂过程区所耗散，试件发展至离平衡态不远的定态；③当荷载进一步增加到极限荷载的 70%～90%时，水泥砂浆中的裂缝显著增加且发展较快，并与黏结面上之前存在的裂缝连通起来形成连续裂缝，此时混凝土应力应变关系曲线趋于水平，外力所做功持续增加且大部分被断裂过程区消耗，伴随着荷载增加至峰值荷载，裂缝发生失稳破坏，混凝土内部存储的弹性应变能迅速释放，试件远离平衡态向另一种新的定态发展；④继续加载之后，这些连续裂缝快速发展为贯穿性裂缝，不再吸收外界能量，试件发生破坏，失去承载能力。

裂缝扩展过程中的能量转化方式用图 4.21 表示，在外荷载较小且裂缝发展程度较低的阶段①，外力所做功主要转化为弹性应变能；在外荷载逐渐增大且裂缝稳定发展的阶段②，部分外力所做功被断裂过程区耗散，且该部分比例逐渐增加；在外荷载持续增大至峰

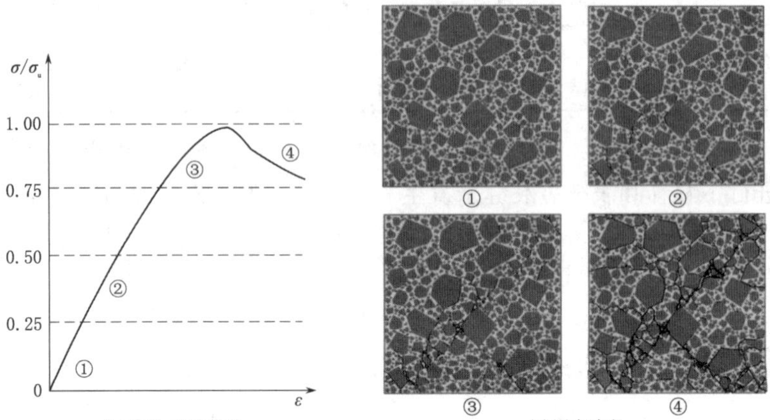

(a)应力-应变曲线　　(b)四个阶段

图 4.20　混凝土裂缝发展演化过程

值荷载且裂缝开始发生失稳扩展至贯穿的阶段③，断裂过程区耗散的能量比例远超内部存储的弹性应变能，且弹性应变能在裂缝贯穿时刻迅速释放。

裂缝在混凝土坝内部发展的过程实际上是外荷载所做功存储—耗散—释放、坝体性能不断劣化、结构系统偏离平衡态甚至出现破坏的过程，具备动态不可逆和高度非线性的特征。如果以能量量级为表征参量来分析混凝土坝裂缝的影响，则忽略了能量分布对混凝土坝服役性态的影响。此外，对于带缝混凝土坝这样的复杂非线性系统，其实际加载过程中的诸多能量变量的求解极为复杂。耗散结构理论可用来分析复杂系统在偏离平衡态时的状态演化过程，而混凝土坝作为非线性的动态开放系统，其性态变化过程符合耗散结构理论的应用条件。裂缝在坝体内部萌生发展并对混凝土坝结构性能造成影响的过程，从能量角度而言，是系统减熵并向熵产生最小化的平衡态发展的过程。作为混凝土坝这个耗散结构系统的重要参量，系统熵值是其能量分布均匀程度的度量，为具有单个峰值的上凸函数，当混凝土坝没有出现结构性裂缝时，系统能量分布越均匀，系统熵值越大；当出现结构性裂缝且裂缝继续发生扩展时，系统能量分布越集中，系统熵值越低；当各个区域的应变能相等时，坝体结构的系统熵值取最大值。因此，可以选用混凝土坝系统熵值作为其结构性能的表征，分析裂缝变化对混凝土坝结构性能的影响及其演变趋势。

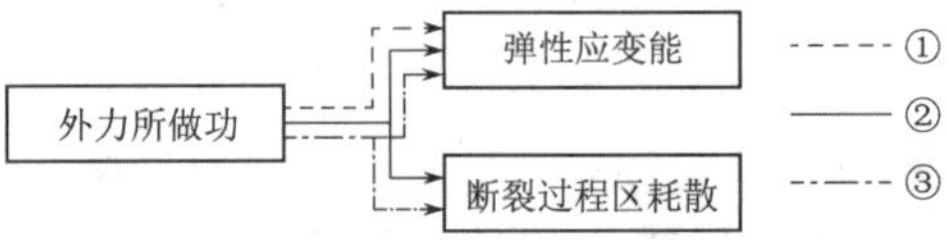

图 4.21　裂缝扩展过程中的能量转化方式

利用数值模拟可以计算混凝土坝应变场和应力场，据此得到混凝土坝系统熵值。单元的应变能密度 u 可表示为

$$u=\frac{1}{2}\sigma_{ij}\varepsilon_{ij} \tag{4.56}$$

式中：σ_{ij} 和 ε_{ij} 为单元应力和应变。

单元的应变能 U_e 为

$$U_e=\int_{V_e}u\,\mathrm{d}v=\int_{V_e}\frac{1}{2}\sigma_{ij}\varepsilon_{ij}\,\mathrm{d}v \tag{4.57}$$

式中：V_e 为单元体积。

混凝土坝总应变能可由各单元应变能 U_e 叠加得到，即

$$U=\sum U_e \tag{4.58}$$

则基于有限元计算结果得到的混凝土坝系统熵值为

$$h^{fe}=-\sum_N \frac{U_e}{U}\ln\frac{U_e}{U} \tag{4.59}$$

式中：N 为单元总数。

4.3.2 实测熵值表征

4.3.2.1 实测应变场的构建

混凝土坝内部有限的实测应变资料，为坝体应变场的构建提供了边界条件，而数值分析结果可以提供丰富的应变计算数据，用以反映混凝土坝应变场的时空分布特征。首先将实测应变数据减去无应力计测得的应变，得到实测有效应变数据，然后利用能够同时处理监测数据和数值分析结果的泛克里金插值方法构建实测应变场。

设利用泛克里金插值得到混凝土坝体空间内 a_0 处的应变监测量估计值为 $z(a_0)$，可表示为

$$z(a_0)=m(a_0)+e(a_0) \tag{4.60}$$

其中

$$E[z(a_0)]=m(x),\quad E[e(a_0)]=0 \tag{4.61}$$

式中：$m(a_0)$为泛克里金插值函数中的漂移，是坝体应变场的确定性趋势项；$e(a_0)$为泛克里金插值函数中的涨落，是剔除趋势项后的坝体应变场不确定性残差项。

$m(a_0)$反映了混凝土坝应变场的空间分布特征，其表达式的确定通常较为复杂，可用邻域模型对其进行处理。在以混凝土坝体空间内 a_0 点为中心的邻域内，有

$$m(a_0)=f(a_0)=\sum a_l f_l(a_0) \tag{4.62}$$

式中：$f_l(a_0)$为包含 a_0 点空间位置信息的已知函数；a_l 为待定系数。

$m(a_0)$描述了反映混凝土坝应变场主趋势项的空间曲面。通过对混凝土坝结构性态进行数值分析，利用应变场数值计算成果对式（4.62）进行拟合，可实现对确定性趋势项 $m(a_0)$的估计，得到剔除趋势项的不确定性残差值，然后利用普通克里金插值对 $e(a_0)$进行估计：

$$e(a_0)=\sum_{i=1}^{n}\lambda_i e(a_i),\quad \sum_{i=1}^{n}\lambda_i=1 \tag{4.63}$$

式中：λ_i 为第 i 个监测点的权重。

当混凝土坝应变残差项的估计值 $\hat{e}(a_0)$满足最优估计时，即

$$D[\hat{e}(a_0)-e(a_0)]=\min \tag{4.64}$$

将 $\sum_{i=1}^{n}\lambda_i=1$ 代入式（4.64）可得

$$D[\hat{e}(a_0)-e(a_0)]=-\sum_{i=1}^{n}\sum_{j=1}^{n}\lambda_i\lambda_j\gamma(a_i,a_j)+2\sum_{i=1}^{n}\lambda_i\gamma(a_i,a_0) \tag{4.65}$$

式中：$\gamma(a_i, a_j)$为已有应变测点 i 和 j 的时空变异函数值；$\gamma(a_i, a_0)$为已有应变测点 i 和待估位置处的时空变异函数值。

采用所有应变测点组成任意点对，利用实测数据计算变异函数 $\gamma(h)$ 的估计值 $\gamma^*(h)$。

$$\gamma^*(h) = \frac{1}{2n(h)} \sum_{i=1}^{n} [z(a) - z(a+h)]^2 \tag{4.66}$$

式中：h 为实测数据样本的空间距离；$z(a)$为 a 点的应变实测数据；$z(a+h)$为与 $z(a_0)$ 空间间隔 h 的实测数据；$n(h)$为符合空间距离要求的测点对总数。

对应于不同的空间距离 h，可用式（4.66）求得相应的 $\gamma^*(h)$，以 h 为横轴、γ^* 为纵轴绘制变异函数散点图，根据变异函数散点图的特征，选择合适的变异函数模型，即可确定 $\gamma(a_i, a_j)$和 $\gamma(a_i, a_0)$。

引入 Lagrange 乘数法，通过求解如下方程组对权重 λ_i 进行计算：

$$\begin{bmatrix} \gamma(x_1,x_1) & \gamma(x_1,x_2) & \cdots & \gamma(x_1,x_n) & 1 \\ \gamma(x_2,x_1) & \gamma(x_2,x_2) & \cdots & \gamma(x_2,x_n) & 1 \\ \vdots & \vdots & \vdots & \vdots & \vdots \\ \gamma(x_n,x_1) & \gamma(x_n,x_2) & \cdots & \gamma(x_n,x_n) & 1 \\ 1 & 1 & \cdots & 1 & 0 \end{bmatrix} \begin{bmatrix} \lambda_1 \\ \lambda_2 \\ \vdots \\ \lambda_n \\ \varphi \end{bmatrix} = \begin{bmatrix} \gamma(x_1,x_0) \\ \gamma(x_2,x_0) \\ \vdots \\ \gamma(x_n,x_0) \\ 1 \end{bmatrix} \tag{4.67}$$

将 λ_i 代入式（4.63）可对残差项进行估计。将式（4.62）和式（4.63）代入式（4.60）即可对数据缺失点的应变数据进行插值，进而构建混凝土坝实测应变场。

需要注意的是，利用上述方法构建混凝土坝实测应变场时，对混凝土坝进行有限元分析需考虑时效变形的影响，在分析过程中，坝体混凝土材料需采用黏弹塑性本构进行描述，数值计算所需时间较长。对于混凝土坝而言，其时效分量相对于水压分量和温度分量较小，鉴于此，在实际分析过程中，可采用弹性本构进行混凝土坝应变场的数值计算，由此确定分析时刻混凝土坝应变场的空间变化特征总体上也能满足工程精度的要求；在此基础上，利用实测应变资料，由普通克里金插值法构建大坝应变场，这将极大地提高计算效率。

4.3.2.2 系统熵值计算

利用实测应变场可以得到混凝土坝结构关键部位以及裂缝影响范围内各测点的应变数据，然后结合混凝土弹模、徐变等试验资料，求解各监测区域的应变能。

$$q_i = \int_{v_i} \sigma_{ij} \varepsilon_{ij} \, \mathrm{d}v_i \tag{4.68}$$

式中：q_i 为第 i 个测点监测区域的应变能；σ_{ij}、ε_{ij} 分别为该区域的应力和应变值；v_i 为该测点监测区域的体积。

将所有监测区域的应变能 q_i 叠加，可得混凝土坝系统的总应变能 Q 为

$$Q = \sum_{i=1}^{N} q_i \tag{4.69}$$

式中：N 为监测区域的数目。

考虑到实际工程中应变计组和无应力计的布置情况，直接应用式（4.68）进行积分运

算难度较大，可通过其实测变值计算应变能密度，从而对其进行熵值转化。基于实测数据的应变能密度计算公式为

$$s=\frac{1}{2}(\sigma_1\varepsilon_1+\sigma_2\varepsilon_2+\sigma_3\varepsilon_3)=\frac{1}{2E}[(\sigma_1+\sigma_2+\sigma_3)^2-2(1+\mu)(\sigma_1\sigma_2+\sigma_2\sigma_3+\sigma_3\sigma_1)] \tag{4.70}$$

式中：σ_1、σ_2、σ_3 和 ε_1、ε_2、ε_3 分别为空间中三个垂直方向上的应力和应变。

假设各监测区域的平均应变能为 s_i，则

$$q_i=v_i s_i \quad (i=1,2,\cdots,n) \tag{4.71}$$

令

$$\lambda_i=\frac{q_i}{Q}=\frac{q_i}{\sum_{i=1}^{n}q_i}=\frac{s_i v_i}{\sum_{i=1}^{n}s_i v_i} \tag{4.72}$$

则该坝体结构的熵值为

$$h=-\sum_{i=1}^{n}\lambda_i\ln\lambda_i \tag{4.73}$$

4.3.3 融合熵值序列 Hurst 指数评价方法

结合实测应变场，考虑不同应变测点受裂缝影响程度的区别，建立混凝土坝服役性态融合熵值序列，对熵值序列的长相关性进行分析，研究融合熵值序列的重标极差（R/S）分析方法，利用 Hurst 指数变化评价指标可分析裂缝变化对混凝土坝结构性能的影响。

4.3.3.1 融合熵值序列的建立方法

根据受裂缝影响程度的差异，建立指标系统对各个测点进行赋权，定义融合熵值序列：

$$h^f=-\sum_{i=1}^{n}\omega_i\lambda_i\ln\lambda_i \tag{4.74}$$

式中：ω_i 为各测点的权重，用以反映不同监测区域实测熵值受到裂缝影响的程度。

为反映应变测点对裂缝影响的表征能力，选用空间距离指标、扩展突跳指标和测值相关性指标，作为融合熵值序列中测点权重的评价指标。

（1）空间距离指标。应变计组距离裂缝尖端区域的位置越近，则裂缝变化对其影响表征越显著。选用测点 A_i 与裂尖（或裂尖附近区域内某一点）O 之间的欧氏距离作为空间距离指标，即

$$d_i=d(A_i,O)=\sqrt{(x_i-x_0)^2+(y_i-y_0)^2+(z_i-z_0)^2} \tag{4.75}$$

式中：(x_i,y_i,z_i) 和 (x_0,y_0,z_0) 分别为测点 A_i 与点 O 的坐标。

（2）扩展突跳指标。当裂缝发生失稳扩展时，会对其他测点的测值产生影响。利用前文对裂缝突变时刻判别方法，确定裂缝发生突变的时刻，选取裂缝突变时刻各应变测点测值序列的突跳绝对值作为扩展突跳指标，即

$$\Delta\varepsilon_i=|\varepsilon_t-\varepsilon_{t-1}|_i \tag{4.76}$$

式中：ε_t 和 ε_{t-1} 分别裂缝失稳扩展时刻 t 和前一时刻 $t-1$ 的应变测值。

（3）测值相关性指标。应变测点测值序列与裂缝开度序列之间相关系数是其相互作用

关系的直接表征，可选取各测点测值序列与裂缝开度序列之间的 Pearson 相关系数作为测值相关性指标：

$$p_i = r(\boldsymbol{\varepsilon}_i, \boldsymbol{k}) = \frac{\operatorname{cov}(\boldsymbol{\varepsilon}_i, \boldsymbol{k})}{\sqrt{\operatorname{var}(\boldsymbol{\varepsilon}_i)\operatorname{var}(\boldsymbol{k})}} \tag{4.77}$$

式中：$\boldsymbol{\varepsilon}_i$ 为测点 A_i 的测值序列；$\boldsymbol{k}$ 为裂缝开度测值序列；$\operatorname{cov}(\boldsymbol{\varepsilon}_i, \boldsymbol{k})$为 $\boldsymbol{\varepsilon}_i$ 与 $\boldsymbol{k}$ 的协方差；$\operatorname{var}(\boldsymbol{\varepsilon}_i)$和 $\operatorname{var}(\boldsymbol{k})$分别为 $\boldsymbol{\varepsilon}_i$ 与 $\boldsymbol{k}$ 的方差。

基于上述选择的空间距离指标、扩展突跳指标和测值相关性指标，采用投影寻踪法确定各测点权重 ω_i，其主要步骤如下。

步骤 1：指标选取及归一化处理。选取 n 个测点的 p 个评价样本构建评价指标集 $\boldsymbol{X}^*$：

$$\boldsymbol{X}^* = \begin{bmatrix} x^*(1,1) & x^*(1,2) & \cdots & x^*(1,p) \\ x^*(2,1) & x^*(2,2) & \cdots & x^*(2,p) \\ \vdots & \vdots & \vdots & \vdots \\ x^*(n,1) & x^*(n,2) & \cdots & x^*(n,p) \end{bmatrix} \tag{4.78}$$

选取上述空间距离指标、扩展突跳指标和测值相关性指标作为评价指标，对评价指标做归一化处理。对于空间距离指标，空间距离指标越小，测点受裂缝的影响越大。

$$x(i,j) = \frac{x_{\max}(j) - x^*(i,j)}{x_{\max}(j) - x_{\min}(j)} \tag{4.79}$$

式中：$x_{\max}(j)$和 $x_{\min}(j)$分别为第 j 个指标的最大值和最小值；$x(i,j)$为第 i 个测点归一化后的第 j 个指标。

对于扩展突跳指标和测值相关性指标，扩展突跳指标和测值相关性指标越大，测点受裂缝的影响越大，对空间距离指标进行归一化：

$$x(i,j) = \frac{x^*(i,j) - x_{\min}(j)}{x_{\max}(j) - x_{\min}(j)} \tag{4.80}$$

步骤 2：构造投影指标函数。将归一化后的评价指标集综合成以单位长度向量 $\boldsymbol{a} = [a_1, a_2, \cdots, a_p]$为投影方向的投影值：

$$z(i) = \sum_{j=1}^{m} a(j)x(i,j) \qquad (i = 1,2,\cdots,n_k) \tag{4.81}$$

根据数据的整体分布特征和局部凝聚程度，投影指标函数可表示为

$$Q(a) = S_z D_z \tag{4.82}$$

其中

$$S_z = \sqrt{\frac{\sum_{i=1}^{n}[z(i) - E(z)]^2}{n-1}} \tag{4.83}$$

$$D_z = \sum_{i=1}^{n}\sum_{j=1}^{n}[R - r(i,j)] \cdot u[R - r(i,j)] \tag{4.84}$$

式中：S_z 和 D_z 分别为投影值 $z(i)$的标准差和局部密度；$E(z)$为投影值 $z(i)$的均值；R 为局部密度的窗口半径，取 $R=0.1S_z$；$r(i,j)$为投影值之间的距离，$r(i,j)=|z(i)-z(j)|$；$u(t)$为单位阶跃函数，即当 $t \geqslant 0$ 时，$u(t)=1$；当 $t<0$ 时，$u(t)=0$。

步骤 3：优化投影方向。当应力应变测点评价指标集给定之后，投影指标函数 $Q(\boldsymbol{a})$ 仅受投影方向 $a=[a_1,a_2,\cdots,a_p]$的影响，通过极大化投影指标函数估计最佳投影方向，即转化为

$$\begin{cases}\max Q(\boldsymbol{a})=S_zD_z\\ \text{s. t.} \sum_{j=1}^{m}a_j^2=1\end{cases} \tag{4.85}$$

步骤 4：计算指标权重。将求解的最佳投影方向代入式（4.81），可得各测点评价指标的投影值：

$$\omega_i=\frac{z_o(i)}{\sum_{i=1}^{n}z_o(i)} \quad (i=1,2,\cdots,n_k) \tag{4.86}$$

4.3.3.2 融合熵值序列的 R/S 分析方法

混凝土坝结构性能融合熵值序列可以看作具有一定自由度的系统，对于结构整体性较好的混凝土坝，其结构性能融合熵值序列具有较强的自相关性，动力学特征表现为分形维数较小。当长期运行过程中出现危害坝体结构的裂缝或裂缝出现异常性态变化时，坝体结构的非线性会增强，其融合熵值序列的自相关性会降低，结构系统的分形维数会增大。因此，可通过分析裂缝变化对融合熵值序列分形特征的影响，评价其对混凝土坝结构性能的影响。

对于一组相互独立、均值为 0 且方差为 1 的随机变量形成的时间序列，它在某段时间跨度 T 内的变化范围与 $T^{1/2}$ 呈线性关系，则其序列增量之间是相互独立的。而对于混凝土坝的系统熵值序列，它们在时间跨度 T 内的变化范围并不是和 $T^{1/2}$ 成正比，这表明混凝土坝的系统熵值时间序列的取值之间不是独立的，而是相互影响的，即系统熵值序列的自相关系数不为 0，这样的时间序列具有长相关性。

假设系统熵值构成的时间序列为广义平稳随机过程 $X_t,t\in R$，如果 X_t 为具有长相关性的平稳时间序列，则存在实数 $\alpha\in(0,1)$和常数 c 使得

$$\lim_{k}\rho(k)/(ck^{2-2H})=1 \tag{4.87}$$

式中：$\rho(k)$为 X_t 的自相关函数；H 为 Hurst 参数。

Hurst 指数是度量融合熵值序列长相关性和趋势强度的指标，取值范围为［0，1］。当 $H=0.5$ 时，表示熵值序列在各尺度上都互相独立，是标准的随机过程；$H=1$ 时，表示熵值序列完全正相关，属于确定性系统；$0.5<H<1$ 时，表示熵值序列是有偏的随机过程，具有正持续性，序列是趋势增强的；$0<H<0.5$ 时，表示熵值序列是反持续的，在各个时间尺度上均呈反相关。当 H 值越接近 0.5，时间序列的随机性就越强，当 H 值越接近 1（或 0），时间序列的正（或负）趋势性就越强。Hurst 指数对理解混凝土坝结构性能融合熵值序列自相关性和趋势强度具有重要意义，采用重标极差法（R/S）来解融合熵值序列的 Hurst 指数，求解过程如下。

考虑长度为 n 的融合熵值序列$\{h_1,h_2,\cdots,h_i,\cdots,h_n\}$，对于任意正整数 $\tau\geqslant1$，定义均值序列为

$$\bar{h}_\tau^f = \frac{1}{\tau}\sum_{t=1}^{\tau} h^f(t) \quad (\tau = 1,2,\cdots,n) \tag{4.88}$$

用 $Y(t)$ 表示序列的累计极差

$$Y(t,\tau) = \sum_{n=1}^{t}[h^f(t) - \bar{h}_\tau^f] \quad (1 \leqslant t < \tau) \tag{4.89}$$

极差 R 定义为

$$R(\tau) = \max_{1\leqslant t<\tau} h^f(t,\tau) - \min_{1\leqslant t<\tau} h^f(t,\tau) \quad (\tau = 1,2,\cdots,n) \tag{4.90}$$

标准差 S 定义为

$$S(\tau) = \sqrt{\frac{1}{\tau}\sum_{n=1}^{\tau}[h^f(t) - \bar{h}_\tau^f]^2} \quad (\tau = 1,2,\cdots,n) \tag{4.91}$$

当 $\{h^f(t)\}(t=1,2,\cdots,n)$，是相互独立、方差有限的随机序列样本、服从 Brown 运动时，极差 R 和标准差 S 服从：

$$\frac{R(\tau)}{S(\tau)} = \left(\frac{\pi\tau}{2}\right)^H \tag{4.92}$$

式中：$H=0.5$。

当 $\{h^f(t)\}(t=1,2,\cdots,n)$ 不是相互独立的分数布朗运动时，有

$$R(\tau)/S(\tau) = (c\tau)^H \tag{4.93}$$

式中：c 为常数。

一维 Brown 样本函数的 Hurst 指数与其分形维数之间存在如下关系：

$$D_0 = 2 - H \tag{4.94}$$

对式（4.93）两端求对数运算可得

$$\lg[R(\tau)/S(\tau)] = H\lg\tau + H\lg c = H\lg\tau + C \tag{4.95}$$

以 $\lg\tau$ 为自变量、$\lg[R(\tau)/S(\tau)]$ 为因变量做双对数坐标散点图，临界时刻示意如图 4.22 所示，采用最小二乘估计拟合直线，直线斜率即为所求的 Hurst 指数，截距即为常数 C。

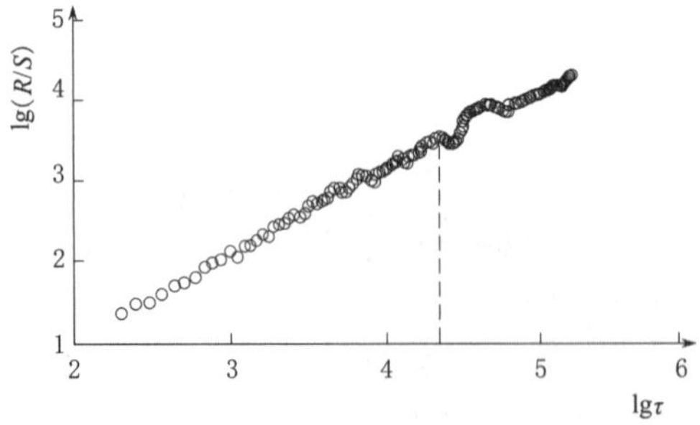

图 4.22　临界时刻示意

需要说明的是，对于实测数据序列这样高度复杂的非线性系统，计算得到的融合熵值序列的长相关性通常是有界限的，超过这一界限（时间尺度），系统将表现出不相关的随机行为，自相似特征将会丧失。为解决该问题，引入临界时刻 T_c 来刻画长相关的时间限度。根据 R/S 分析基本原理，$\lg[R(\tau)/S(\tau)]$-$\lg\tau$ 双对数散点图的突变点所对应的时刻即为临界时刻 T_c，融合熵值序列的 R/S 分析如图 4.23 所示，表示原来的长相关性因系统的突变而改变。此外，根据 T_c 可进一步推断时间序列的非周期循环长度（或中长期的有效预测时间 T），两者的关系为

$$T = 10^{T_c} \tag{4.96}$$

基于上述分析，对于带缝混凝土坝结构性能融合熵值序列，可在序列中间取一系列分

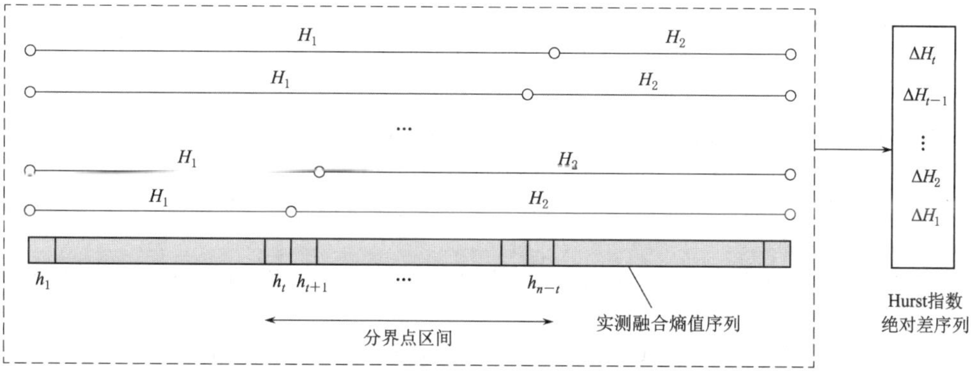

图 4.23　融合熵值序列的 R/S 分析

界点（包含裂缝变化的时刻点），将融合熵值序列分为两个子序列，然后分别对两个子序列进行 R/S 分析，求得两个子序列的 Hurst 指数差值，并通过裂缝变化时刻点的 Hurst 指数差值表征裂缝变化对混凝土坝结构性能的影响。融合熵值序列的 R/S 分析方法实现过程如下：

步骤 1：对于某带缝混凝土坝结构性能融合熵值序列$\{h_1,h_2,\cdots,h_n\}$，取正整数 $t(1<t<n)$使得裂缝变化时刻 $t_c\in[t,n-t]$，将$\{t,t+1,t+2,\cdots,n-t\}$作为融合熵值序列的一系列分界点，即以此分界点作为前一子序列的结束点和后一子序列的起始点。

步骤 2：对于分界点 $i(t<i<n-t)$，对其前后两部分融合熵值序列的子序列分别进行 R/S 分析，得到两个子序列相应的 Hurst 指数记为 H_{i1} 和 H_{i2}，然后求出两者之差的绝对值，即

$$\Delta H_i = | H_{i1} - H_{i2} | \tag{4.97}$$

步骤 3：对各个分界点进行上一步的分析求解，可得一系列 Hurst 指数绝对差$\{\Delta H_i, t<i<n-t\}$，定义如下 Hurst 指数变化评价指标：

$$\eta = \frac{\Delta H_{t_c} - \min\{\Delta H_i\}}{\max\{\Delta H_i\} - \min\{\Delta H_i\}} \qquad (t < i < n-t) \tag{4.98}$$

式中：$\max\{\Delta H_i\}$和$\min\{\Delta H_i\}$分别为$\{\Delta H_i\}$的最大值和最小值；ΔH_{t_c} 是裂缝变化时刻 t_c 作为分界点时的 Hurst 指数绝对差。

裂缝变化对融合熵值序列 Hurst 指数的影响与混凝土坝长期运行过程中结构性能融合熵值序列 Hurst 指数发生的最大变化之比，即指标 η 越大，表明裂缝变化对混凝土坝结构性能的影响越显著。

参　考　文　献

[1]　朱伯芳．大体积混凝土温度应力与温度控制［M］．北京：中国电力出版社，1999．
[2]　李庆斌．混凝土断裂损伤力学［M］．北京：科学出版社，2017．
[3]　赵二峰．混凝土坝服役性态安全监控多尺度分析理论及其应用［M］．北京：科学出版社，2019．

[4] 梁文浩，谯常忻，涂传林. 柘溪大头坝裂缝问题研究述评 [J]. 水利学报，1982，6：1-10.
[5] 吴中如，顾冲时，李雪红，等. 佛子岭、梅山两座连拱坝的工作性态研究 [J]. 大坝与安全，1999，4：35-40.
[6] 邢林生. 运行工况对二座拱坝上游面竖向裂缝的影响 [J]. 水力发电学报，1999，2：21-30.
[7] 顾冲时，李雪红，郑东健. 花木桥大坝裂缝成因及其对坝体结构的影响 [J]. 水力发电，2004，30（7）：26-28.
[8] 邢林生，陈铿. 陈村拱坝下游面105m高程附近水平向裂缝长期分析研究 [J]. 大坝与安全，2009，6：20-25.
[9] 刘耀儒，王峻，杨强，等. 小湾拱坝坝体裂缝对拱坝受力和稳定的影响研究 [J]. 岩石力学与工程学报，2010，29（6）：1132-1139.
[10] ZHENG D J，HUO Z Y，LI B. Arch-dam crack deformation monitoring hybrid model based on XFEM [J]. Science China Technological Sciences，2011，54（10）：85-91.
[11] 杨景文，赵二峰，王欢，等. 基于多重分形的大坝裂缝整体性态分析 [J]. 水电能源科学，2015，33（5）：55-58.
[12] 杨景文，赵二峰，赵鲲鹏，等. 基于小波变换的某重力拱坝背水坡转异裂缝序列的分析 [J]. 水电能源科学，2015，33（3）：60-63.
[13] 赵鲲鹏，赵二峰，王莹，等. 提升小波多尺度分解法与RBF神经网络在混凝土重力坝应力监测中的应用 [J]. 水力发电，2015，41（2）：81-85.
[14] 张毅，李季，王雪梅. 李家峡大坝坝后裂缝影响因素分析 [J]. 大坝与安全，2016，3：23-28.
[15] JAYNES E T. The relation of bayesian and maximum entropy methods [M]. Berlin：Springer Netherlands，1988.
[16] 从培江，张燕. 最大熵原理在坝体混凝土断裂韧度反演中应用 [J]. 武汉理工大学学报，2008，30（1）：83-86，109.
[17] CAO X，GU C S，ZHAO E F. Uncertainty instability risk analysis of high concrete arch dam abutments [J]. Mathematical Problems in Engineering，2017：6037125.
[18] HU J，MA F H，WU S H. Comprehensive investigation of leakage problems for concrete gravity dams with penetrating cracks based on detection and monitoring data：a case study [J]. Structural Control and Health Monitoring，2018，25（4）：2121-2127.
[19] DAI B，GU C S，ZHAO E F，et al. Improved online sequential extreme learning machine for identifying crack behavior in concrete dam [J]. Advances in Structural Engineering，2019，22（2）：402-412.
[20] 田振华，李传栋，郑东健. R/S分析法在大坝安全监测中的应用 [J]. 人民黄河，2012，34（2）：106-107.
[21] 严中奇，徐力群，沈振中，等. 基于R/S方法的拱坝变形监测资料分析及性态评估 [J]. 水电能源科学，2015，33（10）：54-57.
[22] ZHAO E F，LI B. Evaluation method for cohesive crack propagation in fragile locations of RCC dam using XFEM [J]. Water，2021，13（1）：58.

第 5 章　混凝土坝长效服役性态反分析方法

在外荷载持续作用下，混凝土坝会产生时效变形，蓄水初期尤为显著，主要是混凝土坝坝体徐变效应和坝基蠕变效应引起的，这里统称为流变效应。表征混凝土坝流变效应的模型包括经验模型、理论模型、元件模型等，其中元件模型物理意义明确，在工程实践中得到广泛应用。传统的元件模型基于经典整数阶微积分理论构建，采用弹簧、Newton 黏壶和滑块等力学元件的组合来表征弹性、塑性、黏弹性、黏塑性、黏弹塑性等力学性质。尽管整数阶力学元件模型是表征混凝土坝流变效应的常用方法，但其自身也存在一定的局限性，而分数阶微积分理论可弥补整数阶元件模型的不足。分数阶微积分是研究运算阶次为分数的微积分理论，是整数阶微积分向阶数为分数的推广，当分数阶微积分的阶次 $\alpha \in \mathbf{N}$ 时，两者是一致的。分数阶微积分自身的特点，决定其与过去的历史信息相关，即分数阶微积分的记忆功能，而整数阶微积分则不具备记忆功能。将分数阶微积分理论用于构建流变力学元件模型，不仅可保留整数阶流变力学元件模型的优点，还可较好地表征混凝土坝在宽频范围内的流变力学行为，比经典整数阶流变力学元件模型有一定优势。本章介绍混凝土坝坝体和坝基分数阶流变力学元件模型，以及混凝土坝长效服役性态分数阶数值分析实现技术；探究弹性和黏弹性物理力学参数反演模式，经对待反演参数样本的优化设计，利用实测资料，综合运用多输入-多输出支持向量机模型和改进粒子群智能寻优算法，开展分数阶分析模型弹性和黏弹性物理力学参数的智能反演。

5.1　分数阶数值分析方法

混凝土坝长效服役性态与结构物理力学性质有密切的关系，当外荷载变化时，大坝首先发生瞬时变形，在荷载的持续作用下，由于坝体和坝基的流变效应，大坝发生随时间变化的时效变形。因此，科学地表征混凝土坝物理力学性质是客观量化分析混凝土坝长效服役性态变化行为的前提和基础。

5.1.1　流变效应及其整数阶表征

5.1.1.1　流变效应

1. 坝体徐变效应

在定常荷载持续作用下，由于混凝土材料的徐变特性，坝体变形将随时间呈趋势性变化，该变形变化量称为坝体徐变效应。徐变是混凝土材料的固有属性，影响因素包括应力水平、加载龄期、持荷时间、混凝土配合比、混凝土制作和养护条件以及运行环境等。不同应力水平下混凝土徐变规律如图 5.1 所示，从不同应力水平 η（η 为压应力 σ 与轴心抗

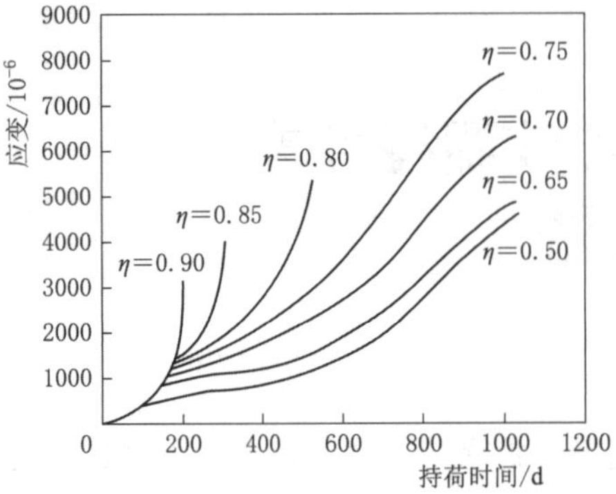

图 5.1 不同应力水平下混凝土徐变规律

压强度 f_{c,t_0} 的比值）下坝体混凝土的徐变规律可以看出，在中低应力水平作用下，坝体混凝土产生收敛型徐变，收敛型徐变包括收敛型线性徐变和收敛型非线性徐变，而在高应力水平作用下，还有可能出现发散型徐变。关于收敛型线性徐变和收敛型非线性徐变应力水平分界点，以及收敛型徐变和发散型徐变的应力水平分界点，建议参照表 5.1 取值。

混凝土试件不同加荷龄期和持续时间的压缩徐变度曲线如图 5.2 所示，在其他条件相同的情况下，若加载龄期及持荷时间不同，坝体混凝土徐变存在一定差异。如图 5.2（a）所示，在一定荷载作用下，玄武岩混凝土试件和正长岩混凝土试件首先发生瞬时变形，继而发生徐变，随着持荷时间的增大，徐变逐渐趋于收敛。由于岩性不同，玄武岩混凝土试件的徐变变形大于正长岩混凝土试件的徐变变形。受早龄期混凝土水泥水化反应的影响，混凝土龄期越短，荷载作用下的初始瞬时变形和徐变变形均越大，如图 5.2（b）所示，7d 湿筛试件的瞬时变形和徐变变形最大，28d 湿筛试件次之，90d 湿筛试件最小。

表 5.1　混凝土特征应力分界点

研究者	收敛型线性徐变与收敛型非线性徐变应力分界点	研究者	收敛型徐变和发散型徐变应力分界点
过镇海	0.400～0.600	过镇海	0.800
中国水利水电科学研究院	0.360～0.380	Carol	0.800
Rrondenthal	0.200～0.226	Rüsch	>0.750，平均为 0.800
CEB - FIP	0.400	李兆霞	0.800
胡裕秀等	0.320～0.480	Smadi	当 $f'_{c,28}=60\sim70$MPa 时，0.800～0.850 当 $f'_{c,28}=35\sim45$MPa 时，0.750～0.800
李兆霞	0.500	Coutinho	0.950
Neville	0.400	Shah	0.800
Mazzotti	0.400～0.500	Iravani	当 $f'_{c,28}=65\sim75$MPa 时，0.700～0.750 当 $f'_{c,28}=95\sim105$MPa 时，0.750～0.800 当 $f'_{c,28}\geqslant120$MPa 时，0.850～0.900
吴韶斌	0.400	Miguel	0.650～0.750
		Price	0.700

坝体混凝土的徐变还与水泥种类和用量、水灰比、骨料含量和种类、制作和养护条件等有关。一般来说，水灰比越大，混凝土徐变越大，振捣密实可有效减少坝体混凝土的徐变。

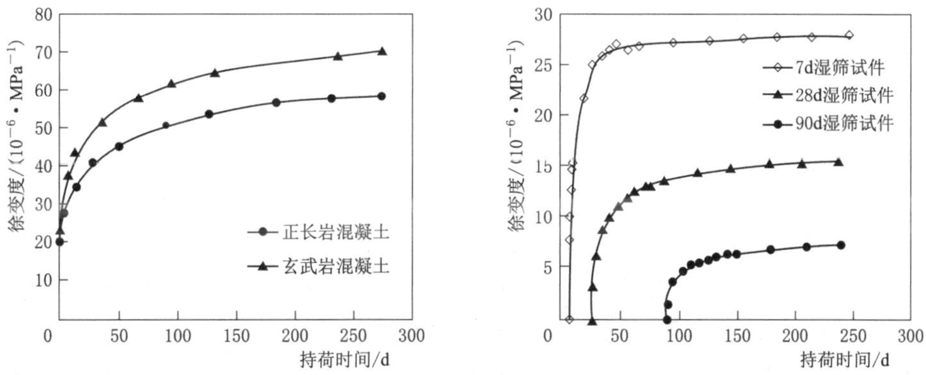

(a) 不同材料　　(b) 不同龄期

图 5.2　混凝土试件不同持荷时间压缩徐变度曲线

2. 坝基蠕变效应

不同应力水平下的岩体蠕变规律如图 5.3 所示，岩性不同的岩体，蠕变规律存在一定差异；应力水平越高，岩体的瞬时变形和蠕变变形均越大；低应力水平下，岩体出现衰减蠕变或稳态蠕变；高应力水平下，岩体可能出现加速蠕变，岩性不同，加速蠕变应力阈值不同。因此，在开挖卸荷、库水压力等持续作用下，坝基将发生蠕变变形，其主要受岩性、应力水平、环境等因素的影响，具体表现为：①在低应力水平下，岩体出现衰减蠕变或稳态蠕变，当应力达到加速蠕变应力阈值后，岩体发生加速蠕变；②岩性不同，岩体蠕变差异较大，在较低应力水平下，软岩即发生衰减蠕变和稳态蠕变，当达到加速蠕变的应力阈值后，发生加速蠕变，最终的破坏形式为延性破坏，卸载后存在一定的残余变形；而硬岩在低应力水平下蠕变现象不明显，加速蠕变应力阈值明显高于软岩，最终破坏形式为脆性破坏，低应力水平下卸载至零时，残余变形不明显；③温度、含水率等环境条件对岩体蠕变有一定影响，温度升高，岩体抵御蠕变的能力减弱，蠕变增大，稳态蠕变速率加快，加速蠕变和蠕滑破坏出现越早；含水率升高，岩体蠕变速率增大。

坝体和坝基流变效应如图 5.4 所示，一般可分为三个阶段：①衰减流变阶段（*AB* 段），

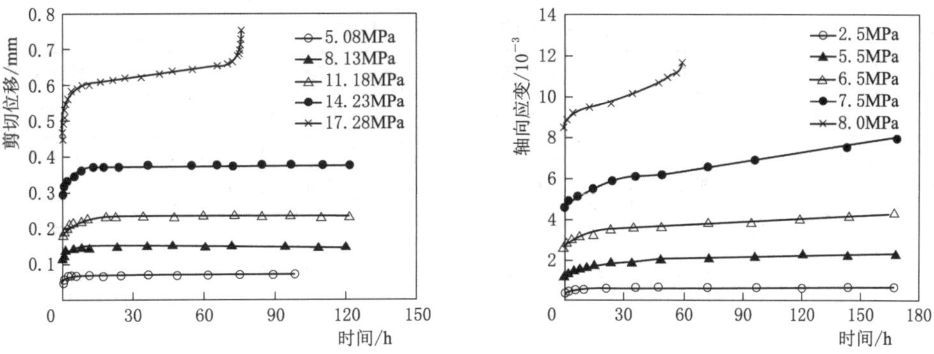

(a) 花岗岩剪切蠕变　　(b) 石灰岩压缩蠕变

图 5.3　不同应力水平下岩体蠕变规律

坝体和坝基受荷之后，内部晶体颗粒结构调整，抵御流变变形的能力增强，流变速率减小，在 B 点达到最小值；②稳态流变阶段（BC 段），此过程中坝体和坝基流变速率基本保持不变；③加速流变阶段（CD 段），当流变累积到一定程度之后，坝体和坝基流变速率开始迅速增大，最终导致结构破坏。

5.1.1.2 流变效应整数阶表征

整数阶流变力学元件模型是由弹性元件、黏性元件以及塑性元件 3 种整数阶基本力学元件按照一定串并联方式组合而成的。弹性元件可用弹簧表征，即理想 Hooke 体，其应力与应变成正比关系，具有瞬时弹性变形的性质，即荷载存在时就有瞬时变形，当荷载发生变化时，瞬时变形随之而变，卸载后变形瞬间恢复，无弹性后效，同时，弹性元件不存在应力松弛和流变性质。黏性元件可用阻尼器表征，即理想 Newton 体，黏性元件的应变与时间有关，随着时间的增加而增大，具有流变性质，其应力与应变速率成正比关系，卸载后黏性体存在永久变形。塑性元件的力学性质可用摩擦片表征，即理想 St. Venant 体，当应力达到屈服极限时，出现塑性变形，即使不增加应力，应变也会继续发展。但这 3 种基本元件仅可表征单一的弹性、黏性和塑性，而混凝土坝的力学性质十分复杂，如图 5.5 所示，需构建能表征其力学性质的元件组合模型。通过串联和并联的组合方式，上述 3 种整数阶基本元件可组合成 5 种整数阶基本流变力学元件模型，见表 5.2，分别称为 Hooke 体、Kelvin 体、村山体、Newton 体和 Bingham 体。

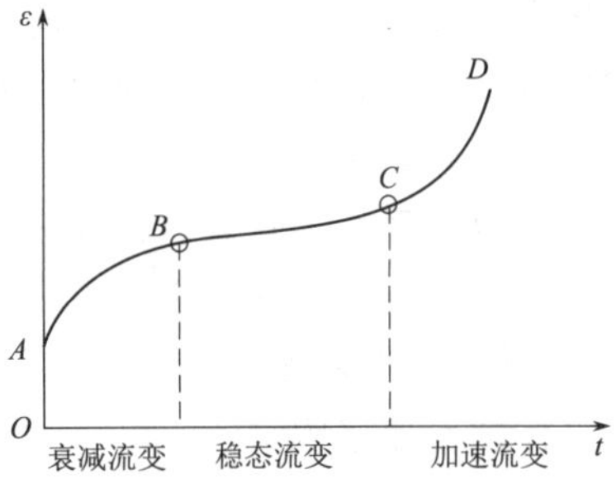

图 5.4 坝体和坝基流变效应

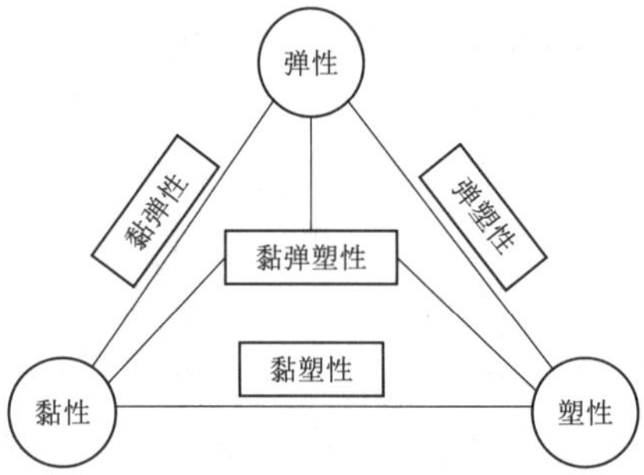

图 5.5 混凝土坝的力学性质

表 5.2 **整数阶基本流变力学元件模型**

名称	流变性态	流变类型	本构方程	流变方程	可恢复应变
Hooke 体	无	无	$\sigma=E_0\varepsilon$	无	全部恢复
Kelvin 体	黏弹性	衰减流变	$\sigma=E_1\varepsilon+\eta_1\dot{\varepsilon}$	$\frac{\sigma_0}{E_1}\left(1-e^{-\frac{E_1}{\eta_1}t}\right)$	全部恢复
村山体	黏弹塑性	衰减流变	$\sigma-\sigma_{s1}=E_2\varepsilon+\eta_2\dot{\varepsilon}$	$\frac{\sigma_0-\sigma_{s1}}{E_2}\left(1-e^{-\frac{E_2}{\eta_2}t}\right)$	$\frac{\sigma_0-2\sigma_{s1}}{E_2}\left(1-e^{-\frac{E_2}{\eta_2}t}\right)$
Newton 体	黏性	稳态流变	$\sigma=\eta_3\dot{\varepsilon}$	$\frac{\sigma_0}{\eta_3}t$	0
Bingham 体	黏塑性	稳态流变	$\sigma-\sigma_{s2}=\eta_4\dot{\varepsilon}$	$\frac{\sigma_0-\sigma_{s2}}{\eta_4}t$	0

整数阶统一流变力学元件模型如图 5.6 所示。若将 5 种整数阶基本流变力学元件模型进行不同的串联组合，可以得到 15 种整数阶统一流变力学元件模型及其表征的流变类型，见表 5.3。

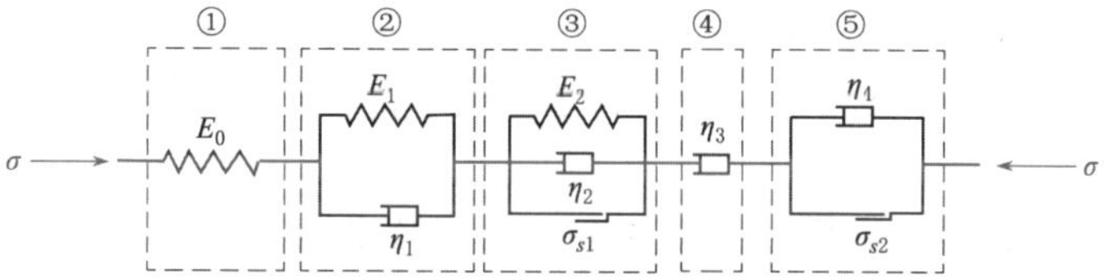

图 5.6 整数阶统一流变力学元件模型

表 5.3 **整数阶统一流变力学元件模型**

编号	模型名称	模型结构	表征的流变类型	
			低应力	高应力
1	整数阶 Murayama 模型	①—③	无流变	衰减流变
2	整数阶 Bingham 模型	①—⑤		稳态流变
3	整数阶 Modified Schofield - Scott - Blair 模型	①—③—⑤		两者兼有
4	整数阶 Kelvin 模型	①—②	衰减流变	衰减流变
5	整数阶黏弹-黏弹塑性模型	①—②—③		
6	整数阶西原正夫模型	①—②—⑤		两者兼有
7	整数阶 Schofield 模型	①—②—③—⑤		
8	整数阶 Maxwell 模型	①—④	稳态流变	稳态流变
9	整数阶黏弹-黏塑性模型	①—④—⑤		
10	整数阶 Schwedloff 模型	①—③—④		两者兼有
11	整数阶黏弹塑-黏-黏塑性模型	①—③—④—⑤		
12	整数阶 Burgers 模型	①—②—④	两者兼有	两者兼有
13	整数阶孙钧模型	①—②—④—⑤		
14	整数阶黏弹-黏弹塑-黏性模型	①—②—③—④		
15	整数阶统一流变力学模型	①—②—③—④—⑤		

注 两者兼有指衰减流变和稳态流变两者兼有；“—”表示串联。

当 $\sigma<\sigma_{s1}<\sigma_{s2}$ 时，整数阶统一流变力学元件模型退化为①-②-④，即整数阶 Burgers 模型，其表示的应力与应变关系为

$$E_1\dot{\varepsilon}+\eta_1\ddot{\varepsilon}=\frac{E_1}{\eta_3}\sigma+\left(1+\frac{\eta_1}{\eta_3}+\frac{E_1}{E_0}\right)\dot{\sigma}+\frac{\eta_1}{E_0}\ddot{\sigma} \tag{5.1}$$

当 $\sigma_{s1}<\sigma<\sigma_{s2}$ 时，整数阶统一流变力学元件模型退化为①—②—③—④，其表示的应力与应变关系为

$$\dddot{\varepsilon}+\left(\frac{E_1}{\eta_1}+\frac{E_2}{\eta_2}\right)\ddot{\varepsilon}+\frac{E_1E_2}{\eta_1\eta_2}\dot{\varepsilon}=\frac{\dddot{\sigma}}{E_0}+\left(\frac{1}{\eta_1}+\frac{1}{\eta_2}+\frac{1}{\eta_3}+\frac{E_1}{\eta_1E_0}+\frac{E_2}{\eta_2E_0}\right)\ddot{\sigma}$$
$$+\left(\frac{E_1+E_2}{\eta_1\eta_2}+\frac{E_1}{\eta_1\eta_3}+\frac{E_2}{\eta_2\eta_3}+\frac{E_1E_2}{\eta_1\eta_2E_0}\right)\dot{\sigma}+\frac{E_1E_2}{\eta_1\eta_2\eta_3}\sigma \tag{5.2}$$

当 $\sigma_{s1}<\sigma_{s2}<\sigma$ 时，整数阶统一流变力学元件模型包含①—②—③—④—⑤，其表示的应力与应变关系为

$$\dddot{\varepsilon}+\left(\frac{E_1}{\eta_1}+\frac{E_2}{\eta_2}\right)\ddot{\varepsilon}+\frac{E_1E_2}{\eta_1\eta_2}\dot{\varepsilon}=\frac{\dddot{\sigma}}{E_0}+\left(\frac{1}{\eta_1}+\frac{1}{\eta_2}+\frac{1}{\eta_3}+\frac{1}{\eta_4}+\frac{E_1}{\eta_1E_0}+\frac{E_2}{\eta_2E_0}\right)\ddot{\sigma}$$
$$+\left(\frac{E_1+E_2}{\eta_1\eta_2}+\frac{E_1}{\eta_1\eta_3}+\frac{E_2}{\eta_2\eta_3}+\frac{E_1E_2}{\eta_1\eta_2E_0}\right)\dot{\sigma}+\left(\frac{1}{\eta_3}+\frac{1}{\eta_4}\right)\frac{E_1E_2}{\eta_1\eta_2}\sigma-\frac{E_1E_2}{\eta_1\eta_2\eta_4}\sigma_{s2} \tag{5.3}$$

整数阶统一流变力学元件模型（编号 15）及其简化形式（编号 1～14）清晰地给出了 15 种流变类型与整数阶元件模型间的对应关系，根据不同应力水平下的结构流变特征，可以有效地辨识出相应的流变力学模型。在实际工程中，常用的有整数阶西原正夫模型、整数阶孙钧模型等，但整数阶统一流变力学元件模型参数较多，限制了其广泛应用。以整数阶西原正夫模型为例，模型中的 Kelvin 体可表征衰减流变、Bingham 体则可表征稳态流变，即整数阶西原正夫模型可模拟结构的衰减流变过程和稳态流变过程，但无法模拟加速流变过程。实际上，仅由上述 5 种整数阶基本流变力学元件串联而成的模型，无论构型如何复杂，均不能表征加速流变过程。为描述加速流变过程，需将黏塑性元件（Bingham 体）进行改进，常用的改进方法可归结为三类：①黏滞系数随时间（或应力水平）变化；②屈服应力随时间（或应力水平）变化；③两者均随时间（或应力水平）变化，不再赘述。

5.1.2 一维应力状态下流变效应分数阶表征

5.1.2.1 分数阶微积分基本概念和定义

常用的三种分数阶微积分定义方法包括 Riemann - Liouville（R - L）定义、Caputo（C）定义和 Grunwald-Letnikov（G - L）定义。

对于任意 $\gamma>0$，函数 $f(t)$ 的 γ 阶 R - L 分数阶积分定义为

$${}_{t_0}^{RL}I_t^{\gamma}f(t)=\frac{\mathrm{d}^{-\gamma}f(t)}{\mathrm{d}t^{-\gamma}}=\frac{1}{\Gamma(\gamma)}\int_{t_0}^{t}(t-\tau)^{\gamma-1}f(\tau)\mathrm{d}\tau \tag{5.4}$$

式中：${}_{t_0}^{RL}I_t^{\gamma}$ 为 R - L 分数阶积分因子；$\Gamma(\cdot)$ 为 Gamma 函数，其表达式为

$$\Gamma(\gamma)=\int_0^{\infty}\mathrm{e}^{-t}t^{\gamma-1}\mathrm{d}t,\mathrm{Re}(\gamma)>0 \tag{5.5}$$

式中：Re 为复数的实部。

基于 R - L 分数阶积分概念，函数 $f(t)$ 的 γ 阶 R - L 分数阶微分定义为

$$\begin{aligned}{}_{t_0}^{RL}D_t^{\gamma}f(t)&=\frac{\mathrm{d}^{\gamma}f(t)}{\mathrm{d}t^{\gamma}}=\frac{\mathrm{d}^n}{\mathrm{d}t^n}\left[{}_{t_0}^{RL}D_t^{-(n-\gamma)}f(t)\right]\\&=\frac{\mathrm{d}^n}{\mathrm{d}t^n}\int_{t_0}^{t}\frac{(t-\tau)^{n-\gamma-1}}{\Gamma(n-\gamma)}f(\tau)\mathrm{d}\tau\\&=\frac{\mathrm{d}^n}{\mathrm{d}t^n}\int_{t_0}^{t}\frac{\tau^{n-\gamma-1}}{\Gamma(n-\gamma)}f(t-\tau)\mathrm{d}\tau\qquad(n=\langle\gamma\rangle+1,n-1<\gamma\leqslant n)\end{aligned} \tag{5.6}$$

式中：${}_{t_0}^{RL}D_t^{\gamma}$ 为 R - L 分数阶微分因子；〈〉为取整符号。

若实数 $\gamma>0$，且函数 $f(t)$ 在区间 $[t_0,t]$ 上存在 $m+1$ 阶连续导数，则函数 $f(t)$ 的 γ 阶 G - L 微分可定义为

$$ {}_{t_0}^{GL}D_t^{\gamma}f(t)=\lim_{h\to 0}h^{-\gamma}\sum_{j=0}^{(t-t_0)/h}(-1)^j\binom{\gamma}{j}f(t-jh) \tag{5.7} $$

$$ \binom{\gamma}{j}=\frac{\gamma(\gamma-1)(\gamma-2)\cdots(\gamma-j+1)}{j!} \tag{5.8} $$

式中：${}_{t_0}^{GL}D_t^{\gamma}$ 为 G－L 分数阶微分因子。

若 γ 为负实数，式（5.7）和式（5.8）为函数 f（t）的 γ 阶 G－L 积分（${}_{t_0}^{GL}I_t^{\gamma}$）定义。若实数 $\gamma>0$，且函数 f（t）在区间［t_0，t］上存在 $m+1$ 阶连续导数，则函数 f（t）的 γ 阶 C 分数阶微分定义为

$$ {}_{t_0}^{C}D_t^{\gamma}f(t)=\frac{1}{\Gamma(n-\gamma)}\int_{t_0}^{t}\frac{f^{n}(\tau)}{(t-\tau)^{p+1-n}}\mathrm{d}\tau \qquad (n=\langle\gamma\rangle+1,n-1<\gamma\leqslant n) \tag{5.9} $$

C 分数阶微分与 R－L 分数阶微分存在如下关系：

$$ {}_{t_0}^{C}D_t^{\gamma}f(t)={}_{t_0}^{RL}D_t^{-(n-\gamma)}\left[\frac{\mathrm{d}^n}{\mathrm{d}t}f(t)\right] \qquad (n=\langle\gamma\rangle+1,n-1<\gamma\leqslant n) \tag{5.10} $$

式中：${}_{t_0}^{C}D_t^{\gamma}$ 为 C 分数阶微分因子。

单参数 Mittag－Leffler 函数为

$$ E_{\alpha}(z)\triangleq\sum_{n=0}^{\infty}\frac{z^n}{\Gamma(n\alpha+1)} \tag{5.11} $$

式中：$\alpha>0$ 且 $z\in\boldsymbol{C}$ 。

双参数 Mittag－Leffler 函数为

$$ E_{\alpha,\beta}(z)\triangleq\sum_{n=0}^{\infty}\frac{z^n}{\Gamma(n\alpha+\beta)} \tag{5.12} $$

式中：$\alpha>0$ 且 $\beta,z\in\boldsymbol{C}$ 。

三参数 Mittag－Leffler 函数为

$$ E_{\alpha,\beta}^{\gamma}(z)=\sum_{n=0}^{\infty}\frac{(\gamma)_n}{\Gamma(n\alpha+\beta)}\frac{z^n}{n!} \qquad (\alpha,\beta,\gamma\in\boldsymbol{C},\mathrm{Re}(\alpha)>0) \tag{5.13} $$

其中

$$ (\gamma)_n=\begin{cases}1, & n=0\\ \gamma(\gamma+1)\cdots(\gamma+n-1)=\dfrac{\Gamma(\gamma+n)}{\Gamma(\gamma)}, & n=1,2,3,\cdots\end{cases} \tag{5.14} $$

三参数 Mittag－Leffler 函数的另一形式为

$$ E_{\alpha,\beta}^{\gamma}(z)=\frac{1}{\Gamma(\beta)}+\sum_{n=1}^{\infty}\frac{\Gamma(\gamma+n)z^n(\gamma)_n}{\Gamma(\gamma)\Gamma(n\alpha+\beta)\Gamma(n+1)} \qquad (\alpha,\beta,\gamma\in\boldsymbol{C},\mathrm{Re}(\alpha)>0) \tag{5.15} $$

四参数 Mittag－Leffler 函数为

$$ E_{\alpha,\beta}^{\gamma,q}(z)=\sum_{n=0}^{\infty}\frac{(\gamma)_{qn}}{\Gamma(n\alpha+\beta)}\frac{z^n}{n!} \tag{5.16} $$

$$ (\gamma)_{qn}=\frac{\Gamma(\gamma+qn)}{\Gamma(\gamma)} \tag{5.17} $$

Laplace 变换是求解分数阶微积分方程的有效手段。若 $t\geqslant 0$ 时函数 f（t）有定义，

且积分$\int_0^{\infty} f(t)\mathrm{e}^{-st}\mathrm{d}t$（$s$ 为一个复参量）在 s 的某一域内收敛，则称

$$F(s)=\int_0^{\infty} f(t)\mathrm{e}^{-st}\mathrm{d}t \tag{5.18}$$

为函数 f（t）的 Laplace 变换，记为 $F(s)=L\{f(t)\}$，$F(s)$称为 $f(t)$的像函数，同时称

$$f(t)=L^{-1}\{F(s)\}=\frac{1}{2\pi\mathrm{i}}\int_{s-\mathrm{i}\infty}^{s+\mathrm{i}\infty} F(p)\mathrm{e}^{pt}\mathrm{d}p \tag{5.19}$$

为 Laplace 逆变换。若 $f(t)$和 $g(t)$在 $t<0$ 时 $f(t)=g(t)=0$，则称 $\int_0^t f(t-\tau)g(\tau)\mathrm{d}\tau$ 为 $f(t)$和 $g(t)$的卷积，记为

$$f(t)*g(t)=g(t)*f(t)=\int_0^t f(t-\tau)g(\tau)\mathrm{d}\tau \tag{5.20}$$

基于 Laplace 变换的概念和基本性质，可得到 G－L、R－L 和 C 分数阶微分的 Laplace 变换公式为

$$L\{{}_{t_0}^{RL}D_t^{-\gamma}f(t),s\}=s^{-\gamma}\bar{f}(s) \qquad (\gamma>0) \tag{5.21}$$

$$L\{{}_{t_0}^{RL}D_t^{\gamma}f(t),s\}=s^{\gamma}\bar{f}(s) \qquad [f(t)\text{ 在 } t=0 \text{ 附近可积},0\leqslant\gamma\leqslant 1] \tag{5.22}$$

$$L\{{}_{t_0}^{GL}D_t^{\gamma}f(t)\}=s^{\gamma}\bar{f}(s) \qquad (n-1<\gamma\leqslant n) \tag{5.23}$$

$$L\{{}_{t_0}^{C}D_t^{\gamma}f(t),s\}=s^{\gamma}\bar{f}(s)-\sum_{k=0}^{n-1}s^{\gamma-k-1}f^{(k)}(0) \qquad (n-1<\gamma\leqslant n) \tag{5.24}$$

式中：$\bar{f}(s)$ 为 $f(t)$ 的 Laplace 变换。

5.1.2.2 一维应力状态下流变效应各阶段分数阶表征方法

混凝土坝流变效应包括三个阶段：衰减流变、稳态流变和加速流变，下面介绍一维应力状态下流变效应各阶段的分数阶表征方法。

1. 一维应力状态下衰减流变分数阶表征方法

衰减流变过程可用 Kelvin 体或村山体表征，其基于整数阶微积分理论构建。引入介于理想 Newton 体和理想弹性体之间的 Abel 黏壶元件，将整数阶模型中的 Newton 黏壶用 Abel 黏壶代替，介绍分数阶 Kelvin 体和分数阶村山体的构建方法，并将其应用于表征衰减流变过程。

若采用分数阶村山体表征衰减流变过程，记 σ 为总应力，σ_H 为弹簧应力，σ_A 为 Abel 黏壶应力，σ_s 为滑块应力，σ_{s1} 为衰减流变应力阈值，ε_{ve} 为黏弹性应变，ε_H 为弹簧应变，ε_A 为 Abel 黏壶应变，E_1 为延迟模量，η_1 为黏滞系数，γ_1 为阶数，则 Abel 黏壶描述的应力和应变关系可表示为

$$\sigma_A(t)=\eta_1^{\gamma_1}\frac{\mathrm{d}^{\gamma_1}[\varepsilon_A(t)]}{\mathrm{d}t^{\gamma_1}} \qquad (0\leqslant\gamma_1\leqslant 1) \tag{5.25}$$

当 $\gamma_1=1$ 时，Abel 黏壶退化为 Newton 体；当 $\gamma_1=0$ 时，Abel 黏壶退化为 Hooke 体。由弹簧、滑块和 Abel 黏壶并联关系可得

$$\sigma=\sigma_A+\sigma_H+\sigma_s \tag{5.26}$$

$$\sigma_s=\begin{cases}\sigma, & \sigma\leqslant\sigma_{s1}\\ \sigma_{s1}, & \sigma>\sigma_{s1}\end{cases} \tag{5.27}$$

当 $\sigma\leqslant\sigma_{s1}$ 时，由式（5.27）可知，$\sigma_A=\sigma_H=0$，此时 $\varepsilon_{ve}=0$；当 $\sigma>\sigma_{s1}$ 时，存在如下关系：

$$\begin{cases}\varepsilon_{ve}=\varepsilon_H=\varepsilon_A\\ \sigma=\sigma_H+\sigma_A+\sigma_{s1}=E_1\varepsilon_{ve}(t)+\eta_1^{\gamma_1}\dfrac{\mathrm{d}^{\gamma_1}[\varepsilon_{ve}(t)]}{\mathrm{d}t^{\gamma_1}}+\sigma_{s1}\end{cases} \tag{5.28}$$

将式（5.28）中第二式变换成如下形式：

$$\frac{\mathrm{d}^{\gamma_1}[\varepsilon_{ve}(t)]}{\mathrm{d}t^{\gamma_1}}+\frac{E_1}{\eta_1^{\gamma_1}}\varepsilon_{ve}(t)=\frac{\sigma-\sigma_{s1}}{\eta_1^{\gamma_1}} \tag{5.29}$$

令 $a=E_1/\eta_1^{\gamma_1}$，$b=(\sigma-\sigma_{s1})/\eta_1^{\gamma_1}$，则式（5.29）可表示为

$$\frac{\mathrm{d}^{\gamma_1}[\varepsilon_{ve}(t)]}{\mathrm{d}t^{\gamma_1}}+a\varepsilon_{ve}(t)=b \tag{5.30}$$

若应力 σ 恒定，对式（5.30）进行 Laplace 变换可得

$$s^{\gamma_1}\bar{\varepsilon}_{ve}(s)+a\bar{\varepsilon}_{ve}(s)=b/s \tag{5.31}$$

式中：$\bar{\varepsilon}_{ve}(s)$为 ε_{ve}（t）的 Laplace 变换。

则式（5.31）可变换为

$$\bar{\varepsilon}_{ve}(s)=\frac{b}{s(s^{\gamma_1}+a)} \tag{5.32}$$

对式（5.32）进行 Laplace 逆变换，可得

$$\varepsilon_{ve}(t)=b\int_0^t(t-s)^{\gamma_1-1}E_{\gamma_1,\gamma_1}[-a(t-s)^{\gamma_1}]\mathrm{d}s \tag{5.33}$$

式中：$E_{\gamma_1,\gamma_1}(\cdot)$为双参数 Mittag - Leffler 函数，如式（5.12）所示，可解得

$$\varepsilon_{ve}(t)=b\sum_{k=0}^{\infty}\frac{(-a)^k t^{\gamma_1(1+k)}}{\gamma_1(1+k)\Gamma[(1+k)\gamma_1]} \tag{5.34}$$

将式（5.30）中定义的 a、b 代入式（5.34），可得当 $\sigma>\sigma_{S1}$ 时，常应力作用下分数阶村山体黏弹性应变表达式为

$$\varepsilon_{ve}(t)=\frac{\sigma-\sigma_{s1}}{\eta_1^{\gamma_1}}\sum_{k=0}^{\infty}\frac{\left(-\dfrac{E_1}{\eta_1^{\gamma_1}}\right)^k t^{\gamma_1(1+k)}}{\gamma_1(1+k)\Gamma[(1+k)\gamma_1]} \tag{5.35}$$

由 Gamma 函数的递归性质，即 $\Gamma(x+1)=x\Gamma(x)$，可得

$$\varepsilon_{ve}(t)=\frac{\sigma-\sigma_{s1}}{\eta_1^{\gamma_1}}\sum_{k=0}^{\infty}\frac{\left(-\dfrac{E_1}{\eta_1^{\gamma_1}}\right)^k t^{\gamma_1(1+k)}}{\Gamma[(1+k)\gamma_1+1]} \tag{5.36}$$

若采用分数阶 Kelvin 体表征衰减流变过程，即分数阶村山体中应力阈值 $\sigma_{S1}=0$，其黏弹性应变表达式的推导方法与分数阶村山体类似，可表达为

$$\varepsilon_{ve}(t)=\frac{\sigma}{\eta_1^{\gamma_1}}\sum_{k=0}^{\infty}\frac{\left(-\dfrac{E_1}{\eta_1^{\gamma_1}}\right)^k t^{\gamma_1(1+k)}}{\gamma_1(1+k)\Gamma[(1+k)\gamma_1]} \tag{5.37}$$

当 $\gamma_1=1$ 时，式（5.37）转化为

$$\varepsilon_{ve}(t)=\frac{\sigma}{\eta_1}\sum_{k=0}^{\infty}\frac{\left(-\frac{E_1}{\eta_1}\right)^k t^{(1+k)}}{\Gamma(k+2)}\rightarrow\frac{\sigma}{E_1}(1-\mathrm{e}^{-\frac{E_1}{\eta_1}t})\tag{5.38}$$

由式（5.38）可知，当阶数为1时，分数阶 Kelvin 体退化为整数阶 Kelvin 体。

2. 一维应力状态下稳态流变分数阶表征方法

稳态流变过程可采用 Bingham 体表征，将整数阶模型中的 Newton 黏壶用 Abel 黏壶代替。下面介绍分数阶 Bingham 体的构建方法，将其应用于表征稳态流变过程。

记 η_2 为黏滞系数，γ_2 为阶数，ε_{vp} 为黏塑性应变，σ 为总应力，σ_s 为摩擦滑块的应力，σ_{s2} 为黏塑性应力阈值，σ_A 为 Abel 黏壶的应力，可得

$$\sigma=\sigma_s+\sigma_A\tag{5.39}$$

$$\sigma_s=\begin{cases}\sigma, & \sigma\leqslant\sigma_{s2}\\ \sigma_{s2}, & \sigma>\sigma_{s2}\end{cases}\tag{5.40}$$

当 $\sigma\leqslant\sigma_{S2}$ 时，由式（5.40）可知，$\sigma_A=0$，此时 $\varepsilon_{vp}=0$；当 $\sigma>\sigma_{s2}$ 时，由 Abel 黏壶与摩擦块的并联关系可知

$$\eta_2^{\gamma_2}\frac{\mathrm{d}^{\gamma_2}[\varepsilon_{vp}(t)]}{\mathrm{d}t^{\gamma_2}}+\sigma_{s2}=\sigma\tag{5.41}$$

式（5.41）通过变换可得

$$\frac{\mathrm{d}^{\gamma_2}[\varepsilon_{vp}(t)]}{\mathrm{d}t^{\gamma_2}}=\frac{\sigma-\sigma_{s2}}{\eta_2^{\gamma_2}}\tag{5.42}$$

若应力 σ 恒定，对式（5.42）进行 Laplace 变换可得

$$\bar{\varepsilon}_{vp}(s)=\frac{\sigma-\sigma_{s2}}{\eta_2^{\gamma_2}}\frac{1}{s^{\gamma_2+1}}\tag{5.43}$$

式中：$\bar{\varepsilon}_{vp}(s)$ 为 $\varepsilon_{vp}(t)$ 的 Laplace 变换。

对式（5.43）进行 Laplace 逆变换，结合 $s^{-\gamma}$ 的 Laplace 逆变换结果：

$$L^{-1}\{s^{-\gamma}\}=\frac{t^{\gamma-1}}{\Gamma(\gamma)}\tag{5.44}$$

可得

$$\varepsilon_{vp}(t)=\frac{\sigma-\sigma_{s2}}{\eta_2^{\gamma_2}}\frac{t^{\gamma_2}}{\Gamma(1+\gamma_2)}\tag{5.45}$$

常应力作用下，分数阶 Bingham 体黏塑性应变可表达为

$$\varepsilon_{vp}(t)=\begin{cases}0, & \sigma\leqslant\sigma_{s2}\\ \dfrac{\sigma-\sigma_{s2}}{\eta_2^{\gamma_2}}\dfrac{t^{\gamma_2}}{\Gamma(1+\gamma_2)}, & \sigma>\sigma_{s2}\end{cases}\tag{5.46}$$

特殊地，当分数阶 Bingham 体中应力阈值 $\sigma_{s2}=0$，则分数阶 Bingham 体退化为 Abel 黏壶。当 σ 为常数时，对式（5.45）进行 Laplace 变换可得

$$\bar{\varepsilon}(s)=\frac{\sigma}{\eta_2^{\gamma_2}s^{\gamma_2+1}}\tag{5.47}$$

式中：$\bar{\varepsilon}(s)$为$\varepsilon(t)$的 Laplace 变换。

对式（5.47）进行 Laplace 逆变换，可得常应力作用下 Abel 黏壶黏性应变，表示为

$$\varepsilon(t)=\frac{\sigma}{\eta_2^{\gamma_2}}\frac{t^{\gamma_2}}{\Gamma(1+\gamma_2)} \tag{5.48}$$

为直观理解式（5.48）的含义，令$\sigma=18\text{MPa}$，$\eta_2=2\text{GPa}\cdot\text{h}$，得到阶数$\gamma_2$变化时，Abel 黏壶元件描述的非线性流变过程，如图 5.7 所示。从图 5.7 可以看出，常应力作用下 Abel 黏壶初期流变速率快，随时间的增加逐渐变慢。该流变过程对阶数γ_2敏感，γ_2越大，Abel 黏壶越接近 Newton 黏壶($\gamma_2=1$)；γ_2越小，Abel 黏壶越接近 Hooke 体($\gamma_2=0$)。因此，Abel 黏壶描述的流变过程既不像 Newton 黏壶线性增加，也不像 Hooke 体保持不变，即 Abel 黏壶可描述介于理想固体与理想流体之间的非线性流变效应。

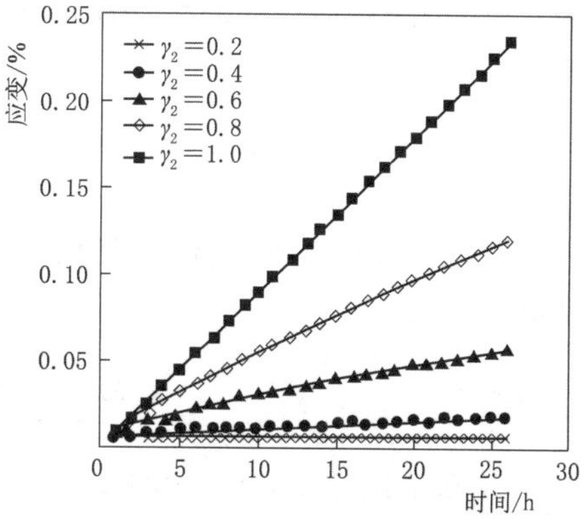

图 5.7　Abel 黏壶元件描述的非线性流变过程

3. 一维应力状态下加速流变分数阶表征方法

基于整数阶流变力学元件模型描述混凝土坝加速流变过程，是将黏塑性元件的黏滞系数（或应力阈值）视为随时间t变化的函数。下面借助该建模思路，介绍加速流变的分数阶表征方法。

假设材料各向同性，记η_2为黏滞系数，σ_{s2}为黏塑性应力阈值，γ_2为阶数，α_2为与材料性质有关的常数，若分数阶 Bingham 体的$\eta_2^{\gamma_2}$形式变化为

$$f(t)=\eta_2^{\gamma_2}e^{-\alpha_2 t} \tag{5.49}$$

由塑性滑块和 Abel 黏壶并联关系可得，当$\sigma>\sigma_{s2}$且$\eta_2^{\gamma_2}$以式（5.49）所示的形式变化时，分数阶 Bingham 体描述的应力和应变关系为

$$\eta_2^{\gamma_2}e^{-\alpha_2 t}\frac{d^{\gamma_2}[\varepsilon_{vp}(t)]}{dt^{\gamma_2}}+\sigma_{s2}=\sigma \tag{5.50}$$

将式（5.50）变化可得

$$\frac{d^{\gamma_2}[\varepsilon_{vp}(t)]}{dt^{\gamma_2}}=\frac{\sigma-\sigma_{s2}}{\eta_2^{\gamma_2}}e^{\alpha_2 t} \tag{5.51}$$

若σ恒定，对式（5.51）进行 Laplace 变换后可得

$$\bar{\varepsilon}_{vp}(t)=\frac{\sigma-\sigma_{s2}}{\eta_2^{\gamma_2}}\frac{1}{s^{\gamma_2}(s-\alpha_2)} \tag{5.52}$$

对式（5.52）进行 Laplace 逆变换，可得当$\sigma>\sigma_{s2}$且$\eta_2^{\gamma_2}$以式（5.49）所示的形式变化时，分数阶 Bingham 体黏塑性应变的表达式为

$$\varepsilon_{vp}=\frac{\sigma-\sigma_{s2}}{\eta_2^{\gamma_2}}t^{\gamma_2}\sum_{k=0}^{\infty}\frac{(\alpha_2 t)^k}{\Gamma(k+1+\gamma_2)} \tag{5.53}$$

特殊地，若$\sigma_{s2}=0$，则分数阶 Bingham 体退化为 Abel 黏壶。若$\eta_2^{\gamma_2}$以式（5.49）所

示的形式变化，Abel 黏壶的应力和应变关系可表示为

$$\sigma(t)=(\eta_2^{\gamma_2}e^{-\alpha_2 t})\frac{d^{\gamma_2}[\varepsilon(t)]}{dt^{\gamma_2}} \tag{5.54}$$

可变换为

$$\frac{d^{\gamma_2}[\varepsilon(t)]}{dt^{\gamma_2}}=\frac{\sigma(t)}{\eta_2^{\gamma_2}}e^{\alpha_2 t} \tag{5.55}$$

当 σ 为常数时，对式（5.55）两侧进行 Laplace 变化，可得

$$s^{\gamma_2}\bar{\varepsilon}(s)=\frac{\sigma}{\eta_2^{\gamma_2}}\frac{1}{s-\alpha_2} \tag{5.56}$$

式中：$\bar{\varepsilon}(s)$为$\varepsilon(t)$的 Laplace 变换。

因此

$$\bar{\varepsilon}(s)=\frac{\sigma}{\eta_2^{\gamma_2}}\frac{1}{s^{\gamma_2}(s-\alpha_2)} \tag{5.57}$$

对式（5.57）进行 Laplace 逆变换，可得当 $\eta_2^{\gamma_2}$ 以式（5.49）形式变化时，Abel 黏壶应变的表达式为

$$\varepsilon(t)=\frac{\sigma}{\eta_2^{\gamma_2}}t^{\gamma_2}\sum_{k=0}^{\infty}\frac{(\alpha_2 t)^k}{\Gamma(k+\gamma_2+1)} \tag{5.58}$$

为直观理解式（5.58）的含义，令 $\sigma=18\text{MPa}$，$\eta_2=4\text{GPa}\cdot\text{h}$，$\alpha_2=0.03\text{h}^{-1}$，可得阶数 γ_2变化时，Abel 黏壶描述的流变过程如图 5.8（a）所示。将 $\gamma_2=0.3$ 代入式（5.58）中，保持其他参数不变，可得 α_2变化时，式（5.58）描述的流变过程，如图 5.8（b）所示。因此，式（5.58）可表征加速流变过程。

在模拟加速流变时，另一需解决的问题是如何识别稳态流变和加速流变的临界点。以累积黏塑性应变达到某阈值作为识别依据，即在该临界点之前，分数阶 Bingham 体 $\eta_2^{\gamma_2}$ 为定值；而在该临界点之后，分数阶 Bingham 体 $\eta_2^{\gamma_2}$ 将以式（5.49）所示的形式变化，从而导致黏塑性应变率增大而进入加速流变阶段。基于上述分析，将黏塑性体的黏滞系数定义为

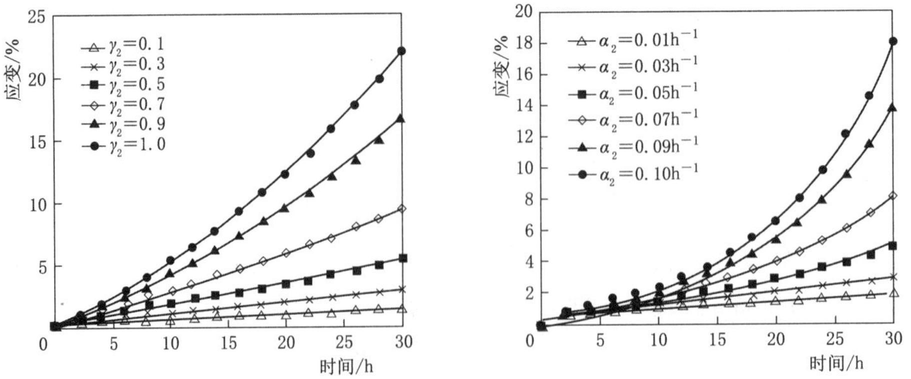

(a) 阶数γ_2 变化　　(b)α_2 变化

图 5.8　当 $\eta_2^{\gamma_2}$ 变化时 Abel 黏壶描述的流变过程

$$\eta_2^{\gamma_2}=\begin{cases}\eta_2^{\gamma_2}, & \sigma>\sigma_{s2},\varepsilon_{vp}\leqslant\bar{\varepsilon}_{vp}\\ \eta_2^{\gamma_2}e^{-\alpha_2 t}, & \sigma>\sigma_{s2},\varepsilon_{vp}>\bar{\varepsilon}_{vp}\end{cases}\tag{5.59}$$

式中：$\bar{\varepsilon}_{vp}$为累积黏塑性应变阈值，依据流变试验确定。

因此，稳态流变和加速流变过程中，分数阶 Bingham 体黏塑性应变表征如下

$$\varepsilon_{vp}(t)=\begin{cases}\dfrac{\sigma-\sigma_{s2}}{\eta_2^{\gamma_2}}\dfrac{t^{\gamma_2}}{\Gamma(1+\gamma_2)}, & \sigma>\sigma_{s2},\varepsilon_{vp}\leqslant\bar{\varepsilon}_{vp}\\ \dfrac{\sigma-\sigma_{s2}}{\eta_2^{\gamma_2}}\dfrac{t_s^{\gamma_2}}{\Gamma(1+\gamma_2)}+\dfrac{\sigma-\sigma_{s2}}{\eta_2^{\gamma_2}}(t-t_s)^{\gamma_2}\sum_{k=0}^{\infty}\dfrac{[\alpha_2(t-t_s)]^k}{\Gamma(k+1+\gamma_2)}, & \sigma>\sigma_{s2},\varepsilon_{vp}>\bar{\varepsilon}_{vp}\end{cases}\tag{5.60}$$

式中：t_s 为达到累积黏塑性应变阈值的时间。

式（5.60）中第一式为稳态流变过程黏塑性应变表达式，第二式为加速流变过程黏塑性应变表达式。

5.1.2.3 一维应力状态下流变效应全过程分数阶模拟方法

如果不存在衰减流变应力阈值 σ_{s1}，一维应力状态下流变全过程分数阶表征方法（不含衰减流变应力阈值）如图 5.9 所示，其表达式为

$$\varepsilon(t)=\begin{cases}\dfrac{\sigma}{E_0}+\dfrac{\sigma}{\eta_1^{\gamma_1}}\sum_{k=0}^{\infty}\dfrac{\left(-\dfrac{E_1}{\eta_1^{\gamma_1}}\right)^k t^{\gamma_1(1+k)}}{\gamma_1(1+k)\Gamma[(1+k)\gamma_1]}, & \sigma\leqslant\sigma_{s2}\\ \dfrac{\sigma}{E_0}+\dfrac{\sigma}{\eta_1^{\gamma_1}}\sum_{k=0}^{\infty}\dfrac{\left(-\dfrac{E_1}{\eta_1^{\gamma_1}}\right)^k t^{\gamma_1(1+k)}}{\gamma_1(1+k)\Gamma[(1+k)\gamma_1]}+\dfrac{\sigma-\sigma_{s2}}{\eta_2^{\gamma_2}}\dfrac{t^{\gamma_2}}{\Gamma(1+\gamma_2)}, & \sigma>\sigma_{s2},\varepsilon_{vp}\leqslant\bar{\varepsilon}_{vp}\\ \dfrac{\sigma}{E_0}+\dfrac{\sigma}{\eta_1^{\gamma_1}}\sum_{k=0}^{\infty}\dfrac{\left(-\dfrac{E_1}{\eta_1^{\gamma_1}}\right)^k t^{\gamma_1(1+k)}}{\gamma_1(1+k)\Gamma[(1+k)\gamma_1]}+\dfrac{\sigma-\sigma_{s2}}{\eta_2^{\gamma_2}}\dfrac{t_s^{\gamma_2}}{\Gamma(1+\gamma_2)} & \\ \quad+\dfrac{\sigma-\sigma_{s2}}{\eta_2^{\gamma_2}}(t-t_s)^{\gamma_2}\sum_{k=0}^{\infty}\dfrac{[\alpha_2(t-t_s)]^k}{\Gamma(k+1+\gamma_2)}, & \sigma>\sigma_{s2},\varepsilon_{vp}>\bar{\varepsilon}_{vp}\end{cases}\tag{5.61}$$

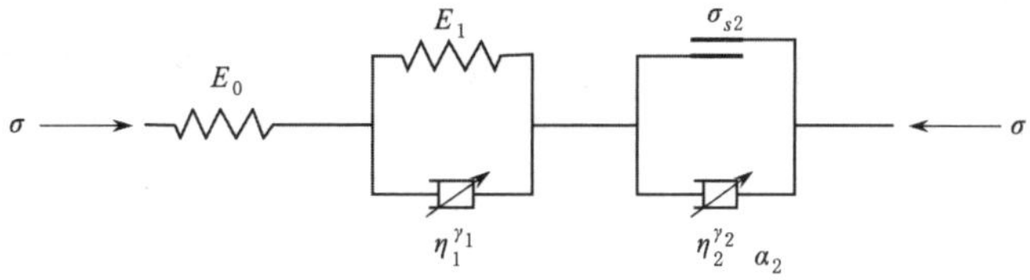

图 5.9 一维应力状态下流变全过程分数阶表征方法（不含衰减流变应力阈值）

如果存在衰减流变应力阈值 σ_{s1}，一维应力状态下流变全过程分数阶表征方法（含衰减流变应力阈值）如图 5.10 所示，其表达式为

$$\varepsilon(t)=\begin{cases}\dfrac{\sigma}{E_0}, & \sigma\leqslant\sigma_{s1}\\ \dfrac{\sigma}{E_0}+\dfrac{\sigma-\sigma_{s1}}{\eta_1^{\gamma_1}}\sum\limits_{k=0}^{\infty}\dfrac{\left(-\dfrac{E_1}{\eta_1^{\gamma_1}}\right)^k t^{\gamma_1(1+k)}}{\gamma_1(1+k)\Gamma[(1+k)\gamma_1]}, & \sigma_{s1}<\sigma\leqslant\sigma_{s2}\\ \dfrac{\sigma}{E_0}+\dfrac{\sigma-\sigma_{s1}}{\eta_1^{\gamma_1}}\sum\limits_{k=0}^{\infty}\dfrac{\left(-\dfrac{E_1}{\eta_1^{\gamma_1}}\right)^k t^{\gamma_1(1+k)}}{\gamma_1(1+k)\Gamma[(1+k)\gamma_1]}+\dfrac{\sigma-\sigma_{s2}}{\eta_2^{\gamma_2}}\dfrac{t^{\gamma_2}}{\Gamma(1+\gamma_2)}, & \sigma>\sigma_{s2},\varepsilon_{vp}\leqslant\bar{\varepsilon}_{vp}\\ \dfrac{\sigma}{E_0}+\dfrac{\sigma-\sigma_{s1}}{\eta_1^{\gamma_1}}\sum\limits_{k=0}^{\infty}\dfrac{\left(-\dfrac{E_1}{\eta_1^{\gamma_1}}\right)^k t^{\gamma_1(1+k)}}{\gamma_1(1+k)\Gamma[(1+k)\gamma_1]}+\dfrac{\sigma-\sigma_{s2}}{\eta_2^{\gamma_2}}\dfrac{t_s^{\gamma_2}}{\Gamma(1+\gamma_2)} & \\ \quad+\dfrac{\sigma-\sigma_{s2}}{\eta_2^{\gamma_2}}(t-t_s)^{\gamma_2}\sum\limits_{k=0}^{\infty}\dfrac{[\alpha_2(t-t_s)]^k}{\Gamma(k+1+\gamma_2)}, & \sigma>\sigma_{s2},\varepsilon_{vp}>\bar{\varepsilon}_{vp}\end{cases} \tag{5.62}$$

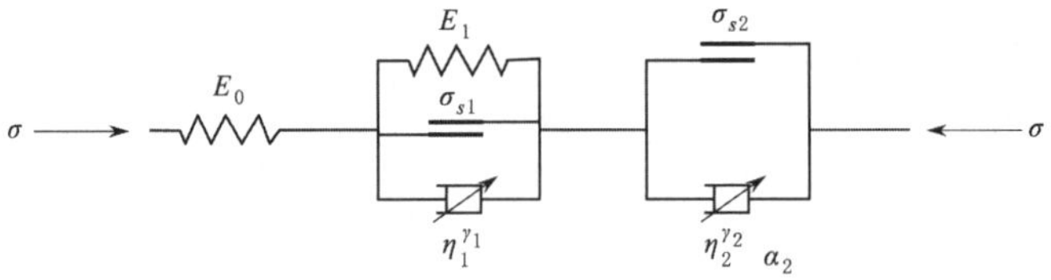

图 5.10 一维应力状态下流变全过程分数阶表征方法（含衰减流变应力阈值）

5.1.3 分数阶数值分析模型构建

5.1.3.1 三维应力状态下流变效应各阶段分数阶表征方法

1. 三维应力状态下衰减流变分数阶表征方法

一维应力状态下衰减流变过程可采用分数阶 Kelvin 体和分数阶村山体描述，以此为基础，介绍三维应力状态下衰减流变过程的分数阶表征方法。

若仅考虑混凝土坝的弹性变形，其符合 Hooke 定律，则一维应力状态下应力与应变的关系可表示为

$$\sigma=E\varepsilon \tag{5.63}$$

式中：E 为弹性模量。

若处于结构三维应力状态，则应力张量 $\boldsymbol{\sigma}$ 可表示为

$$\boldsymbol{\sigma}=\begin{bmatrix}\sigma_{xx}&\sigma_{xy}&\sigma_{xz}\\\sigma_{yx}&\sigma_{yy}&\sigma_{yz}\\\sigma_{zx}&\sigma_{zy}&\sigma_{zz}\end{bmatrix}=\begin{bmatrix}\sigma_m&0&0\\0&\sigma_m&0\\0&0&\sigma_m\end{bmatrix}+\begin{bmatrix}\sigma_{xx}-\sigma_m&\sigma_{xy}&\sigma_{xz}\\\sigma_{yx}&\sigma_{yy}-\sigma_m&\sigma_{yz}\\\sigma_{zx}&\sigma_{zy}&\sigma_{zz}-\sigma_m\end{bmatrix} \tag{5.64}$$

应变张量 $\boldsymbol{\varepsilon}$ 可表示为

$$\boldsymbol{\varepsilon}=\begin{bmatrix}\varepsilon_{xx} & \varepsilon_{xy} & \varepsilon_{xz}\\ \varepsilon_{yx} & \varepsilon_{yy} & \varepsilon_{yz}\\ \varepsilon_{zx} & \varepsilon_{zy} & \varepsilon_{zz}\end{bmatrix}=\begin{bmatrix}\varepsilon_m & 0 & 0\\ 0 & \varepsilon_m & 0\\ 0 & 0 & \varepsilon_m\end{bmatrix}+\begin{bmatrix}\varepsilon_{xx}-\varepsilon_m & \varepsilon_{xy} & \varepsilon_{xz}\\ \varepsilon_{yx} & \varepsilon_{yy}-\varepsilon_m & \varepsilon_{yz}\\ \varepsilon_{zx} & \varepsilon_{zy} & \varepsilon_{zz}-\varepsilon_m\end{bmatrix} \tag{5.65}$$

式（5.64）和式（5.65）中，第一部分被称为球张量（σ_m 和 ε_m），第二部分被称为偏张量（S_{ij} 和 e_{ij}），分别表达为

球张量：

$$\begin{cases}\sigma_m=\dfrac{1}{3}(\sigma_{xx}+\sigma_{yy}+\sigma_{zz})\\ \varepsilon_m=\dfrac{1}{3}(\varepsilon_{xx}+\varepsilon_{yy}+\varepsilon_{zz})\end{cases} \tag{5.66}$$

偏张量：

$$\begin{cases}S_{ij}=\sigma_{ij}-\sigma_m\delta_{ij}\\ e_{ij}=\varepsilon_{ij}-\varepsilon_m\delta_{ij}\end{cases}\quad (i,j=x,y,z) \tag{5.67}$$

式中：δ_{ij} 为 Kronecker 符号，当 $i=j$ 时，$\delta_{ij}=1$，否则为 0。

引入体积模量 K 和剪切模量 G，可得三维应力状态下应力与应变的弹性关系为

$$\begin{cases}\sigma_m=3K\varepsilon_m\\ S_{ij}=2Ge_{ij}\end{cases} \tag{5.68}$$

以上第一式为球应力与球应变间的弹性关系，第二式为偏应力与偏应变间的弹性关系。体积模量 K、剪切模量 G 分别与弹性模量 E 的关系可表示为

$$K=\frac{E}{3(1-2\mu)},\quad G=\frac{E}{2(1+\mu)} \tag{5.69}$$

与弹性情形类似，三维应力状态下，黏弹性应力与应变关系亦包含两部分：球张量关系和偏张量关系。假定：①材料各向同性；②大坝的体积变形为弹性变形，由球应力张量引起，在受力瞬时完成；③大坝的流变变形仅由偏应力张量引起；④流变过程中，泊松比不随时间发生变化。一维应力状态下，描述黏弹性力学状态的分数阶元件模型通式可表达为

$$\sum_{m=0}^{M}b_m\frac{\partial^{\beta_m}\sigma}{\partial t^{\beta_m}}=\sum_{m=0}^{M}a_m\frac{\partial^{\alpha_m}\varepsilon}{\partial t^{\alpha_m}} \tag{5.70}$$

式中：a_m、b_m 为常数，$m=1$，2，…，M；α_m、β_m 为分子和分母互质的实数。

诸如分数阶 Kelvin 模型、分数阶西原正夫模型均为式（5.70）的特殊形式，若 α_m、β_m 均为整数，则式（5.70）退化为

$$\sum_{m=0}^{M}p_m\frac{\partial^{m}\sigma}{\partial t^{m}}=\sum_{m=0}^{M}q_m\frac{\partial^{m}\varepsilon}{\partial t^{m}} \tag{5.71}$$

即一维应力状态整数阶流变力学元件模型通式。令

$$\begin{cases}\{P\}=\displaystyle\sum_{m=0}^{M}b_m\frac{\partial^{\beta_m}}{\partial t^{\beta_m}}\\ \{Q\}=\displaystyle\sum_{m=0}^{M}a_m\frac{\partial^{\alpha_m}}{\partial t^{\alpha_m}}\end{cases} \tag{5.72}$$

则式（5.70）可表示为

$$\sigma=\frac{\{Q\}}{\{P\}}\varepsilon \tag{5.73}$$

可以看出，式（5.73）与式（5.63）的形式是一致的，基于三维应力状态下弹性应力和应变关系的构建方法，三维应力状态下黏弹性应力与应变关系可表示为

$$\begin{cases}\sigma_m=3\dfrac{\{Q_2\}}{\{P_2\}}\varepsilon_m\\ S_{ij}=2\dfrac{\{Q_1\}}{\{P_1\}}e_{ij}\end{cases} \tag{5.74}$$

以上第一式为球应力与球应变间的关系，由于球应力仅引起弹性变形，对比式（5.68），可知 $\{Q_2\}=K$，$\{P_2\}=1$；第二式为偏应力与偏应变间的关系，由于偏应力引起黏弹性变形，$\{Q_1\}$ 和 $\{P_1\}$ 分别与式（5.73）中 $\{Q\}$ 和 $\{P\}$ 对应，但需要将 $\{Q\}$ 和 $\{P\}$ 中所有的弹性模量转换为剪切弹性模量，转换公式为

$$G=\frac{E}{2(1+\mu)} \tag{5.75}$$

因此，式（5.74）可改写为

$$\begin{cases}\sigma_m=3K\varepsilon_m\\ S_{ij}=2\dfrac{\sum\limits_{n=0}^{N}a_n\dfrac{\partial^{\alpha_n}}{\partial t^{\alpha_n}}}{\sum\limits_{m=0}^{M}b_m\dfrac{\partial^{\beta_m}}{\partial t^{\beta_m}}}e_{ij}\quad(i,j=x,y,z)\end{cases} \tag{5.76}$$

将一维应力状况下衰减流变过程分数阶表征模型中的轴向应力 σ 换成偏应力 S_{ij}，并将延迟模量转换成剪切延迟模量，结合式（5.76），即可得到三维应力状态下衰减流变过程的分数阶表征方法。

若衰减流变过程采用分数阶 Kelvin 体表征，三维应力状态下，分数阶 Kelvin 体黏弹性应变可表达为

$$\varepsilon_{ij}^{ve}(t)=\frac{S_{ij}}{2\eta_1^{\gamma_1}}\sum_{k=0}^{\infty}\frac{\left(-\dfrac{G_1}{\eta_1^{\gamma_1}}\right)^k t^{\gamma_1(1+k)}}{\gamma_1(1+k)\Gamma[(1+k)\gamma_1]} \tag{5.77}$$

若衰减流变过程采用分数阶村山体表征，S_{ij}^{s1} 为衰减流变偏应力阈值，与式（5.36）中 σ_{s1} 对应，当 $S_{ij}>S_{ij}^{s1}$ 时，三维应力状态下，分数阶村山体黏弹性应变可表达为

$$\varepsilon_{ij}^{ve}(t)=\frac{S_{ij}-S_{ij}^{s1}}{2\eta_1^{\gamma_1}}\sum_{k=0}^{\infty}\frac{\left(-\dfrac{G_1}{\eta_1^{\gamma_1}}\right)^k t^{\gamma_1(1+k)}}{\gamma_1(1+k)\Gamma[(1+k)\gamma_1]} \tag{5.78}$$

2. 三维应力状态下稳态流变分数阶表征方法

一维应力状态下稳态流变过程可采用分数阶 Bingham 体描述，以此为基础，介绍三维应力状态下稳态流变的分数阶表征方法。

若 S_{ij}^{s2} 为黏塑性应力阈值，与式（5.46）中 σ_{s2} 对应，基于 P. Perzyna 假设，当 $S_{ij}>S_{ij}^{s2}$ 时，分数阶 Bingham 体黏塑性应变可表达为

$$\varepsilon_{ij}^{vp}(t)=\frac{1}{\eta_2^{\gamma_2}}\langle\Phi(F)\rangle\frac{\partial Q}{\partial\sigma_{ij}}\frac{t^{\gamma_2}}{\Gamma(1+\gamma_2)} \tag{5.79}$$

式中：F 为屈服函数；Q 为塑性势函数；Φ 为流动函数。

屈服函数 F 采用 Drucker－Prager 屈服准则，即

$$F=\sqrt{J_2}+\alpha I_1-K=\sqrt{J_2}+\frac{2\sin\phi}{\sqrt{3}(3-\sin\phi)}I_1-\frac{6c\cos\phi}{\sqrt{3}(3-\sin\phi)} \tag{5.80}$$

式中：c 为黏聚力；ϕ 为内摩擦角。

同时采用关联流动法则（$F=Q$）和幂型流动函数，可得 $S_{ij}>S_{ij}^{s2}$ 时，三维应力状态下分数阶 Bingham 体黏塑性应变的表达式为

$$\varepsilon_{ij}^{vp}(t)=\frac{1}{\eta_2^{\gamma_2}}\left(\frac{F}{F_0}\right)^m\frac{\partial F}{\partial\sigma_{ij}}\frac{t^{\gamma_2}}{\Gamma(1+\gamma_2)} \tag{5.81}$$

3. 三维应力状态下加速流变分数阶表征方法

一维应力状态下加速流变过程可采用式（5.53）描述，以此为基础，研究三维应力状态下加速流变过程的分数阶表征方法。

当累积黏塑性应变达到某阈值时，分数阶 Bingham 体中 $\eta_2^{\gamma_2}$ 将以式（5.49）所示的形式变化，从而导致黏塑性应变率增大而进入加速流变阶段，引入等效黏塑性应变 $\varepsilon_{vp}^{\mathrm{equ}}$，其表达式为

$$\varepsilon_{vp}^{\mathrm{equ}}=\sqrt{\frac{2}{3}\varepsilon_{ij}^{vp}\varepsilon_{ij}^{vp}} \tag{5.82}$$

若 $\bar{\varepsilon}_{vp}^{\mathrm{equ}}$ 为加速流变发生时的累积等效黏塑性应变，当 $\varepsilon_{vp}^{\mathrm{equ}}>\bar{\varepsilon}_{vp}^{\mathrm{equ}}$ 时，分数阶 Bingham 体黏塑性应变可表达为

$$\varepsilon_{ij}^{vp}(t)=\frac{1}{\eta_2^{\gamma_2}}\left(\frac{F}{F_0}\right)^m\frac{\partial F}{\partial\sigma_{ij}}\frac{t_s^{\gamma_2}}{\Gamma(1+\gamma_2)}+\frac{1}{\eta_2^{\gamma_2}}\left(\frac{F}{F_0}\right)^m\frac{\partial F}{\partial\sigma_{ij}}(t-t_s)^{\gamma_2}\sum_{k=0}^{\infty}\frac{[\alpha_2(t-t_s)]^k}{\Gamma(k+1+\gamma_2)} \tag{5.83}$$

式中：α_2 为与材料有关的常数；t_s 为加速流变出现的时间。

5.1.3.2 坝体与坝基分数阶流变力学元件模型

1. 坝体分数阶流变力学元件模型

坝体在低应力水平下即发生衰减流变，不存在衰减流变应力阈值，可采用不含应力阈值开关的分数阶 Kelvin 体模拟坝体的衰减流变过程，而稳态流变过程和加速流变过程则采用分数阶 Bingham 体模拟。因此，坝体分数阶流变力学元件模型可采用如图 5.11 所示的构型，其表达式为

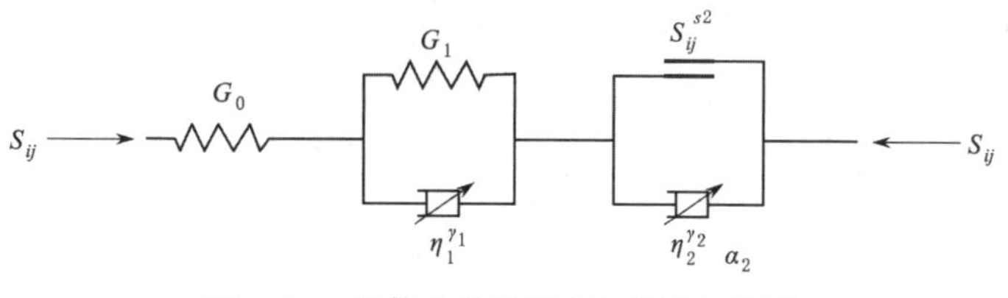

图 5.11 坝体分数阶流变力学元件模型

$$
\varepsilon_{ij}(t)=\begin{cases}
\dfrac{\sigma_m}{3K}\delta_{ij}+\dfrac{S_{ij}}{2G_0}+\dfrac{S_{ij}}{2\eta_1^{\gamma_1}}\displaystyle\sum_{k=0}^{\infty}\dfrac{\left(-\dfrac{G_1}{\eta_1^{\gamma_1}}\right)^k t^{\gamma_1(1+k)}}{\gamma_1(1+k)\Gamma[(1+k)\gamma_1]}, & S_{ij}\leqslant S_{ij}^{s2}\\
\dfrac{\sigma_m}{3K}\delta_{ij}+\dfrac{S_{ij}}{2G_0}+\dfrac{S_{ij}}{2\eta_1^{\gamma_1}}\displaystyle\sum_{k=0}^{\infty}\dfrac{\left(-\dfrac{G_1}{\eta_1^{\gamma_1}}\right)^k t^{\gamma_1(1+k)}}{\gamma_1(1+k)\Gamma[(1+k)\gamma_1]} \\
\qquad+\dfrac{1}{\eta_2^{\gamma_2}}\left(\dfrac{F}{F_0}\right)^m\dfrac{\partial F}{\partial\sigma_{ij}}\dfrac{t^{\gamma_2}}{\Gamma(1+\gamma_2)}, & S_{ij}>S_{ij}^{s2},\varepsilon_{vp}^{\mathrm{equ}}\leqslant\bar{\varepsilon}_{vp}^{\mathrm{equ}}\\
\dfrac{\sigma_m}{3K}\delta_{ij}+\dfrac{S_{ij}}{2G_0}+\dfrac{S_{ij}}{2\eta_1^{\gamma_1}}\displaystyle\sum_{k=0}^{\infty}\dfrac{\left(-\dfrac{G_1}{\eta_1^{\gamma_1}}\right)^k t^{\gamma_1(1+k)}}{\gamma_1(1+k)\Gamma[(1+k)\gamma_1]} \\
\qquad+\dfrac{1}{\eta_2^{\gamma_2}}\left(\dfrac{F}{F_0}\right)^m\dfrac{\partial F}{\partial\sigma_{ij}}\dfrac{t_s^{\gamma_2}}{\Gamma(1+\gamma_2)}+\dfrac{1}{\eta_2^{\gamma_2}}\left(\dfrac{F}{F_0}\right)^m\dfrac{\partial F}{\partial\sigma_{ij}}(t-t_s)^{\gamma_2}\displaystyle\sum_{k=0}^{\infty}\dfrac{[\alpha_2(t-t_s)]^k}{\Gamma(k+1+\gamma_2)}, \\
 & S_{ij}>S_{ij}^{s2},\varepsilon_{vp}^{\mathrm{equ}}>\bar{\varepsilon}_{vp}^{\mathrm{equ}}
\end{cases}
\tag{5.84}
$$

2. 坝基分数阶流变力学元件模型

坝基的流变规律复杂，受岩性、应力水平等因素综合影响，软岩在较低应力水平下即发生衰减流变，不存在衰减流变应力阈值，而硬岩在较低应力水平下流变现象不明显，超过一定应力阈值后出现衰减流变。因此，描述岩体衰减流变必须考虑应力阈值，可采用分数阶村山体模拟坝基的衰减流变过程，而稳态流变过程和加速流变过程仍采用分数阶 Bingham 体模拟。

坝基分数阶流变力学元件模型可采用如图 5.12 所示的构型，其表达式为

$$
\varepsilon_{ij}(t)=\begin{cases}
\dfrac{\sigma_m}{3K}\delta_{ij}+\dfrac{S_{ij}}{2G_0}, & S_{ij}\leqslant S_{ij}^{s1}\\
\dfrac{\sigma_m}{3K}\delta_{ij}+\dfrac{S_{ij}}{2G_0}+\dfrac{S_{ij}-S_{ij}^{s1}}{2\eta_1^{\gamma_1}}\displaystyle\sum_{k=0}^{\infty}\dfrac{\left(-\dfrac{G_1}{\eta_1^{\gamma_1}}\right)^k t^{\gamma_1(1+k)}}{\gamma_1(1+k)\Gamma[(1+k)\gamma_1]}, & S_{ij}^{s1}<S_{ij}\leqslant S_{ij}^{s2}\\
\dfrac{\sigma_m}{3K}\delta_{ij}+\dfrac{S_{ij}}{2G_0}+\dfrac{S_{ij}-S_{ij}^{s1}}{2\eta_1^{\gamma_1}}\displaystyle\sum_{k=0}^{\infty}\dfrac{\left(-\dfrac{G_1}{\eta_1^{\gamma_1}}\right)^k t^{\gamma_1(1+k)}}{\gamma_1(1+k)\Gamma[(1+k)\gamma_1]} \\
\qquad+\dfrac{1}{\eta_2^{\gamma_2}}\left(\dfrac{F}{F_0}\right)^m\dfrac{\partial F}{\partial\sigma_{ij}}\dfrac{t^{\gamma_2}}{\Gamma(1+\gamma_2)}, & S_{ij}>S_{ij}^{s2},\varepsilon_{vp}^{\mathrm{equ}}\leqslant\bar{\varepsilon}_{vp}^{\mathrm{equ}}\\
\dfrac{\sigma_m}{3K}\delta_{ij}+\dfrac{S_{ij}}{2G_0}+\dfrac{S_{ij}-S_{ij}^{s1}}{2\eta_1^{\gamma_1}}\displaystyle\sum_{k=0}^{\infty}\dfrac{\left(-\dfrac{G_1}{\eta_1^{\gamma_1}}\right)^k t^{\gamma_1(1+k)}}{\gamma_1(1+k)\Gamma[(1+k)\gamma_1]} \\
\qquad+\dfrac{1}{\eta_2^{\gamma_2}}\left(\dfrac{F}{F_0}\right)^m\dfrac{\partial F}{\partial\sigma_{ij}}\dfrac{t_s^{\gamma_2}}{\Gamma(1+\gamma_2)}+\dfrac{1}{\eta_2^{\gamma_2}}\left(\dfrac{F}{F_0}\right)^m\dfrac{\partial F}{\partial\sigma_{ij}}(t-t_s)^{\gamma_2}\displaystyle\sum_{k=0}^{\infty}\dfrac{[\alpha_2(t-t_s)]^k}{\Gamma(k+1+\gamma_2)}, \\
 & S_{ij}>S_{ij}^{s2},\varepsilon_{vp}^{\mathrm{equ}}>\bar{\varepsilon}_{vp}^{\mathrm{equ}}
\end{cases}
\tag{5.85}
$$

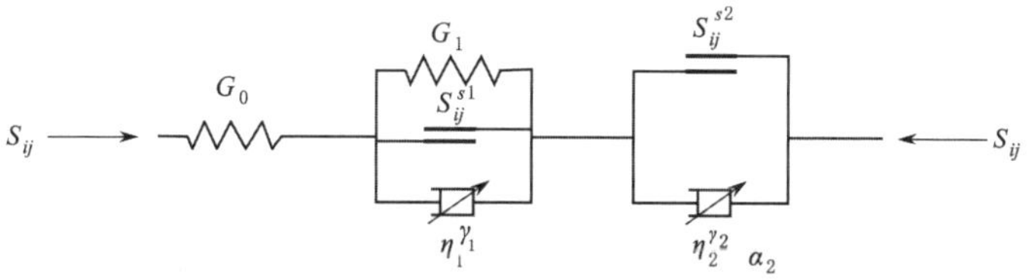

图 5.12　坝基分数阶流变力学元件模型

5.1.3.3　分数阶数值分析实现技术

在处理黏弹塑性问题时，结构变形不仅与当前应力状态有关，还取决于整个加载历程，采用增量有限元法对混凝土坝变形性态进行量化分析。

假设已知 t_n 时刻的荷载、应力、黏弹性应变、黏塑性应变、变形分别表示为 $\{R\}_n$、$\{\sigma\}_n$、$\{\varepsilon^{ve}\}_n$、$\{\varepsilon^{vp}\}_n$、$\{U\}_n$。$\Delta t_n = t_{n+1} - t_n$ 时段内，混凝土坝某点总应变增量$\{\Delta\varepsilon\}_n$ 包含三部分：瞬时应变增量$\{\Delta\varepsilon^e\}_n$、黏弹性应变增量$\{\Delta\varepsilon^{ve}\}_n$ 和黏塑性应变增量$\{\Delta\varepsilon^{vp}\}_n$。总应变增量$\{\Delta\varepsilon\}_n$ 可表示为

$$\{\Delta\varepsilon\}_n = \{\Delta\varepsilon^e\}_n + \{\Delta\varepsilon^{ve}\}_n + \{\Delta\varepsilon^{vp}\}_n \tag{5.86}$$

下面研究 t_{n+1} 时刻，大坝应力$\{\sigma\}_{n+1}$、黏弹性应变$\{\varepsilon^{ve}\}_{n+1}$、黏塑性应变$\{\varepsilon^{vp}\}_{n+1}$ 以及变形 $\{U\}_{n+1}$ 的计算方法，计算过程如下。

1. 计算 Δt_n 时段内黏弹性应变增量 $\{\Delta\varepsilon^{ve}\}_n$ 和黏塑性应变增量 $\{\Delta\varepsilon^{vp}\}_n$

在 Δt_n 时段内，分数阶 Kelvin 体黏弹性应变增量可表达为

$$\Delta\varepsilon^{ve} = \frac{\sigma_n}{\eta_1^{\gamma_1}} \sum_{k=0}^{\infty} \frac{\left(-\dfrac{E_1}{\eta_1^{\gamma_1}}\right)^k (t_n + \Delta t_n)^{\gamma_1(1+k)}}{\gamma_1(1+k)\Gamma[(1+k)\gamma_1]} - \frac{\sigma_n}{\eta_1^{\gamma_1}} \sum_{k=0}^{\infty} \frac{\left(-\dfrac{E_1}{\eta_1^{\gamma_1}}\right)^k t_n^{\gamma_1(1+k)}}{\gamma_1(1+k)\Gamma[(1+k)\gamma_1]} \tag{5.87}$$

若 $\sigma > \sigma_{s2}$ 且 $\varepsilon_{vp} \leqslant \bar{\varepsilon}_{vp}$，在 Δt_n 时段内，分数阶 Bingham 体黏塑性应变增量表达式为

$$\Delta\varepsilon^{vp} = \frac{\sigma_n - \sigma_{s2}}{\eta_2^{\gamma_2}} \frac{(t_n + \Delta t_n)^{\gamma_2}}{\Gamma(1+\gamma_2)} - \frac{\sigma_n - \sigma_{s2}}{\eta_2^{\gamma_2}} \frac{t_n^{\gamma_2}}{\Gamma(1+\gamma_2)} \tag{5.88}$$

同理，当 $\sigma > \sigma_{s2}$ 且 $\varepsilon_{vp} > \bar{\varepsilon}_{vp}$ 时，在$\triangle t_n$ 时段内，分数阶 Bingham 体黏塑性应变增量表达式为

$$\Delta\varepsilon_{ij}^{vp} = \frac{\sigma - \sigma_{s2}}{\eta_2^{\gamma_2}} (t_n + \Delta t_n - t_s)^{\gamma_2} \sum_{k=0}^{\infty} \frac{[\alpha_2 (t_n + \Delta t_n - t_s)]^k}{\Gamma(k+1+\gamma_2)} - \frac{\sigma - \sigma_{s2}}{\eta_2^{\gamma_2}} (t_n - t_s)^{\gamma_2} \sum_{k=0}^{\infty} \frac{[\alpha_2 (t_n - t_s)]^k}{\Gamma(k+1+\gamma_2)} \tag{5.89}$$

从式（5.87）～式（5.89）可以看出，分数阶流变力学元件模型是级数表达式，为构建黏性应变增量 $\Delta\varepsilon_n^v$ 与时间增量 Δt_n 间的递推关系，采用前差分式，即初应变法，在 Δt_n 时段内，黏性应变增量可表达为

$$\Delta\varepsilon_n^v = \dot{\varepsilon}_n^v \Delta t_n \tag{5.90}$$

式中：$\dot{\varepsilon}_n^v$ 为 t_n 时刻的黏性应变率。

（1）黏弹性应变增量$\{\Delta\varepsilon^{ve}\}_n$ 计算。以分数阶 Kelvin 体黏弹性应变增量（分数阶村山

体与之类似）为例，对式（5.37）中时间 t 求导，可得 t_n 时刻，分数阶 Kelvin 体黏弹性应变率 $\dot{\varepsilon}_n^{ve}$ 的表达式为

$$\dot{\varepsilon}_n^{ve}=\frac{\sigma_n}{\eta_1^{\gamma_1}}\sum_{k=0}^{\infty}\frac{\left(-\frac{E_1}{\eta_1^{\gamma_1}}\right)^k t_n^{\gamma_1(1+k)-1}}{\Gamma[(1+k)\gamma_1]} \tag{5.91}$$

结合式（5.90），可得 Δt_n 时段内，分数阶 Kelvin 体黏弹性应变增量 $\Delta\varepsilon_n^{ve}$ 的表达式为

$$\Delta\varepsilon_n^{ve}=\frac{\sigma_n}{\eta_1^{\gamma_1}}\sum_{k=0}^{\infty}\frac{\left(-\frac{E_1}{\eta_1^{\gamma_1}}\right)^k t_n^{\gamma_1(1+k)-1}}{\Gamma[(1+k)\gamma_1]}\Delta t_n \tag{5.92}$$

同理，可推得三维应力状态下，分数阶 Kelvin 体黏弹性应变增量 $\{\Delta\varepsilon^{ve}\}_n$ 的表达式为

$$\{\Delta\varepsilon^{ve}\}_n=\frac{\{C\}\{S\}_n}{2\eta_1^{\gamma_1}}\sum_{k=0}^{\infty}\frac{\left(-\frac{G_1}{\eta_1^{\gamma_1}}\right)^k t_n^{\gamma_1(1+k)-1}}{\Gamma[(1+k)\gamma_1]}\Delta t_n \tag{5.93}$$

其中

$$\{C\}=\begin{bmatrix}1 & -\mu & -\mu & 0 & 0 & 0\\ -\mu & 1 & -\mu & 0 & 0 & 0\\ -\mu & -\mu & 1 & 0 & 0 & 0\\ 0 & 0 & 0 & 2(1+\mu) & 0 & 0\\ 0 & 0 & 0 & 0 & 2(1+\mu) & 0\\ 0 & 0 & 0 & 0 & 0 & 2(1+\mu)\end{bmatrix} \tag{5.94}$$

式中：$\{S\}_n$ 为 t_n 时刻的偏应力；$\{C\}$ 为泊松比矩阵；μ 为泊松比。

通过式（5.93），即可计算得到 Δt_n 时段黏弹性应变增量 $\{\Delta\varepsilon^{ve}\}_n$。

（2）黏塑性应变增量 $\{\Delta\varepsilon^{vp}\}_n$ 计算。针对稳态流变过程，对式（5.81）中时间 t 求导，可得 t_n 时刻，黏塑性应变率 $\{\dot{\varepsilon}^{vp}\}_n$ 的表达式为

$$\{\dot{\varepsilon}^{vp}\}_n=\frac{1}{\eta_2^{\gamma_2}}\left(\frac{F}{F_0}\right)^m\frac{\partial F}{\partial\{\sigma\}_n}\frac{\gamma_2 t_n^{\gamma_2-1}}{\Gamma(1+\gamma_2)} \tag{5.95}$$

因此，Δt_n 时段内，分数阶 Bingham 体黏塑性应变增量 $\{\Delta\varepsilon^{vp}\}_n$ 可表示为

$$\{\Delta\varepsilon^{vp}\}_n=\frac{1}{\eta_2^{\gamma_2}}\left(\frac{F}{F_0}\right)^m\frac{\partial F}{\partial\{\sigma\}_n}\frac{\gamma_2 t_n^{\gamma_2-1}}{\Gamma(1+\gamma_2)}\Delta t_n \tag{5.96}$$

针对加速流变过程，对式（5.83）中时间 t 求导，可得 t_n 时刻，黏塑性应变率 $\{\dot{\varepsilon}^{vp}\}_n$ 的表达式为

$$\{\dot{\varepsilon}^{vp}\}_n=\frac{1}{\eta_2^{\gamma_2}}\left(\frac{F}{F_0}\right)^m\frac{\partial F}{\partial\{\sigma\}_n}\sum_{k=0}^{\infty}\frac{(k+\gamma_2)\alpha_2^k(t_n-t_s)^{k+\gamma_2-1}}{\Gamma(k+1+\gamma_2)} \tag{5.97}$$

则 Δt_n 时段内，分数阶 Bingham 体黏塑性应变增量 $\{\Delta\varepsilon^{vp}\}_n$ 可表示为

$$\{\Delta\varepsilon^{vp}\}_n=\frac{1}{\eta_2^{\gamma_2}}\left(\frac{F}{F_0}\right)^m\frac{\partial F}{\partial\{\sigma\}_n}\sum_{k=0}^{\infty}\frac{(k+\gamma_2)\alpha_2^k(t_n-t_s)^{k+\gamma_2-1}}{\Gamma(k+1+\gamma_2)}\Delta t_n \tag{5.98}$$

因此，求解黏塑性应变增量的关键是计算$\partial F/\partial\{\sigma\}$，其可分解为

$$\frac{\partial F}{\partial\{\sigma\}}=\frac{\partial F}{\partial I_1}\frac{\partial I_1}{\partial\{\sigma\}}+\frac{\partial F}{\partial(J_2^{1/2})}\frac{\partial(J_2^{1/2})}{\partial\{\sigma\}}+\frac{\partial F}{\partial(J_3)}\frac{\partial(J_3)}{\partial\{\sigma\}}$$

$$=C_1\frac{\partial I_1}{\partial\{\sigma\}}+C_2\frac{\partial(J_2^{1/2})}{\partial\{\sigma\}}+C_3\frac{\partial(J_3)}{\partial\{\sigma\}} \tag{5.99}$$

其中

$$\frac{\partial I_1}{\partial\{\sigma\}}=[1,\quad 1,\quad 1,\quad 0,\quad 0,\quad 0,]^{\mathrm{T}} \tag{5.100}$$

$$\frac{\partial J_2^{1/2}}{\partial\{\sigma\}}=\frac{1}{2J_2^{1/2}}[S_{xx},\quad S_{yy},\quad S_{zz},\quad 2S_{xy},\quad 2S_{yz},\quad 2S_{zx}]^{\mathrm{T}} \tag{5.101}$$

$$\frac{\partial J_3}{\partial\{\sigma\}}=\begin{bmatrix} S_{yy}S_{zz}-S_{yz}^2 \\ S_{zz}S_{xx}-S_{zx}^2 \\ S_{xx}S_{yy}-S_{xy}^2 \\ 2S_{yz}S_{zx}-2S_{zz}S_{xy} \\ 2S_{xy}S_{zx}-2S_{xx}S_{yz} \\ 2S_{xy}S_{yz}-2S_{yy}S_{zx}\end{bmatrix}+\frac{1}{3}J_2\begin{bmatrix}1\\1\\1\\0\\0\\0\end{bmatrix} \tag{5.102}$$

式中：I_1 为应力张量的第一不变量；J_2 和 J_3 分别为应力偏张量的第二不变量和第三不变量；S_{xx}、S_{yy}、S_{zz}、S_{xy}、S_{yz}、S_{zx} 的含义见式（5.67）。

对于 Drucker - Prager 屈服准则，存在

$$C_1=\alpha,\quad C_2=1,\quad C_3=0 \tag{5.103}$$

将式（5.100）～式（5.103）代入式（5.99）中，可得

$$\frac{\partial F}{\partial\{\sigma\}}=\left(\frac{\alpha}{I_1}\{P\}+\frac{\{Q\}}{2J_2^{1/2}}\right)\{\sigma\} \tag{5.104}$$

其中

$$\{P\}=\begin{bmatrix}1&1&1&0&0&0\\1&1&1&0&0&0\\1&1&1&0&0&0\\0&0&0&0&0&0\\0&0&0&0&0&0\\0&0&0&0&0&0\end{bmatrix},\quad \{Q\}=\begin{bmatrix}2/3&-1/3&-1/3&0&0&0\\-1/3&2/3&-1/3&0&0&0\\-1/3&-1/3&2/3&0&0&0\\0&0&0&2&0&0\\0&0&0&0&2&0\\0&0&0&0&0&2\end{bmatrix} \tag{5.105}$$

将式（5.104）代入式（5.96）和式（5.98），即可得到 Δt_n 时段分数阶 Bingham 体的黏塑性应变增量$\{\Delta\varepsilon^{vp}\}_n$。

应指出的是，计算黏塑性应变增量过程中，时间积分步长 Δt_n 是有条件稳定的，当采

用 Drucker - Prager 屈服准则时，为保证求解的稳定和精度要求，时间步长 Δt_n 必须同时满足以下条件：

$$\Delta t_n = \frac{4(1+\mu)F_0}{3\rho EF}\sqrt{3J_2} \tag{5.106}$$

$$\Delta t_n \leqslant \frac{(1+\mu)(1-2\mu)F_0}{\rho E}\frac{4(3-\sin\varphi)^2}{3(1-2\mu)(3-\sin\varphi)^2+24(1+\mu)\sin^2\varphi} \tag{5.107}$$

式中：μ 为泊松比；E 为弹性模量；ρ 为塑性流动参数；F 为加载函数；F_0 为单向屈服应力；φ 为 Lode 角；J_2 为应力偏量第二不变量。

2. *计算 Δt_n 时段内混凝土坝变形增加量 $\{\Delta U\}_n$，以及 t_{n+1} 时刻变形 U_{n+1}*

按照弹性理论，Δt_n 时段内，应力增量$\{\Delta\sigma\}_n$ 可表达为

$$\{\Delta\sigma\}_n = \{D\}\{\Delta\varepsilon^e\}_n \tag{5.108}$$

式中：$\{D\}$ 为弹性矩阵。

将式（5.86）代入式（5.108），可得

$$\{\Delta\sigma\}_n = \{D\}(\{\Delta\varepsilon\}_n - \{\Delta\varepsilon^{ve}\}_n - \{\Delta\varepsilon^{vp}\}_n) \tag{5.109}$$

根据虚功原理，结构离散后的增量平衡方程为

$$\sum\int_v \{B\}_n^{\mathrm{T}}\{\Delta\sigma\}_n \mathrm{d}v = \{\Delta R\}_n \tag{5.110}$$

式中：$\{B\}_n$ 为 Δt_n 时段内几何矩阵；$\{\Delta R\}_n$ 为 Δt_n 时段外荷载增量。

将式（5.109）代入式（5.110），则

$$\sum\int_v \{B\}_n^{\mathrm{T}}[\{D\}(\{\Delta\varepsilon\}_n - \{\Delta\varepsilon^{ve}\}_n - \{\Delta\varepsilon^{vp}\}_n)]\mathrm{d}v = \{\Delta R\}_n \tag{5.111}$$

黏弹塑性有限元增量平衡方程可表达为

$$\{K\}\{\Delta U\}_n = \{\Delta R\}_n + \{\Delta R^{ve}\}_n + \{\Delta R^{vp}\}_n \tag{5.112}$$

式中：$\{K\}$ 为整体刚度矩阵；$\{\Delta U\}_n$ 为 Δt_n 时段内的变形增量矩阵；$\{\Delta R^{ve}\}_n$ 和$\{\Delta R^{vp}\}_n$ 分别为 Δt_n 时段内黏弹性应变增量$\{\Delta\varepsilon^{ve}\}_n$ 和黏塑性应变增量$\{\Delta\varepsilon^{vp}\}_n$ 对应的等效节点荷载增量矩阵，可分别表示为

$$\{K\} = \sum\int_v \{B\}_n^{\mathrm{T}}\{D\}\{B\}_n \mathrm{d}v \tag{5.113}$$

$$\{\Delta R^{ve}\}_n = \sum_{ve}\int_v \{B\}_n^{\mathrm{T}}\{D\}\{\Delta\varepsilon^{ve}\}_n \mathrm{d}v \tag{5.114}$$

$$\{\Delta R^{vp}\}_n = \sum_{vp}\int_v \{B\}_n^{\mathrm{T}}\{D\}\{\Delta\varepsilon^{vp}\}_n \mathrm{d}v \tag{5.115}$$

式（5.113）～式（5.115）的积分对象分别为所有单元、处于黏弹性状态的单元和处于黏塑性状态的单元。

计算得到 Δt_n 时段内黏弹性应变增量$\{\Delta\varepsilon^{ve}\}_n$ 和黏塑性应变增量$\{\Delta\varepsilon^{vp}\}_n$ 后，可利用式（5.114）和式（5.115）计算相应的等效节点荷载增量$\{\Delta R^{ve}\}_n$ 与$\{\Delta R^{vp}\}_n$，即可计算得到 Δt_n 时段内变形增加量 $\{\Delta U\}_n$，即

$$\{\Delta U\}_n = [K]^{-1}(\{\Delta R\}_n + \{\Delta R^{ve}\}_n + \{\Delta R^{vp}\}_n) \tag{5.116}$$

由此计算 t_{n+1} 时刻变形值 $\{U\}_{n+1}$，即

$$\{U\}_{n+1}=\{U\}_n+\{\Delta U\}_n \tag{5.117}$$

3. 按式（5.108）计算 Δt_n 时段内应力增量 $\{\Delta\sigma\}_n$

据此计算 t_{n+1} 时刻的应力$\{\sigma\}_{n+1}$，即

$$\{\sigma\}_{n+1}=\{\sigma\}_n+\{\Delta\sigma\}_n \tag{5.118}$$

通过上述分析，即可计算得到 t_{n+1} 时刻应力$\{\sigma\}_{n+1}$、黏弹性应变$\{\varepsilon^{ve}\}_{n+1}$、黏塑性应变$\{\varepsilon^{vp}\}_{n+1}$、变形 $\{U\}_{n+1}$，依次类推，可求得所有时刻应力、应变、变形。

5.1.4 应用实例

某混凝土双曲拱坝坝顶高程 1885.00m，最大坝高 305.0m，坝顶中心线弧长 552.23m，坝顶宽度 16m，坝底厚度 63m，正常蓄水位 1880m，死水位 1800m，完建后拱坝有限元模型如图 5.13 所示，拱坝坝体材料分区和典型节点分布如图 5.14 所示。在进行分数阶黏弹塑性有限元计算时，坝体和坝基弹塑性物理力学参数设计值见表 5.4，坝体混凝土的延迟模量取为 $E_1=70\text{GPa}$，黏滞系数取为 $\eta_1=2\times10^3\text{GPa}\cdot\text{d}$、$\eta_2=1.5\times10^4\text{GPa}\cdot\text{d}$，阶数 γ_1、γ_2 分别取为 0.7 和 0.8，黏塑性参数 σ_S 通过混凝土流变试验获取，参考表 5.1 取为混凝土瞬时强度的 80%，参数 α 取为 0.003h^{-1}；坝基岩体的延迟模量取为 $E_1=50\text{GPa}$，黏滞系数取为 $\eta_1=3\times10^3\text{GPa}\cdot\text{d}$、$\eta_2=2\times10^4\text{GPa}\cdot\text{d}$，阶数 γ_1、γ_2 分别取 0.7 和 0.8，衰减流变应力阈值 σ_{s1} 取 0MPa，取黏塑性参数 σ_{s2} 为岩体材料瞬时强度的 80%，参数 α 取 0.003h^{-1}。

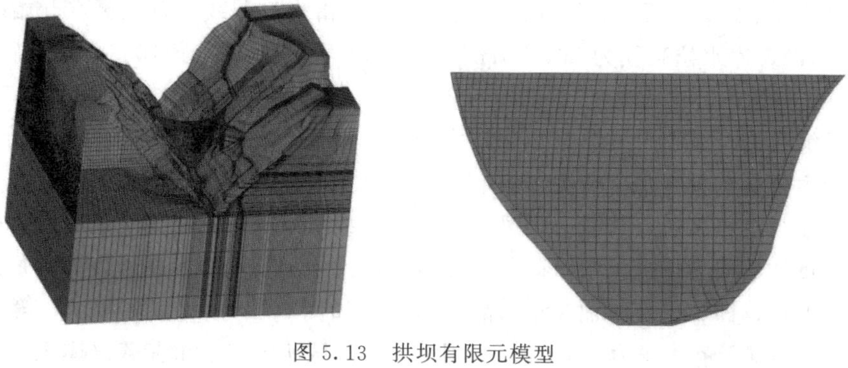

图 5.13 拱坝有限元模型

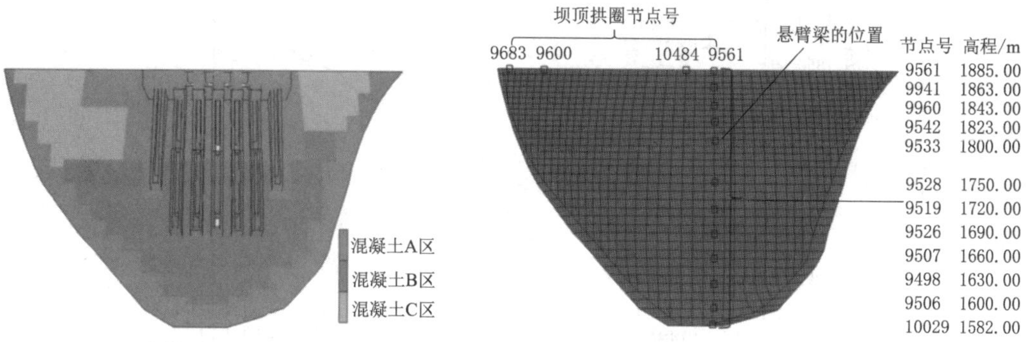

（a）坝体混凝土材料分区　　（b）典型节点分布

图 5.14 拱坝坝体材料分区和典型节点分布

表 5.4　拱坝弹塑性物理力学参数设计值

材料分区	综合弹性/变形模量/GPa	泊松比	密度/（kg/m^3）	黏聚力/MPa	内摩擦系数
混凝土 A 区	30.7	0.17	2475	1.64	1.18
混凝土 B 区	30.5	0.17	2475	1.64	1.18
混凝土 C 区	26.0	0.17	2475	1.64	1.18
基岩	15.0	0.20	2700	2.00	1.35

在进行分数阶黏弹塑性有限元分析前，需首先确定拱坝的初始应力场，而初始应力场的确定与坝体浇筑和蓄水过程关系密切。由坝体混凝土浇筑和封拱灌浆资料可知，该拱坝被横缝分为 26 个坝段，每个坝段采用柱状浇筑的方式分期浇筑混凝土块，坝体分期浇筑示意如图 5.15 所示。当浇筑到一定高程后，下部便开始封拱灌浆，已封拱的部分即可视为一个整体，而未封拱的部分仍为悬臂梁。当坝体浇筑和封拱灌浆达到一定高度时，水库开始蓄水，当库水位达到第 1 次蓄水高程后，暂停蓄水，继续进行混凝土浇筑和封拱灌浆，并适时进行第 2 次蓄水，第 3 次蓄水，…，第 n 次蓄水。以 14 号坝段为例，图 5.16 所示为该坝段浇筑、封拱及蓄水过程线，首次蓄水开始时（2012 年 11 月 30 日），库水位高程为 1648.37m，此时 14 号坝段浇筑至 1833.50m 高程，封拱至 1761.50m 高程，首次蓄水于 2012 年 12 月 7 日结束，此时库水位高程为 1706.67m，蓄水结束后继续进行大坝封拱灌浆。从结构受力角度看，在分期浇筑和分期蓄水过程中，拱坝承受的主要荷载包括水压荷载、温度荷载和自重荷载，在封拱灌浆前，荷载全部由悬臂梁承担，在封拱灌浆后，荷载由拱梁系统共同承担，未封拱灌浆部位的荷载仍由悬臂梁承担。在计算初始应力场时，水压荷载以面力的形式施加于坝体和基岩表面，每次仅施加库水压力的增量，即第 1 次施加三角形静水压力，如图 5.17 中 1 区域所示，第 2 次至第 n 次蓄水均施加梯形静水压力，如图 5.17 中 2～n 区域所示；自重荷载以体积力的形式施加于坝体，每次仅施加自重的增量。温度荷载作用形式较为复杂，其由于坝体内部温度场

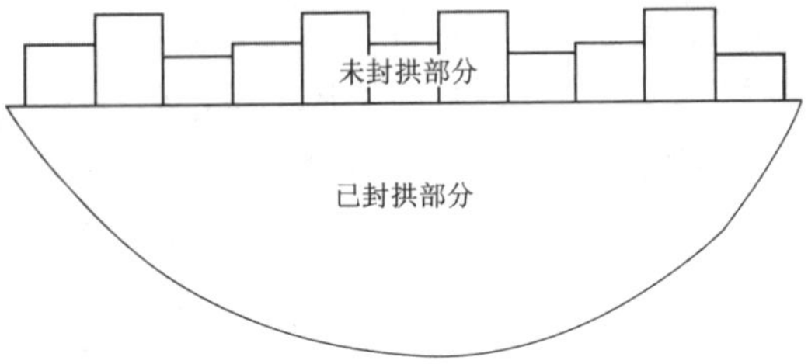

图 5.15　坝体分期浇筑示意

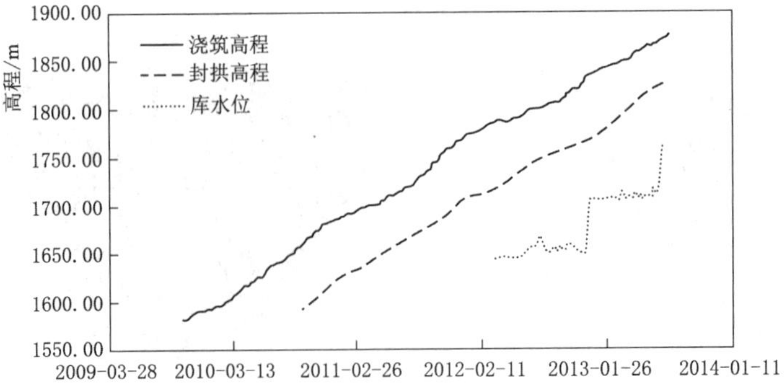

图 5.16　14 号坝段浇筑、封拱及蓄水过程线

相对于封拱温度场发生变化而在坝体内部产生的荷载。在施工过程中，拱坝内部温度场受混凝土水化热、人工冷却及外界环境温度等影响，变化过程复杂。若坝体混凝土水化热基本散发完毕，则坝体温度荷载主要受到气温、水温的影响。因此，需模拟运行期多年平均温度场、封拱温度场和运行期变化温度场，在此基础上计算温度应力。由以上分析可看出，拱坝坝体混凝土分期浇筑、分期封拱和分期蓄水过程较复杂，需对拱坝施工及蓄水过程进行一定简化。由于拱坝在 2013 年 12 月全坝封拱，相关分析均以 2014 年 1 月 1 日为起始日期，此时库水位约 1840m，假设拱坝浇筑高程与封拱高程相同，从建基面高程（约 1580.00m）起，分 5 级施加坝体自重和 1840m 水位前的上游库水压力，加载过程见表 5.5，将计算得到的应力场作为拱坝的初始应力场。

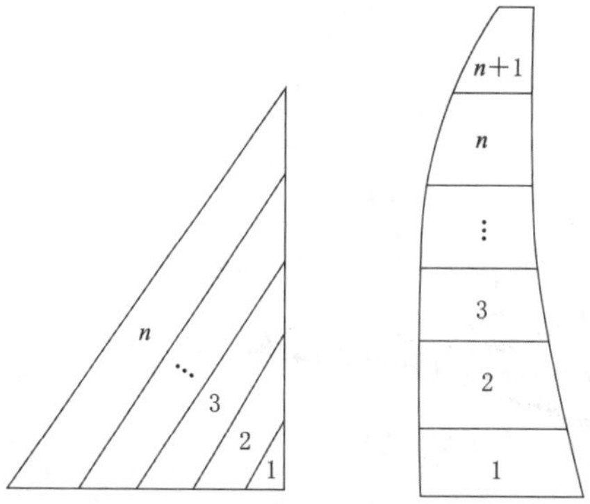

(a) 静水压力施加　(b) 悬臂梁剖面施加

图 5.17　分级施加水荷载示意

表 5.5　拱坝浇筑、封拱及蓄水高程

加载序号	浇筑及封拱高程/m	蓄水高程/m
1	1641.00	1632.00
2	1702.00	1684.00
3	1763.00	1736.00
4	1824.00	1788.00
5	1885.00	1840.00

（1）拱坝瞬时变形变化规律分析。外荷载状态发生变化时，拱坝首先发生瞬时变形，下面以 6 种典型工况为例，计算并分析瞬时变形变化规律。6 种计算工况选取为：死水位；死水位＋最大温升；死水位＋最大温降；正常蓄水位；正常蓄水位＋最大温升；正常蓄水位＋最大温降。6 种工况下拱坝悬臂梁瞬时径向变形分布规律如图 5.18 所示，拱坝坝顶拱圈瞬时径向变形分布规律如图 5.19 所示。

1）拱坝中上部尤其是坝顶中部，由于受坝基和岸坡的约束作用较小，对荷载状态变化较其他部位更敏感。例如，上游水位由 1800m 变化至 1880m 的过程中，悬臂梁顶部节点（节点号为 9561）瞬时径向变形计算值由－7.63mm 变化为 34.94mm，变形向下游增大 42.57mm，而高程为 1630m 节点（节点号为 9498）的瞬时径向变形计算值由 11.27mm 变化为 21.65mm，变形向下游增大了 10.38mm，同样该过程中，坝顶拱圈中部节点（节点号为 10484）瞬时径向变形计算值由－7.66mm 变化为 39.47mm，变形向下游增大了 47.13mm，而坝顶拱圈靠左坡附近节点（节点号为 9683）的瞬时径向变形计算值由－4.71mm 变化为－0.87mm，变形向下游增大了 3.84mm。

2）温度荷载对大坝变形的作用效应可概括为：温度升高，大坝相对向上游变形；温度降低，大坝相对向下游变形。例如，上游水位为 1880m 时，悬臂梁顶节点（节点号为 9561）的瞬时径向变形计算值为 34.94mm；若温度荷载达到最大温升工况时，该节点的瞬时径向变形计算值为 17.04mm，相对向上游变形 17.9mm；若温度荷载达到最大温降

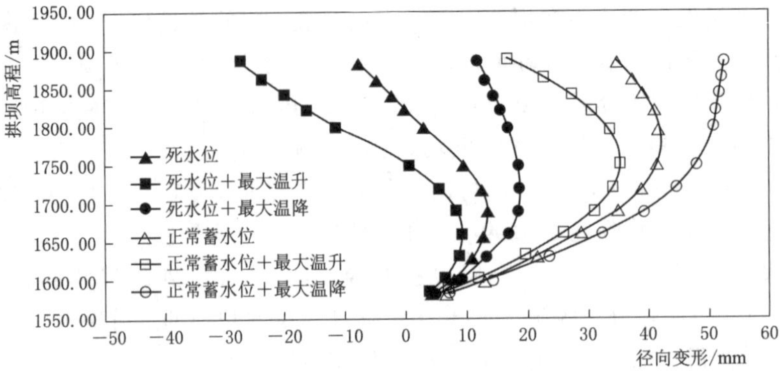

图5.18　6种工况下拱坝悬臂梁瞬时径向变形分布规律

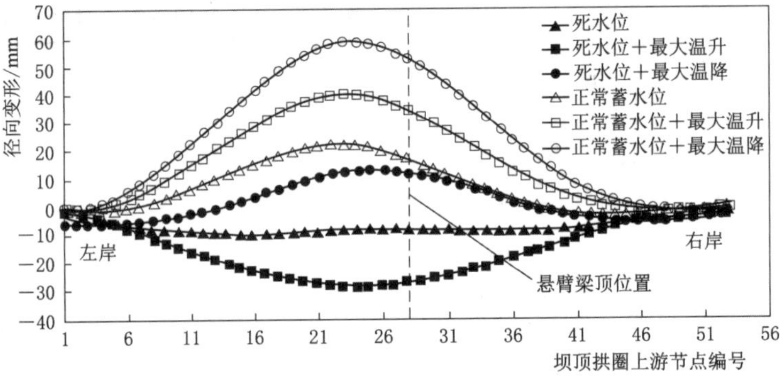

图5.19　6种工况下拱坝坝顶拱圈瞬时径向变形分布规律

工况时，该节点的瞬时径向变形计算值为52.83mm，相对向下游变形17.89mm。

3）水压荷载对大坝变形的作用效应可概括为：水位升高，坝体向下游变形；水位降低，坝体向下游变形减小或向上游变形。例如，上游水位为1800m时，悬臂梁顶节点（节点号为9561）的瞬时径向变形计算值为−7.63mm；水位达到1880m时，该节点的瞬时径向变形计算值为34.94mm，即水位由1800m抬升至1880m的过程中，悬臂梁顶向下游变形了42.57mm。

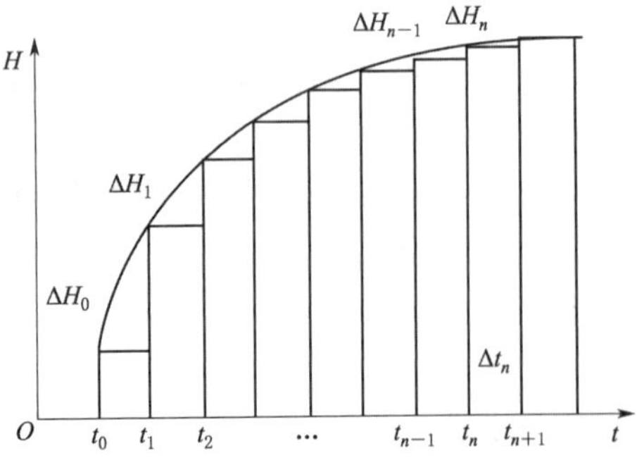

图5.20　荷载增量

H—水荷载；ΔH—水荷载增量；t—时间；Δt—时间增量

（2）拱坝时效变形变化规律分析。在荷载的持续作用下，拱坝将产生随时间变化的时效变形，其主要由坝体和坝基的流变效应引起，在蓄水初期尤为显著，是大坝总变形的重要组成部分，反映了大坝变形的趋势性变化。由于时效变形与荷载作用时间t相关，即在t时刻的变形与加载历史有关，因此需要按增量法进行求解，荷载增量如图5.20所示。以如图5.20所示的蓄水过程为例，在t_n时刻的总变形包括两个部分：①水荷载增量$\Delta H_0+\Delta H_1+\Delta H_2+\cdots+\Delta H_n$作用下，产生的瞬时变形；

②t_0 时刻至 t_n 时刻，在长期荷载作用下产生的时效变形。因此，计算 $t_0 \sim t_n$ 时段内时效变形的方法是从总变形中扣除总瞬时变形。下面以两种工况为例，计算并分析拱坝时效变形变化规律。

工况 1：库水位由 1840m，以 1 天为时间间隔，并以 2m 为单位，分 21 级加载至正常蓄水位 1880m，之后库水位保持在 1880m 至第 300 天，库水荷载施加方式见表 5.6，库水位变化过程如图 5.22 中双点画线所示。

表 5.6 库水荷载施加方式（工况 1）

加载序号	库水位/m	水位增量/m	加载序号	库水位/m	水位增量/m
1	1840	—	13	1864	2
2	1842	2	14	1866	2
3	1844	2	15	1868	2
4	1846	2	16	1870	2
5	1848	2	17	1872	2
6	1850	2	18	1874	2
7	1852	2	19	1876	2
8	1854	2	20	1878	2
9	1856	2	21	1880	2
10	1858	2	22	1880	2
11	1860	2	⋮	⋮	⋮
12	1862	2	300	1880	0

图 5.21 所示为拱坝不同高程特征点径向时效变形变化规律，图 5.22 所示为拱坝悬臂梁径向时效变形分布规律，特征点和悬臂梁的位置如图 5.14（b）所示，图 5.23 所示为拱坝坝顶拱圈径向时效变形分布规律。

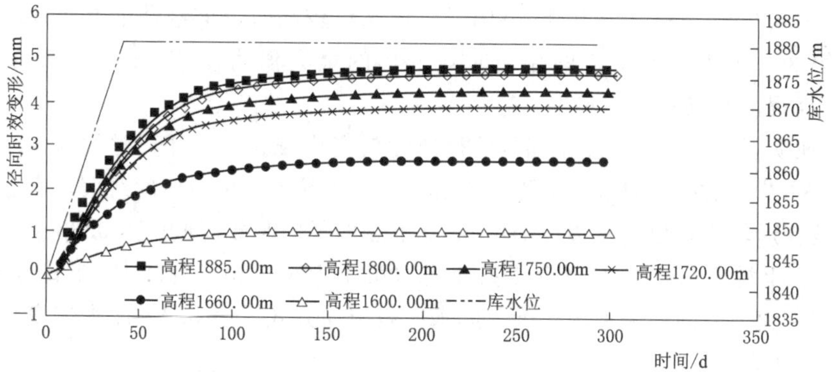

图 5.21 拱坝不同高程节点径向时效变形变化规律

1）在库水荷载的持续作用下，径向时效变形在蓄水初期发展较快，后期逐渐趋于收敛，至计算时段第 300 天末，悬臂梁 1885.00m、1800.00m、1750.00m、1720.00m、1660.00m、1600.00m 高程处节点（节点号为 9561、9533、9528、9519、9507、9506）的径

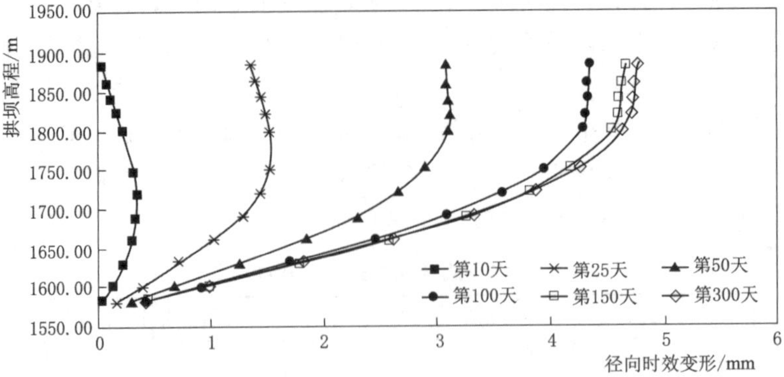

图 5.22　拱坝悬臂梁径向时效变形分布规律

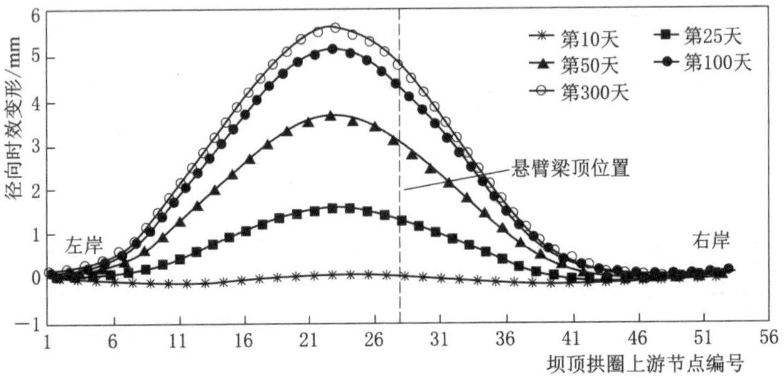

图 5.23　拱坝坝顶拱圈径向时效变形分布规律

向时效变形收敛值分别为 4.77mm、4.65mm、4.26mm、3.86mm、2.61mm、0.98mm。

2）拱坝悬臂梁径向时效变形分布与库水荷载有较大关系，库水位较低时，该悬臂梁中部径向时效变形较大，至第 10 天末，该悬臂梁径向时效变形最大值为 0.34mm，出现在悬臂梁 1720.00m 高程（节点号为 9519）；库水位较高时，该悬臂梁上部径向时效变形较大，至第 300 天末，该悬臂梁径向时效变形的最大值为 4.77mm，出现在悬臂梁顶 1880.00m 高程（节点号为 9561）。

3）拱坝坝顶拱圈中部偏左岸部位的径向时效变形较大，至计算时段第 300 天末，坝顶拱圈 10484 节点的径向时效变形为 5.49mm，由于受到两岸山体的约束，靠近岸坡部位的径向时效变形较小，位于左边坡部位 9600 节点的径向时效变形仅为 0.68mm。

工况 2：上游库水位按 2014 年 1 月 1 日（第 1 天）—2015 年 3 月 31 日（第 455 天）的蓄水过程变化，时间间隔取为 1 天，库水荷载施加方式见表 5.7，库水位变化过程如图 5.24 中双点画线所示。

表 5.7　　库水荷载施加方式（工况 2）

加载序号	库水位/m	水位增量/m	加载序号	库水位/m	水位增量/m
1	1840.0	—	3	1838.7	−0.2
2	1838.9	−1.1	4	1838.4	−0.3

续表

加载序号	库水位/m	水位增量/m	加载序号	库水位/m	水位增量/m
5	1838.0	−0.4	101	1805.0	−0.6
6	1837.7	−0.3	102	1804.6	−0.4
7	1837.3	−0.4	103	1804.1	−0.5
8	1837.0	−0.3	104	1804.0	−0.1
9	1836.7	−0.3	105	1803.5	−0.5
10	1836.3	−0.4	106	1803.6	0.1
⋮	⋮	⋮	⋮	⋮	⋮
100	1805.6	—	455	1835.3	—

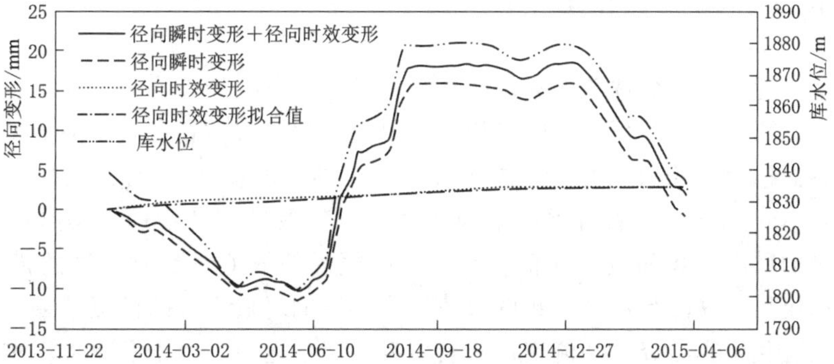

图 5.24　拱坝 1750. 00m 高程节点径向瞬时变形和径向时效变形变化规律

图 5.24 所示为拱坝 1750.00m 高程节点（节点号为 9528）径向瞬时变形和径向时效变形变化规律，图 5.25 所示为拱坝悬臂梁径向时效变形分布规律，特征点和悬臂梁的位置如图 5.14（b）所示。

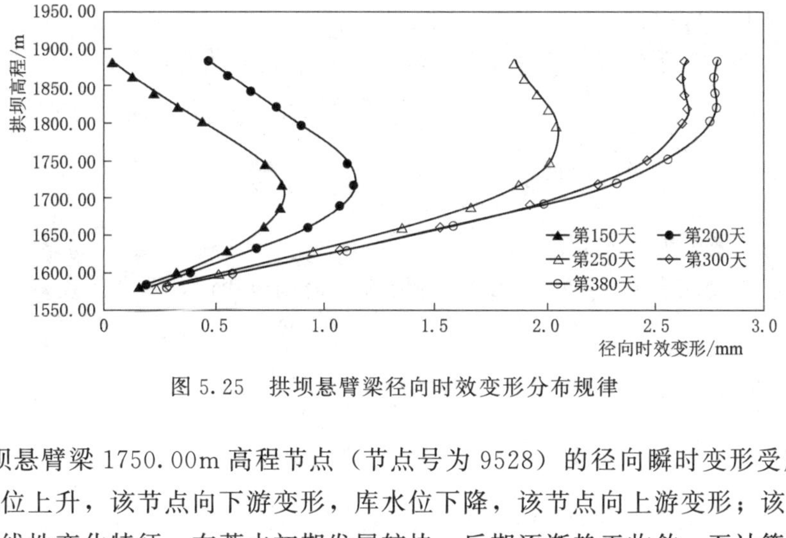

图 5.25　拱坝悬臂梁径向时效变形分布规律

1）拱坝悬臂梁 1750.00m 高程节点（节点号为 9528）的径向瞬时变形受库水位影响显著，库水位上升，该节点向下游变形，库水位下降，该节点向上游变形；该节点径向时效变形呈非线性变化特征，在蓄水初期发展较快，后期逐渐趋于收敛，至计算时段末，该节点径向时效变形为 2.82mm，若采用 $c_1\theta+c_2\ln\theta$ 拟合该时段的径向时效变形，拟合结果如图 5.24 中单点画线，拟合复相关系数为 0.976，系数 c_1 和 c_2 分别为 0.2735 和 0.9346。

2）拱坝悬臂梁径向时效变形分布与库水荷载有较大关系，库水位较低时，该悬臂梁中部径向时效变形较大，例如，第 150 天末（2014 年 2 月 19 日），该悬臂梁径向时效变形最大值为 0.81mm，出现在高程 1690.00m 处（节点号为 9526），第 200 天末（2014 年 7 月 19 日），该悬臂梁径向时效变形最大值为 1.14mm，出现在高程 1720.00m 处（节点号为 9519）；第 250～380 天（2014 年 10 月 27 日—2015 年 2 月 4 日），库水位较高，在正常蓄水位 1880m 附近波动，该悬臂梁上部径向时效变形较大，从 1800.00m 高程至坝段径向时效变形量值接近，至第 380 天末，该悬臂梁径向时效变形最大值为 2.78mm，出现在悬臂梁顶高程 1885.00m（节点号为 9561）。

5.2 物理力学参数智能反演方法

由于模型物理力学参数选取对数值模拟计算结果的影响较大，为实现对混凝土坝长效服役性态变化行为的量化分析，需确定模型中物理力学参数的真实值。由上文可知，待定的物理力学参数包括弹性物理力学参数（如 Hooke 体中的瞬时模量）、黏弹性物理力学参数（如分数阶 Kelvin 体中的黏滞系数和延迟模量）以及黏塑性物理力学参数（如分数阶 Bingham 体中的黏滞系数和应力阈值）等。瞬时模量的取值对瞬时变形的模拟结果影响较大，而延迟模量和黏滞系数等参数的取值则主要影响时效变形的模拟结果。通常，物理力学参数反演有利用实测资料和流变试验资料反演两条途径。由于混凝土坝实际运行过程中一般处于弹性或者黏弹性状态，仅在特殊情况下，才可能处于黏塑性状态，弹性物理力学参数可利用实测资料反演，而黏弹性和黏塑性物理力学参数则需借助流变试验资料反演。

5.2.1 黏塑性参数反演方法

首先，基于衰减流变试验资料，初步反演 Hooke 体和分数阶 Kelvin 体（或分数阶村山体）的物理力学参数。

（1）当采用分数阶 Kelvin 体描述衰减流变阶段时，即

$$\hat{\varepsilon}(t)=\frac{\sigma}{E_0}+\frac{\sigma}{\eta_1^{\gamma_1}}\sum_{k=0}^{\infty}\frac{\left(-\dfrac{E_1}{\eta_1^{\gamma_1}}\right)^k t^{\gamma_1(1+k)}}{\Gamma[(1+k)\gamma_1+1]} \tag{5.119}$$

假设 σ 为某低应力水平，t_i（$i=1, 2, \cdots, N$）为时刻，$\hat{\varepsilon}(t_i)$ 为基于式（5.119）计算得到的 t_i 时刻应变值，$\varepsilon(t_i)$ 为试验得到的 t_i 时刻应变值，两者的残差可表示为

$$r_i=\hat{\varepsilon}(t_i)-\varepsilon(t_i)=\frac{\sigma}{E_0}+\frac{\sigma}{\eta_1^{\gamma_1}}\sum_{k=0}^{\infty}\frac{\left(-\dfrac{E_1}{\eta_1^{\gamma_1}}\right)^k t_i^{\gamma_1(1+k)}}{\Gamma[(1+k)\gamma_1+1]}-\varepsilon(t_i) \tag{5.120}$$

引入 Mittag - Leffler 函数，则式（5.120）可表达为

$$r_i=\hat{\varepsilon}(t_i)-\varepsilon(t_i)=\frac{\sigma}{E_0}+\frac{\sigma}{E_1}-\frac{\sigma}{E_1}E_{\gamma_1,1}\left(-\frac{E_1}{\eta_1^{\gamma_1}}t_i^{\gamma_1}\right)-\varepsilon(t_i) \tag{5.121}$$

衰减流变过程总残差平方和 F 可表达为

$$F=\sum_{i=1}^{N}[\hat{\varepsilon}(t_i)-\varepsilon(t_i)]^2=\sum_{i=1}^{N}r_i^{\ 2} \tag{5.122}$$

使式（5.122）达到最小值的参数即为 Hooke 体和分数阶 Kelvin 体参数的反演值，利用 Levenberg - Marquardt 法搜索式（5.122）的最小值，寻优模式为

$$[J^{\mathrm{T}}(z_k)J(z_k)+\lambda_k D_k^{\mathrm{T}}D_k](z_{k+1}-z_k)=-J(z_k)^{\mathrm{T}}R(z_k) \tag{5.123}$$

式中：$k=0$，1，…表示第 k 次迭代；λ_k 为正参数，$\lambda_k\geqslant 0$；D_k 为单位对角矩阵；$z_k=(E_0^k,\ E_1^k,\ \eta_1^k,\ \gamma_1^k)^{\mathrm{T}}$ 为第 k 次迭代参数 E_0、E_1、η_1、γ_1 的值；$J(z_k)$为残差向量 $R(z_k)$的雅可比矩阵。

$$R(z)=\begin{bmatrix} r_1\\ \vdots\\ r_i\\ \vdots\\ r_N \end{bmatrix}=\begin{bmatrix} \dfrac{\sigma}{E_0}+\dfrac{\sigma}{E_1}-\dfrac{\sigma}{E_1}E_{\gamma_1,1}\left(-\dfrac{E_1}{\eta_1^{\gamma_1}}t_1^{\gamma_1}\right)-\varepsilon(t_1)\\ \vdots\\ \dfrac{\sigma}{E_0}+\dfrac{\sigma}{E_1}-\dfrac{\sigma}{E_1}E_{\gamma_1,1}\left(-\dfrac{E_1}{\eta_1^{\gamma_1}}t_i^{\gamma_1}\right)-\varepsilon(t_i)\\ \vdots\\ \dfrac{\sigma}{E_0}+\dfrac{\sigma}{E_1}-\dfrac{\sigma}{E_1}E_{\gamma_1,1}\left(-\dfrac{E_1}{\eta_1^{\gamma_1}}t_N^{\gamma_1}\right)-\varepsilon(t_N) \end{bmatrix} \tag{5.124}$$

$$J(z)=\begin{bmatrix} \dfrac{\partial r_1}{\partial E_0} & \dfrac{\partial r_1}{\partial E_1} & \dfrac{\partial r_1}{\partial \eta_1} & \dfrac{\partial r_1}{\partial \gamma_1}\\ \vdots & \vdots & \vdots & \vdots\\ \dfrac{\partial r_i}{\partial E_0} & \dfrac{\partial r_i}{\partial E_1} & \dfrac{\partial r_i}{\partial \eta_1} & \dfrac{\partial r_i}{\partial \gamma_1}\\ \vdots & \vdots & \vdots & \vdots\\ \dfrac{\partial r_N}{\partial E_0} & \dfrac{\partial r_N}{\partial E_1} & \dfrac{\partial r_N}{\partial \eta_1} & \dfrac{\partial r_N}{\partial \gamma_1} \end{bmatrix} \tag{5.125}$$

因此，Levenberg - Marquardt 法的反演步骤为：①令 $i=0$，确定参数初始值 z_0；②将 z_0 代入式（5.124）和式（5.125）中，计算 $J(z_0)$和 $R(z_0)$；③计算 $B=J^{\mathrm{T}}(z_0)\cdot J(z_0)+\lambda_0 D_0{}^{\mathrm{T}}D_0$ 和 $C=-J^{\mathrm{T}}(z_0)R(z_0)$，则 $s_1=z_1-z_0=B^{-1}C$；④$z_1=z_0+s_1$；⑤重复①～④，直至总残差平方和 F 小于允许值。

（2）当采用分数阶村山体描述衰减流变过程时，首先应确定应力阈值 σ_{s1}，选取两组衰减流变曲线，应力水平记为 σ_1、σ_2，假设 t_∞时刻，两个流变过程均收敛，扣除初始瞬时应变 ε_e^1和 ε_e^2后，可得 t_∞时刻黏弹性应变分别为 $\varepsilon_{ve}^1(t_\infty)$ 和 $\varepsilon_{ve}^2(t_\infty)$，则

$$\varepsilon_{ve}^1(t_\infty)=\frac{\sigma_1-\sigma_{s1}}{\eta_1^{\gamma_1}}\sum_{k=0}^{\infty}\frac{\left(-\dfrac{E_1}{\eta_1^{\gamma_1}}\right)^k t_\infty^{\gamma_1(1+k)}}{\Gamma(1+k)\gamma_1+1]} \tag{5.126}$$

$$\varepsilon_{ve}^2(t_\infty)=\frac{\sigma_2-\sigma_{s1}}{\eta_1^{\gamma_1}}\sum_{k=0}^{\infty}\frac{\left(-\dfrac{E_1}{\eta_1^{\gamma_1}}\right)^k t_\infty^{\gamma_1(1+k)}}{\Gamma[(1+k)\gamma_1+1]} \tag{5.127}$$

由式（5.126）和式（5.127）可得

$$\sigma_{S1}=\frac{\sigma_1\varepsilon_{ve}^2(t_\infty)-\sigma_2\varepsilon_{ve}^1(t_\infty)}{\varepsilon_{ve}^2(t_\infty)-\varepsilon_{ve}^1(t_\infty)} \tag{5.128}$$

得到应力阈值 σ_{s1} 后，利用 Levenberg - Marquardt 法即可反演剩余的参数（E_0、E_1、η_1、γ_1），反演过程同上。

其次，基于稳态流变试验资料，反演分数阶 Bingham 体的物理力学参数。确定黏塑性体应力阈值 σ_{s2}，选取两组稳态流变曲线，应力水平分别为 σ_1、σ_2，t 时刻相应的总应变为 ε^1（t）和 ε^2（t），通过式（5.119）可计算得到 t 时刻相应的瞬时应变和黏弹性应变的和 $\varepsilon_e^1+\varepsilon_{ve}^1(t)$、$\varepsilon_e^2+\varepsilon_{ve}^2(t)$，进而从稳态流变曲线中可分离得到黏塑性应变 $\varepsilon_{vp}^1(t)$ 和 $\varepsilon_{vp}^2(t)$，分别表征为

$$\varepsilon_{vp}^1(t)=\frac{\sigma_1-\sigma_{s2}}{\eta_2^{\gamma_2}}\frac{t^{\gamma_2}}{\Gamma(1+\gamma_2)} \tag{5.129}$$

$$\varepsilon_{vp}^2(t)=\frac{\sigma_2-\sigma_{s2}}{\eta_2^{\gamma_2}}\frac{t^{\gamma_2}}{\Gamma(1+\gamma_2)} \tag{5.130}$$

由式（5.129）和式（5.130）可得

$$\sigma_{S2}=\frac{\sigma_1\varepsilon_{vp}^2-\sigma_2\varepsilon_{vp}^1}{\varepsilon_{vp}^2-\varepsilon_{vp}^1} \tag{5.131}$$

得到应力阈值 σ_{s2} 后，再利用 Levenberg - Marquardt 法即可反演剩余黏塑性参数（η_2、γ_2），反演过程同上。

最后，基于加速流变试验资料，反演参数 α_2 的值。选取高应力水平下的加速流变曲线，则 t 时刻的应变 $\varepsilon(t)$ 可用式（5.61）的第三式或式（5.62）的第四式表征，将反演得到的 E_0、E_1、η_1、γ_1、η_2、γ_2、σ_{s1}、σ_{s2} 代入，再利用 Levenberg - Marquardt 法，即可反演参数 α_2 的值，过程同上。

通过上述分析，可反演得到分数阶分析模型中黏塑性物理力学参数，即 η_2、γ_2、σ_{s1}、σ_{s2}、α_2，并初步反演得到分数阶分析模型的弹性和黏弹性物理力学参数，即 E_0、E_1、η_1、γ_1，进一步需结合变形实测资料，研究分数阶分析模型中弹性和黏弹性物理力学参数的反演模式与方法。

5.2.2 弹性和黏弹性参数反演模式

5.2.2.1 弹性力学参数反演模式

混凝土坝系统包括坝体和坝基两部分，假设在库水压力作用下坝体和坝基均处于弹性状态，则系统的平衡方程可表示为

$$\{K\}\{\delta_H\}=\{R_H\} \tag{5.132}$$

式中：$\{K\}$ 为结构整体劲度矩阵；$\{\delta_H\}$ 为水压力作用下节点变形矩阵；$\{R_H\}$ 为水压荷载矩阵。

假定 Ω_1、Ω_2 分别为坝体和坝基区域，结构整体劲度矩阵可表达为

$$\{K\}=\sum_{e_j\in\Omega_1}\{C\}_{e_j}^{\mathrm{T}}\{K\}_{e_j}\{C\}_{e_j}+\sum_{e_j\in\Omega_2}\{C\}_{e_j}^{\mathrm{T}}\{K\}_{e_j}\{C\}_{e_j} \tag{5.133}$$

其中

$$\{K\}_{e_j}=\iiint\limits_{\Omega_j}\{B\}^{\mathrm{T}}\{D\}\{B\}\mathrm{d}\Omega=E\iiint\limits_{\Omega_j}\{B\}^{\mathrm{T}}f(\mu)\{B\}\mathrm{d}\Omega=E\{\bar{K}\}_{e_j} \tag{5.134}$$

$$E=\begin{cases}E_c, & e_j\in\Omega_1\\ E_r, & e_j\in\Omega_2\end{cases} \tag{5.135}$$

式中：$\{C\}_{e_j}$ 为联系整体节点变形矩阵和单元节点变形矩阵的选择矩阵；$\{K\}_{e_j}$ 为单元刚度矩阵；$\{B\}$ 为单元几何特性矩阵；E_c、E_r 分别为坝体综合弹性模量、坝基综合变形模量。

令 $R_1=E_r/E_c$，则

$$\begin{aligned}\{K\}&=E_c\Big(\sum_{e_j\in\Omega_1}\{C\}_{e_j}^{\mathrm{T}}\{K\}_{e_j}\{C\}_{e_j}+R_1\sum_{e_j\in\Omega_2}\{C\}_{e_j}^{\mathrm{T}}\{K\}_{e_j}\{C\}_{e_j}\Big)\\&=F[E_c,E_r/E_c,f(\mu_c),f(\mu_r),L,S]\end{aligned} \tag{5.136}$$

式中：μ_c、μ_r 分别为坝体和坝基的泊松比；$f(\mu_c)$、$f(\mu_r)$ 分别为与坝体和坝基泊松比有关的变量；L、S 分别为计算区域单元尺寸、所受约束的影响。

由式（5.136）可看出结构整体劲度矩阵 $\{K\}$ 受 E_c、E_r/E_c、$f(\mu_c)$、$f(\mu_r)$、L、S 的影响，若结构型式一定，则 L、S 固定，而泊松比对结构整体劲度矩阵 $\{K\}$ 的影响不敏感，因此坝体、坝基的水压变形主要受 E_c、E_r/E_c 影响。由于坝体变形包含坝体、坝基在库水压力综合作用下产生的变形，需要首先反演坝基综合变形模量 E_r，进一步再反演坝体综合弹性模量 E_c，下面介绍相应的反演模式。

（1）坝基综合变形模量反演模式。坝基综合变形模量可利用建基面附近测点的变形实测资料反演。若坝基分为 M 个区，各区域综合变形模量记为 $E_{rj}(j=1,2,\cdots,M)$，建基面附近共布置有 m_2 个变形测点，建立反演目标函数：

$$Q=\sum_{i=1}^{m_2}(\delta_{ri}-\hat{\delta}_{ri})^2=f(E_{r1},E_{r2},\cdots,E_{rM}) \tag{5.137}$$

式中：δ_{ri} 为基于测点 i 变形实测资料分离出的变形水压分量；$\hat{\delta}_{ri}$ 为仅在库水压力作用下测点 i 变形有限元计算值。

当目标函数 Q 取最小值时，所得参数 $E_{rj}(j=1,2,\cdots,M)$ 即为坝基各区综合变形模量反演值。

（2）坝体综合弹性模量反演模式。反演得到坝基综合变形模量后，可利用坝体变形资料反演坝体综合弹性模量。假设坝体共有 K 个区域，每个区域综合弹性模量记为 $E_{cj}(j=1,2,\cdots,K)$，坝体共布置有 m_3 个变形测点，可建立反演目标函数

$$Q=\sum_{i=1}^{m_3}(\delta_{ci}-\hat{\delta}_{ci})^2=f(E_{c1},E_{c2},\cdots,E_{cK}) \tag{5.138}$$

式中：δ_{ci} 为基于测点 i 变形实测资料分离出的变形水压分量；$\hat{\delta}_{ci}$ 为仅在库水压力作用下测点 i 变形有限元计算值。

当目标函数 Q 取最小值时，所得参数 $E_{cj}(j=1,2,\cdots,K)$ 即为坝体各区综合弹性模量反演值。

5.2.2.2 黏弹性力学参数反演模式

假设坝体综合弹性模量、坝基综合变形模量均已反演得到，若共布置有 m 个变形测

点，在长期荷载组合 $\boldsymbol{P}$ 的作用下，测点 i 的变形为 δ_{it}，相应的有限元计算值为 $\hat{\delta}_{it}$，其中 $t=1,2,\cdots,T$，坝体待反演的黏弹性物理力学参数为：延迟模量（E_{c1}）、黏滞系数(η_{c1})、阶数(γ_{c1})，坝基待反演的黏弹性物理力学参数有：延迟模量（E_{r1}）、黏滞系数(η_{r1})、阶数(γ_{r1})，可建立目标函数：

$$Q=\sum_{i=1}^{m}\sum_{t=1}^{T}(\delta_{it}-\hat{\delta}_{it})^2=f(E_{c1},\eta_{c1},\gamma_{c1},E_{r1},\eta_{r1},\gamma_{r1}) \tag{5.139}$$

当目标函数 Q 取最小值时，所得参数组合 E_{c1}、η_{c1}、γ_{c1}、E_{r1}、η_{r1}、γ_{r1} 即为坝体和坝基黏弹性物理力学参数反演值。

由上述研究可看出，弹性和黏弹性物理力学参数反演的基本思路是将待反演的物理力学参数视为输入量，使测点变形（或变形分量）与有限元计算值在某一尺度下无限接近，而最接近的物理力学参数组合即为参数反演值。从变形实测资料中提取变形水压分量是综合弹性（变形）模量反演的重要任务，可从实测资料中分离出某测点变形的水压分量、温度分量和时效分量，并将其应用于参数反演。

5.2.3 弹性和黏弹性参数智能反演方法

分数阶分析模型中，弹性和黏弹性物理力学参数反演过程中需要解决以下三个问题：①为保证反演成果满足精度要求的前提下，尽可能减少有限元计算工作量，需对待反演参数样本进行优化设计；②利用反演参数可计算得到不同参数组合下的变形响应值，在此基础上，需构建待反演物参数与混凝土坝变形之间的非线性映射关系；③结合实测资料，构建智能寻优算法，对待定物理力学参数进行智能反演。

5.2.3.1 待反演物理力学参数样本设计

分数阶分析模型中，待反演物理力学参数较多，而参数样本的合理选择，对参数反演速度及精度影响较大，常用的参数样本设计方案包括均匀设计、中心复合设计、正交设计、Bucher 设计等。中心复合设计得到的参数样本在空间中分布较其他几种设计方案更优，可用于获取待反演物理力学参数样本。

待反演物理力学参数样本 3 变量 2 水平中心复合设计如图 5.26 所示。若待反演物理力学参数共有 n 个，记为 $\boldsymbol{X}=(X_1,X_2,\cdots,X_n)$，其中 X_i（$i=1,2,\cdots,n$）的变化范围为$[\underline{X}_i,\overline{X}_i]$。令

$$X_i^c=\frac{\underline{X}_i+\overline{X}_i}{2},X_i^r=\frac{\overline{X}_i-\underline{X}_i}{2} \tag{5.140}$$

则中心复合设计所得的参数样本由中心样本点、轴向样本点和析因样本点构成。①中心样本点：$(X_1^c,\cdots,X_i^c,\cdots,X_n^c)$，对于 3 变量 2 水平的中心复合设计，立方体中心黑点即为中心样本点；②轴向样本点：$(X_1^c,\cdots,X_i^c\pm fX_i^r,\cdots,X_n^c)$，其中 $f=\sqrt[4]{F}$，F 是析因样本点的数目，对于 3 变量 2 水平的中心复合设计，立方体各坐标轴上的黑点即为轴向样本点；③析因样本点：$(X_1^c\pm fX_1^r,\cdots,X_i^c\pm fX_i^r,\cdots,X_n^c\pm fX_n^r)$，其中 $f=1$，对于 3 变量 2 水平的中心复合设

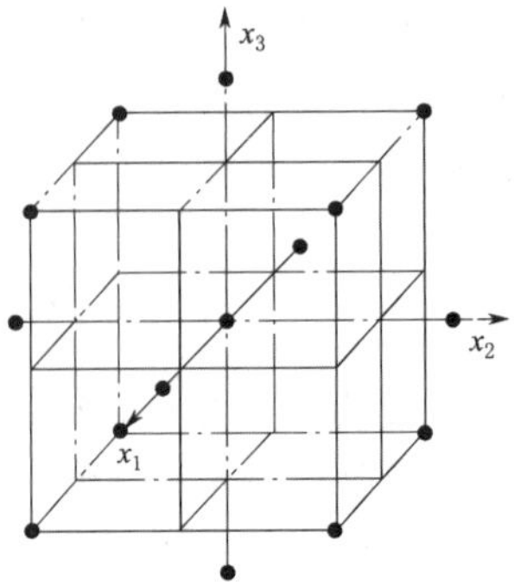

图 5.26 待反演物理力学参数样本 3 变量 2 水平中心复合设计

计，立方体各个顶点即为析因样本点。通过上述参数样本设计过程，最终可得 $K=2^n+2n+1$ 个参数样本点。

5.2.3.2 弹性和黏弹性物理力学参数反演实现

基于中心复合设计得到的参数样本，利用分数阶数值分析方法，即可计算得到不同参数组合下混凝土坝变形响应值。在此基础上，结合参数反演模式，可对分数阶分析模型中弹性和黏弹性物理力学参数进行反演。

1. 待反演物理力学参数与变形计算值间关系的构建

通过对诸如神经网络、遗传算法、SVM 等机器学习方法的研究，采用能解决小样本、高维数、非线性问题的 MSVM 模型，构建待反演物理力学参数与变形计算值间的非线性映射关系。

MSVM 模型通过非线性变换，可将低维空间中物理力学参数与变形计算值映射到高维空间中。记待反演物理力学参数与变形计算值组成的训练样本为$\{(x_i,y_i)|i=1,2,\cdots,l\}$，其中 $x_i\in\boldsymbol{R}^m$ 是中心复合设计得到的第 i 组物理力学参数；$y_i\in\boldsymbol{R}^d$ 为 x_i 对应的变形有限元计算值，m 为输入样本的维数，d 代表输出目标值的维数。

传统的单输出 SVM 模型的损失函数一般在超立方体上建立，可表达为

$$L_\varepsilon[y-f(x)]=\begin{cases}0, & |y-f(x)|\leqslant\varepsilon\\ |y-f(x)|-\varepsilon, & |y-f(x)|>\varepsilon\end{cases}\tag{5.141}$$

MSVM 模型对传统 SVM 模型的损失函数进行了改进，其核心是在超球体上定义损失函数，由此对所有输出变量建立同一个约束，其损失函数可表达为

$$L_\varepsilon[y-f(x)]=\begin{cases}0, & |y-f(x)|\leqslant\varepsilon\\ [\|y-f(x)\|-\varepsilon]^2, & |y-f(x)|>\varepsilon\end{cases}\tag{5.142}$$

原问题转化为高维空间中的最优化问题，即

$$\begin{cases}\min\quad J=\dfrac{1}{2}\sum_{i=1}^{d}\|\boldsymbol{w}_i\|^2+C\sum_{i=1}^{d}\sum_{j=1}^{n}L_i[f_i(x^j),y_i^j]\\ \text{s.t.}\quad |f_i(x^j)-y_i^j|<\varepsilon_i\end{cases}\tag{5.143}$$

引入松弛变量 ξ_i^j、$\xi_i^{j^*}$，可得

$$\begin{cases}\min\quad J=\dfrac{1}{2}\sum_{i=1}^{d}\|\boldsymbol{w}_i\|^2+C\sum_{i=1}^{d}\sum_{j=1}^{n}(\xi_i^j+\xi_i^{j^*})\\ \text{s.t.}\begin{cases}y_i^j-\boldsymbol{w}_i\cdot\phi(x_i)-b_i\leqslant\varepsilon_i+\xi_i^j\\ \boldsymbol{w}_i\cdot\phi(x_i)+b_i-y_i^j\leqslant\varepsilon_i+\xi_i^{j^*}\\ \xi_i^j\geqslant 0\\ \xi_i^{j^*}\geqslant 0\end{cases}\end{cases}\tag{5.144}$$

构造 Lagrange 函数，并引入对偶变量，可得

$$\begin{aligned}L=&C\sum_{i=1}^{d}\sum_{j=1}^{n}(\xi_i^j+\xi_i^{j^*})+\frac{1}{2}\sum_{i=1}^{d}\|\boldsymbol{w}_i\|^2-\sum_{i=1}^{d}\sum_{j=1}^{n}\alpha_i^j[\xi_i^j+\varepsilon_i-y_i^j+w_i\cdot\phi(x_i^j)+b_i]\\&-\sum_{i=1}^{d}\sum_{j=1}^{n}\alpha_i^{j^*}[\xi_i^{j^*}+\varepsilon_i-y_i^j+\boldsymbol{w}_i\cdot\phi(x_i^j)+b_i]-\sum_{i=1}^{d}\sum_{j=1}^{n}(\eta_i^j\xi_i^j+\eta_i^{j^*}\xi_i^{j^*})\end{aligned}\tag{5.145}$$

式中：η_i^j、η_i^{j*}、α_i^j、α_i^{j*} 为 Lagrange 乘子，均为不小于 0 的常数；C 为惩罚常数，$C>0$。

由鞍点（saddle point）条件可知，Lagrange 函数的极值需满足

$$\frac{\partial L}{\partial b_i}=0,\quad \frac{\partial L}{\partial w_i}=0,\quad \frac{\partial L}{\partial \xi_i^j}=0,\quad \frac{\partial L}{\partial \xi_i^{j*}}=0 \tag{5.146}$$

即

$$\begin{cases}\dfrac{\partial L}{\partial b_i}=-\sum\limits_{j=1}^{n}(\alpha_i^j+\alpha_i^{j*})=0\Rightarrow\sum\limits_{j=1}^{n}(\alpha_i^j+\alpha_i^{j*})=0\\ \dfrac{\partial L}{\partial w_i}=w_i-\sum\limits_{j=1}^{n}(\alpha_i^j-\alpha_i^{j*})\phi(x_i^j)=0\Rightarrow w_i=\sum\limits_{j=1}^{n}(\alpha_i^j-\alpha_i^{j*})\phi(x_i^j)\\ \dfrac{\partial L}{\partial \xi_i^j}=C-\alpha_i^j-\eta_i^j=0\Rightarrow C=\alpha_i^j+\eta_i^j\\ \dfrac{\partial L}{\partial \xi_i^{j*}}=C-\alpha_i^{j*}-\eta_i^{j*}=0\Rightarrow C=\alpha_i^{j*}+\eta_i^{j*}\end{cases} \tag{5.147}$$

将式（5.147）代入式（5.145），得到优化问题的对偶形式为

$$\begin{cases}\max W(\alpha_i^j,\alpha_i^{j*})=-\dfrac{1}{2}\sum\limits_{i=1}^{d}\sum\limits_{j,l=1}^{n}(\alpha_i^j-\alpha_i^{j*})(\alpha_i^l-\alpha_i^{l*})k(x^j,x^l)+\\ \qquad\qquad \sum\limits_{i=1}^{d}\sum\limits_{j=1}^{n}(\alpha_i^j-\alpha_i^{j*})y_i^j-\sum\limits_{i=1}^{d}\sum\limits_{j=1}^{n}(\alpha_i^j+\alpha_i^{j*})\varepsilon_i\\ \text{s. t.}\ \sum\limits_{j=1}^{n}(\alpha_i^j-\alpha_i^{j*})=0,\quad 0<\alpha_i^j,\quad \alpha_i^{j*}<C\end{cases} \tag{5.148}$$

即可解出 α_i^j 和 α_i^{j*} 的值，则变形计算值 $f_i(x)$ 与待反演物理力学参数的关系用 MSVM 模型可表示为

$$f_i(x)=w_i\cdot\phi(x)+b_i=\sum_{j=1}^{n}(\alpha_i^j-\alpha_i^{j*})k(x^j,x^l)+b_i \tag{5.149}$$

由 KKT 条件可知，最优解应该满足：

$$\begin{cases}\alpha_i^j\,[\xi_i^j+\varepsilon_i-y_i^j+f_i(x^j)]=0\\ \alpha_i^{j*}\,[\xi_i^{j*}+\varepsilon_i-y_i^j+f_i(x^j)]=0\end{cases} \tag{5.150}$$

$$\begin{cases}\eta_i^j\xi_i^j=0\\ \eta_i^{j*}\xi_i^{j*}=0\end{cases} \tag{5.151}$$

由式（5.150）可知 $\alpha_i^j\alpha_i^{j*}=0$，可得

$$\begin{cases}(C-\alpha_i^j)\xi_i^j=0\\ (C-\alpha_i^{j*})\xi_i^{j*}=0\end{cases} \tag{5.152}$$

当 $\alpha_i^j=C$，$\alpha_i^{j*}=C$ 时，可得

$$\begin{cases}\varepsilon_i-y_i^j+f_i(x^j)=0,\quad 0<\alpha_i^j<C\\ \varepsilon_i+y_i^j-f_i(x^j)=0,\quad 0<\alpha_i^{j*}<C\end{cases} \tag{5.153}$$

进而可得

$$\begin{cases} b_i = y_i^j - \sum_{j=1}^{n}(\alpha_i^j - \alpha_i^{j*})k(x^j, x^l) - \varepsilon_i, & 0 < \alpha_i^j < C \\ b_i = y_i^j - \sum_{j=1}^{n}(\alpha_i^j - \alpha_i^{j*})k(x^j, x^l) + \varepsilon_i, & 0 < \alpha_l^{j*} < C \end{cases} \tag{5.154}$$

通过上述分析，可得到待反演物理力学参数与变形计算值间的非线性映射关系，由此结合弹性和黏弹性物理力学参数反演模式，利用变形实测资料，即可构建弹性和黏弹性参数的 MSVM 反演目标函数。

（1）弹性参数 MSVM 反演目标函数。在反演坝体、坝基弹性物理力学参数时，按照先反演坝基综合变形模量 E_r，再反演坝体综合弹性模量 E_c 的顺序进行。记坝基各区域的综合变形模量为 E_{rj}（$j=1$，2，…，M），则坝基各区域综合变形模量反演目标函数可表示为

$$Q = \sum_{i=1}^{m_2}[\delta_{ri} - \mathrm{MSVM}_i(E_{r1}, E_{r2}, \cdots, E_{rM})]^2 \tag{5.155}$$

式中：m_2 为建基面附近变形测点总数；δ_{ri} 为从测点 i 变形实测资料分离得到的变形水压分量；MSVM_i（E_{r1}，E_{r2}，…，E_{rM}）为坝基各区域综合变形模量取 E_{r1}，E_{r2}，…，E_{rM} 时，MSVM 模型输出的测点 i 在水压作用下的变形计算值。

记坝体各区域的综合弹性模量为 E_{cj}（$j=1$，2，…，K），此时坝基综合变形模量取反演值，则坝体各区域综合弹性模量 MSVM 反演目标函数可表示为

$$Q = \sum_{i=1}^{m_3}[\delta_{ci} - \mathrm{MSVM}_i(E_{c1}, E_{c2}, \cdots, E_{cK})]^2 \tag{5.156}$$

式中：m_3 为坝体变形测点总数；δ_{ci} 为从测点 i 变形实测资料分离得到的变形水压分量；MSVM_i（E_{c1}，E_{c2}，…，E_{cK}）为坝体各区域综合弹性模量取 E_{c1}，E_{c2}，…，E_{cK} 时，MSVM 模型输出的测点 i 在水压作用下的变形计算值。

得到 MSVM 反演目标函数 Q 后，使 Q 最小的参数值即为弹性参数的反演值。

（2）黏弹性参数 MSVM 反演目标函数。假设坝体综合弹性模量、坝基综合变形模量均已反演得到，若共有 m 个变形测点，反演时段为 T，坝体待反演的黏弹性参数有：延迟模量（E_{c1}）、黏滞系数（η_{c1}）、阶数（γ_{c1}），坝基待反演的黏弹性参数有：延迟模量（E_{r1}）、黏滞系数（η_{r1}）、阶数（γ_{r1}），则黏弹性参数 MSVM 反演目标函数为

$$Q = \sum_{i=1}^{m}\sum_{t=1}^{T}[\delta_{it} - \mathrm{MSVM}_{it}(E_{c1}, \eta_{c1}, \gamma_{c1}, E_{r1}, \eta_{r1}, \gamma_{r1})]^2 \tag{5.157}$$

式中：δ_{it} 为测点 i 在 T 时段内的变形测值；MSVM_{it}（E_{c1}、η_{c1}、γ_{c1}，E_{r1}、η_{r1}、γ_{r1}）为坝体黏弹性参数，取为 E_{c1}、η_{c1}、γ_{c1}，为坝基黏弹性参数，取为 E_{r1}、η_{r1}、γ_{r1} 时，MSVM 模型输出的测点 i 在长期荷载作用下的变形计算值。

得到反演目标函数 Q 后，使 Q 最小的参数即为黏弹性参数的反演值。

因此，基于 MSVM 模型反演黏弹性物理力学参数转化为如下优化问题，即

$$\begin{cases}\min \quad Q \\ \text{s. t.} \begin{cases}\overline{E} \leqslant E \leqslant \underline{E} \\ \overline{\eta} \leqslant \eta \leqslant \underline{\eta} \\ \overline{\gamma} \leqslant \gamma \leqslant \underline{\gamma}\end{cases}\end{cases} \tag{5.158}$$

式中：E 为延迟模量；η 为黏滞系数；γ 为阶数；$\overline{E}$、$\overline{\eta}$、$\overline{\gamma}$分别为 E、η、γ 的上限；$\underline{E}$、$\underline{\eta}$、$\underline{\gamma}$分别为 E、η、γ 的下限。

2. 弹性和黏弹性物理力学参数优化反演

由前文可知，分数阶分析模型弹性和黏弹性物理力学参数的反演问题可转化为求解目标函数的全局最优值问题。PSO 寻优算法对解决大规模的寻优问题具有很快的计算速度以及较好的全局寻优能力，但 PSO 模型也存在一些缺点，如后期收敛速度慢、搜索精度不高、鲁棒性较差等。因此，将随机惯性权重与异步变化的学习因子相结合，对 PSO 模型进行改进，称为改进的 PSO 寻优算法（modified PSO，MPSO），由此对弹性和黏弹性物理力学参数进行反演。

假设待反演的物理力学参数有 n 个，相应的参数组合记为 $\boldsymbol{X}=(X_1, X_2, \cdots, X_n)$，种群中粒子总数为 m，第 i 个粒子的当前位置向量为 $\boldsymbol{X}_i=(X_{i1}, X_{i2}, \cdots, X_{in})$，代表待反演物理力学参数组合；当前速度用向量 $\boldsymbol{v}_i=(v_{i1}, v_{i2}, \cdots, v_{in})$ 表示；当前个体最优位置用向量 $\boldsymbol{p}_i=(p_{i1}, p_{i2}, \cdots, p_{in})$ 表示，代表某寻优步中使目标函数 Q 最小的参数组合；整个粒子群的全局最优位置，用向量 $\boldsymbol{p}_g=(p_{g1}, p_{g2}, \cdots, p_{gn})$ 表示，代表所有寻优步中使目标函数 Q 最小的参数组合，粒子位置和速度更新公式为

$$\begin{cases}v_{ij}^{t+1}=\omega v_{ij}^{t}+c_1 r_1(p_{ij}-X_{ij}^{t})+c_2 r_2(p_{gj}-X_{ij}^{t}) \\ x_{ij}^{t+1}=x_{ij}^{t}+v_{ij}^{t+1}\end{cases} \quad (i=1,2,\cdots,m; j=1,2,\cdots,n) \tag{5.159}$$

式中：t 为当前的迭代次数；ω 为惯性权重；c_1、c_2 为学习因子；r_1、r_2 为分布在［0，1］内的随机数。

由式（5.159）可以看出，更新后的粒子速度包括三部分：第一部分表征粒子的过去速度，平衡了全局搜索能力和局部搜索能力；第二部分表征了粒子自身的认知能力，增强了全局搜索能力；第三部分表征了群体的信息共享能力。因此，惯性权重和学习因子对 PSO 模型的寻优过程有较大影响，下面具体研究各个参数的含义及其改进方法。

惯性权重 ω 表征了 PSO 模型的搜索能力，当惯性权重 ω 较大时，算法的全局搜索能力强，搜索速度快，易于达到最优搜索空间；当惯性权重 ω 较小时，算法的局部寻优能力较强，收敛速率也较快，但粒子易陷入局部最优的位置。传统的惯性权重一般采用线性递减的策略，但如果在计算初期未找到全局最优点所在区域，最终不易收敛到全局最优点。因此，在更新粒子速度时，需要平衡算法的全局搜索能力与局部搜索能力，将惯性权重设定为服从某种分布的随机数，进而基于随机变量的特性调整惯性权重值，使算法易于跳出局部最优，从而提高算法的全局搜索性能。随机惯性权重可表示为

$$\begin{cases}\omega=\mu+\sigma * N(0,1)\\ \mu=\mu_{\min}+(\mu_{\max}-\mu_{\min})rand(0,1)\end{cases} \tag{5.160}$$

式中：$\mu_{\min}$和$\mu_{\max}$为随机权重的最小值和最大值；σ为随机权重的方差。

学习因子c_1表征了粒子个体的“自我认知”能力，学习因子c_2则表征粒子个体的“社会认知”能力，传统PSO算法将上述参数设置为$c_1=c_2=2$。实际上，在迭代初期，应尽量避免过早陷入局部最优，使c_1较大而c_2较小，有利于粒子加强全局搜索能力。而在迭代末期，应提高算法的收敛速度与准确度，使c_1较小而c_2较大，有利于快速收敛到全局最优解。引入不同的变化策略的异步变化学习因子，即

$$\begin{cases}c_1=c_{1s}+(c_{1e}-c_{1s})\dfrac{t}{T_{\max}}\\ c_2=c_{2s}+(c_{2e}-c_{2s})\dfrac{t}{T_{\max}}\end{cases} \tag{5.161}$$

式中：c_{1s}、c_{2s}为学习因子c_1、c_2的初始值；c_{1e}、c_{2e}为学习因子c_1、c_2的迭代终值；t为当前迭代次数；$T_{\max}$为最大迭代次数。

粒子群搜索的终止条件一般设置为达到预设的最大迭代次数或满足算法精度要求。

以分数阶分析模型中弹性物理力学参数反演为例，实施流程如图5.27所示，黏弹性物理力学参数反演过程与其类似。

步骤1：利用变形实测资料建立正分析模型，分离出反演时段的变形水压分量、温度分量、时效分量。

步骤2：基于中心复合设计方法，设计待反演物理力学参数样本，进而利用分数阶数值分析方法计算在库水压力作用下瞬时变形值。

步骤3：将待反演物理力学参数作为输入量，将仅在库水压力作用下，变形计算值作为输出量，训练MSVM模型。

步骤4：构建MSVM反演目标函数，执行MPSO智能寻优过程，以待反演物理力学参数组合作为粒子位置，$t=0$时，初始化所有粒子，并设置参数的寻优范围、学习因子的初始值等。

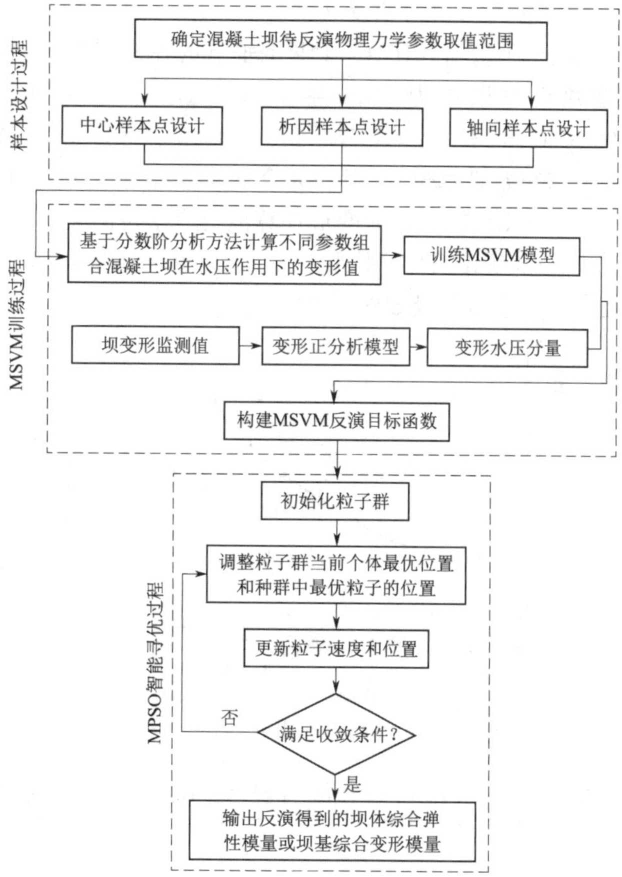

图5.27　分数阶分析模型弹性物理力学参数反演流程

步骤 5：将第 i 个粒子的 $\boldsymbol{p}_i$ 设置为该粒子的当前个体最优位置，$\boldsymbol{p}_g$ 设置为种群中最优粒子的位置。

步骤 6：利用式（5.159）～式（5.161）更新粒子 i 的位置 $\boldsymbol{X}_i$，并检查位置 $\boldsymbol{X}_i$ 各维是否越界，若越上界，则取上界；若越下界，则取下界。

步骤 7：计算粒子 i 的适应度 $Q(\boldsymbol{X}_i)$。

步骤 8：如果粒子 i 的适应度 $Q(\boldsymbol{X}_i)$ 优于个体自身极值 $\boldsymbol{p}_i$ 的适应度 $Q(\boldsymbol{p}_i)$，就用粒子的当前位置 $\boldsymbol{X}_i$ 更新 $\boldsymbol{p}_i$，一次寻优过程后生成全局最优粒子位置 $\boldsymbol{p}_g$ 和相应的全局最优值 $Q(\boldsymbol{p}_g)$。

步骤 9：若运行迭代达到预设的最大迭代次数或满足算法精度要求，算法停止，输出全局最优粒子位置 $\boldsymbol{p}_g$ 和相应的全局最优值 $Q(\boldsymbol{p}_g)$，全局最优粒子位置 $\boldsymbol{p}_g$ 即为弹性物理力学参数的反演值，否则返回步骤 5 继续搜索，直到满足收敛条件。

5.2.4 应用实例

仍以 5.1 节拱坝为例，反演弹性和黏弹性物理力学参数，通过对比数值分析结果与变形测值，验证参数反演结果的有效性。

5.2.4.1 弹性物理力学参数反演分析

1. 坝基综合变形模量反演

基于 IP13－1、IP16－1 两倒垂点的径向变形实测资料反演坝基综合变形模量。混合模型建模时段选为 2015 年 7 月 1 日—2016 年 12 月 31 日，库水位计算工况选为 1800m（死水位）、1810m、1820m、1830m、1840m、1850m、1860m、1870m、1880m（正常蓄水位），坝基综合变形模量采用设计值（15GPa），仅在库水压力作用下 IP13－1 和 IP16－1 径向变形计算值与库水位的关系如图 5.28 所示，该关系可用 4 次多项式表征，多项式拟合系数见表 5.8，最终利用混合模型分离得到倒垂点 IP13－1 和 IP16－1 径向变形水压分量如图 5.29 所示。

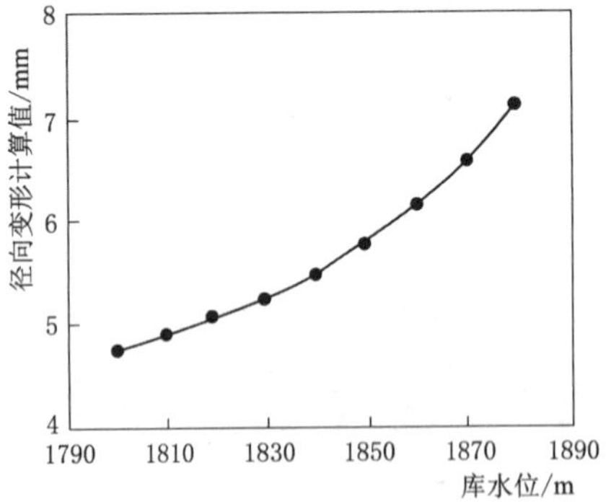

(a) IP13－1

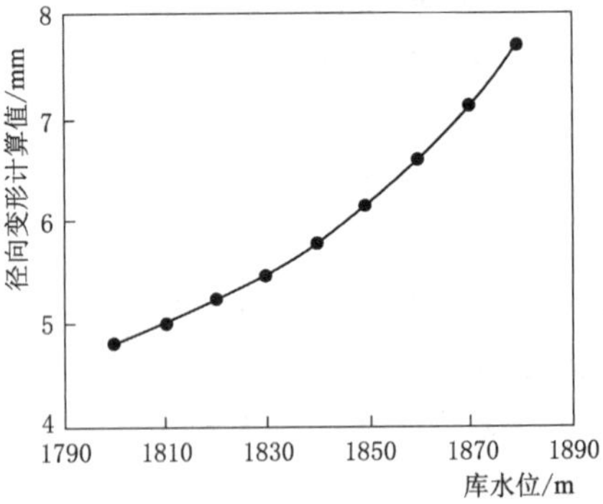

(b) IP16－1

图 5.28 库水压力作用下 IP13－1 和 IP16－1 径向变形计算值与库水位的关系

表 5.8 IP13－1 和 IP16－1 径向变形计算值与库水位关系 4 次多项式拟合系数

测点	a_1	a_2	a_3	a_4
IP13－1	－4.4793	0.0076	-2.6×10^{-6}	-8×10^{-10}
IP16－1	－5.4155	0.0091	-5.4×10^{-6}	-9×10^{-10}

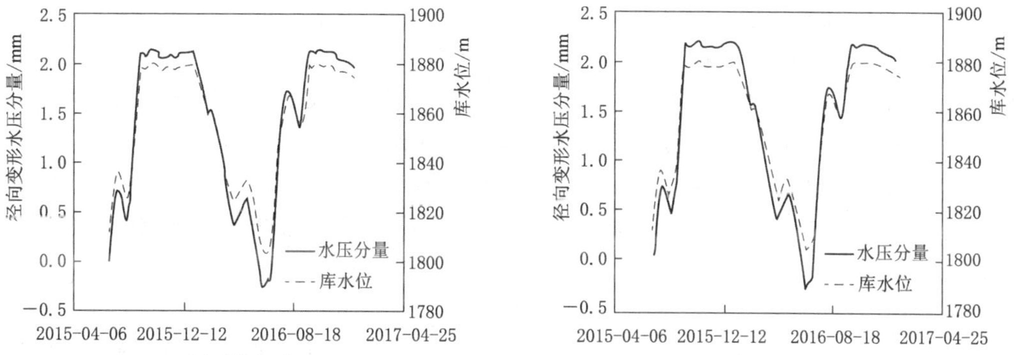

(a) IP13-1 (b) IP16-1

图 5.29 倒垂点 IP13-1 和 IP16-1 径向变形水压分量

由图 5.29 可知，2016 年 6 月 10 日—9 月 24 日期间，坝前水位由 1800m 蓄水至 1880m，IP13-1 和 IP16-1 两点径向变形水压分量增量分别为 2.4mm 和 2.5mm。反演坝基综合变形模量时，设置坝基综合变形模量为 9GPa、10GPa、…、18GPa、19GPa，库水位由 1800m 变化至 1880m 的过程中，利用分数阶有限元可计算得到 IP13-1 和 IP16-1 的径向变形增量见表 5.9，IP13-1 和 IP16-1 径向变形计算值增量与坝基综合变形模量的关系如图 5.30 所示。

表 5.9　IP13-1 和 IP16-1 径向变形计算值增量

坝基综合变形模量取值/GPa	径向变形计算值增量/mm		坝基综合变形模量取值/GPa	径向变形计算值增量/mm	
	IP13-1	IP16-1		IP13-1	IP16-1
9	4.4	5.2	15	2.5	2.8
10	4.0	4.6	16	2.3	2.6
11	3.6	4.1	17	2.1	2.4
12	3.3	3.7	18	2.0	2.2
13	3.0	3.4	19	1.8	2.1
14	2.8	3.1			

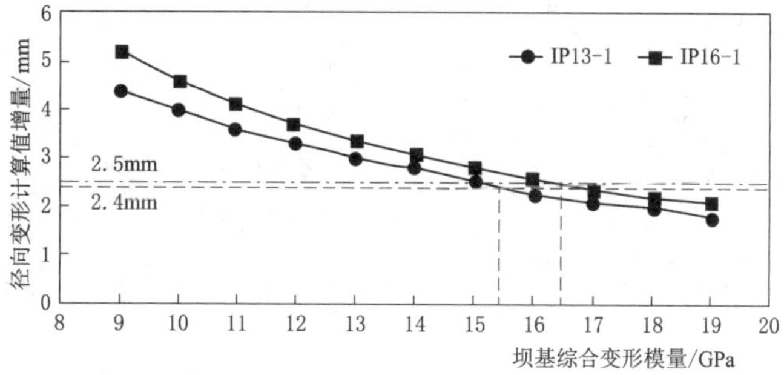

图 5.30 IP13-1 和 IP16-1 径向变形计算值增量与坝基综合变形模量的关系

得到有限元计算结果后，将坝基综合变形模量 E_r 作为输入量，将 IP13－1 和 IP16－1 径向变形计算值增量作为输出量，训练 MSVM 模型，即可得到坝基综合变形模量与径向变形计算值增量间的非线性映射关系。初始化粒子群，将粒子群初始位置设置为参数设计值，粒子群最大迭代次数设置为 200 次，粒子群规模设置为 20 个，$\mu_{max}=0.95$，$\mu_{min}=0.5$，$c_{1s}=2$，$c_{1e}=0.5$，$c_{2s}=0.5$，$c_{2e}=2$，迭代收敛精度 ε 设置为 1×10^{-4}，MPSO 算法寻优过程如图 5.31 所示，经 70 次迭代后算法收敛，坝基综合变形模量反演结果见表 5.10。

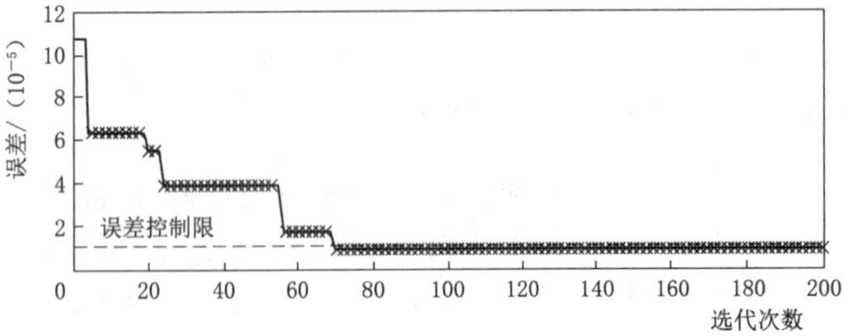

图 5.31　MPSO 算法寻优过程

表 5.10　坝基综合变形模量反演结果

混合模型		MSVM 模型
调整系数	反演值/GPa	反演值/GPa
1.08	16.2	15.9

2. 坝体综合弹性模量反演结果

得到坝基综合变形模量 E_r 后，进一步反演坝体综合弹性模量。混合模型建模时段选为 2015 年 7 月 1 日—2016 年 12 月 31 日，坝体综合弹性模量取设计值，坝基综合变形模量取反演值，库水位计算工况选为 1800m、1810m、1820m、1830m、1840m、1850m、1860m、1870m、1880m。仅在库水压力作用下 PL13－1 和 PL16－1 径向变形计算值与库水位的关系如图 5.32 所示，该关系可用 4 次多项式表征，多项式拟合系数见表 5.11，最终利用混合模型分离得到 PL13－1 和 PL16－1 径向变形水压分量如图 5.33 所示。

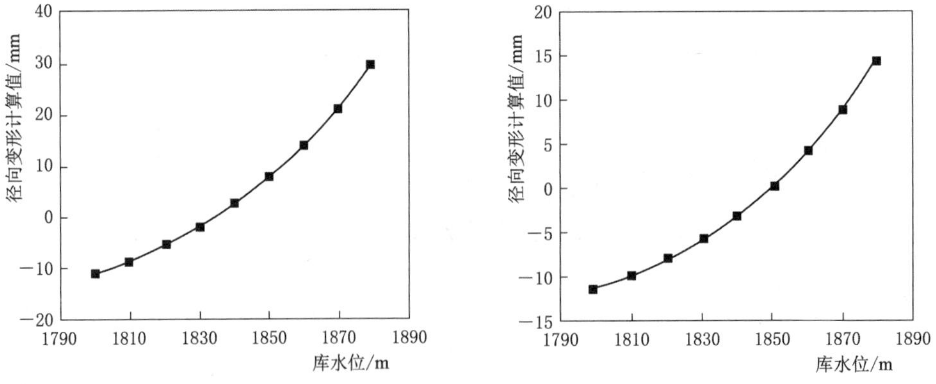

（a）PL13－1　　（b）PL16－1

图 5.32　PL13－1 和 PL16－1 径向变形计算值与库水位的关系

表 5.11　PL13－1 和 PL16－1 径向变形计算值与库水位关系 4 次多项式拟合系数

测点	a_1	a_2	a_3	a_4
PL13－1	－62.929	0.1061	-9.5×10^{-5}	1×10^{-8}
PL16－1	－59.753	0.1001	-6.3×10^{-5}	1×10^{-8}

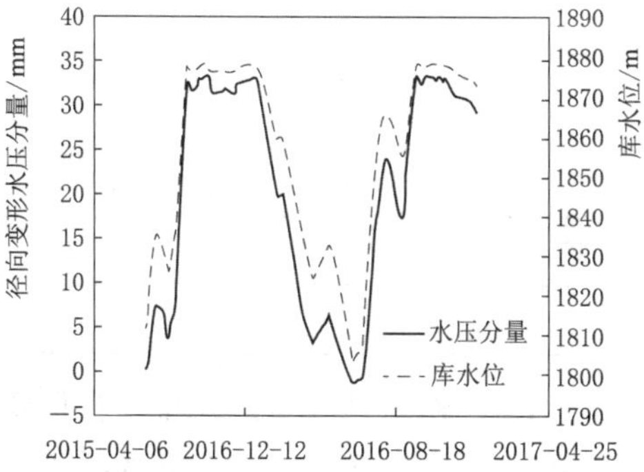

(a) PL13－1

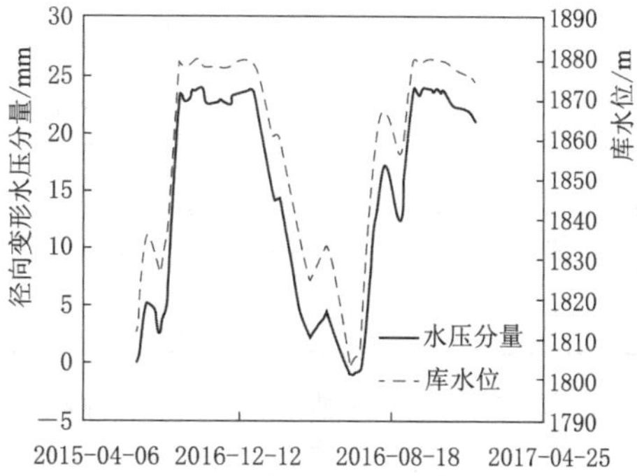

(b) PL16－1

图 5.33　PL13－1 和 PL16－1 径向变形水压分量

由图 5.33 可知，2016 年 6 月 10 日—9 月 24 日期间，坝前水位由 1800m 蓄水至 1880m，PL13－1 和 PL16－1 两点径向变形水压分量增量分别为 37.27mm 和 23.81mm。反演坝体综合弹性模量时，坝基岩体综合变形模量采用反演值（15.9GPa），设置坝体 A 区、B 区和 C 区混凝土综合弹性模量变化范围，分别为［29GPa，39GPa］、［29GPa，39GPa］和［25GPa，35GPa］。首先利用中心复合设计法设计坝体 A 区、B 区和 C 区待反演参数样本，见表 5.12，其中编号 1 为中心样本点，编号 2～9 为轴向样本点，编号 10～15 为析因样本点。库水位由 1800m 变化至 1880m 过程中，利用分数阶有限元计算得到 PL13－1 和 PL16－1 径向变形增量见表 5.13。

表 5.12　坝体综合弹性模量中心复合设计参数样本　单位：GPa

试验编号	E_A	E_B	E_C	试验编号	E_A	E_B	E_C
1	35.0	35.0	30.0	9	39.0	39.0	25.0
2	41.6	35.0	30.0	10	39.0	29.0	35.0
3	28.4	35.0	30.0	11	29.0	39.0	35.0
4	35.0	41.6	30.0	12	39.0	29.0	25.0
5	35.0	28.4	30.0	13	29.0	39.0	25.0
6	35.0	35.0	36.6	14	29.0	29.0	35.0
7	35.0	35.0	23.4	15	29.0	29.0	25.0
8	39.0	39.0	35.0				

表 5.13　　PL13－1 和 PL16－1 径向变形计算值增量

试验编号	径向变形计算值增量/mm		试验编号	径向变形计算值增量/mm	
	PL13－1	PL16－1		PL13－1	PL16－1
1	38.47	23.48	9	37.96	23.33
2	36.97	22.64	10	37.53	22.72
3	40.19	24.51	11	39.16	23.39
4	38.04	23.24	12	38.68	23.35
5	38.96	23.76	13	40.39	24.79
6	37.73	22.88	14	39.88	24.19
7	39.36	24.21	15	41.18	25.24
8	36.77	22.36			

获得有限元计算结果后，将参数组合（E_A，E_B，E_C）作为输入量，并将计算得到的 PL13－1、PL16－1 两点径向变形计算值增量作为输出量，训练 MSVM 模型，即可得到（E_A，E_B，E_C）与径向变形计算值增量间的非线性映射关系。初始化粒子群，将粒子群初始位置设置为参数设计值，粒子群最大迭代次数设置为 200 次，粒子群规模设置为 20 个，$\mu_{max}=0.95$，$\mu_{min}=0.5$，$c_{1s}=2$，$c_{1e}=0.5$，$c_{2s}=0.5$，$c_{2e}=2$，迭代收敛精度 ε 设置为 1×10^{-4}，经 133 次迭代后算法收敛，反演结果见表 5.14。

表 5.14　　坝体综合弹性模量反演结果

拱坝部位	混合模型		MSVM 模型
	调整系数	反演值/GPa	反演值/GPa
坝体 A 区	1.04	31.8	33.6
坝体 B 区	1.03	31.2	32.8
坝体 C 区	1.05	27.2	28.3

为检验反演结果的有效性，利用弹性物理力学参数反演值，计算 2016 年 4 月 1 日—12 月 31 日仅在库水压力作用下 PL13－1 径向变形值。PL13－1 径向变形水压分量分离值与计算值对比如图 5.34 所示，可知 PL13－1 径向变形计算结果与从变形实测资料中分离出的径向变形水压分量拟合较好，坝体综合弹性模量和坝基综合变形模量反演结果是有效的。

5.2.4.2　黏弹性物理力学参数反演分析

反演得到弹性物理力学参数后，利用变形实测资料，反演拱坝黏弹性物理力学参数。反演时段选为 2014 年 1 月 1 日（第 1 天）—2015 年 3 月 31 日（第 455 天），该时段倒垂点 IP16－1 和正垂点 PL16－5 的径向变形过程线如图 5.35 所示。坝基岩体待反演的黏弹性物理力学参数范围设置为：阶数 $\gamma_{r1}\in[0, 1]$，延迟模量 $E_{r1}\in[30GPa, 70GPa]$，黏滞系数 $\eta_{r1}\in[1\times10^3GPa\cdot d, 4\times10^3GPa\cdot d]$；坝体待反演的黏弹性物理力学参数取值范围设置为：阶数 $\gamma_{c1} \in [0, 1]$，延迟模量 $E_{c1} \in [40\text{GPa}, 90\text{GPa}]$，$\eta_{c1} \in [1\times10^3\text{GPa}\cdot\text{d}, 4\times10^3\text{GPa}\cdot\text{d}]$。

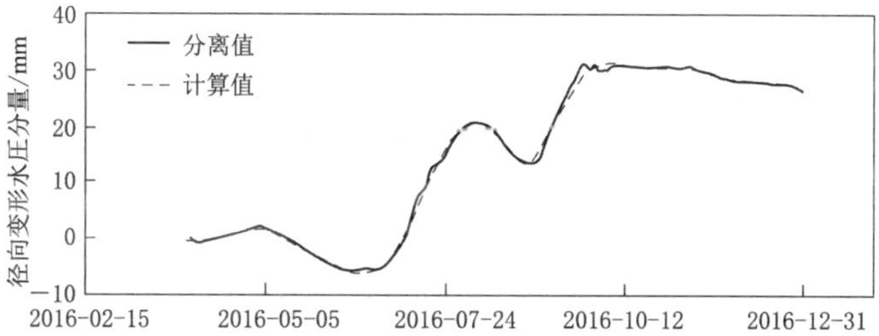

图 5.34　PL13－1 径向变形水压分量分离值与计算值对比

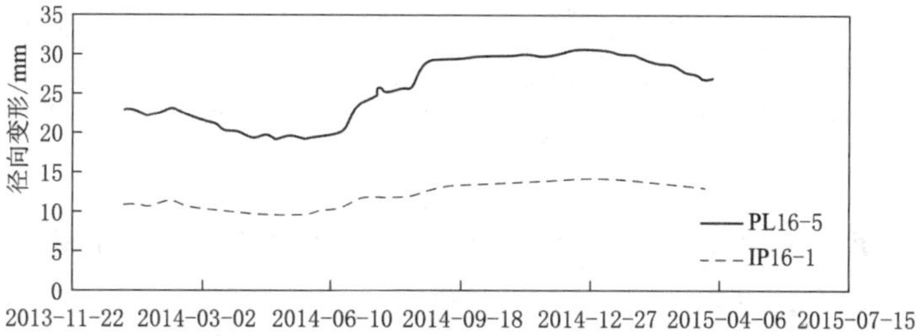

图 5.35　倒垂点 IP16－1 和正垂点 PL16－5 的径向变形过程线

利用中心复合设计方法设计待反演物理力学参数样本。参数样本设计过程不再赘述。得到物理力学参数组合（E_{c1}，η_{c1}，γ_{c1}，E_{r1}，η_{r1}，γ_{r1}）后，基于拱坝变形变化行为分数阶数值分析方法，即可计算得到长期荷载作用下倒垂点 IP16－1 和正垂点 PL16－5 的径向变形值。将不同参数组合（E_{c1}，η_{c1}，γ_{c1}，E_{r1}，η_{r1}，γ_{r1}）作为输入量，以 20 天为间隔选取 IP16－1 和 PL16－5 径向变形计算值作为输出量，训练 MSVM 模型，即可得到（E_{c1}，η_{c1}，γ_{c1}，E_{r1}，η_{r1}，γ_{r1}）与 IP16－1、PL16－5 径向变形计算值间的非线性映射关系。进而利用 MPSO 智能寻优算法，即可反演出坝体和坝基黏弹性物理力学参数。参数反演值见表 5.15。

表 5.15　坝体和坝基黏弹性物理力学参数反演结果

拱坝部位	E_1/GPa	η_1/（GPa·d）	γ_1
坝体	72.2	2.35×10^3	0.92
坝基	53.5	2.83×10^3	0.87

为检验黏弹性物理力学参数反演结果的有效性，利用反演得到的弹性物理力学参数和黏弹性物理力学参数计算 2014 年 1 月 1 日—2015 年 3 月 31 日 PL16－5 和 IP16－1 的径向变形值，计算结果均以 2014 年 1 月 1 日为基准，两测点的径向变形实测值与计算值对比如图 5.36 所示。由图 5.36 可知，变形计算结果与实测值拟合较好，表明黏弹性物理力学参数的反演结果有效。

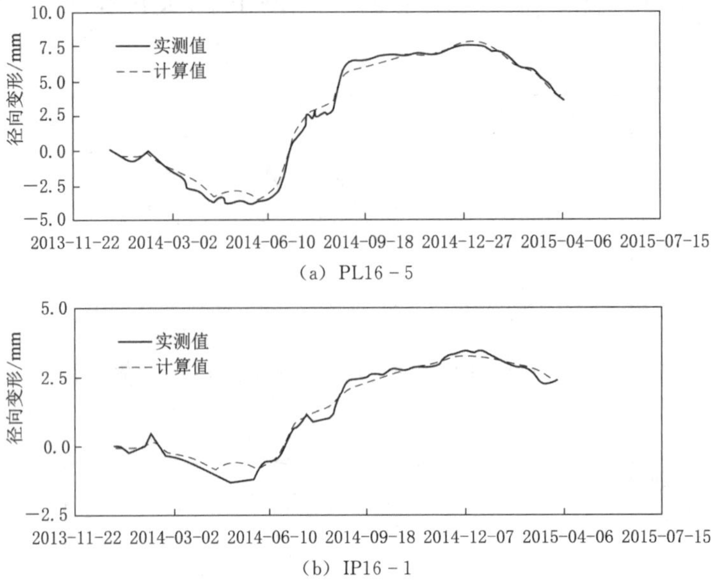

图 5.36 PL16-5 和 IP16-1 的径向变形实测值与计算值比较

参 考 文 献

[1] KILBAS A A, SRIVASTAVA H M, TRUJILLO J J. Theory and applications of fractional differential equations [M]. Amsterdam: Elsevier, 2006.

[2] 顾冲时，赵二峰，周钟，等. 特高拱坝变形安全监控理论和方法及其应用 [M]. 南京：河海大学出版社，2018.

[3] 许国根，赵后随，黄智勇. 最优化方法及其 MATLAB 实现 [M]. 北京：北京航空航天大学出版社，2018.

[4] 袁海平，曹平，许万忠，等. 岩石黏弹塑性本构关系及改进的 Burgers 蠕变模型 [J]. 岩土工程学报，2006，28 (6)：796-799.

[5] 夏才初，许崇帮，王晓东，等. 统一流变力学模型参数的确定方法 [J]. 岩石力学与工程学报，2009，28 (2)：425-432.

[6] 阎岩，王思敬，王恩志. 基于西原模型的变参数蠕变方程 [J]. 岩土力学，2010，31 (10)：3025-3035.

[7] 周宏伟，王春萍，段志强，等. 基于分数阶导数的盐岩流变本构模型 [J]. 中国科学，2012，42 (3)：310-318.

[8] 宋勇军，雷胜友，刘向科. 基于硬化和损伤效应的岩石非线性蠕变模型 [J]. 煤炭学报，2012，37：287-292.

[9] KAWADA Y, YAJIMA T, NAGAHAMA H. Fractional-order derivative and time-dependent viscoelastic behaviour of rocks and minerals [J]. ACTA Geophysica, 2013, 61 (6): 1690-1702.

[10] 王新刚，胡斌，连宝琴，等. 改进的非线性黏弹塑性流变模型及花岗岩剪切流变模型参数辨识 [J]. 岩土工程学报，2014，36 (5)：916-921.

[11] ZHAO E F, ZHANG L B, WU B B, et al. Influencing factors of high arch dam operating status

with the action effect of reservoir basin [J]. Disaster Advances, 2013, 6: 107-111.

[12] 赵二峰，朱凯，刘敬洋，重力坝基岩力学时变特性随机动态分析模型 [J]. 武汉大学学报（工学版），2013，46（1）：89-94.

[13] ZHAO E F, LI J, JIANG Y F. The seepage evolution law underthe fault creep in right bank of Longyangxia dam [J]. Engineering Failure Analysis, 2014, 44: 306-314.

[14] 张礼兵，沈静，赵二峰，等. 小湾高拱坝库盘变形作用效应研究与探索 [J]. 水力发电，2014，40（12）：90-93.

[15] GU H, WU Z R, HUANG X F, et al. Zoning modulus inversion method for concrete dams based on chaos genetic optimization algorithm [J]. Mathematical Problems in Engineering, 2015: 817241.

[16] 许淼鑫，郑东健，赵二峰，等. 高混凝土坝变形性态的库盘影响分析 [J]. 河海大学学报（自然科学版），2015，43（4）：319-323.

[17] ZHENG D J, XU Y X, YANG M, et al. Deformation and stress behavior analysis of high concrete dam under the effect of reservoir basin deformation [J]. Computers and Concrete, 2016, 18 (6): 1153-1173.

[18] 顾冲时，苏怀智，王少伟. 高混凝土坝长期变形特性计算模型及监控方法研究进展 [J]. 水力发电学报，2016，35（5）：1-14.

[19] FU X, GU C S, QIN D. Deformation features of a super-high arch dam structural system [J]. OPTIK, 2017, 130: 681-695.

[20] SU H Z, ZHANG S, WEN Z P, et al. Prototype monitoring data-based analysis of time-varying material parameters of dams and their foundation with structural reinforcement [J]. Engineering with Computers, 2017, 33 (4): 1027-1043.

[21] 王建，王甜，徐文鹏，等. 利用多测点混合模型对混凝土坝受冻区坝体弹性模量的反演 [J]. 长江科学院院报，2018，35（7）：136-140.

[22] 闫滨，宋鹏. 基于改进粒子群算法的大坝变形安全监控模型 [J]. 水电能源科学，2011，29（11）：70-72.

[23] 范振东，崔伟杰，郭芝韵，等. 基于改进的 PSO-SVM 法的大坝安全非线性预警模型研究 [J]. 水电能源科学，2014，32（11）：72-75.

[24] BAO T F, LI J M, LU Y F, et al. IDE-MLSSVR-based back analysis method for multiple mechanical parameters of concrete dams [J]. Journal of Structural Engineering, 2020, 146 (8): 04020155.

[25] ZHAO E F, WU C Q. Long-term safety assessment of large-scale arch dam based on non-probabilistic reliability analysis [J]. Structures, 2021, 32: 298-312.

[26] HE Q, GU C S, VALENTE S, et al. Multi-arch dam safety evaluation based on statistical analysis and numerical simulation [J]. Rock Mechanics and Rock Engineering, 2022, 12 (1): 8913.

第6章 混凝土坝长效服役性态推理诊断方法

混凝土坝结构和工作条件复杂，特别是高坝大库，不仅承受着巨大的水压力和温度等环境荷载，甚至还会受到地震等荷载的作用，加之材料性能老化、病变和裂缝等问题，工程性态的综合诊断分析通常由经验丰富的专家小组来完成。目前，坝工界对混凝土坝的健康诊断主要凭借现场检测、原型监测和巡视检查等诸多资料，借助工程经验解释物理成因，诊断方法大致可归纳为监控模型法、检测法、物理模型试验法、数值模拟计算法、人工巡查法等，而综合诊断往往是指在对各种诊断指标进行单项分析的基础上，抓住主要矛盾和矛盾的主要方面，赋予各指标相应的权重，并采用一定的方法综合各指标的分析结果，进而得出大坝整体健康状况评价结论。因此，混凝土坝长效服役性态推理诊断是多指标、多层次的递阶分析问题，需要构建诊断体系、确定诊断指标及其权重、研究推理诊断方法等。本章首先根据待诊断问题内在的物理与逻辑关系，将待分析的问题层次化，构建科学合理的诊断结构体系，设置恰当的诊断指标，划分合理的诊断评价等级；其次对各定量、定性诊断指标进行量化，使其具有可比性，从而赋予不同权重；最后以统计过程控制理论为基础，分别介绍基于同类监测效应量的综合诊断方法和融合不同类型监测效应量的诊断方法，进而论述基于概率图模型的递阶推理诊断方法。

6.1 诊断体系构建

根据国际大坝委员会对多座混凝土坝失事资料分析可知，坝体及坝基、近坝库区中的任何一处破坏将可能导致混凝土坝的失事，其破坏形式主要表现为坝体结构变形异常、渗流异常及应力过大等。换言之，混凝土坝整体健康状况由大坝各组成部分（坝体、坝基和近坝区）健康状况来反映，而各组成部分又由其所设置的监测类别或者监测项目的诊断结果来评判。因此，在构建混凝土坝长效服役性态推理诊断体系时，诊断指标的设置应充分考虑变形、渗流及应力应变等。

（1）结构组成。坝体、坝基和近坝区任何一处结构的异常或破坏，都有可能引起混凝土坝的失事。因此，将诊断指标分为坝体及坝基诊断指标和近坝区诊断指标，结构破坏的表现形式主要为结构变形、应力过大或异常渗流等。

（2）诊断类别或项目。按监测物理量的类型分为环境量和效应量。环境量主要包括上游水位、下游水位、库水温、气温、降水量等；效应量主要包括变形、渗流、应力应变及温度等。

1）变形监测一般包括水平位移、垂直位移、挠度、裂缝、倾斜、滑坡和基岩变形等，水平位移的监测有视准线、引张线、垂线、激光准直法等，垂直位移的监测有静力水准、几何水准等。变形监测数据直观可靠，是混凝土坝健康诊断的重点项目。

2）渗流监测主要包括扬压力、渗漏量、绕坝渗流等，渗漏量的监测常与水库上下游水位、扬压力、绕坝渗流配合，一般采用容积法、量水堰法、测流速法实现，扬压力常用测压管、渗压计等；如果大坝与岸坡连接不好，或岸坡有强透水层和裂缝，都会造成两岸的绕坝渗流，威胁大坝的健康状态。

3）应力应变监测往往称为内观监测，除了混凝土应力及应变、钢筋应力、钢板应力外，还有混凝土温度、坝基温度等，这些监测项目对大坝混凝土的应力状态、温度控制都有重要作用。通过这些内部观测，再配合外部观测，能使内部观测和外部观测相互验证、相互补充。因此，可以由上述不同的监测项目和不同的监测点综合反映大坝的健康状况以及可能发生的状况，即按照监测类别→监测项目→监测仪器→测点进行分解。同时，为全面掌握混凝土坝运行状况，尤其是各种异常状况，还应包括人工巡查，包括大坝裂缝、坝体坝肩错动、伸缩缝变化、破损等的检查，以及坝体坝肩的溶蚀、渗漏、坝基渗水量、近坝区地下水露头等情况。

(3) 诊断结果。对于混凝土坝长效服役性态的诊断结论不能仅局限于“安全”或“不安全”这样模糊的描述，其界限具有模糊性，有必要把混凝土坝的安全状况划分为若干个可度量的安全等级，建立安全等级的集合，即评价等级。

1）参照规范划分。目前，尚无规范对各层诊断指标和最终诊断目标的健康等级进行划分，但对大坝安全状况给出了规定，国家电力监管委员会于 2005 年 1 月 1 日开始实施《水电站大坝运行安全管理规定》，其中第 24 条将水电站大坝安全等级分为正常坝、病坝、险坝三级（表 6.1）。水利部发布的《水库大坝安全评价导则》(SL 258 — 2017) 将大坝安全分成一类坝（安全可靠，能按设计正常运行）、二类坝（基本安全，可在加强监控下运行）和三类坝（不安全，属病险水库大坝），相对应于水电站大坝级别的正常坝、病坝和险坝。

表 6.1　　水电站大坝安全分类标准

大坝安全分类	正　常　坝	病　　坝	险　　坝
设计标准	符合现行规范要求	不符合现行规范要求，并已限制水电站大坝运行条件	低于现行规范要求，明显影响水电站大坝安全
坝基	良好，存在局部缺陷但不构成对大坝整体安全的威胁	存在局部隐患，但不构成对水电站大坝的失事威胁	存在隐患并已危及水电站大坝安全
坝体稳定性和结构安全度	符合现行规范要求	符合规范要求，结构局部已破损，可能危及水电站大坝安全，但水电站大坝能够正常挡水	不符合现行规范要求，危及水电站大坝安全
服役性态	总体正常	异常，但经分析不构成失事危险	存在事故迹象
近坝库区	稳定或者基本稳定	塌方或者滑坡，但经分析对水电站大坝挡水结构安全不构成威胁	发现有危及大坝安全的严重塌方或者滑坡迹象

参照上述规定和导则，可考虑将各层诊断指标和最终诊断目标的健康等级初步划分为三级。设诊断评价集的集合为 V，则

$$V=[V_1,V_2,V_3]=[\text{健康},\text{病变},\text{病危}] \tag{6.1}$$

2）按大坝安全综合标准划分。坝工安全监控领域对混凝土坝健康状况等级的划分倾向于五级法，即正常、基本正常、轻度异常、重度异常、恶性异常，参照此法将各层诊断指标和最终诊断目标健康状况划分为五个等级，即

$$V=[V_1,V_2,V_3,V_4,V_5]=[\text{健康},\text{亚健康},\text{轻度病变},\text{重度病变},\text{病危}] \tag{6.2}$$

从历次大坝安全定期检查来看，除少数几座大坝被确定为病坝、险坝外，绝大多数大坝均为正常坝。但是，许多正常坝也还不同程度地存在一些缺陷，这是因为根据现行规范制定的三级诊断法，正常坝的涵盖范围很宽，包含正常、基本正常甚至轻度异常等情况，涵盖了五级诊断法中“健康”“亚健康”甚至“轻度病变”这三种情况，在实际中不便于对混凝土坝健康状况作出客观诊断。由此看来，将各层诊断指标和最终诊断目标的健康等级适当分细有利于更准确地对工程健康状况进行诊断。

综上分析，构建混凝土坝长效服役性态推理诊断结构体系如图 6.1 所示，每一层都是上一层的诊断指标，也是下一层的诊断项目，应当根据掌握的监测资料、检测报告、模型试验及计算分析结果、人工巡查报告等资料，按科学方法确定诊断体系最底层诊断指标的重要性；然后逐层递推，将各诊断指标的重要性与诊断结果综合考虑，直至次上层的目标层相对于最高目标层的重要性值，据此得到最上层目标的诊断结果，从而评判混凝土坝当前的健康状况以及可能存在的问题与隐患。

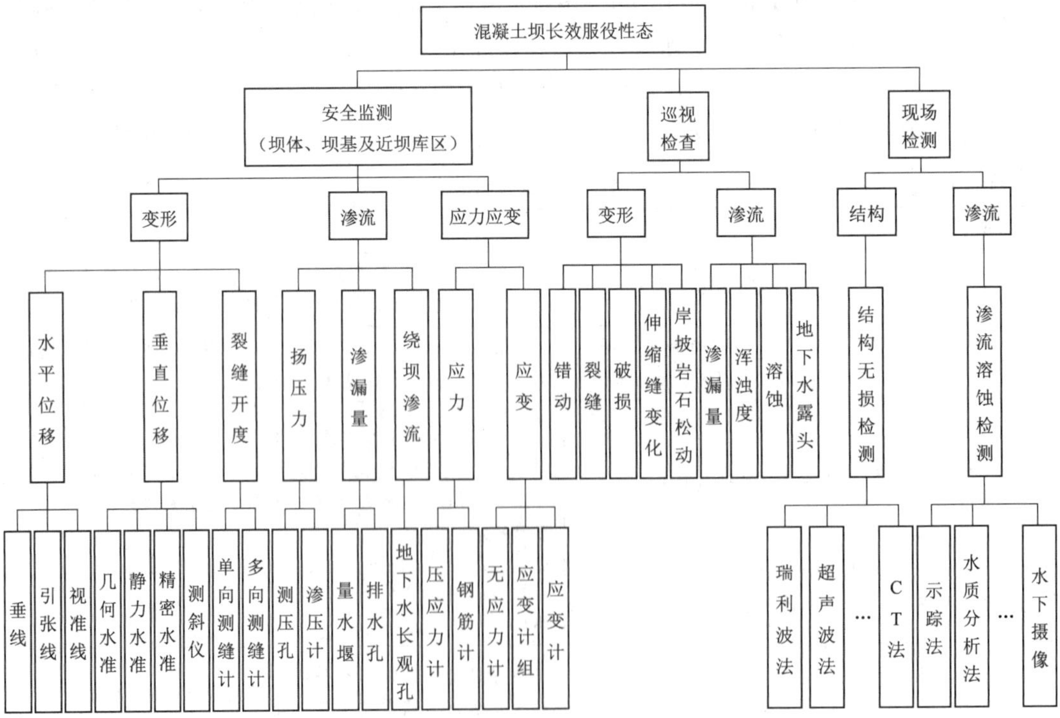

图 6.1　混凝土坝长效服役性态推理诊断结构体系

6.2 诊断指标量化

在混凝土坝长效服役性态推理诊断结构体系中，最底层诊断指标的取值范围、量化方法和量化单位各不相同，既有定量诊断指标，又有定性诊断指标，它们之间不具有可比性。比如，如果直接利用实测数据矩阵进行监测效应量诊断指标重要性的排序，会使得问题显得杂乱无章，甚至造成各诊断指标重要性结果不合理，从而导致诊断结果失真。因此，在诊断过程中，首先应采用适当的量化方法将底层诊断指标标准化，消除指标之间由于单位、量纲和数量级等不同而产生的不可比性，如将实测数据转化为 0～1 之间的指标诊断值，即无量纲化处理。其次，由底层诊断指标的健康值经逐层综合而得到中层及上层诊断指标的诊断结果。底层诊断指标健康值可取为模糊隶属函数值，中层及上层诊断指标的健康值取为级别隶属健康值。这里规定诊断指标的健康值是闭区间 [0，1] 上的实数值，健康值越大，对应的诊断指标的健康状况越好。

6.2.1 定量指标标准化

6.2.1.1 底层定量指标分区

底层指标是指诊断结构体系中最底层元素的指标，包括定量指标和定性指标。定量指标的诊断方法是建立在监测效应量实测数据分析的基础上，定量指标的量化按式（6.3）和式（6.4）进行，根据上述对诊断集的分析，将各诊断指标按照健康、亚健康、轻度病变、重度病变、病危等分为若干个区域。在监测项目中，有的项目如水平位移、垂直位移等，其测值过大或过小或时效分量发散等，都对工程安全不利，则在分区时宜考虑双边的情况；有的项目如扬压力、渗流量、接缝开合度等，只有在数值偏大或时效分量增大等情况时才会有问题，这时分区宜只作偏大或时效增大的单边情况来考虑。

考虑双边健康分区：

$$\begin{cases} b_1 \leqslant \Delta y_t = y_t - \hat{y}_t \leqslant a_1, & \text{健康区} \\ a_1 < \Delta y_t = y_t - \hat{y}_t \leqslant a_2 \text{ 或 } b_2 \leqslant \Delta y_t = y_t - \hat{y}_t < b_1, & \text{亚健康区} \\ a_2 < \Delta y_t = y_t - \hat{y}_t \leqslant a_3 \text{ 或 } b_3 \leqslant \Delta y_t = y_t - \hat{y}_t < b_2, & \text{轻度病变区} \\ a_3 < \Delta y_t = y_t - \hat{y}_t \leqslant a_4 \text{ 或 } b_4 \leqslant \Delta y_t = y_t - \hat{y}_t < b_3, & \text{重度病变区} \\ a_4 < \Delta y_t = y_t - \hat{y}_t \text{ 或 } \Delta y_t = y_t - \hat{y}_t < b_4, & \text{病危区} \end{cases} \tag{6.3}$$

考虑单边健康分区：

$$\begin{cases} \Delta y_t = y_t - \hat{y}_t \leqslant a_1, & \text{健康区} \\ a_1 < \Delta y_t = y_t - \hat{y}_t \leqslant a_2, & \text{亚健康区} \\ a_2 < \Delta y_t = y_t - \hat{y}_t \leqslant a_3, & \text{轻度病变区} \\ a_3 < \Delta y_t = y_t - \hat{y}_t \leqslant a_4, & \text{重度病变区} \\ a_4 < \Delta y_t = y_t - \hat{y}_t, & \text{病危区} \end{cases} \tag{6.4}$$

在式（6.3）和式（6.4）中，Δy_t 为诊断项目定量原始诊断指标在某时刻 t 的现状健康值，$\Delta y_t = y_t - \hat{y}_t$。例如，对于水平位移，实测值为 y_t，数学模型拟合值为 $\hat{y}_t$；$a_i > 0$，$b_i < 0(i=1,2,3,4)$分别为定量指标健康分区界限值。

6.2.1.2 底层定量指标标准化

一般而言，定量指标可以分为四类："极大型"指标、"极小型"指标、"居中型"指标和"区间型"指标。由于混凝土坝健康诊断指标的特殊性，对于变形如水平位移、垂直位移等双向型指标，一般需要减去始测日测值，即归零处理；而对于渗流如扬压力、渗流量等单向型指标，则不需要做归零处理。但是，无论是否做归零处理，诊断指标大多属于"极小型""居中型"和"区间型"。例如，裂缝开度越小越健康，属于"极小型"指标；水平位移一般呈规律性变化，通常在某一"适中值"附近变化，且在某个区间内变化较为正常，既属于"居中型"指标，也属于"区间型"指标。由于"居中型"的指标可以根据"适中值"将其分为两部分：大于适中值的部分越小越好，小于适中值的部分越大越好。"区间型"指标也即在某个稳定区域内变化，近似可以看作以区间中心点为"适中值"，大于适中值的部分越小越好，小于适中值的部分越大越好。因此，诊断指标根据变化方向，可简化为正向指标和逆向指标，前者具有指标值越大越优的性质，后者具有指标值越小越优的性质。

标准化是通过数学变换的方法来消除指标间单位、量纲和数量级的影响，该过程实际上也是求隶属度的过程。指标隶属度的标准化方法多种多样，常用的有极差变换法、线性比例变换法、向量标准化法等。从实测资料中提取所需要的信息，建立实测信息矩阵 $\boldsymbol{X}=(x_{ij})_{m\times n}$，其中 $1\leqslant i\leqslant m, 1\leqslant j\leqslant n$，$m$ 为某个诊断指标的实测值个数，n 为诊断指标个数。

由极差变换公式可知，无论决策矩阵 $\boldsymbol{X}$ 中的指标值是正数还是负数，经过极差变换后，标准化指标均满足 $0\leqslant y_{ij}\leqslant 1$，并且正、逆向指标均化成正向指标，最优值为 1，最劣值为 0。但该方法忽略了决策矩阵 $\boldsymbol{X}$ 中的指标值的差异性，如对正向指标值 $[100,500,900]^{\mathrm{T}}$ 和 $[100,101,102]^{\mathrm{T}}$ 经过极差变换之后，均为 $[0,0.5,1]^{\mathrm{T}}$；若以上是逆向指标值，则经过极差变换法之后，均为 $[1,0.5,0]^{\mathrm{T}}$。显然，通过极差变换法变换后的指标值无法客观地反映原始指标间的相互关系。

对于线性比例变换法，标准化后，正、逆向指标均化为正向指标，而且兼顾了指标值的差异性。但该方法要求任意 $x_{ij}\geqslant 0$，若存在 $x_{ij}<0$，则不适用。例如，对于 $[-30,-2,-100,-40,-20]^{\mathrm{T}}$ 作为正向指标值经过线性比例变换后为 $[15,1,50,20,10]^{\mathrm{T}}$，作为逆向指标值经过线性比例变换后为 $[10/3,50,1,5/2,5]^{\mathrm{T}}$，显然不正确。线性比例变换法对于逆向指标进行标准化处理时，实际上是进行了非线性变换，变换后的指标值无法客观地反映原始指标间的相互关系。因此，该方法仅适用于扬压力、渗流量等单向型指标。

经向量标准化法标准化处理后的标准值较真实地反映了原指标值之间的关系，兼顾了指标值之间的差异性。例如，指标值 $[100,500,900]^{\mathrm{T}}$ 经过标准化处理后的结果是 $[0.067,0.333,0.600]^{\mathrm{T}}$，$[100,101,102]^{\mathrm{T}}$ 经过标准化处理后的结果是 $[0.330,0.333,0.337]^{\mathrm{T}}$。标准化后正、逆向指标的方向没有发生变化，即正向指标标准化变换后，仍是正向指标；逆向指标标准化变换后，也仍是逆向指标。由于诊断指标的多样性和指标方向的不一致性将给后续的诊断工作带来一定困难，有必要在诊断前统一诊断指标的方向。而

且要求任意 $x_{ij}\geqslant 0$，如果存在 $x_{ij}<0$ 则不适用。例如，正向指标$[2,1,-6,-3,5]^T$ 经过标准化处理后为$[-2,-1,6,3,-5]^T$，显然不正确。因此，该方法虽然能反映指标值的差异性，但只有当所有诊断指标方向一致时，才有较好的效果。而且要求指标值 $x_{ij}>0$，对原始数据要求较高，仅适用于扬压力、渗流量等单向型指标。

由上分析可知，若要反映指标值的差异性，则需要对决策矩阵的每一列单独处理；若要统一正、逆向指标的方向，将其都转化为正向指标，则不能做求和运算，而只能采用最大、最小值方法改变；若要在标准化过程中分母不为 0 或在后续诊断过程中不对 0 取对数，即任意 $x_{ij}\geqslant 0$，则需要对原始数据中存在负值的每一列进行坐标平移。鉴于以上不同方法的优缺点，对向量标准化法进行改进具体过程如下：

步骤 1：如果存在逆向指标，先把逆向指标通过 $x_{ij}'=\max\limits_{1\leqslant i\leqslant m}x_{ij}+\min\limits_{1\leqslant i\leqslant m}x_{ij}-x_{ij}$ 转化为正向指标。这样变换的理由是通过$\max\limits_{1\leqslant i\leqslant m}x_{ij}-x_{ij}$ 把逆向指标变为正向指标，但是将使原来最大指标值变为 0，最小指标值变为$\max\limits_{1\leqslant i\leqslant m}x_{ij}-\min\limits_{1\leqslant i\leqslant m}x_{ij}$；而“$+\min\limits_{1\leqslant i\leqslant m}x_{ij}$”其原意在于通过坐标平移使这些指标值恢复到原先水平，最大指标值还是 $\max\limits_{1\leqslant i\leqslant m}x_{ij}$，最小指标值还是 $\min\limits_{1\leqslant i\leqslant m}x_{ij}$。为方便起见，把 x_{ij}'记为 x_{ij}。对于正向指标，不必进行此步处理，直接转步骤 2。

步骤 2：如果存在第 j 个指标值 $x_{ij}<0$，可先进行坐标平移，$x_{ij}'=x_{ij}-\min\limits_{1\leqslant i\leqslant m}x_{ij}$，经此处理，所有指标值都非负，避免了某些评价方法在 $x_{ij}<0$ 时不适用的限制。为方便起见，把 x_{ij}'记为 x_{ij}。如果所有指标值都非负，不必进行此步处理，直接转步骤 3。

步骤 3：利用向量标准化法进行标准化处理，即

$$y_{ij}=\frac{x_{ij}}{\sum\limits_{i=1}^{m}}\qquad(1\leqslant i\leqslant m,1\leqslant j\leqslant n)\tag{6.5}$$

步骤 4：为了避免由于待评价对象数比较多（m 比较大）造成 y_{ij} 很小，可以使 y_{ij} 乘以 m，这样如果 y_{ij} 接近平均值，也就接近 1。

$$y_{ij}'=y_{ij}m\qquad(1\leqslant i\leqslant m,1\leqslant j\leqslant n)\tag{6.6}$$

这种方法既保留了传统向量标准化法的优点，即经标准化处理后的标准值较真实地反映了原指标值之间的关系，反映了指标值之间的差异性；同时又参考极差变换法，克服了以下缺点：要求 $\forall x_{ij}\geqslant 0$，如果 $\exists x_{ij}<0$，则不适用；正、逆向指标的方向没有发生变化。因此，该方法具有以下特点：①经标准化处理后的标准值较真实地反映原指标值之间的关系，考虑了指标值之间的差异性；②正、逆向指标均化为正向指标，即具有指标值越大越好的特性；③不管决策矩阵 $\boldsymbol{X}$ 中的指标值是正数还是负数，都适用，经过该标准化处理后，标准化指标值满足 $0<y_{ij}'<m$。

6.2.2 定性指标标准化

定性指标往往包含多种随机性、模糊性等不确定性。一般来说，对于这种定性指标的量化处理多采用“专家评分”的方式。然而，采用专家区间评分法对定性指标进行量化时会涉及许多复杂的心理因素，不同专家给出的评分值差异很大。根据集值理论，加权集值统计法能够较好地减少定性指标量化后的随机误差，改善定性指标量化的有效性。云模型在传统模糊数学和概率统计的基础上提出了定性定量互换模型，将模糊性和随机性有机地

结合在一起，可以实现定性概念与定量表示之间的自然转换。因此，为了尽可能多地综合各位专家的不同意见，减少专家评判中的随机误差，避免平均计算的不确定性，在专家区间评分的基础上，采用基于加权集值统计法和云模型理论的定性指标量化方法。

6.2.2.1 加权集值统计法

假设有 K 位专家对某诊断指标 X 进行诊断，相应的诊断结果有效性范围为 Δ，第 i 个专家给出的诊断区间为 $[x_1^i, x_2^i]$，且 $[x_1^i, x_2^i] \subset \Delta$，则 K 个子集叠加在一起形成覆盖在诊断轴上的诊断指标量化值的三种分布如图 6.2 所示。

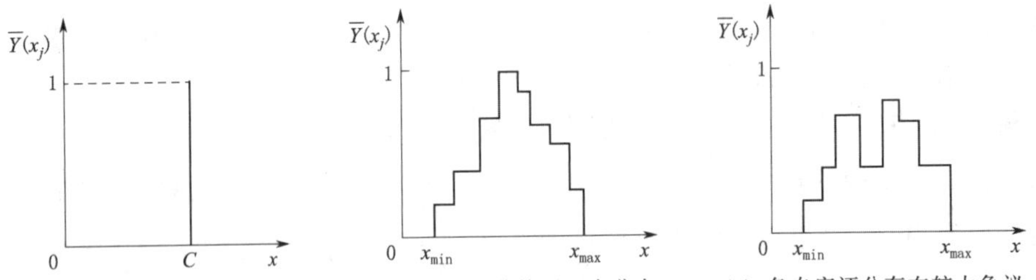

(a) 各专家评分完全一致　(b) 各专家评分接近正态分布　(c) 各专家评分存在较大争议

图 6.2　诊断指标量化值的三种分布

按照集值理论可得

$$\overline{Y}(x) = \frac{1}{K}\sum_{i=1}^{K} Y_{[x_1^i, x_2^i]}(x) \tag{6.7}$$

虽然各专家给出的诊断区间是比较客观的，但不同专家对同一问题给出的范围却不同，区间范围越小，说明专家对该问题的把握性越大。根据专家给出的区间大小确定其权重：

$$w_i = \frac{d_i}{\sum_{i=1}^{K} d_i} \tag{6.8}$$

其中

$$d_i = \frac{1}{x_2^i - x_1^i}$$

式中：w_i 为第 i 个专家的权重。

加权集值统计法的权重计算公式为

$$\overline{Y}(x) = \sum_{i=1}^{K} Y_{[x_1^i, x_2^i]}(x) w_i \tag{6.9}$$

其中

$$Y_{[x_1^i, x_2^i]}(x) = \begin{cases} 1, & x_1^i \leqslant x \leqslant x_2^i \\ 0, & \text{其他} \end{cases}$$

$$\overline{Y}(x) = \begin{cases} a_1, & x \in [b_1, b_2] \\ a_2, & x \in [b_2, b_3] \\ \vdots \\ a_L, & x \in [b_L, b_{L+1}] \end{cases} \tag{6.10}$$

式中：$Y_{[x_1^i,x_2^i]}(x)$为落影函数；$\overline{Y}(x)$为模糊覆盖频率落影的估计函数，是模糊优良程度的反映；$b_1,b_2,\cdots,b_L,b_{L+1}$ 为各诊断区间$[x_1^i,x_2^i]$$(i=1,2,\cdots,K)$端点从小到大的一个序列；$L$ 为这一端点序列构成的区间个数；$a_j(j=1,2,\cdots,L)$为所有专家给出诊断区间$[x_1^i,x_2^i]$中包含区间$[b_j,b_{j+1}]$$(j=1,2,\cdots,L)$的专家权重之和，即

$$a_j=\sum_{i=1}^{K}Z_{[x_1^i,x_2^i]}(x)w_i \tag{6.11}$$

其中

$$Z_{[x_1^i,x_2^i]}(x)=\begin{cases}1, & x\in[b_j,b_{j+1}]\subset[x_1^i,x_2^i]\\0, & \text{其他}\end{cases}$$

根据集值统计原理，诊断指标的综合诊断值，即全部专家对该指标的定量化评估值为

$$E(x)=\frac{\int_{b_1}^{b_{L+1}}\overline{Y}(x)x\mathrm{d}x}{\int_{b_1}^{b_{L+1}}\overline{Y}(x)\mathrm{d}x} \tag{6.12}$$

由于可能出现图 6.2（c）的情况，无法得出较准确的诊断值，故引入估计盲度$(\overline{m}_j)$作为判断专家评分合理性的标准。

$$\overline{m}_j=\frac{1}{K}\sum_{i=1}^{K}(b_{ij}-a_{ij}) \tag{6.13}$$

$\overline{m}_j$ 越小，则估计的把握越大。当 $\overline{m}_j=0$ 时即为图 6.2（a）所示情形，即各专家的意见统一且有绝对的把握。如果 $\overline{m}_j$ 较大，则估计的把握较小，应对专家的诊断进行反馈和修改，直至 $\overline{m}_j$ 达到标准。

6.2.2.2 云模型法

云理论是用自然语言值描述的某个定性概念 $\tilde{A}$ 与其定量表示之间的不确定性转换模型。

设 U 是用精确数值表示的论域（一维的、二维的或多维的），$\tilde{A}$ 是 U 上对应的定性概念，对于论域中的任意元素 x，都存在有稳定倾向的随机数 $y=\mu_{\tilde{A}}(x)$，体现了 x 对 $\tilde{A}$ 概念的确定度，则 x 在论域上的分布称为云模型，以下简称云。云由许许多多云滴组成，云的整体形状反映了定性概念 $\tilde{A}$ 的重要特性，云滴则是对定性概念 $\tilde{A}$ 的定量描述。云滴的产生过程表示定性概念和定量值之间的不确定性映射。每一个云滴就是这个定性概念 $\tilde{A}$ 在数域空间中的一次具体实现，这种实现带有不确定性，云模型同时给出了这个点能够代表定性概念 $\tilde{A}$ 的确定度。

在定性诊断指标量化过程中，云的数字特征用期望 Ex、熵 En 和超熵 He 三个数值表征，其反映了定性概念 $\tilde{A}$ 整体上的定量特征。云通常表示为(Ex,En,He)，其主要作用区域为$[Ex-3En,Ex+3En]$。期望 Ex 是定性概念的期望值或者可以理解为中心值或者理想值，其实就是“云”的分布中心，即云滴在数域中的中心位置，是在数域空间中最能够代表定性概念 $\tilde{A}$ 的点，或者说是在这个概念量化的最典型样本点，即 Ex 隶属于这个定性概念的程度是 100%。熵 En 是定性概念所属元素满足的正态分布的 σ 值参数的中心值，代表定性概念 $\tilde{A}$ 的可量化粒度。由于正态分布的“3σ”性，En 还可以反映定性概

念 $\tilde{A}$ 的不确定性，表示在论域空间 U 可以被定性概念 $\tilde{A}$ 接受的取值范围大小，即可以用来衡量定性概念的模糊程度。熵还反映了定性概念 $\tilde{A}$ 的不确定性，是定性概念亦此亦彼性的量化，同时还反映了在数域中这些点能够代表这个语言值的概率。通常熵越大，概念越宏观，概念接受的数值范围越大，模糊性和随机性也越大，确实性量化越难。超熵 He 是"熵"值所服从的正态分布的 σ 值，反映了"熵"的不确定性，即熵的熵，体现了云的离散程度，反映代表定性概念 $\tilde{A}$ 样本出现的随机性，揭示了模糊性和随机性的关联。超熵越大，云滴离散度越大，隶属度的随机性越大，云的厚度也越大。通过这三个值的定义，就可以用"云"来表示定性概念的自然语言值。例如，用云的概念来描述"人工巡查中混凝土坝变形现象的健康状况为亚健康"这一定性的语言值，通常以专家对坝体、坝基和坝肩的错动、开裂、破损、伸缩缝变化以及近坝库区岸坡岩石松动等项目的打分为考虑的标准。以百分制为例（表 6.2），一般以 60～80 分为人工巡查中混凝土坝变形现象健康状况为亚健康的范围，而且尤其以 70 分为最无可争议的"亚健康"。那么，$Ex=70$，$En=10/3$，根据概率与统计学知识，Ex 的左右各 $3En$ 的范围内应覆盖 99%的可被概念接受的元素，而 He 可大约赋值为 0.03，即"人工巡查中混凝土坝变形现象健康状况为亚健康"的云数字特征按照百分制可取为(70,10/3,0.03)。

表 6.2　　评估标准定性语言描述及数值分布范围

健康程度	健康	亚健康	轻度病变	重度病变	病危
打分范围	80～100	60～80	40～60	20～40	0～20

云的生成算法称为云发生器。云发生器是根据已知的云的数字特征 Ex、En、He 产生满足上述正态云分布规律的二维点 $\xi(\chi,\mu)$，称为云滴。云发生器包括正向云发生器、X 条件云发生器、Y 条件云发生器和逆向云发生器。由云的数字特征产生云滴，称为正向云发生器；给定云的三个数字特征(Ex,En,He)和特定的数值 x_0 条件下的云发生器称为 X 条件云发生器；给定云的三个数字特征(Ex,En,He)和特定的确定度值 μ_0 条件下的云发生器称为 Y 条件云发生器；给定符合某一正态云分布规律的一组云滴(x_i,μ_i)作为样本，产生描述云模型所对应的定性概念的三个数字特征(Ex,En,He)，称为逆向云发生器。X 和 Y 两种条件云发生器是运用云模型进行不确定性推理的基础。结合正向云发生器和逆向云发生器，可以实现定性与定量的随时转换。

设诊断指标集 S 有 l 个指标，对应于指标 i 有 l_i 个属性，且 $\sum_i l_i=n$，诊断对象为 m 个，属性的模糊概念信息测度记为 x_{ij}，则测度矩阵为 $\boldsymbol{X}=[x_{ij}]_{m\times n}$。

(1) 正向云发生器。针对混凝土坝健康诊断需求，采用正向正态云发生器来表达最基本的语言值，正态云发生器的实现过程如下：

输入：某定性概念的期望值 Ex、熵 En 和超熵 He，并给定云滴数 N。输出：N 个云滴在数域空间的定量位置及每个云滴代表该概念的确定度。

对于一维正态云，可用以下方法生成 N 个云滴。

步骤 1：生成以 Ex 为期望值、En 为方差的正态随机数 x，令 x 为定性概念的一次具体量化值。

期望值 Ex：

$$Ex_i = \sum_{j=1}^{n} x_{ij} p_i = \sum_{j=1}^{n} \frac{x_{ij}}{n} \quad (i=1,2,\cdots,m) \tag{6.14}$$

熵 En：

$$En = -\sum_{i-1}^{m} Ex_i \ln Ex_i \tag{6.15}$$

正态随机数 x：

$$x_{ij} = \exp \frac{-(x_{ij} - Ex_i)^2}{2En^2} \quad (i=1,2,\cdots,m;j=1,2,\cdots,n) \tag{6.16}$$

步骤 2：生成以 En 为期望值，He 为方差的正态随机数 z。

超熵 He：

$$He = -En \ln En \tag{6.17}$$

正态随机数 z：

$$z_i = \exp \frac{-(Ex_i - En)^2}{2He^2} \quad (i=1,2,\cdots,m) \tag{6.18}$$

步骤 3：令 y 为 x 属于该定性概念的确定度，计算公式为

$$y = \exp \frac{-(x - Ex)^2}{2z^2} \tag{6.19}$$

步骤 4：组合(x,y)，形成一个云滴，即完整地反映了这一次定性定量转换的全部内容。

步骤 5：重复步骤步骤 1～步骤 4，直至产生 N 个云滴。

它同样适用于多维云的云滴产生过程。当云的论域值 x 已知时，将上述发生器算法变化推演就成了 X 条件云发生器。同理，当云的确定度值 y 为已知时，也可由上述算法推演得到 Y 条件云发生器。

(2) 逆向云发生器。原逆向云发生器需要用到确定度 y 的值，而在混凝土坝长效服役性态诊断中，给出的往往只是表示某个概念的一组数据值，代表这个概念的确定度 y 的值并没有给出或者难以获得，而且原算法扩展到高维比较困难。因此，采用基于云 X 信息的逆向云新算法，基本过程如下：

步骤 1：输入 N 个云滴 x_i。

步骤 2：根据 x_i 计算这组数据的样本均值 $\overline{X} = \frac{1}{N}\sum_{i=1}^{N} x_i$，一阶样本绝对中心矩 $\frac{1}{N}\sum_{i=1}^{N} |x_i - \overline{X}|$，样本方差 $S^2 = \frac{1}{N-1}\sum_{i=1}^{N}(x_i - \overline{X})^2$。

步骤 3：计算 $Ex = \overline{X}$。

步骤 4：计算 $En = \sqrt{\frac{\pi}{2}} \frac{1}{N}\sum_{i=1}^{N} |x_i - Ex|$。

步骤 5：$He = \sqrt{S^2 - En^2}$。

在加权集值统计法应用中常需要多次调整，且在进行反馈修改时，某些专家可能会不自觉地将打分向均值靠近，偏离了原来的判断。当经过一定次数的调整后，仍无法使 $\overline{m}_j$

达到标准时，为了减少工作量，并尽可能多地综合各位专家的不同意见，减少专家评判中的随机误差，同时避免人为导致的专家打分同化，将云模型分别应用到专家评分法和加权集值统计法中。在专家评分法的基础上，运用云模型将定性描述的诊断标准转化为定量数值的基本过程为：

步骤 1：专家群体对给定的诊断指标根据其健康程度，按百分制打分，见表 6.2。

步骤 2：在专家打分的基础上，运用基于云 X 信息的逆向云发生器，生成云模型的三个数字特征(Ex,En,He)。期望 Ex 表示专家诊断的平均水平；熵 En 表示诊断的离散程度；超熵 He 表示与正常发挥时的偏离程度，综合反映专家的心理素质和思考状态等因素。由于系统的复杂性，可能会出现某个专家对某些比较判断的背景缺乏足够的了解而无法表明自己的见解，这样专家有可能放弃某个因素的比较判断，出现残缺判断的情形，这时可以利用正向云发生器生成若干个云滴，以补足残缺数据。

步骤 3：根据云模型的数字特征，借助正向云发生器，生成众多云滴来形成诊断云图。根据云图判断专家对诊断指标健康程度比较的离散程度，以决定是否进行下一轮次的专家打分。多次反复，逐级可视化控制专家经验的收敛速度，实现评估标准定性描述向定量表示转换。

将定性概念的云模型表示为 $D_{A_i}=D(Ex_i,En_i,He_i)$，在暂缺专家打分的情况下，五个诊断标准定性描述的云数字特征按照百分制一般可取为

$$\begin{cases} D_{A_1}=D(90,15/3,0.05) \\ D_{A_2}=D(70,15/3,0.05) \\ D_{A_3}=D(50,15/3,0.05) \\ D_{A_4}=D(30,15/3,0.05) \\ D_{A_5}=D(10,15/3,0.05) \end{cases} \tag{6.20}$$

根据评估标准五个级别的云数字特征，运用正向云发生器产生一组 x 值，取其均值作为 X 条件云发生器的输入，分别计算它对五条云规则的确定度，从中找出最大值 μ_i，同时基于第 i 条云规则，利用 Y 条件云生成器输出 x_i 值，作为诊断指标的量化值。

在加权集值统计法的基础上，运用云模型将诊断指标定性描述的诊断标准转化为定量数值的基本步骤如下：

步骤 1：专家群体对给定的诊断指标根据其健康程度，按百分制打分，见表 6.2。

步骤 2：根据加权集值统计法计算模糊覆盖频率落影的估计函数 $\overline{Y}_1(x)$。

步骤 3：用估计盲度($\overline{m}_j$)检查专家评分的合理性。若 $\overline{m}_j$ 较小，则估计的把握较大，专家评分较合理，则按照式 (6.12) 计算得的 $E(x)$为全部专家对该指标的量化诊断值，量化完毕。若 $\overline{m}_j$ 较大，则对专家的诊断进行反馈和修改，重复步骤 1～步骤 3，生成 $\overline{Y}_i(x)$ ($i=2,3,\cdots,n$)。

步骤 4：若当 $n=4$ 时 (n 可适当增大，为了减少工作量选取 $n=4$)，$\overline{m}_j$ 仍不满足要求，则利用 $\overline{Y}_i(x)$ ($i=1,2,3,4$)，运用基于云 X 信息的逆向云发生器，生成云模型的三个数字特征(Ex,En,He)。

步骤 5：根据云模型的数字特征，借助正向云发生器，生成众多云滴以形成诊断云

图。根据云图判断估计函数$\overline{Y}_i(x)$的离散程度，以决定是否进行下一轮次的专家打分。多次反复，逐级可视化控制$\overline{Y}_i(x)$的收敛速度，实现评估标准定性描述向定量表示转换。

步骤6：将定性概念的云模型表示为$D_{A_i}=D(Ex_i,En_i,He_i)$。根据评估标准五个级别的云数字特征，运用正态云发生器产生一组x值，取其均值作为X条件云发生器的输入，分别计算它对五条云规则的确定度，从中找出最大值μ_i，则取第i条云规则，利用Y条件云生成器输出x_i值，作为诊断指标的量化值。

应当指出的是，对于某些特定的定性指标，如巡查中常见情况，可以建立一个打分对照表。在平时的日常巡查中，可以根据打分对照表，直接给定一个分数，而不必通过专家进行区间赋值。这样不仅有利于节约人力、财力，简化定性指标量化过程，还可以反过来指导大坝的日常维护。

6.3 诊断指标赋权

混凝土坝长效服役性态推理诊断是由多个诊断指标构成的多项目、多层次的复杂递归体系。由于监测项目众多，不同监测项目的贡献和重要性不尽相同，各种监测项目类型乃至不同位置的测点在诊断中所反映出的健康状况也各有不同，对重要的监测项目或重要结构部位的诊断指标应赋予较大的权重。同时，混凝土坝整体健康状况是随着时间不断变化的动态过程，各指标对混凝土坝健康状况的影响程度必将发生改变，其权重分配也应是动态的。而且由于仪器固有精度、仪器损坏、人为监测误差等造成监测精度不尽相同，确定权重时还应充分考虑监测精度，对可靠程度较高的指标应赋予较大的权重。此外，在混凝土坝运行过程中，假如某个部位不能满足要求，就可能会使大坝整体丧失正常功能，甚至产生溃坝失事的严重后果。上述现象反映在诊断指标体系中，通常表现为某个指标值过大或过小、破坏程度严重、复查不满足要求等，这类影响全局的指标是有否决权的指标；相反地，对于一些对大坝整体安全不起决定作用的指标则称为无否决权的指标。在诊断指标赋权时，应对有否决权的诊断指标赋予较大的甚至是1的权重值，而对无否决权的诊断指标赋予的权重较小甚至为0。综上所述，诊断指标对混凝土坝健康状况的作用并不是同等重要的，须对其赋予不同的权重系数以体现各指标的作用和重要程度。

6.3.1 主观赋权方法

主观赋权大多采用综合咨询评分的定性方法来确定各指标的权重，利用专家的知识和经验对实际问题给出权重。但如果专家选取不当，该类方法易受人为主观因素的影响，夸大或降低某些指标的作用，使诊断结果有可能存在较大的主观随意性。

6.3.1.1 Delphi 法

Delphi法又称专家咨询法，由调查工作的组织者就拟定的问题设计出调查表，再通过函件分别向选定的专家咨询调查。专家与专家之间通过组织者的反馈材料，按规定程序匿名地交流意见。通过几轮咨询，并对每一轮专家的意见进行统计处理、归纳和综合，经多次反馈，专家们分散的诊断意见将会逐次收敛，最后集中在比较协调一致的诊断结果上，从而得出可信度较高且具有统计意义的专家集体判断结论。

设有n个决策指标$f_1,f_2,\cdots,f_n$，组织m个专家咨询，每个专家确定一组指标权重估

计值 $\omega_{i1},\omega_{i2},\cdots,\omega_{in}(1\leqslant i\leqslant m)$，对 m 个专家给出的权重估计值取平均，得到平均估计值：

$$\bar{\omega}_j=\frac{1}{m}\sum_{i=1}^{m}\omega_{ij}\qquad(1\leqslant j\leqslant n)\tag{6.21}$$

计算估计值和平均估计值的偏差：

$$\Delta_{ij}=|\omega_{ij}-\bar{\omega}_j|\qquad(1\leqslant i\leqslant m,1\leqslant j\leqslant n)\tag{6.22}$$

对于偏差 Δ_{ij} 较大的第 j 个指标的权重估计值，再请第 i 个专家重新估计 ω_{ij}。经过几轮反复，直到偏差满足一定要求为止。这样，就得到一组指标权重的平均估计修正值 $\bar{\omega}_j(1\leqslant j\leqslant n)$。

6.3.1.2 层次分析法

层次分析（analytic hierarchy process，AHP）法是定量和定性相结合的多目标决策方法，又称特征值法、特征向量法或判断矩阵法，大量地运用于确定同一层次属性的重要性向量。AHP 法强调人的思维判断在科学诊断中的作用，将决策者对复杂系统的决策思维过程数量化、模型化。

（1）建立层次结构模型。根据图 6.1，将目标准则体系所包含的因素划分为不同层次，如目标层、准则层、方案层等，构建递阶层次结构模型，用不同形式的框图标明层次的递阶结构和元素的从属关系。分层时应该突出重点，抓住主要因素，每一层次元素不宜过多，一般不要超过 9 个。

（2）构造判断矩阵。按照层次结构模型，从上到下逐层构造判断矩阵。每一层元素都以相邻上一层次各元素为准则，按 1～9 标度方法（表 6.3）两两比较构造判断矩阵，也可以用其他改进的标度方法构造。

表 6.3　　1～9 标度方法

标　度	定　义	含　义
1	同样重要	两元素对某属性同样重要
3	稍微重要	两元素对某属性，一元素比另一元素稍微重要
5	明显重要	两元素对某属性，一元素比另一元素明显重要
7	强烈重要	两元素对某属性，一元素比另一元素强烈重要
9	极端重要	两元素对某属性，一元素比另一元素极端重要
2，4，6，8	相邻标度中值	表示相邻两标度之间折中时的标度
上列标度倒数	反比较	元素 i 对元素 j 的标度为 a_{ij}，反之为 $1/a_{ij}$

（3）层次单排序及其一致性检验。根据实际情况，用不同方法求解判断矩阵最大特征值和对应的特征向量，经过标准化处理，即得层次单排序权重向量。层次单排序要进行一致性检验，检验不合格的要修正判断矩阵，直至符合满意的一致性标准。判断矩阵的一致性检验步骤如下：

步骤 1：求出一致性指标 CI。

$$CI=\frac{\lambda_{\max}-m}{m-1}\tag{6.23}$$

式中：m 为判断矩阵的维数；$\lambda_{\max}$ 为最大特征值。

步骤 2：查表 6.4 可得平均随机一致性指标 RI。

表 6.4 平均随机一致性指标

阶数	1	2	3	4	5	6	7	8	9	10	11	12
RI	0	0	0.52	0.89	1.12	1.26	1.36	1.41	1.46	1.49	1.52	1.54

步骤 3：计算一致性比率 CR。

当 $CR \leqslant 0.1$ 时，接收判断矩阵；否则，修改判断矩阵。

$$CR = \frac{CI}{RI} = \frac{\sum_{j=1}^{m} \omega_j CI_j}{\sum_{j=1}^{m} \omega_j RI_j} \tag{6.24}$$

（4）层次总排序及其一致性检验。层次总排序是从上到下逐层进行的。在层次权重解析过程中，对一般不完全层次关系，将不存在关系的方案权重与准则的方案权重用“0”补进去。同样地，层次总排序的一致性检验也是从上到下逐层进行。

6.3.1.3 信息扩散法

设 $\boldsymbol{W}=\{w_1, w_2, \cdots, w_n\}$ 是知识样本，$\boldsymbol{V}$ 是基础论域，记 w_j 的监测值为 v_j，令 $x=\varphi(v-v_j)$，则当 $\boldsymbol{W}$ 非完备时，存在函数 $u(x)$ 使 v_j 点获得的量值为“1”的信息可按 $u(x)$ 的量值扩散到 $\boldsymbol{V}$ 上去，且扩散所得到的原始信息分布 $Q(v)$ 能更好地反映 $\boldsymbol{W}$ 所在总体上的规律，这一过程称为信息扩散原理。

$$Q(v) = \sum_{j=1}^{n} u(x) = \sum_{j=1}^{n} u(\varphi(v - v_j)) \tag{6.25}$$

当信息不完备时，一定存在某种途径能够收集到 $\boldsymbol{W}$ 的模糊信息，以进行更为精确的估计。采用正态扩散函数对混凝土坝健康信息进行扩散

$$\overline{f}_m(v) = \frac{1}{\sqrt{2\pi}nh} \sum_{j=1}^{m} \exp\left[-\frac{(v - v_j)^2}{2h^2}\right] \tag{6.26}$$

式中：n 为样本数；h 为扩散系数。

$$h = \alpha d = \alpha(b - a)/(n - 1) \tag{6.27}$$

式中：b 为样本集合中的最大值；a 为样本集合中的最小值，α 与样本数有关，当 $n>10$ 时，可取 α 为 1.4208。

信息扩散是一种变换，将非模糊的数据变成模糊信息。为了消除信息扩散带来的影响，进行信息集中：

$$u = \frac{\sum_{i=1}^{n} b_i^k u_i}{\sum_{i=1}^{n} b_i^k} \tag{6.28}$$

式中：u 为所求诊断指标的权重；b_i 为模糊近似推论求出的第 i 个元素的可能性分布；u_i 为等级 i 变量的大小；k 为常数。

在利用信息扩散法对诊断指标赋权时，通常邀请几位专家进行权重赋值，对于不同专家，其诊断结果往往不完全一致，这时可按式（6.26）将各位专家的诊断结果在真实值所

在的空间范围内进行信息扩散。在此基础上，按式（6.28）对各个指标权重进行标准化，由此可得出各个影响因素的权重向量。

6.3.2 客观赋权方法

客观赋权法一般是根据各指标间的相关关系或各指标值的变异程度来确定权重，因而使权重具有绝对的客观性。该类方法只根据调查所得的数据来作出判断，具有赋权客观、不受人为因素影响等优点。但也有不足之处：由于没有充分考虑指标本身的相对重要程度，容易忽略诊断者的主观信息，有可能违背指标的物理意义，各指标的权重不能体现各指标自身价值的重要性；同时，样本的变化可能导致权重的变化，造成权重的不稳定。

6.3.2.1 主成分分析法

主成分分析法直接利用实测数据，通过正交变换，把多个相关指标转化为少量不相关诊断指标，并定量描述交互指标在整体系统中的贡献，通过贡献量大小识别对应的各个诊断指标的权重值。

1. 监测样本相关矩阵的建立

如何求得各指标相关联特征及其对整体诊断的贡献量是主成分分析法确定信息权重的前提，首先需要将实测数据转换成主成分分析的相关矩阵。设实测数据的标准化矩阵为

$$\boldsymbol{A}=\begin{bmatrix} a_{11} & a_{12} & \cdots & a_{1n} \\ a_{21} & a_{22} & \cdots & a_{2n} \\ \vdots & \vdots & \vdots & \vdots \\ a_{m1} & a_{m2} & \cdots & a_{mn} \end{bmatrix}_{m\times n} \tag{6.29}$$

式中：$a_{ij}(1\leqslant i\leqslant m, 1\leqslant j\leqslant n)$为第 j 个指标序列中的第 i 个实测值；m 为时间序列中测值个数；n 为诊断指标的个数。

则相关信息矩阵为

$$\boldsymbol{R}_{n\times n}=\boldsymbol{Y}_{m\times n}^{\mathrm{T}}\boldsymbol{Y}_{m\times n}+\boldsymbol{I}=[r_{ij}]_{n\times n} \tag{6.30}$$

其中

$$\boldsymbol{I}=\mathrm{diag}\{1,1,\cdots,1\}$$

式中：$\boldsymbol{Y}$ 为样本信息矩阵，是全1矩阵与实测数据标准化矩阵 $\boldsymbol{A}_{m\times n}$ 之差；$\boldsymbol{I}$ 为单位矩阵。

该信息矩阵 $\boldsymbol{R}$ 信息来源于实测资料，r_{ij} 反映了不同诊断指标内部相关性。若利用 $\boldsymbol{R}$ 矩阵与整体系统各分指标贡献信息建立联系，则根据它们的相关系数，可以确定各诊断指标的权重大小。

2. 相关矩阵的主成分信息提取

主成分就是对相关矩阵 $\boldsymbol{R}$ 进行分析计算，从中提取为数较少的新变量，它们是初始诊断因子的线性组合。采用 Jacobi 旋转变换标准算法将 $\boldsymbol{R}$ 矩阵分解为一组相互正交的主成分。设原始诊断指标向量为 $\vec{A}=(a_1,a_2,\cdots,a_n)$，其主成分分量为 $\vec{Z}=(z_1,z_2,\cdots,z_n)$，$\vec{A}$ 的相关矩阵为 $\boldsymbol{R}_{n\times n}$，则利用主成分分析 $\vec{A}$ 的变标度的主轴映射向量为

$$\boldsymbol{Z}=\boldsymbol{\Lambda}^{-1/2}\boldsymbol{V}^{\mathrm{T}}\boldsymbol{A} \tag{6.31}$$

式中：$\boldsymbol{V}$ 为 R 矩阵的特征向量矩阵，即 $\boldsymbol{V}=[v_1,v_2,\cdots,v_n]$；$\boldsymbol{\Lambda}^{1/2}$ 为对应的特征值矩阵，即 $\boldsymbol{\Lambda}^{1/2}=\mathrm{diag}\{\sqrt{\lambda_1},\sqrt{\lambda_2},\cdots,\sqrt{\lambda_n}\}$。

若将 $\boldsymbol{V\Lambda}^{-1/2}$ 定义为主因子载荷矩阵，并记其为 $\boldsymbol{H}$，则

$$\boldsymbol{H}_{n\times n}=\boldsymbol{V\Lambda}^{-1/2} \tag{6.32}$$

由于 $\boldsymbol{H}$ 的 $\boldsymbol{\Lambda}^{-1/2}$ 和 $\boldsymbol{V}$ 矩阵信息都来源于原指标集的相关矩阵 $\boldsymbol{R}_{n\times n}$，对于一定的相关矩阵 $\boldsymbol{R}$，相应的主因子载荷矩阵 $\boldsymbol{H}$ 是唯一确定的。

3. 诊断指标权重的确定

计算实测数据相关矩阵的特征值 $\boldsymbol{\Lambda}=\mathrm{diag}\{\lambda_1,\lambda_2,\cdots,\lambda_n\}$ 及其方差贡献 E_i(%)：

$$E_i=\frac{\lambda_i}{\sum_{j=1}^{n}\lambda_j}\times 100\% \tag{6.33}$$

主因子载荷矩阵 $\boldsymbol{H}$ 反映了原指标因子与提取信息后的主因子的关系，因而，利用相关矩阵 $\boldsymbol{R}$ 与每一列主指标荷载向量 $\vec{h}_j$，可建立回归方程：

$$\boldsymbol{R}\cdot\vec{\alpha}_j=\vec{h}_j \tag{6.34}$$

对系数向量 $\vec{\alpha}_j$ 求解，得

$$\vec{\alpha}_j=[\alpha_{ij}]=\boldsymbol{R}^{-1}\vec{h}_j \tag{6.35}$$

式中：$\vec{\alpha}_j$ 反映了第 j 个系数主成分分量贡献，它与对应的方差贡献 E_j 的组合，便是所要确定的第 i 个诊断指标的权重值，即

$$u_i=\sum_{j=1}^{n}|a_{ij}|E_j \qquad (i=1,2,\cdots,n) \tag{6.36}$$

然后，对所有 u_i 标准化，可得标准化的诊断指标权重值为

$$w_i=\frac{u_i}{\sum_{i=1}^{n}u_i} \tag{6.37}$$

则诊断指标各权重为 $\boldsymbol{W}=[w_1,w_2,\cdots,w_n]$。

主成分分析法虽以实测数据为基础，但它只注重实测数据间的关联性，而缺乏对不同诊断指标在物理力学关系上的重要性的考虑。而且，该法不但不能剔除原始数据的重复信息，反而会强化指标的重复信息，严重时会造成诊断结果的失真。因此，该方法不能完全真正地反映诊断指标的重要性程度，需要依赖于诊断指标设置的独立性。为此，下面引入熵理论，综合考虑各诊断指标提供的信息量，利用熵值判断各诊断指标的有效性大小。

6.3.2.2 改进熵值法

设有 n 个诊断指标的 m 次测值，其初始数据矩阵 $\boldsymbol{X}=[x_{ij}]_{m\times n}$，采用极差变化法得到标准化后的实测矩阵 $\boldsymbol{Y}=[y_{ij}]_{m\times n}$，则第 j 项指标的信息熵值为

$$e_j=-k\sum_{i=1}^{m}f_{ij}\ln f_{ij} \qquad (i=1,2,\cdots,m;j=1,2,\cdots,n) \tag{6.38}$$

$$f_{ij}=\frac{y_{ij}}{\sum_{i=1}^{m}y_{ij}} \tag{6.39}$$

式中：k 为与样本测值数有关的系数。

当系统的有序度为 0 时，其熵值最大，等于 1。当 m 个样本无序分布时，$f_{ij}=1/m$，

则 $-k\sum_{i=1}^{m}\frac{1}{m}\ln\frac{1}{m}=k\sum_{i=1}^{m}\frac{1}{m}\ln m=k\ln m=1$，所以 $k=1/\ln m$。当 $\ln f_{ij}=0$ 时，$f_{ij}\ln f_{ij}=0$；$\ln f_{ij}=1$，$f_{ij}\ln f_{ij}=2.718$。当信息熵完全无序时，对诊断的效用也为 0，因此某项指标的效用值取决于信息熵 e_j 与 1 的差值 H_j，即

$$H_j=1-e_j \tag{6.40}$$

某指标的信息效用值越大，其对诊断结果的重要性就越大，所占的权重也越大，所以信息效用值与权重的概念是一致的。将信息效用值标准化，即可得到各个指标的权重。

$$w_j=\frac{H_j}{\sum_{j=1}^{n}H_j}=\frac{1-e_j}{\sum_{j=1}^{n}(1-e_j)}=\frac{1-e_j}{n-\sum_{j=1}^{n}e_j} \tag{6.41}$$

其中

$$\sum_{j=1}^{n}w_j=1 \qquad (0\leqslant w_j\leqslant 1)$$

各个诊断指标的权重向量 $\boldsymbol{W}=(w_1,w_2,\cdots,w_n)$。根据诊断指标的实际意义，当 $f_{ij}=0$ 时，认为 $\ln f_{ij}$ 为一较大的数值，与 f_{ij} 相乘后，使得 $f_{ij}\cdot\ln f_{ij}\to 0$，故认为 $f_{ij}\ln f_{ij}=0$ 可以理解。但当 $f_{ij}=1$，也可认为 $f_{ij}\ln f_{ij}=0$，这显然与熵所反映的信息无序化程度相悖，不符合实际意义，故需要对式（6.39）进行修正，得

$$f_{ij}=\frac{1+y_{ij}}{\sum_{i=1}^{m}(1+y_{ij})} \tag{6.42}$$

由于 $0\leqslant f_{ij}\leqslant 1$，所以 $0\leqslant -\sum_{i=1}^{m}f_{ij}\ln f_{ij}\leqslant \ln m$，因而推得 $0\leqslant e_j\leqslant 1$。计算步骤如下：

步骤 1：构建 m 个测值序列的 n 个诊断指标的判断矩阵 $\boldsymbol{X}=[x_{ij}]_{m\times n}$，并将其按一定的方法进行标准化处理，得到标准化后的实测矩阵 $\boldsymbol{Y}=[y_{ij}]_{m\times n}$。

步骤 2：根据熵的定义，m 个测值序列 n 个诊断指标，可以确定第 j 项指标的信息熵值为

$$e_j=-k\sum_{i=1}^{m}\left[\frac{1+y_{ij}}{\sum_{i=1}^{m}(1+y_{ij})}\ln\frac{1+y_{ij}}{\sum_{i=1}^{m}(1+y_{ij})}\right] \tag{6.43}$$

步骤 3：根据指标的效用值与 1 信息熵 e_j 与 1 之间的关系，由式（6.40）确定某指标的效用值 H_j。

步骤 4：由式（6.41）计算标准化的权重值。

利用上述改进的熵值法，根据各指标传输给诊断者的信息量的大小确定指标的权重。

6.3.3 组合赋权方法

1. 基于算术平均的主客观组合赋权法

设共有 n 个诊断指标，第 i 种主客观赋权方法给第 j 个诊断指标所赋的权重为 $\omega_{ij}(i=1,2,\cdots,b;j=1,2,\cdots,n)$。

当 b 种主客观赋权方法所得权重相差不大时，考虑到计算上的简便性，可以取 b 种方法所得权重的算术平均值作为组合权重。对于第 j 个诊断指标，b 种主客观赋权方法算术

平均组合后权重 ω_{cj} 为

$$\omega_{cj}=\frac{1}{b}\sum_{i=1}^{b}\omega_{ij} \tag{6.44}$$

2. 基于 Spearman 加权平均的主客观组合赋权法

计算第 $j(j=1,2,\cdots,b)$ 种赋权方法与第 $k(k=1,2,\cdots,b)$ 种赋权方法确定的权数排序结果之间的 Spearman 等级相关系数 ρ_{jk}。设第 $i(i=1,2,\cdots,n)$ 个指标在第 j 种赋权方法下的等级排序为 R_i，第 i 个指标在第 k 种赋权方法下的等级排序为 S_i，这两种排序的等级差为 D_i，则 Spearman 等级相关系数 ρ_{jk} 为

$$\rho_{jk}=1-\frac{6\sum_{i=1}^{n}D_i^2}{n(n^2-1)}=1-\frac{6\sum_{i=1}^{n}(R_i-S_i)^2}{n(n^2-1)} \tag{6.45}$$

对第 $j(j=1,2,\cdots,b)$ 种方法与 $k(k=1,2,\cdots,b)$ 种赋权方法的 Spearman 等级相关系数求和，算出第 j 种方法的 Spearman 等级相关系数之和 ρ_j。

$$\rho_j=\sum_{k=1}^{b}\rho_{jk} \tag{6.46}$$

假设 Spearman 等级相关系数之和最大的方法为方法 t，则有

$$\rho_t=\max_{1\leqslant j\leqslant b}\rho_j \tag{6.47}$$

方法 t 即为 b 种主客观赋权方法中最具有一致性的方法。

以方法 t 为参考方法，以第 t 种方法的 Spearman 等级相关系数之和 ρ_t 为基准，对由 b 种主客观赋权方法的 Spearman 等级相关系数 $\rho_{jk}(j,k=1,2,\cdots,b)$ 进行标准化处理，得到 b 种主客观赋权方法的权向量为 $\boldsymbol{\alpha}=[\alpha_1,\alpha_2,\cdots,\alpha_b]$。

设第 $i(i=1,2,\cdots,b)$ 种主客观赋权方法对第 $j(j=1,2,\cdots,n)$ 个诊断指标所赋的权重为 ω_{ij}，记第 j 个诊断指标的权重向量为 $\boldsymbol{W}_j=[\omega_{1j},\omega_{2j},\cdots,\omega_{bj}]^{\mathrm{T}}$。将 $\boldsymbol{W}_j$ 与 b 种主客观赋权方法的权向量为 $\boldsymbol{\alpha}=[\alpha_1,\alpha_2,\cdots,\alpha_b]$ 合成，即可得到第 j 个诊断指标 Spearman 加权平均组合后的主客观组合权重 ω_{cj}。

$$\omega_{cj}=\boldsymbol{\alpha}\boldsymbol{W}_j=[\alpha_1,\alpha_2,\cdots,\alpha_b]\,[\omega_{1j},\omega_{2j},\cdots,\omega_{bj}]^{\mathrm{T}} \tag{6.48}$$

3. 基于最小二乘法的主客观权重组合法

设有 m 个诊断对象，n 个诊断指标，标准化后的决策矩阵为 $\boldsymbol{Y}=(y_{ij})_{m\times n}$，则第 i 个诊断对象的诊断值为

$$f_i=\sum_{j=1}^{n}\omega_{cj}y_{ij}\qquad(i=1,2,\cdots,m) \tag{6.49}$$

设某种主观赋权法对 n 个诊断指标所赋权重为 $\boldsymbol{W}_z=[\omega_{z1},\omega_{z2},\cdots,\omega_{zn}]^{\mathrm{T}}$，某种客观赋权法对 n 个诊断指标所赋权重为 $\boldsymbol{W}_k=[\omega_{k1},\omega_{k2},\cdots,\omega_{kn}]^{\mathrm{T}}$。对所有诊断对象的所有诊断指标而言，主客观赋权所得的诊断指标权重的偏差应当越小越好。为此，建立最小二乘优化模型：

$$\begin{cases}\min H(\omega)=\sum_{i=1}^{m}\sum_{j=1}^{n}\{[(\omega_{zj}-\omega_{cj})\times y_{ij}]^2+[(\omega_{kj}-\omega_{cj})\times y_{ij}]^2\}\\ \text{s.t.}\ \sum_{j=1}^{n}\omega_{cj}=1,\omega_{cj}\geqslant 0\qquad(j=1,2,\cdots,n)\end{cases} \tag{6.50}$$

式中：ω_{cj} 为第 j 个诊断指标的最小二乘组合后的主客观组合权重。

求解式（6.50）可得到第 j 个诊断指标的最小二乘组合后的主客观组合权重 ω_{cj}。

上述几种求解主客观组合权重的方法各有特点：基于算术平均的主客观组合赋权法计算比较简单，但未考虑每种方法的重要性，得到的结果为各种主客观赋权方法同样重要下的权重平均值；基于 Spearman 加权平均的主客观组合赋权法综合考虑了各诊断指标的重要性，并赋予各种主客观赋权方法不同的权重，与基于算术平均的主客观组合赋权法不同之处在于考虑了各种主客观赋权方法的不同作用，从理论上说，这种方法得到的主客观组合权重更客观；基于最小二乘法的主客观权重组合法采用了最优化理论来确定主客观组合权重，所得到的最终结果总体能反映主客观赋权的最优解。

6.4 推理诊断方法

6.4.1 信息融合诊断

本小节引入统计过程控制理论，构建能充分反映空间同类多测点测值变化特征的统计量，介绍基于同类多测点监测效应量的混凝土坝服役性态诊断方法。进一步，通过 Bayes 融合更新诊断数据的概率分布信息，进行诊断结果的信息融合，得到融合不同监测类型多测点监测效应量的诊断分析结果。

6.4.1.1 统计过程控制诊断方法

统计过程控制是指对混凝土坝服役性态进行异常检测，根据检测和诊断结果产生一系列决策，通常将统计过程控制分为数学模型方法和基于数据驱动的方法。前者在进行监测效应量实测数据统计过程控制前，需要一些先验知识来建立数学模型，而后者在建立模型时仅仅需要实测数据，通过数据挖掘方法挖掘实测数据中的有效信息，获取正常状态和异常状态的特征，进而得出诊断结论。在混凝土坝服役过程中，实测数据往往存在各种变化，从统计过程控制的角度，这些变化的原因大体上可以分为以下三类：①由外界引起的变化，对于混凝土坝而言，库水压、温度变化或降雨等都属于外界因素；②控制或监控对象自身产生的变化，如坝体开裂、渗透破坏、大坝的老化等，这些变化导致混凝土坝长效服役性能下降；③噪声引起的变化，视为随机因素产生的变化。下面基于统计过程控制理论，介绍区分实测数据的随机波动与异常波动的方法，据此对大坝运行过程可能的异常变化进行识别。

1. 同类多测点监测效应量统计过程控制诊断

（1）主成分空间与残差子空间。将信息簇结构内同类监测效应量实测数据矩阵 $\boldsymbol{X}$ 进行分解，即

$$\boldsymbol{X}=\sum_{i=1}^{L}\boldsymbol{t}_i\boldsymbol{p}_i^{\mathrm{T}}+\boldsymbol{E}=\boldsymbol{T}\boldsymbol{P}^{\mathrm{T}}+\boldsymbol{E}=\boldsymbol{X}\hat{\boldsymbol{P}}\hat{\boldsymbol{P}}^{\mathrm{T}}+\boldsymbol{X}\bar{\boldsymbol{P}}\bar{\boldsymbol{P}}^{\mathrm{T}}=\hat{\boldsymbol{X}}+\boldsymbol{E} \tag{6.51}$$

式中：$\hat{\boldsymbol{P}}$ 为对应前 j 主分量的负荷矩阵，它所代表的子空间包含了实测数据的主要特征，这部分称为主成分子空间（principal component subspace，PCS）；$\hat{\boldsymbol{X}}$ 为 $\boldsymbol{X}$ 的 PCS 估计值；$\bar{\boldsymbol{P}}$ 为除了前 L 个主分量以外的分量对应的负荷向量组成的矩阵，这部分包含了噪声等随

机因素，称为残差子空间（residual subspace，RS）；$\boldsymbol{E}$ 为监测数据在 RS 上的投影。

如果将 $\hat{\boldsymbol{X}}$ 和 $\boldsymbol{E}$ 进一步按照多个不同主分量分离，则可形成多级主成分子空间（multi-level PCS）和多级残差子空间（multi-level RS）。

统计过程控制理论主要基于主成分分析的结果，通过对多个相关变量进行联合分析来判别相关变量的状态。将该方法分为两类分析过程：其一，与单测点置信区间估计法类似，利用残差矩阵 $\boldsymbol{E}$ 的变化，分析实测数据相对拟合数据的偏离程度；其二，由于纳入分析的多个监测效应量测点数据之间具有空间相关性，主成分子空间中的主分量体现了这种相关性，当测点数据间的相关性产生变化，并有异常的变化趋势时，可以通过多个主分量的变化来判别相关变量的状态。

基于统计过程控制理论，利用残差矩阵可以建立残差统计量，由主分量矩阵建立 T^2 统计量，以下研究其建立方法，并分析反映混凝土坝服役性态变化的实测数据矩阵均值和协方差变化对这两个统计量的影响，以实现混凝土坝服役性态多测点的联合诊断。

（2）同类多测点监测效应量残差变化诊断。对多个测点监测效应量数据矩阵 $\boldsymbol{X}$，在 RS 或 multi-level RS 子空间上得到残差统计量平方预测误差（squared prediction error，SPE），表示为

$$SPE = \| \boldsymbol{E} \|^2 = \| \boldsymbol{X} - \hat{\boldsymbol{X}} \|^2 = (\boldsymbol{X} - \hat{\boldsymbol{X}})(\boldsymbol{X} - \hat{\boldsymbol{X}})^{\mathrm{T}} = \boldsymbol{X}^{\mathrm{T}} \overline{\boldsymbol{P}}\, \overline{\boldsymbol{P}}^{\mathrm{T}} \boldsymbol{X} = \| \overline{\boldsymbol{P}}^{\mathrm{T}} \boldsymbol{X} \|^2 \quad (6.52)$$

式中：$\hat{\boldsymbol{X}}$ 为 $\boldsymbol{X}$ 的估计值。

从 SPE 的定义可看出，SPE 在某一时刻是一个标量，体现此时刻实测值矩阵相对模型值矩阵的偏离程度。对 SPE 的控制限值 δ_{SPE}^2 为多个测点的联合控制区域，一般为椭球形区域，对于显著性水平 a 下的控制限值 δ_{SPE}^2，Jackson 给出的公式为

$$\delta_{SPE}^2 = \theta_1 \left[\frac{C_a \sqrt{2\theta_2 h_0^2}}{\theta_1} + 1 + \frac{\theta_2 h_0 (h_0 - 1)}{\theta_1^2} \right]^{1/h_0} \quad (6.53)$$

其中

$$\theta_i = \sum_{j=L+1}^{n} \lambda_j^i \quad (i = 1,2,3) \quad (6.54)$$

$$h_0 = 1 - \frac{2\theta_1 \theta_3}{3\theta_2^2} \quad (6.55)$$

式中：λ_j 为 $\boldsymbol{X}$ 协方差矩阵的特征值；C_a 为正态分布时对应显著性水平 a 的临界值；n 为全部主分量个数。

取显著性水平分别为 0.05 和 0.01，对应的 SPE 的控制限值为 δ_{SPEa}^2 和 δ_{SPEb}^2，则基于多测点监测效应量 SPE 诊断指标来诊断混凝土坝服役性态，诊断结果如下

$$\begin{cases} SPE \leqslant \delta_{SPEb}^2, & \text{性态正常} \\ \delta_{SPEb}^2 < SPE \leqslant \delta_{SPEa}^2, & \text{性态疑似异常} \\ SPE > \delta_{SPEa}^2, & \text{性态异常} \end{cases} \quad (6.56)$$

SPE 度量了实测数据偏离主成分区域的程度，根据式（6.52）对 SPE 统计量的定义，当 $\boldsymbol{X}$ 为含有 n 个数值的监测数据序列时，对于 $\boldsymbol{X}$ 有

$$E(\boldsymbol{X}\boldsymbol{X}^{\mathrm{T}}) = \mathrm{inv}[\mathrm{cov}(\boldsymbol{X})] + E(\boldsymbol{X}) E^{\mathrm{T}}(\boldsymbol{X}) \quad (6.57)$$

式中，inv(·)为求逆运算；cov(·)为协方差计算。

依据 SPE 的定义，将式（6.57）转化为

$$E(SPE)=E(\Delta \boldsymbol{X}\ \Delta \boldsymbol{X}^{\mathrm{T}})=\mathrm{inv}[\mathrm{cov}(\Delta \boldsymbol{X})]+E(\Delta \boldsymbol{X})E^{\mathrm{T}}(\Delta \boldsymbol{X}) \tag{6.58}$$

式中：$\Delta \boldsymbol{X}=\boldsymbol{X}-\hat{\boldsymbol{X}}$ 为残差序列。

由于残差亦可表示为 $\Delta \boldsymbol{X}=\boldsymbol{X}^{\mathrm{T}}\bar{\boldsymbol{P}}\bar{\boldsymbol{P}}^{\mathrm{T}}$，则有

$$E(SPE)=\mathrm{inv}[\bar{\boldsymbol{P}}\bar{\boldsymbol{P}}^{\mathrm{T}}\mathrm{cov}(\boldsymbol{X})\bar{\boldsymbol{P}}\bar{\boldsymbol{P}}^{\mathrm{T}}]+E(\boldsymbol{X})\bar{\boldsymbol{P}}\bar{\boldsymbol{P}}^{\mathrm{T}}\bar{\boldsymbol{P}}\bar{\boldsymbol{P}}^{\mathrm{T}}E^{\mathrm{T}}(\boldsymbol{X}) \tag{6.59}$$

其中 $\bar{\boldsymbol{P}}^{\mathrm{T}}\bar{\boldsymbol{P}}=\boldsymbol{I}$，因此

$$E(SPE)=\mathrm{inv}[\bar{\boldsymbol{P}}^{\mathrm{T}}\mathrm{cov}(\boldsymbol{X})\bar{\boldsymbol{P}}]+E(\boldsymbol{X})\bar{\boldsymbol{P}}\bar{\boldsymbol{P}}^{\mathrm{T}}E^{\mathrm{T}}(\boldsymbol{X}) \tag{6.60}$$

相应的协方差、相关系数及方差间的关系可表示为

$$\mathrm{cov}(\boldsymbol{X})=V(\boldsymbol{X})^{1/2}\mathrm{corr}(\boldsymbol{X})V(\boldsymbol{X})^{1/2} \tag{6.61}$$

式中：corr($\boldsymbol{X}$)为相关系数矩阵。

依据式（6.60）可得到

$$E(SPE)=\mathrm{inv}[\bar{\boldsymbol{P}}^{\mathrm{T}}V(\boldsymbol{X})^{1/2}\mathrm{corr}(\boldsymbol{X})V(\boldsymbol{X})^{1/2}\bar{\boldsymbol{P}}]+E(\boldsymbol{X})\bar{\boldsymbol{P}}\bar{\boldsymbol{P}}^{\mathrm{T}}\boldsymbol{E}^{\mathrm{T}}(\boldsymbol{X}) \tag{6.62}$$

通过式（6.57）～式（6.62）可知，当实测数据发生均值和协方差的变化，其影响相对于 E(SPE)为线性叠加的效果，因此可以将这两种影响效果进行分离，并分别进行讨论。

1）测点数据均值偏离的影响。当反映混凝土坝服役性态变化的实测数据的协方差矩阵不变，而均值出现偏离时，令其均值向量为 $\varepsilon=E(\boldsymbol{X})$，输入数据是归一化数据时，$\varepsilon$ 中的每一个元素都为 0。假设偏离的均值表示为 $\boldsymbol{\varepsilon}'$，对应的 SPE 统计量为 SPE'，则得到 SPE 均值的变化量，即

$$\begin{aligned}\Delta E(SPE)&=E(SPE')-E(SPE)\\&=\boldsymbol{\varepsilon}'\bar{\boldsymbol{P}}\bar{\boldsymbol{P}}^{\mathrm{T}}\boldsymbol{\varepsilon}'^{\mathrm{T}}-\boldsymbol{\varepsilon}\bar{\boldsymbol{P}}\bar{\boldsymbol{P}}^{\mathrm{T}}\boldsymbol{\varepsilon}^{\mathrm{T}}\\&=\boldsymbol{\varepsilon}'\bar{\boldsymbol{P}}(\boldsymbol{\varepsilon}'\bar{\boldsymbol{P}})^{\mathrm{T}}\geqslant 0\end{aligned} \tag{6.63}$$

式（6.63）反映了无论 SPE' 的如何变化，$\Delta E(SPE)$都非负，即 $E(SPE)$都将增大。

当 $\boldsymbol{\varepsilon}'$ 中有 n 个元素($\boldsymbol{\varepsilon}'=\{\varepsilon_1',\varepsilon_2',\cdots,\varepsilon_n'\}$)，只有某个元素 $\varepsilon_i'\in\boldsymbol{\varepsilon}'$ 产生变化，其他不变时，将 $E(SPE)$写成包含 $E(x_i)$的形式，并对 $E(x_i)$求偏导得到

$$\frac{\partial[E(SPE)]}{\partial[E(x_i)]}=2\sum_{j=1}^{n}\sum_{k=L+1}^{n}p_{ik}p_{jk}E(x_j) \tag{6.64}$$

由于 $E(x_j)$为 0，其中 $j=1,2,\cdots,n$ 且 $j\neq i$，则式（6.64）转化为

$$\frac{\partial[E(SPE)]}{\partial[E(x_i)]}=2E(x_i)\sum_{k=L+1}^{n}p_{ik}p_{ik} \tag{6.65}$$

对于式（6.65），令 $\alpha_i=\sum\limits_{k=L+1}^{n}p_{ik}p_{ik}(i=1,2,\cdots,n)$，$\alpha_i$ 为 $\bar{\boldsymbol{P}}\bar{\boldsymbol{P}}^{\mathrm{T}}$ 矩阵对角线元素，体现了 $E(x_j)$变化对 $E(SPE)$的影响程度，具有权重的效果。一般称 α_i 为 SPE 的可检测指标，$\boldsymbol{\alpha}$ 为可检测指标向量。通常为了避免 α_i 相对 $\boldsymbol{\alpha}$ 中其他元素量级过小，导致 SPE 失效，需要选择具有较高关联性的测点数据。

2）测点数据协方差增大的影响。当反映混凝土坝服役性态变化的监测数据的协方差

增大时，说明多个测点监测数据之间的相关关系出现了变化。令 x_i 的方差 σ_{ii} 增大到 σ'_{ii}，$\sigma_{ii}=v_i\sigma'_{ii}$ 且 $v_i>1$，同时均值不变，则新的协方差矩阵 $\boldsymbol{K}'$ 可表示为

$$\boldsymbol{K}'=\begin{bmatrix} \sigma_{11} & \sigma_{12} & \cdots & \sqrt{v_i}\sigma_{1i} & \cdots & \sigma_{1n} \\ \sigma_{21} & \sigma_{22} & \cdots & \sqrt{v_i}\sigma_{2i} & \cdots & \sigma_{2n} \\ \vdots & \vdots & \vdots & \vdots & \vdots & \vdots \\ \sqrt{v_i}\sigma_{i1} & \sqrt{v_i}\sigma_{i2} & \cdots & v_i\sigma_{ii} & \cdots & \sqrt{v_i}\sigma_{1n} \\ \vdots & \vdots & \cdots & \vdots & \cdots & \vdots \\ \sigma_{n1} & \sigma_{n2} & \cdots & \sqrt{v_i}\sigma_{ni} & \cdots & \sigma_{nn} \end{bmatrix} \tag{6.66}$$

因此，其差值为

$$\Delta\boldsymbol{K}=\boldsymbol{K}-\boldsymbol{K}'=\begin{bmatrix} & & & \Delta\sigma_{1i} & & \\ & 0 & & \Delta\sigma_{2i} & & 0 \\ & & & \vdots & & \\ \Delta\sigma_{i1} & \Delta\sigma_{i2} & \cdots & \Delta\sigma_{ii} & \cdots & \Delta\sigma_{1n} \\ & 0 & & \vdots & 0 & \\ & & & \Delta\sigma_{ni} & & \end{bmatrix} \tag{6.67}$$

其中

$$\Delta\sigma_{ij}=\Delta\sigma_{ji}=(\sqrt{v_i}-1)\sigma_{ij}\quad (i,j=1,2,\cdots,n,\text{且 } j\neq i)$$

由于测点数据的均值不变，$E(SPE)$的变化量可表示为

$$\begin{aligned}\Delta E(SPE)&=\mathrm{inv}(\bar{\boldsymbol{P}}^{\mathrm{T}}\boldsymbol{K}'\bar{\boldsymbol{P}})-\mathrm{inv}(\bar{\boldsymbol{P}}^{\mathrm{T}}\boldsymbol{K}\bar{\boldsymbol{P}})\\&=\mathrm{inv}(\bar{\boldsymbol{P}}^{\mathrm{T}}\Delta\boldsymbol{K}'\bar{\boldsymbol{P}})\end{aligned} \tag{6.68}$$

对式（6.68）展开得到

$$\begin{aligned}\Delta E(SPE)&=\sum_{k=L+1}^{n}(2p_{ik}\sum_{j=1}^{n}\Delta\sigma_{ij}p_{jk}-p_{ik}^{2}\Delta\sigma_{ii})\\&=\sum_{k=L+1}^{n}\left[2p_{ik}\sum_{j=1}^{n}(\sqrt{v_i}-1)\sigma_{ij}p_{jk}-p_{ik}^{2}(v_i-1)\sigma_{ii}\right]\\&=\sum_{k=j+1}^{n}\left[2p_{ik}\sum_{j=1}^{n}(\sqrt{v_i}-1)\sigma_{ij}\bar{p}_{jk}+p_{ik}^{2}(\sqrt{v_i}-1)\sigma_{ii}\right]\end{aligned} \tag{6.69}$$

根据主成分分析中 $\boldsymbol{P}$ 的定义，可知 $\boldsymbol{KP}=\boldsymbol{P\lambda}$，其中 $\boldsymbol{P}=[\hat{\boldsymbol{P}}\bar{\boldsymbol{P}}]$，得到

$$\sum_{m=1}^{n}\sigma_{im}p_{mj}=\lambda_j p_{ij}\quad (i,j=1,2,\cdots,n) \tag{6.70}$$

因此，式（6.70）转化为

$$\Delta E(SPE)=2(\sqrt{v_i}-1)\sum_{k=L+1}^{n}P_{ik}^{2}\lambda_k+(\sqrt{v_i}-1)^{2}\sigma_{ii}\sum_{k=L+1}^{n}P_{ik}^{2} \tag{6.71}$$

分析式（6.71），由于方差增大，即 $v_i>1$，所以 $\Delta E(SPE)>0$。第一项中 λ_k 取第 $L+1$ 个到最后一个，且 $\lambda_1\geqslant\lambda_2\geqslant\cdots\geqslant\lambda_{L+1}\geqslant\cdots\geqslant\lambda_n$，则第二项远大于第一项。因此，$\Delta E(SPE)$可以近似表示为

$$\Delta E(SPE) \approx (\sqrt{v_i}-1)^2 \sigma_{ii} \sum_{k=L+1}^{n} P_{ik}^2 \tag{6.72}$$

不难看出，式（6.72）右边$(\sqrt{v_i}-1)^2\sigma_{ii}$部分的变化对$E(SPE)$的影响程度为$\sum_{k=L+1}^{n} P_{ik}^2$，并且$\sum_{k=L+1}^{n} P_{ik}^2$和均值变化时的可检测指标是一致的，代表了$E(SPE)$对测点数据均值和协方差变化的敏感性。

（3）同类多测点监测效应量主成分波动诊断。对应 PCS（或 multi-level PCS）子空间，可以得到T^2统计量指标，T^2统计量反映监测效应量数据在 PCS 上的波动情况，其定义为

$$T^2 = \sum_{i=1}^{L} \frac{t_i^2}{\lambda_i} = \| \operatorname{diag}(\lambda_1, \lambda_2, \cdots, \lambda_L) \hat{\boldsymbol{P}}^{\mathrm{T}} \boldsymbol{X} \| \tag{6.73}$$

式中：$\operatorname{diag}(\lambda_1, \lambda_2, \cdots, \lambda_L)$可简记为$\boldsymbol{\Lambda}^{-\frac{1}{2}}$；$\boldsymbol{\Lambda}$为前$L$个较大特征值降序排列而成的对角阵，则式（6.73）可转化为

$$T^2 = \| \boldsymbol{\Lambda}^{-\frac{1}{2}} \hat{\boldsymbol{P}}^{\mathrm{T}} \boldsymbol{X} \| = \boldsymbol{X}^{\mathrm{T}} \hat{\boldsymbol{P}} \Lambda^{-1} \hat{\boldsymbol{P}}^{\mathrm{T}} \boldsymbol{X} \tag{6.74}$$

对于表征混凝土坝服役性态变化的多个测点数据，T^2服从F分布，即

$$\delta_T^2 = \frac{L(m-1)}{m-L} F_{L,m-1,\alpha} \tag{6.75}$$

式中：m为监测样本个数；$F_{L,m-1,\alpha}$为对应显著性水平α、自由度为$(L, m-1)$时的F分布临界值，可以从统计表中查到。

T^2的控制限值在主成分空间上定义了一个椭圆（空间椭球），当混凝土坝服役性态正常时，T^2统计量在主成分空间的映射点处于椭圆内部。取显著性水平分别为 0.05 和 0.01，对应的T^2的控制限值为δ_{Ta}^2和δ_{Tb}^2，则基于多测点监测效应量T^2诊断指标来诊断混凝土坝服役性态，具体的诊断结果如下：

$$\begin{cases} T^2 \leqslant \delta_{Tb}^2, & \text{性态正常} \\ \delta_{Tb}^2 < T^2 \leqslant \delta_{Ta}^2, & \text{性态疑似异常} \\ T^2 > \delta_{Ta}^2, & \text{性态异常} \end{cases} \tag{6.76}$$

对比式（6.52）和式（6.74），T^2和SPE的表达形式较为一致，只是荷载矩阵选取了不同的部分，定义$\boldsymbol{W}=\hat{\boldsymbol{P}}\boldsymbol{\Lambda}^{-1/2}$，则式（6.74）转换为

$$T^2 = \boldsymbol{X}^{\mathrm{T}} \hat{\boldsymbol{P}} \boldsymbol{\Lambda}^{-1} \hat{\boldsymbol{P}}^{\mathrm{T}} \boldsymbol{X} = \boldsymbol{X}^{\mathrm{T}} \boldsymbol{W} \boldsymbol{W}^{\mathrm{T}} \boldsymbol{X} \tag{6.77}$$

对应式（6.57）得到

$$E(T^2) = \operatorname{inv}[\boldsymbol{W}^{\mathrm{T}} \operatorname{cov}(\boldsymbol{X}) \boldsymbol{W}] + E(\boldsymbol{X}) \boldsymbol{W} \boldsymbol{W}^{\mathrm{T}} E^{\mathrm{T}}(\boldsymbol{X}) \tag{6.78}$$

对比式（6.63），数据变量均值偏离的对$E(T^2)$的影响可表示为

$$\begin{aligned} \Delta E(T^2) &= E(T'^2) - E(T^2) \\ &= \varepsilon' \boldsymbol{W} (\varepsilon' \boldsymbol{W})^{\mathrm{T}} \geqslant 0 \end{aligned} \tag{6.79}$$

由式（6.65）可知，只有一个元素ε_i'产生变化时对$E(T^2)$的影响可表示为

$$\frac{\partial[E(T^2)]}{\partial[E(x_i)]} = 2E(x_i) \sum_{k=1}^{L} W_{ik}^2 = 2E(x_i) \sum_{k=1}^{L} \hat{P}_{ik} \lambda_i \hat{P}_{ik} \tag{6.80}$$

式中：$\sum_{k=1}^{L} W_{ik}^2$ 为 T^2 统计量的可检测指标，代表各测点数据对 T^2 的影响程度。

2. 同类多测点监测效应量联合诊断

SPE 和 T^2 能够识别监测数据矩阵残差和主成分变化，为了使构造的统计量更充分地反映混凝土坝长效服役性态，融合 SPE 和 T^2 形成多测点联合诊断指标（compound statistics index，CSI）

$$CSI = c\frac{SPE}{\delta_{SPE}^2} + (1-c)\frac{T^2}{\delta_T^2} \tag{6.81}$$

式中：c 为权重。

c 的取值可以由 SPE 和 T^2 统计量的可检测指标 $\sum_{k=m+1}^{n} \bar{p}_{ik}\bar{p}_{ik}$ 和 $\sum_{k=1}^{n} W_{ik}^2$ 对比获得，若两者的影响相当，则

$$CSI = \frac{1}{2}\left(\frac{SPE}{\delta_{SPE}^2} + \frac{T^2}{\delta_T^2}\right) = \boldsymbol{X}^{\mathrm{T}}\boldsymbol{MX} \tag{6.82}$$

其中

$$\boldsymbol{M} = \frac{1}{2}\left(\frac{\bar{\boldsymbol{P}}\bar{\boldsymbol{P}}^{\mathrm{T}}}{\delta_{SPE}^2} + \frac{\hat{\boldsymbol{P}}\boldsymbol{\Lambda}^{-1}\hat{\boldsymbol{P}}^{\mathrm{T}}}{\delta_T^2}\right) \tag{6.83}$$

式中：$\boldsymbol{M}$ 为对称正定矩阵。

此时，CSI 近似服从 χ^2 分布，即 $CSI \sim g\chi^2(h)$，系数 g 为

$$g = \frac{\sum v_j\lambda_j^2}{\sum v_j\lambda_j} = \frac{\mathrm{inv}(\boldsymbol{SM})^2}{\mathrm{inv}(\boldsymbol{SM})} \tag{6.84}$$

自由度 h 为

$$h = \frac{(\sum v_j\lambda_j)^2}{\sum v_j\lambda_j^2} = \frac{[\mathrm{inv}(\boldsymbol{SM})]^2}{\mathrm{inv}(\boldsymbol{SM})^2} \tag{6.85}$$

式中：$\boldsymbol{S}$ 为 $\boldsymbol{X}$ 的协方差阵；λ_j 为 $\boldsymbol{SM}$ 的第 j 个特征值；v_j 为 λ_j 的重复度，当所有特征值不同时，$v_j=1$。

在得到系数 g 和自由度 h 的基础上，可由置信水平 α 得到对应的 CSI 的控制限值：

$$\delta_{CSI}^2 = g\chi_\alpha^2(h) \tag{6.86}$$

取置信水平分别为 0.05 和 0.01，CSI 的控制值分别为 δ_{CSIa}^2 和 δ_{CSIb}^2，基于 SPE、T^2 和 CSI 建立反映混凝土坝服役性态的诊断指标，由此诊断大坝服役性态，具体的诊断结果如下：

（1）当关注测点数据相对拟合数据的残差变化时，有

$$\begin{cases} SPE \leqslant \delta_{SPEb}^2, & \text{性态正常} \\ \delta_{SPEb}^2 < SPE \leqslant \delta_{SPEa}^2, & \text{性态疑似异常} \\ SPE > \delta_{SPEa}^2, & \text{性态异常} \end{cases} \tag{6.87}$$

（2）当关注单个测点相对于空间其他测点相关关系的变化时，有

$$\begin{cases} T^2 \leqslant \delta_{Tb}^2, & \text{性态正常} \\ \delta_{Tb}^2 < T^2 \leqslant \delta_{Ta}^2, & \text{性态疑似异常} \\ T^2 > \delta_{Ta}^2, & \text{性态异常} \end{cases} \tag{6.88}$$

(3) 如果同时关注上述两种变化，有

$$\begin{cases} CSI \leqslant \delta_{CSIb}^2, & \text{性态正常} \\ \delta_{CSIb}^2 < CSI \leqslant \delta_{CSIa}^2, & \text{性态疑似异常} \\ CSI > \delta_{CSIa}^2, & \text{性态异常} \end{cases} \tag{6.89}$$

6.4.1.2 Bayes 融合诊断方法

上节研究了基于同类多测点监测效应量的混凝土坝服役性态诊断方法，获得的诊断结果只反映某个监测类型的测点对大坝服役性态的影响。为了获得更为综合的诊断结果，可应用 Bayes 融合方法，融合不同监测类型的多种分析结果，形成统一的诊断结论。

1. 诊断变量的 Bayes 估计和动态学习

将混凝土坝服役性态的未知参数 θ 作为非随机变量进行参数估计，若可以获得未知参数 θ 的先验信息，则能够提高对参数 θ 估计的准确性，这就是 Bayes 估计的基本思想。设混凝土坝服役性态变化的状态 θ 有 k 种 $\{\theta_1,\theta_2,\cdots,\theta_k\}$，$P(\theta_i)$表示状态 θ_i 发生的先验概率，$P(x|\theta_i)$表示在状态 θ_i 条件下，事件 x 发生的概率，则当观察到事件 x 发生时，可计算 θ_i 发生的后验概率 $P(\theta_i|x)$，用 Bayes 公式表示为

$$P(\theta_i \mid x) = \frac{P(x \mid \theta_i)P(\theta_i)}{\sum_{i=1}^{k} P(x \mid \theta_i)P(\theta_i)} \tag{6.90}$$

根据式 (6.90)，通过观测 x，可以将先验概率 $P(\theta_i)$转化为后验概率 $P(\theta_i|x)$，其中先验概率 $P(\theta_i)$作为未知参数的附加信息。仿照式 (6.90) 的形式，得到基于 Bayes 原理的具体计算过程。

设混凝土坝服役性态诊断融合集 $\boldsymbol{X}$ 服从 $N(\mu,\sigma^2)$，参数 μ 服从 $N(\mu_0,\sigma_0^2)$，可得到

$$\begin{aligned} P(\mu \mid X) &= \frac{P(\boldsymbol{X} \mid \mu)P(\mu)}{\int P(\boldsymbol{X} \mid \mu)P(\mu)\mathrm{d}\mu} = \alpha \prod_{k=1}^{n} P(x_k \mid \mu)P(\mu) \\ &= \alpha \prod_{k=1}^{n} \overbrace{\frac{1}{\sqrt{2\pi}\sigma}\exp\left\{-\frac{1}{2}\left(\frac{x_k-\mu}{\sigma}\right)^2\right\}}^{P(x_k|\mu)} \cdot \overbrace{\frac{1}{\sqrt{2\pi}\sigma_0}\exp\left\{-\frac{1}{2}\left(\frac{\mu-\mu_0}{\sigma_0}\right)^2\right\}}^{P(\mu)} \\ &= \alpha' \exp\left\{-\frac{1}{2}\left[\left(\frac{l}{\sigma^2}+\frac{1}{\sigma_0^2}\right)\mu^2 - 2\left(\frac{1}{\sigma^2}\sum_{k=1}^{n} x_k + \frac{\mu_0}{\sigma_0^2}\right)\mu\right]\right\} \end{aligned} \tag{6.91}$$

其中

$$\alpha = \frac{1}{P(\boldsymbol{X})} = \frac{1}{P(x_1,x_2,\cdots,x_n)}$$

式中：α 及 α' 为依赖于融合集 $\boldsymbol{X}$，且与 μ 无关的因子。

式 (6.91) 为指数函数，其指数部分是关于 μ 的二次函数，因此 $P(\mu|\boldsymbol{X})$也为正态分布，当融合集元素个数 n 增加时仍保持正态分布，可以写成 $P(\mu|\boldsymbol{X})\sim N(\mu_n,\sigma_n^2)$的形式，

即

$$P(\mu \mid \boldsymbol{X})=\frac{1}{\sqrt{2\pi}\sigma_n}\exp\left[-\frac{1}{2}\left(\frac{\mu-\mu_n}{\sigma_n}\right)^2\right] \tag{6.92}$$

比较式（6.91）和式（6.92）的参数，按照对应部位相等的原则，可求解得到 μ_n 及 σ_n^2，其表达式为

$$\mu_n=\frac{n\sigma_0^2}{n\sigma_0^2+\sigma^2}\hat{\mu}_n+\frac{\sigma^2}{n\sigma_0^2+\sigma^2}\mu_0 \tag{6.93}$$

$$\sigma_n^2=\frac{\sigma_0^2\sigma^2}{n\sigma_0^2+\sigma^2} \tag{6.94}$$

式中：$\hat{\mu}_n$ 为融合集 $\boldsymbol{X}$ 的均值。

获得 μ 的分布特征后，可以求得 μ 的 Bayes 估计 $\hat{\mu}$ 为

$$\hat{\mu}=\int_{\Omega}\mu\frac{1}{\sqrt{2\pi}\sigma_n}\exp\left\{-\frac{1}{2}\left(\frac{\mu-\mu_n}{\sigma_n}\right)^2\right\}\mathrm{d}\mu \tag{6.95}$$

式中：$\hat{\mu}$ 为融合集的最佳融合值，在 $P(\mu|\boldsymbol{X})$为正态分布的条件下，$\hat{\mu}=\mu_n$；σ_n^2 为上述估计的不确定性程度。

在融合变量个数 n 不断增大的情况下，由式（6.93）、式（6.94）可知，μ_n 逐渐趋近于$\hat{\mu}_n$，σ_n^2 趋近于δ^2/n，后验概率 $P(\mu|\boldsymbol{X})$的分布变得愈加尖锐，其不确定程度不断降低，并在待估参数 θ 的真实值附近形成最大的尖峰。

在混凝土坝服役过程中，监测数据和诊断变量等信息并不是一次提供的，而是通过时间的逐步推进不断深入和不断变化的。利用 Bayes 学习方法，不但能获得对现有诊断变量的最优分析结果，而且能随着时间的逐步推进融入新的诊断信息，从而获得实时结果，因而更适用于大坝服役性态的在线分析。需要注意的是，每一次分析都是基于前次的更新，而在首次分析时，由于没有先验信息，应假设待估参数为均匀分布或按照极大似然法估计；之后的分析中，则将融合结果的后验概率分布作为下一步的先验概率分布，并引入新的诊断变量进行融合更新。混凝土坝服役性态是动态变化的，为确保分析的实时性，应当分析最新的一段数据，在融入新信息的同时，逐步放弃部分历史信息。当外在环境因素（气温、水位等）变化较大时，数据时段应相对较短，从而时反映大坝服役性态波动变化；当大坝服役性态较为稳定时，数据时段应相对较长，以提高分析结果的有效性。

2. Bayes 融合诊断方法的实现过程

利用第 3 章的单测点分析模型得到监测效应量拟合值 $\hat{\delta}$，并计算相对实测值 δ 的残差 $\Delta\delta=|\delta-\hat{\delta}|$。将残差 $\Delta\delta$ 与模型标准差 S 关联，可将监测效应量变化状态划分为正常、疑似异常和异常。设定疑似异常阈值界限 $E_a=2S$ 和异常阈值界限 $E_b=3S$，则对第 i 个测点数据的诊断指标为

$$\begin{cases}0\leqslant\Delta\delta_i\leqslant E_{ai}, & \text{单点监测效应量变化正常}\\ E_{ai}<\Delta\delta_i\leqslant E_{bi}, & \text{单点监测效应量变化疑似异常}\\ \Delta\delta_i>E_{bi}, & \text{单点监测效应量变化异常}\end{cases} \tag{6.96}$$

基于式（6.96），可以得到监测效应量变化状态处于疑似异常和异常的诊断变量 y_a、y_b 和诊断融合集 $\boldsymbol{Y}_a$、$\boldsymbol{Y}_b$，即

$$\begin{aligned}\boldsymbol{Y}_a &= \{y_{a1}, y_{a2}, \cdots, y_{an}\} \\ &= \{\Delta\delta_1 - E_{a1}, \Delta\delta_2 - E_{a2}, \cdots, \Delta\delta_n - E_{an}\}\end{aligned} \tag{6.97}$$

$$\begin{aligned}\boldsymbol{Y}_b &= \{y_{b1}, y_{b2}, \cdots, y_{bn}\} \\ &= \{\Delta\delta_1 - E_{b1}, \Delta\delta_2 - E_{b2}, \cdots, \Delta\delta_n - E_{bn}\}\end{aligned} \tag{6.98}$$

设 $\boldsymbol{Y}_a$ 的分布为 $N(\mu_a, \sigma_a{}^2)$，$\boldsymbol{Y}_b$ 的分布为 $N(\mu_b, \sigma_b{}^2)$，若 $\mu_a > 0$，可知 $\boldsymbol{Y}_a$ 中存在部分元素 $\Delta\delta_i - E_{ai} > 0$，由式（6.96）可知监测效应量集合中的部分测点处于疑似异常状态，同时考虑到 μ_a 作为诊断融合集概率分布的期望，代表诊断分布的整体趋势，由此估计出 μ_a 的值。下面研究 μ_a 和 μ_b 的 Bayes 估计值 $\hat{\mu}_a$ 和 $\hat{\mu}_b$ 的确定方法。

融合诊断分析时，首先利用第 2 章所述的深度聚类方法，形成变化特征密切关联的监测效应量集合 $\boldsymbol{X} = \{x_1, x_2, \cdots, x_n\}$；利用第 2 章的表征模型，将数据的融合集转换成诊断集 $\boldsymbol{Y} = \{y_1, y_2, \cdots, y_n\}$；通过单步融合诊断，判别对应部位是否出现疑似异常；当某些部位出现疑似异常时，对其进行跟踪分析，计算每一步的相对重要性，利用多步融合诊断，输出动态诊断结果。

（1）单步 Bayes 融合诊断。首先对反映混凝土坝服役性态变化的监测效应量测值进行单个测点的诊断计算，获得包含诊断变量的诊断融合集 $\boldsymbol{Y}_a$，通过 Bayes 融合，得到该部位 n 个测点的整体疑似异常诊断分布 $P_a(\mu)$ 和融合值 $\hat{\mu}_a$，即

$$\begin{aligned}P_a(\mu) &= P_a(\mu \mid \boldsymbol{Y}_a) \\ &= P_a(\mu \mid y_{a1}, y_{a2}, \cdots, y_{an}) \\ &= \frac{P_a(\mu; y_{a1}, y_{a2}, \cdots, y_{an})}{P_a(y_{a1}, y_{a2}, \cdots, y_{an})}\end{aligned} \tag{6.99}$$

$$\hat{\mu}_a = \int P_a(\mu) \mu \, \mathrm{d}\mu \tag{6.100}$$

异常诊断分布 $P_b(\mu)$ 和融合值 $\hat{\mu}_b$ 的计算公式与式（6.99）、式（6.100）相似，将式中的 a 换为 b 即可。在混凝土坝服役性态变化诊断过程中，当发现融合值 $\hat{\mu}_a > 0$ 时，即可判定此部位性态出现疑似异常，对该部位进行跟踪分析。

（2）多步 Bayes 融合诊断。在对疑似异常部位的多步分析诊断中，通过更新诊断变量，计算实时的诊断分布和融合值，完成 Bayes 学习过程。

在逐步诊断融合过程中，诊断变量不断变化，诊断融合结果的未知不确定性因素也逐渐改变。对于每一步的诊断结果，互相之间的真实性和重要程度也不相同。为度量和比较诊断结果，引入信息熵，以实现诊断信息的重要性度量。

如果得到某次诊断变量可能的概率分布为 $P(\mu)$，计算其分布的离散性，即不确定性。

$$d = -\sum_{\mu} P(\mu) \ln P(\mu) \tag{6.101}$$

对于同一个部位的诊断变量，当得到前后两次可能的概率分布为 $P^{i-1}(\mu)$ 和 $P^{i}(\mu)$，为了衡量两者之间不确定性的相对值，定义相对不确定性，其表达式为

$$D_{i-1,i}=\frac{d_{i-1}}{d_i}=\frac{\sum_{\mu}P^{i-1}(\mu)\ln P^{i-1}(\mu)}{\sum_{\mu}P^{i}(\mu)\ln P^{i}(\mu)} \tag{6.102}$$

由式（6.102）可以看出，$D_{i-1,i}$ 代表了前一次诊断和后一次诊断离散程度的比值，$D_{i-1,i}$ 越大，则表明前一次诊断离散程度相对越大、不确定性越强，同时也反映了后一次诊断相对前一次诊断离散程度的减小、确定性的增强，故 $D_{i-1,i}$ 也反映了整体诊断确定性的相对增加趋势。当多次诊断的离散程度逐渐减小、确定性不断增加时，该诊断过程就更可能为真，更加重要。

考虑到诊断结果的融合值 $\hat{\mu}$ 代表诊断分布的整体趋势性变化，当 $\hat{\mu}$ 越大时，也表明诊断的趋势变化越加明显，因而可用诊断变量的融合值 $\hat{\mu}$ 和相对不确定性 $D_{i-1,i}$ 联合定义诊断的相对重要性。第 i 步诊断的相对重要性为

$$H=\frac{\hat{\mu}^{i}}{\hat{\mu}^{i-1}}D_{i-1,i} \tag{6.103}$$

第 m 步诊断的累积相对重要性为

$$H^{m}=\prod_{i=1}^{m}\frac{\hat{\mu}^{i}}{\hat{\mu}^{i-1}}D_{i-1,i} \tag{6.104}$$

在多步融合诊断过程中，计算每一步诊断结果的累积重要性，作为相应诊断结果的权值，以此得到最终的多步诊断结果。

设 $P_a^m(\mu)$、$\hat{\mu}_a^m$ 分别为第 m 次融合后的疑似异常诊断分布和融合值，第 m 次的疑似异常诊断集为 $\boldsymbol{Y}_a^m$，则

$$\begin{aligned}P_a^m(\mu)&=\frac{P_a(\boldsymbol{Y}_a^m\mid\mu)P_a^{m-1}(\mu)H^{m-1}}{P_a(\boldsymbol{Y}_a^m)}\\&=\frac{P_a(\boldsymbol{Y}_a^m\mid\mu)P_a(\mu\mid\boldsymbol{Y}_a^1,\boldsymbol{Y}_a^2,\cdots,\boldsymbol{Y}_a^{m-1})H^{m-1}}{P_a(y_{a1}^m,y_{a2}^m,\cdots,y_{an}^m)}\end{aligned} \tag{6.105}$$

$$\hat{\mu}_a^m=\int P_a^m(\mu)\mu\,\mathrm{d}\mu \tag{6.106}$$

式中：$P_a^{m-1}(\mu)$为前一次融合诊断的后验概率分布。

作为本次融合诊断的先验分布，对应的异常诊断分布 $P_b^m(\mu)$和融合值 $\hat{\mu}_b^m$ 的公式可将式（6.105）和式（6.106）中的 a 替换为 b 得到。

在混凝土坝服役性态诊断过程中，当发现融合值 $\hat{\mu}_a^m>0$ 时，即可判定此部位性态出现疑似异常。在第 m 次诊断过程中，当原有疑似异常回到正常范围时($\hat{\mu}_a^m\leqslant 0$)，可停止多步融合诊断，返回到此部位的单步融合诊断。

6.4.2 动态置信网络递阶推理诊断

混凝土坝监测效应量的类型众多，监测仪器采集的监测数据具有多源性和异质性，导致局部区域诊断结果会出现不一致的问题。混凝土坝长效服役性态不仅取决于某一监测效应量反映的局部性态，更取决于不同部位不同监测效应量反映出的整体性态。如果能基于已获得的多种局部状态进行扩展推理融合，则能得到综合多测点、多部位的诊断结果，从而实现对混凝土坝服役性态整体的综合诊断。

6.4.2.1 置信网络结构

置信网络（belief network，BN）是以 Bayes 理论为基础的一种概率图模型，概率图模型有三个基本问题：①表示问题，即置信网络的体系结构；②推断问题，利用已知节点推理未知节点的后验概率分布；③学习问题，包括置信网络结构的学习和网络参数的学习。

1. 置信网络理论

对于 K 维随机向量 $\boldsymbol{X}$ 和有 K 个节点的有向非循环图 G，G 中的每个节点都对应一个随机变量，每个连接 e_{ij} 表示两个随机变量 X_i 和 X_j 之间具有非独立的因果关系。令 $\boldsymbol{X}_{\pi_k}$ 表示变量 X_k 的所有父节点变量集合，$P(X_k \mid \boldsymbol{X}_{\pi_k})$表示每个随机变量的局部条件概率分布。如果 $\boldsymbol{X}$ 的联合概率分布可以分解为每个随机变量 X_k 的局部条件概率的连乘形式，即

$$P(\boldsymbol{X})=\prod_{k=1}^{K}P(x_k \mid \boldsymbol{X}_{\pi_k}) \tag{6.107}$$

那么$(G,\boldsymbol{X})$构成了一个置信网络。

在置信网络中，若其中两个节点是直接连接的，则它们是非条件独立的，具有直接因果关系。父节点是“因”，子节点是“果”。三个变量节点之间的连接关系如图 6.3 所示。

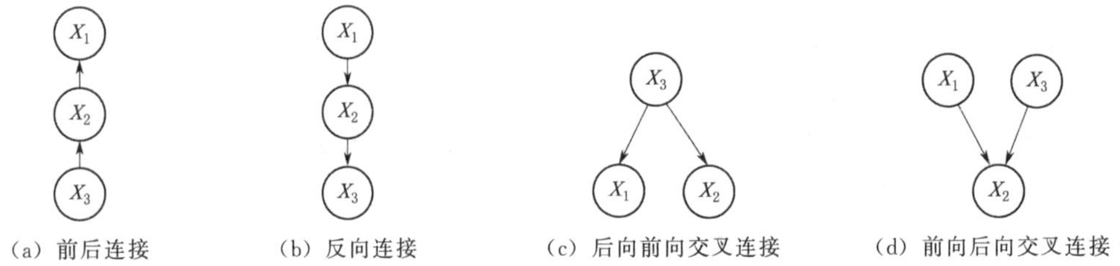
X_1
X_2
X_3
(a) 前后连接
(b) 反向连接
(c) 后向前向交叉连接
(d) 前向后向交叉连接

图 6.3　三个变量节点之间的连接关系

置信网络由节点和节点之间的链接构成，链接反映了节点之间的因果关系，并以概率的形式进行表达。若已知节点的状态和链接的具体概率值，则可进行推理获得节点的状态，进而实现混凝土坝服役性态底层诊断网络的推理诊断。基于此，构建混凝土坝服役性态置信网络结构，并提出节点状态和链接参数的动态学习方法。

2. 基于信息簇的混凝土坝服役性态诊断置信网络结构

考虑混凝土坝监测效应量信息簇中的监测效应量和主分量的关系，将同类监测效应量实测数据矩阵 $\boldsymbol{X}$ 以得分矩阵 $\boldsymbol{T}$ 和负荷矩阵 $\boldsymbol{P}$ 相乘的形式表示，即 $\boldsymbol{X}=\boldsymbol{T}\boldsymbol{P}^{\mathrm{T}}$。对于 n 条效应量实测数据序列，可进一步表示为

$$\begin{cases}X_1=p_{11}T_1+p_{12}T_2+p_{13}T_3+e\\X_2=p_{21}T_1+p_{22}T_2+p_{23}T_3+e\\\qquad\vdots\\X_n=p_{n1}T_1+p_{n2}T_2+p_{n3}T_3+e\end{cases} \tag{6.108}$$

式中：T_1 和 T_2 为第一个和第二主分量；p_{ij} 为因子负荷矩阵 $\boldsymbol{P}$ 内的元素。

将 $\boldsymbol{X}$ 和 $\boldsymbol{T}$ 视为置信网络中的两类节点，对应节点的分析结果视为节点变量，则将测点数据 $\boldsymbol{X}=\{X_1,X_2,\cdots,X_n\}$和主分量 $\boldsymbol{X}=\{T_1,T_2,T_3,\cdots\}$代表的相互信息转化为置信网

络的结构形式，主分量和测点变量网络结构如图 6.4 所示。

从主成分分析的几何意义上讲，元素 p_{ij} 表示第 i 个测点实测数据在第 j 个主分量方向上的投影，且 p_{ij} 为可检测指标元素，表示第 j 个主分量表征第 i 个测点实测数据变化特征度量。因此，将 p_{ij} 设定为链接 X_i 到 T_j 的影响概率。为计算节点之间的概率关系，对因子负荷矩阵 $\boldsymbol{P}$ 内元素进行归一化得到 $\boldsymbol{P}'$，将 $\boldsymbol{P}'$ 中数值较小的元素置为 0，即认为置为 0 的两个节点之间独立，相应网络中对应测点变量节点到主分量节点的链接也被取消。有效连接两个节点间的概率为

$$\bar{p}_{ij}=\frac{p_{ij}}{\sum_{i=1}^{n}p_{ij}}\quad(j=1,2,\cdots,m)\tag{6.109}$$

式中：$\bar{p}_{ij}$ 为 X_i 到 T_j 的概率关系。

由于前几个主分量通常能包含混凝土坝服役性态监测效应量实测数据最主要的特征，可选择有效主分量纳入网络，将图 6.4 转化为图 6.5 的负荷矩阵约减的网络结构形式。

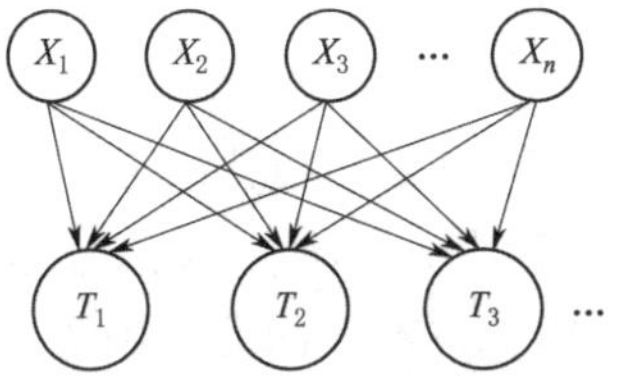

图 6.4　主分量和测点变量网络结构

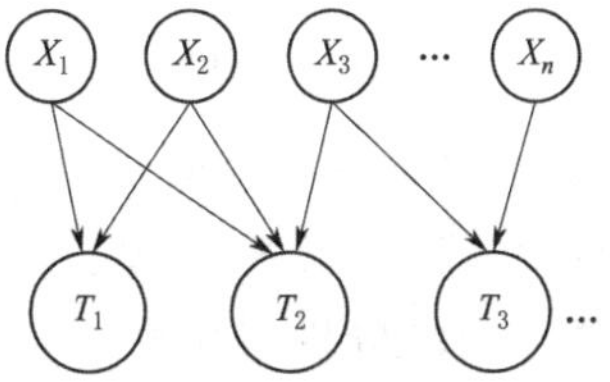

图 6.5　负荷矩阵约减的网络结构

图 6.5 所示的网络中，只有测点节点到主分量节点的关系链接，形成部分和综合的链接（或支持）关系。空间多测点实测数据一般具有相关性，第 2 章研究了同类测点实测数据的相似性问题，定义了测点之间的广义测度距离，由此定义可得多个测点之间的相关性矩阵 $\boldsymbol{S}$，矩阵元素 s_{ij} 表示测点 i 的实测数据序列相对测点 j 的实测数据序列的相似性。依据其相关性，在测点变量节点间建立链接，对测点变量节点集合 p，有

$$p_{ij}=\frac{1}{2}\left(\frac{s_{ij}}{\sum s_{ik}}+\frac{s_{ji}}{\sum s_{jk}}\right)\quad(k=1,2,\cdots,n,\text{且 } s_{ik}\text{ 中 } k\neq i,s_{jk}\text{ 中 } k\neq j)\tag{6.110}$$

式中：p_{ij} 为归一化后得到的测点 i 的实测数据相对测点 j 的实测数据相似性，以此作为测点变量节点 i 到 j 的概率关系值。k 为主分量节点。

测点变量节点和主分量变量节点形成的三节点置信网络结构如图 6.6 所示。

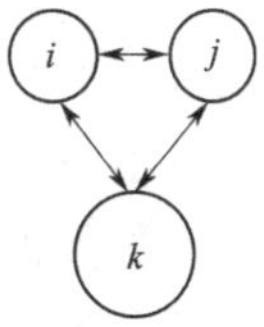

图 6.6　三节点置信网络结构

6.4.2.2　置信网络参数动态学习

对表征混凝土坝服役性态的大量监测数据需要实时分析，通过对历史数据构建置信网络，能够获得节点状态和节点间的概率关系值，同时将新的数据进行分析并融入网络中，这就面临对历史节点状态和节点间的概率关系值进行更新的问题。假设其为参数 θ，则上述问题转化为参数 θ 的估计问题。将未知参数 θ 作为非随机变量，进行参数估计，若能获得未知参数 θ 的先验信息，则能提高对参数 θ 估计的准确性。假设 θ

的先验知识为一个概率分布 $P(\theta)$，将新获得的数据 D 的信息用似然函数 $L(\theta|D)$ 来表示，则可将先验分布和似然函数联合，得到 θ 的后验分布，参数 θ 的 Bayes 估计值为

$$P(\theta \mid D) = P(\theta)L(\theta \mid D)/P(D) \tag{6.111}$$

Bayes 估计通常用于描述离散变量之间的关系，假设参数的先验分布为 Dirichlet 分布，对混凝土坝服役性态诊断结果有 k 个取值的情况，其 k 个参数 $\theta=(\theta_1,\cdots,\theta_k)$ 对应的先验分布为 k 维的 Dirichlet 分布为

$$P(\theta) = \mathrm{Dir}(\theta \mid a_1,\cdots,a_k) = \frac{\Gamma(a)}{\prod_{i=1}^{k}\Gamma(a_i)}\prod_{i=1}^{k}\theta_i^{a_i-1} \tag{6.112}$$

式中：$a_1,\cdots,a_k$ 为 Dirichlet 分布的 k 个超参数。

Dirichlet 分布是多项式似然函数的共轭分布簇，若先验分布为 Dirichlet 分布，则后验分布也是 Dirichlet 分布。当 $k=2$ 时，令 h 和 t 代表混凝土坝服役性态所对应的两种状态，即正常和疑似异常，则 Dirichlet 分布可表示为

$$P(\theta) = \mathrm{Dir}(\theta \mid a_h,a_t) = \frac{\Gamma(a_h+a_t)}{\Gamma(a_h)\Gamma(a_t)}\theta^{a_h-1}(1-\theta)^{a_t-1} \tag{6.113}$$

Bayes 估计将先验知识和最新的混凝土坝服役性态监测数据相互融合，得到参数分布的过程为：假设先验知识 $P(\theta)$ 来源于一组历史数据，其中 a_h 个样本数据分析结果属于 h 状态，a_t 个样本数据分析结果属于 t 状态，则 Bayes 估计将最新的数据和历史数据诊断结果归类，得到一组 $Nh+a_h$ 个属于 h 状态、$Nt+a_t$ 个属于 t 状态的数据组，最终 $P(\theta|D)$ 的分布是 $\mathrm{Dir}(\theta|Nh+a_h,Nt+a_t)$，由此得到混凝土坝服役性态诊断结果属于 h 状态的概率为

$$\begin{aligned}
P(\theta_{N+1}=h \mid D) &= \int P(\theta_{N+1}=h \mid D)\mathrm{d}\theta \\
&= \int \theta P(\theta \mid D)\mathrm{d}\theta = \frac{\Gamma(Nh+Nt+a_h+a_t)}{\Gamma(Nh+a_h)\Gamma(Nt+a_t)}\int \theta^{Nh+a_h-1}(1-\theta)^{Nt+a_t-1}\mathrm{d}\theta \\
&= \frac{Nh+a_h}{Nh+Nt+a_h+a_t} \\
&= \frac{Nh+a_h}{N+a}
\end{aligned} \tag{6.114}$$

由式（6.114）可知，$P(\theta_{N+1}=h|D)$ 为第 $N+1$ 次混凝土坝服役性态诊断结果属于 h 类的完全 Bayes 估计。

当实测数据样本量很小时，混凝土坝服役性态诊断结果的完全 Bayes 估计主要取决于先验知识，先验知识的选取对后续几步的参数估计影响较大；随着实测数据样本量 N 逐渐增大，先验知识的影响逐渐减小，参数估计越来越依赖于实测数据。在置信网络中，随着最新监测数据的不断采集和分析，节点状态和链接的概率不断更新，也愈加代表混凝土坝服役性态的实时情况，最终形成网络参数的动态学习过程。

6.4.2.3 置信网络推理

在建立混凝土坝服役性态置信网络节点和节点链接关系的基础上，对于最新的监测数据，通过网络参数学习可以获得节点实时状态和节点关系。对于没有最新监测数据的未知

状态节点，则可以通过相连接的已知节点状态实现推理分析，并进一步获得未知节点状态的评估值。在置信网络模型中，混凝土坝服役性态诊断推理是指在监测到部分变量 $\boldsymbol{e}=\{e_1,e_2,\cdots,e_m\}$ 时，计算其他变量的子集 $\boldsymbol{q}=\{q_1,q_2,\cdots,q_n\}$ 的后验概率 $P(\boldsymbol{q}\mid\boldsymbol{e})$。假设一个置信网络模型中，除了变量 $\boldsymbol{e}$、$\boldsymbol{q}$ 外，其余变量表示为 $\boldsymbol{z}$，根据 Bayes 公式有

$$P(\boldsymbol{q}\mid\boldsymbol{e})=\frac{P(\boldsymbol{q},\boldsymbol{e})}{P(\boldsymbol{e})}=\frac{\sum_{z}P(\boldsymbol{q},\boldsymbol{e},\boldsymbol{z})}{\sum_{q,z}P(\boldsymbol{q},\boldsymbol{e},\boldsymbol{z})} \tag{6.115}$$

因此，混凝土坝服役性态置信网络模型的推理问题可以转换为求任意一个诊断变量子集的边缘概率分布问题。常用的推理方法可以分为精确推理和近似推理。当置信网络结构简单时，采用精确推理；当置信网络结构比较复杂时，精确推理计算难度较大，可利用近似推理方法，在有限时间内求得近似解。下面介绍推理的具体形式，以及基于对已知节点的异常状态推理获得关联节点状态的评估值，形成单网络的推理过程。

1. 精确推理

连接树（junction tree）算法是通用的算法框架，其核心思想是将联合概率分解成局部的连接集，给定一组节点的观测值，计算一个节点或一组节点的条件概率，通常分为网络转换、三角化和信念传递三个过程。

（1）网络转换。设混凝土坝服役性态置信网络为 G_B，构造一个无向图 G_M，即道义图（moral graph），与网络 G_B 对应的道义图 G_M，包含 G_B 中所有节点，按照以下规则生成：①若在 G_B 中存在 $X\rightarrow Y$，即 X 到 Y 的连接关系，则在 G_M 中连接 X 与 Y；②对于 G_B 中任意节点 A，在 G_M 中用无向边将 A 的父节点互相连接。

置信网络和道义图结构如图 6.7 所示。

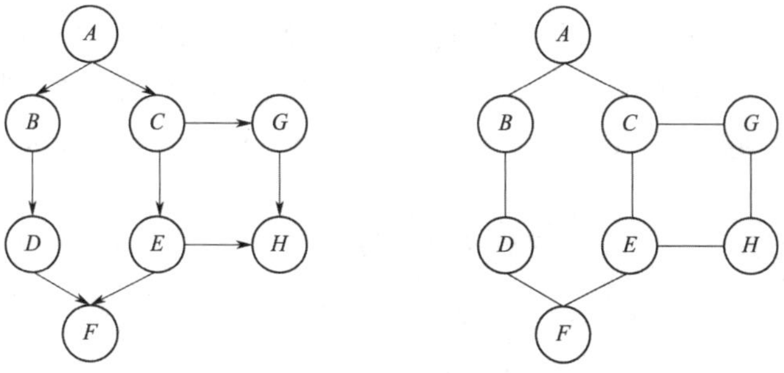

图 6.7　置信网络和道义图结构

（2）三角化。将道义图三角化，成为三角形图网。三角化步骤决定了无向图的“消除”顺序，定义链为附在一条路径中的一条边，其不存在路径（或回路），但是连接了这个路径（或回路）中的两个点。三角化图及连接树如图 6.8 所示，$C-G-H-E-C$ 是一条路径，$G-E$ 是其中对应的一条链。将道义图三角化后，可以定义节点团，通过图中的节点团形成的最大生成树来构造一个连接树，无向图 G 中的一个节点团是 G 的一个最大生成树，指的是不再被其他子图包含的完全子图，图中的节点团包括 EGH、EGC、DEF、ACE 等，如图 6.8 所示。

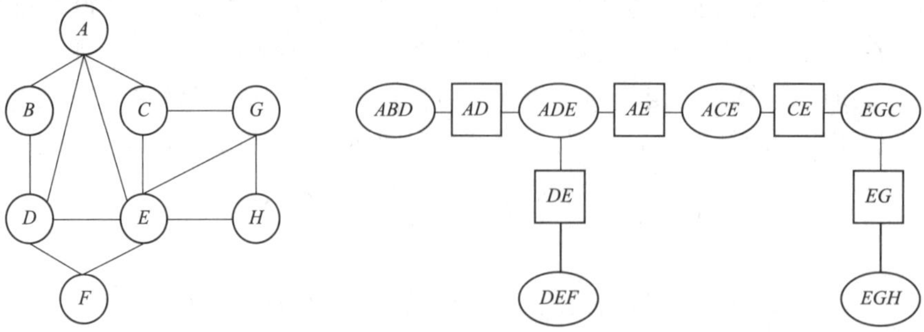

(a) 三角化图　　(b) 连接树

图 6.8　三角化图及连接树

得到节点团后，可以生成混凝土坝服役性态置信网络连接树。连接树 T 一般满足以下属性：①T 中的每一个节点对应一个节点团；②T 中的每条边标记为相邻两个节点团的交集，称为边割集；③任意两个节点簇或边割集 $X,Y\in T$，X 到 Y 之间的路径上的其他节点团和边割集都包含节点 $X\cap Y$。

(3) 信念传递。当形成混凝土坝服役性态置信网络连接树结构之后，则可进行基于信念传递的推理过程。

1) 初始化。对每个节点团和边割集 X，定义 Φ_X，并赋予初值 1。

2) 信念传播过程。假设节点团 X 传递消息至相邻的节点团 Y，中间经过边割集 R，则有

$$\Phi_Y=\frac{\sum\Phi_X}{\Phi_R} \tag{6.116}$$

当某个混凝土坝服役性态置信网络连接树有 n 个节点团时，需要进行 $2(n-1)$ 次消息传播。应任选一个节点团 Y 作为初始节点，同时进行中心式传播和扩散式传播。中心式传播是指从离 X 最远的节点团开始，向 X 传播；扩散式传播则直接从 X 开始，向两边传播至最远的节点团。

3) 边缘概率的计算。节点 V 的边缘概率为

$$P(V)=\sum_{X\backslash\{V\}}\Phi_X \tag{6.117}$$

2. 近似推理

当混凝土坝某部位布置监测测点较多、置信网络模型的结构比较复杂时，精确推断的计算工作量会比较大，在此情况下常采用近似的方法进行推断。混凝土坝服役性态置信网络的近似推断常使用 Gibbs 抽样方法来完成，这是一种随机抽样方法。在统计学中，Gibbs 抽样是一种 Markov 链 Monte Carlo 算法。当直接抽样很困难时，用于获得和指定的多元概率分布近似的观测序列，可用于近似表示联合概率分布或变量子集的边际分布，Gibbs 抽样适用于条件分布比边缘分布更容易抽样的多变量分布。

令 $\boldsymbol{q}=\{q_1,q_2,\cdots,q_n\}$ 表示混凝土坝服役性态置信网络中的未知节点变量，$\boldsymbol{e}=\{e_1,e_2,\cdots,e_m\}$ 为已知节点变量，也称证据变量，目标是计算后验概率 $P(\boldsymbol{Q}=\boldsymbol{q}\mid\boldsymbol{E}=\boldsymbol{e})$。Gibbs 抽样方法先随机产生一个与已知节点变量 $\boldsymbol{E}=\boldsymbol{e}$ 一致的样本 $\boldsymbol{q}^0$ 作为初始点，然后依

次从当前样本出发产生下一个样本;在第 t 次采样中,算法先假设 $\boldsymbol{q}^t = \boldsymbol{q}^{t-1}$,再对置信网络中的未知节点变量逐个进行抽样改变其取值,抽样概率根据置信网络和其他变量的当前取值(即 $\boldsymbol{Z} = \boldsymbol{z}$)计算获得。假定经过 T 次抽样得到的与 $\boldsymbol{q}$ 一致的样本共有 n_q 个,则可近似估算出后验概率为

$$P(\boldsymbol{Q} = \boldsymbol{q} \mid \boldsymbol{E} = \boldsymbol{e}) \simeq \frac{n_q}{T} \tag{6.118}$$

混凝土坝服役性态置信网络近似推理的算法描述如下:

输入:置信网络 $\boldsymbol{B} = \langle G, \Theta \rangle$;抽样次数 T;已知节点变量 $\boldsymbol{E}$ 及其取值 $\boldsymbol{e}$;未知节点变量 $\boldsymbol{Q}$ 及其取值 $\boldsymbol{q}$。输出:$P(\boldsymbol{Q} = \boldsymbol{q} \mid \boldsymbol{E} = \boldsymbol{e}) \simeq n_q / T$。

过程:

1: $n_q = 0$;
2: $\boldsymbol{q}^0 = $ 对 $\boldsymbol{Q}$ 随机赋的初值;
3: for $t = 1, 2, \cdots, T$ do
4:    for $Q_i \in \boldsymbol{Q}$ do
5:       $\boldsymbol{Z} = \boldsymbol{E} \cup \boldsymbol{Q} \setminus \{Q_i\}$;
6:       $\boldsymbol{z} = \boldsymbol{e} \cup \boldsymbol{q}^{t-1} \setminus \{q_i^{t-1}\}$;
7:       根据 $\boldsymbol{B}$ 计算分布 $P_B(Q_i \mid \boldsymbol{Z} = \boldsymbol{z})$;
8:       $q_i^t = $ 根据 $P_B(Q_i \mid \boldsymbol{Z} = \boldsymbol{z})$ 采样所获 Q_i 取值;
9:       $\boldsymbol{q}^t = $ 将 $\boldsymbol{q}^{t-1}$ 中的 q_i^{t-1} 用 q_i^t 替换;
10:    end for
11:    if $\boldsymbol{q}^t = \boldsymbol{q}$ then
12:       $n_q = n_q + 1$;
13:    end if
14: end for

3. 节点变量状态的网络推理实现

首先对置信网络节点进行简化,获得的最基本的结构形式如图 6.9 所示,图中 X 为测点变量节点,T 为主分量变量节点。

对照图 6.9,一般的推理有三种形式:

(1)因果推理。由原因推知结论,是一种由底层向上层推理的过程。在已知原因(或底层知识)的情况下,推导出综合结论(或顶层知识)发生的概率,该方法常用于预测中。利用因果推理方法可以分析单个测点实测数据异常时,对空间多个测点形成的监控部位的影响程度,即图 6.9 中在 $X_1 \sim X_4$ 已知的情况下,推导 T_1 或 T_2 节点的状态。

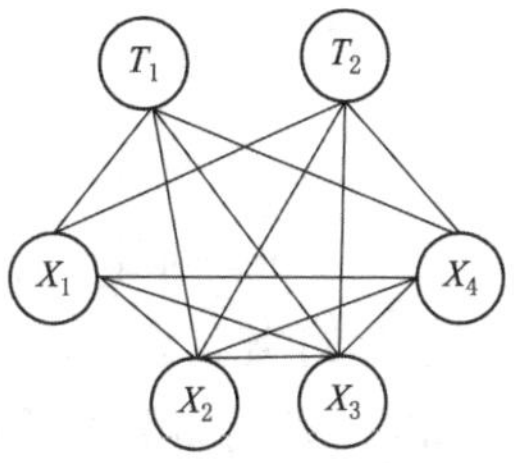

图 6.9 置信网络基本结构形式

(2)诊断推理。由结论推原因,已知结果时,找到引起该结果的原因,该方法常用于病理诊断、故障诊断中。当 T_1 或 T_2 节点状态值指示为出现异常,对 $X_1 \sim X_4$ 中节点可能的异常进行推理。即图 6.9 中在 T_1 已知的情况下,推导 X_1 或 X_2 的状态值。

(3)支持推理。提供信息以支持所发生的现象,通过对原因之间的相互影响进行推理

分析，来识别额外支持信息或者关联的未知异常。当实测数据某一部分出现异常，基于数据的相似性分析，能够获得未知信息，即图 6.9 中在 X_2 节点状态值已知的情况下，推导 X_3 或 X_4 的状态值。

三种推理关系的本质是获得对已发生现象的支持或对未发生状态的评估或识别，并以概率的形式表示。在混凝土坝服役性态诊断中，利用监测效应量单测点 X 进行诊断时，通常得到实测值 E 和监控指标 E_m。在前文中，得到了多测点联合诊断的主分量 T 的统计值 CSI 和控制限值 δ_{CSI}^2，将实测值 E 和统计值 CSI 表示为 v，指标 E_m 和控制限值 δ_{CSI}^2 表示为 μ，节点状态则表示为两者的比值。值得注意的是，两种指标的置信度水平应保持一致。

定义节点 i 及与 i 相连接的节点 $1,2,\cdots,j,\cdots,n$，则节点 j 对节点 i 的推理值为

$$q_{ji} = p_{ji}\frac{v_j}{\mu_j} \tag{6.119}$$

式中：v_j/μ_j 为节点 j 的自身状态值；p_{ji} 为关系概率值。

同样地，所有关联节点 $1,2,\cdots,j,\cdots,n$ 对节点 i 的综合推理为

$$Q_i = \sum_{k=1}^{n} q_{kj} = \sum_{k=1}^{n} p_{ki}\frac{v_k}{\mu_k} \tag{6.120}$$

对于某个节点 i 具有节点状态值 v_i/μ_i 和推理值 Q 两类值，前者表示节点的自身状态，后者表示相关联节点群体对此节点的推理状态。两类指标从不同角度反映了节点 i 的状态，具体表示为

$$\begin{cases} \dfrac{v}{\mu} \geqslant 1, & \text{自身状态疑似异常} \\ \dfrac{v}{\mu} < 1, & \text{自身状态正常} \end{cases} \tag{6.121}$$

$$\begin{cases} Q \geqslant 1, & \text{推理状态疑似异常} \\ Q < 1, & \text{推理状态正常} \end{cases} \tag{6.122}$$

当自身状态和推理状态一致时，说明网络推理过程正确；当自身状态和推理状态不一致时，则说明此节点处于正常和疑似异常之间的过渡状态。将两者融合，定量化表示为

$$s = \begin{cases} \dfrac{1}{2}\left(Q + \dfrac{v}{\mu}\right), & Q \text{ 与 } \dfrac{v}{\mu} \text{ 一致} \\ 1, & Q \text{ 与 } \dfrac{v}{\mu} \text{ 不一致} \end{cases} \tag{6.123}$$

式中：s 为节点的综合状态值，$s<1$ 表示节点状态正常，$s>1$ 表示节点状态疑似异常，$s=1$ 表示过渡状态。

6.4.2.4 多网络融合诊断

在第 2 章中，将混凝土坝坝体及坝基划分为多个关键部位和结构断面，得到代表多个部位变化状态的多组监测效应量信息簇结构。基于监测效应量的信息簇构建置信网络，对于每一个网络都能获得网络内部节点的综合状态值。对于多个不同部位不同类型的监测效应量置信网络，由于其节点数据不同，置信网络结构也各不相同，推理分析出的混凝土坝服役性态诊断结果也不同，异常诊断结果更需关注。为了分析各网络间的相对重要性，并综合多个网络的分析结果形成更为宏观和统一的结论，以单个置信网络作为最底层，通过

在多个层次逐步融合分析，实现多网络融合诊断。

1. 多网络动态熵决策分析

令混凝土坝服役性态综合诊断体系中各元素之间相对重要性矩阵为

$$\boldsymbol{D}=\begin{bmatrix} a_{11} & a_{12} & \cdots & a_{1l} \\ a_{21} & a_{22} & \cdots & a_{2l} \\ \vdots & \vdots & a_{ij} & \vdots \\ a_{l1} & a_{l2} & \cdots & a_{ll} \end{bmatrix} \tag{6.124}$$

式中：a_{ij} 为诊断决策 i 相对于诊断决策 j 的相对重要程度，是本层诊断结果向上层进行融合时的权重。

置信网络处于最底层，在实际分析中，随混凝土坝服役性态新的监测数据的输入，底层网络节点状态和概率关系发生变化，并进一步影响每个节点的诊断融合值。最初的底层网络参数相对变化较大，在其后过程中逐步稳定。随着这种动态学习的开展，从底层到整体层的决策过程也逐步趋于稳定。由于这种动态的影响，各层的相对重要性矩阵 $\boldsymbol{D}$ 是动态变化的。

对处于表征混凝土坝服役性态的监测类型层的某个元素 c，令在网络层与 c 相对应的网络元素集合为 $\boldsymbol{N}=\{n_1,n_2,\cdots,n_l\}$，对于某个网络 $n_i\in\boldsymbol{N}$，其节点集合为 $\boldsymbol{P}=\{p_1,p_2,\cdots,p_m\}$；$t$ 时刻得到节点 $p_j(p_j\in\boldsymbol{P})$ 的综合状态值，令其为 $s_{ij}^{(t)}$。网络 n_i 在 t 时刻的所有节点诊断融合值为 $\boldsymbol{S}_i^{(t)}=\{s_{i1}^{(t)},s_{i2}^{(t)},\cdots,s_{im}^{(t)}\}$，$\boldsymbol{S}_i^{(t)}$ 综合体现了网络 n_i 对于元素 c 的状态评判。由于多个网络结构不同，对 c 的评判角度也不同，评判结果也不相同。下面从网络诊断的整体不确定性和时变不确定性角度，对融合权重进行分析。

（1）网络诊断整体不确定性。从网络诊断的整体不确定性角度分析，当 $\boldsymbol{S}_i^{(t)}$ 内各元素的概率值趋于一致时，表明各节点给出的诊断结果相近，离散程度小，其结果的合理程度更高、更为可信。借助熵理论来度量这种离散性，对于 $\boldsymbol{S}_i^{(t)}$，其熵值为

$$C_e[\boldsymbol{S}_i^{(t)}]=-\sum_{j=1}^{m}s_{ij}^{(t)}\ln s_{ij}^{(t)} \tag{6.125}$$

式中：$C_e[\boldsymbol{S}_i^{(t)}]$为测点综合态集合 $\boldsymbol{S}_i^{(t)}$ 的不确定程度；m 为网络 n_i 的节点数目。

（2）网络诊断时变不确定性。从网络节点诊断结果的时变角度分析，由于网络不断获得新的数据，网络参数不断更新，参数具有时变性，当学习样本足够大时，网络趋于稳定，节点在多个时刻的诊断值也应相对于初始阶段波动减小，变化趋于收敛。在度量诊断结果时变过程中的不确定性时，对应多个时刻 $t=1,2,3,\cdots,T$，网络 n_i 的节点为 k，则相应时变不确定性可表示为

$$C_k[s_{ik}^{(1,T)}]=-\sum_{t=1}^{T}s_{ik}^{(t)}\ln s_{ik}^{(t)} \tag{6.126}$$

式中：$C_k[s_{ik}^{(1,T)}]$为节点 k 截取 $1\sim T$ 时段内数据的不确定程度。

在 t 时刻，为了度量前后两时段的相对不确定程度，取分析时段为 Δt，则有

$$C_l[s_{ik}^{(\Delta t,t)}]=\frac{C_k[s_{ik}^{(t-\Delta t+1,t)}]}{C_k[s_{ik}^{(t-\Delta t,t-1)}]}=\frac{\sum\limits_{t'=t-\Delta t+1}^{t}s_{ik}^{(t')}\ln s_{ik}^{(t')}}{\sum\limits_{t'=t-\Delta t}^{t-1}s_{ik}^{(t')}\ln s_{ik}^{(t')}} \tag{6.127}$$

式中：$C_l[s_{ik}^{(\Delta t,t)}]$为网络 n_i 的节点 k 在 t 时刻时，相对于前一时刻的相对不确定程度。

在获得 $C_l[s_{ik}^{(\Delta t,t)}]$的基础上，得到网络 n_i 多节点的时变不确定性程度值，即

$$C_o[s_i^{(\Delta t,t)}]=\frac{1}{m}\sum_{k=1}^{m}C_l[s_{ik}^{(\Delta t,t)}] \tag{6.128}$$

通过整体不确定性和时变不确定性来定义网络诊断结果相对重要程度，网络 n_i 和 n_j 间结果的相对重要程度为

$$\begin{aligned} a_{ij}^{t} &= \frac{1}{C_o[s_i^{(\Delta t,t)}]C_e[\boldsymbol{S}_i^{(k)}]}\Bigg/\frac{1}{C_o[s_j^{(\Delta t,t)}]C_e[\boldsymbol{S}_j^{(k)}]} \\ &= \frac{C_o[s_j^{(\Delta t,t)}]C_e[\boldsymbol{S}_j^{(k)}]}{C_o[s_i^{(\Delta t,t)}]C_e[\boldsymbol{S}_i^{(k)}]} \end{aligned} \tag{6.129}$$

相对重要性矩阵为

$$\boldsymbol{D}^{(t)}=\begin{bmatrix} a_{11}^{(t)} & a_{12}^{(t)} & \cdots & a_{1l}^{(t)} \\ a_{21}^{(t)} & a_{22}^{(t)} & \cdots & a_{2l}^{(t)} \\ \vdots & \vdots & \vdots & \vdots \\ a_{l1}^{(t)} & a_{l2}^{(t)} & \cdots & a_{ll}^{(t)} \end{bmatrix} \tag{6.130}$$

式中：$a_{ij}^{(t)}$ 为网络 n_i 相对网络 n_j 决策结果的相对重要程度或优越程度。

从 $a_{ij}^{(t)}$ 的计算过程可知，$a_{ij}^{(t)}$ 可表示为

$$\begin{cases} a_{ii}^{(t)}=1 \\ a_{ij}^{(t)}=1/a_{ji}^{(t)} \end{cases} \quad (i,j=1,2,\cdots,l) \tag{6.131}$$

（3）相对权重计算。通过相对重要性矩阵可计算网络层元素对上一层的相对影响程度，即计算向量$[w_1,w_2,\cdots,w_i,\cdots,w_n]^{\mathrm{T}}$，$w_i$ 的计算公式为

$$w_i^{(t)}=\sqrt[n]{\prod_{j=1}^{n}a_{ij}^{(t)}} \quad (i=1,2,\cdots,n) \tag{6.132}$$

式中：$w_i^{(t)}$ 为网络 n_i 对上一层对应元素的影响权重。

为了比较多个网络对上一层影响的权衡，将 $w_i^{(t)}$ 进行归一化处理，即

$$W_i^{(t)}=\frac{w_i^{(t)}}{\sum_{i=1}^{n}w_i^{(t)}} \tag{6.133}$$

2. 多网络融合诊断

对混凝土坝的多个关键部位或断面按照不同监测项目和监测方式，建立多个置信网络。多个网络在某时刻 t 时，对某部位的融合诊断结果为

$$Z_i^{(t)}=\sum_{l=1}^{L}W_l^{(t)}\sum_{n=1}^{N}\left[W_n^{(t)}\left(\frac{1}{M}\sum_{m=1}^{M}s_m^{(t)}\right)\right] \tag{6.134}$$

式中：$W_l^{(t)}$、$W_n^{(t)}$ 分别为诊断部位的监测类型层和网络层的权重；$s_m^{(t)}$ 为单网络推理诊断得到的节点诊断结果。

由式（6.134）可知，$Z^{(t)}>0$。当所有节点处于正常时，$Z^{(k)}$ 在 0～1 之间变化，当 $Z^{(t)}>1$ 时，说明网络中至少有一个节点诊断结果为疑似异常，对 $Z^{(k)}$ 值相对较大的部位

应当予以重点关注。

对 h 个部位层的诊断结果继续向整体层融合，可得到混凝土坝整体服役性态诊断结果，即

$$Z^{(t)} = \sum_{i=1}^{h} W_i^{(t)} Z_i^{(t)} \tag{6.135}$$

式中：h 为部位的数量；$W_i^{(t)}$ 为部位层的融合权重。

参 考 文 献

[1] 吴中如. 重大水工混凝土结构病害检测与健康诊断 [M]. 北京：高等教育出版社，2005.

[2] 赵二峰. 混凝土坝运行性态诊断与控制 [M]. 南京：河海大学出版社，2021.

[3] 赵二峰，顾冲时. 混凝土坝长效服役性态健康诊断研究述评 [J]. 水力发电学报，2021，40 (5)：22-34.

[4] 何金平，李珍照. 大坝结构实测性态综合评价方法研究 [J]. 水力发电学报，2001，73 (2)：36-43.

[5] 郑晓红. 大坝安全综合诊断中巡视检查结果诊断标准的建议 [J]. 电力标准化与计量，2001，36：27-30.

[6] 张琳琳，王嘉琪. 重大水工混凝土结构健康诊断指标的度量方法研究 [J]. 红水河，2004，23 (3)：82-86，96.

[7] 顾冲时，苏怀智，赵二峰. 大坝安全监控及反馈分析系统 [J]. 中国水利，2008，20：37-40.

[8] 赵二峰，李现敏，娄一青，等. 基于因果模型的拱坝变形安全监控研究 [J]. 水力发电，2009，34 (12)：103-106.

[9] 赵二峰，王志军，张磊，等. 大坝安全的可拓策略生成系统 [J]. 三峡大学学报（自然科学版），2009，31 (1)：30-33.

[10] 金怡，赵二峰，刘贝贝. 大坝水平位移监控指标的拟定研究 [J]. 三峡大学学报（自然科学版）. 2009，31 (5)：11-14.

[11] 杨阳，赵二峰. 基于 MatlabCOM 的大坝专家系统监控模型开发 [J]. 水电能源科学，2009，27 (4)：84-87.

[12] 张磊，崔永建，金秋. 一种新的混凝土坝健康定性诊断指标量化方法 [J]. 人民黄河，2010，32 (3)：110-113.

[13] 徐波，包腾飞. 大坝安全监控中定性指标的定量综合评价 [J]. 水利水电科技进展，2011，31 (5)：59-65.

[14] 郑付刚，游强强. 基于安全监测系统的大坝安全多层次模糊综合评判方法 [J]. 河海大学学报（自然科学版），2011，39 (4)：407-414.

[15] 赵二峰，顾冲时，苏怀智. 大坝安全监测效应量的信息融合估计降阶模型 [C] //中国大坝协会. 2012 年中国水力发电工程学会大坝安全监测专委会年会暨学术交流会论文集. 北京：中国大坝协会，2012：96-103.

[16] 何金平，涂圆圆，施玉群，等. 大坝多测点异常性态 Bayes 融合诊断模型 [J]. 长江科学院院报，2012，29 (10)：63-67.

[17] LIU X，WU Z R，YANG Y，et al. Information fusion diagnosis and early-warning method for monitoring the long-term service safety of high dams [J]. Journal of Zhejiang University：Science A，2012，13 (9)：687-699.

[18] ZHAO E F，CAI D W. The estimation model of concrete dam deformation based on information

fusion [J]. Research Journal of Chemistry and Environment, 2013, 17 (3): 21-26.
[19] 赵二峰，黄浩. 混凝土坝长效服役性态的多源信息融合推理方法 [J]. 三峡大学学报（自然科学版），2013，35 (3)：1-6.
[20] 聂兵兵，赵二峰，殷详详，等. 基于极值理论的大坝变形监控指标拟定 [J]. 水电能源科学，2015，33 (12)：101-104.
[21] 殷详详，周钟，赵二峰. 基于熵理论的锦屏一级拱坝空间变形预警指标拟定研究 [J]. 长江科学院院报，2016，33 (2)：42-47.
[22] 何金平，高全，施玉群. 基于云模型的大坝安全多层次综合评价方法 [J]. 系统工程理论与实践，2016，36 (11)：2977-2983.
[23] QIN X N , GU C S, ZHAO E F, et al. Monitoring indexes of concrete dam based on correlation and discreteness of multi-point displacements [J]. Plos One, 2018, 13 (7): e0200679.
[24] SU H Z, WEN Z P, SUN X R, et al. Multisource information fusion-based approach diagnosing structural behavior of dam engineering [J]. Structural Control and Health Monitoring, 2018, 25 (2): e2073.
[25] RIBAS J R, PEREZ-DIAZ J I. A multicriteria fuzzy approximate reasoning approach for risk assessment of dam safety [J]. Environmental Earth Sciences, 2019, 78 (16): 514.
[26] LI J J, CHEN X D, GU C S, et al. Seepage comprehensive evaluation of concrete dam based on grey cluster analysis [J]. Water, 2019, 11 (7): 1499.
[27] ZHAO E F, WU C Q, WANG S W, et al. Seepage dissolution effect prediction on aging deformation of concrete dams by coupled chemo-mechanical model [J]. Construction and Building Materials, 2020, 237: 117603.
[28] ZHAO E F, WU C Q. Unified egg ellipse critical threshold estimation for the deformation behavior of ultrahigh arch dams [J]. Engineering Structures, 2020, 214: 110598.
[29] SHU X S, BAO T F, LI Y T, et al. Dam safety evaluation based on interval-valued intuitionistic fuzzy sets and evidence theory [J]. Sensors, 2020, 20 (9): 2648.
[30] 赵二峰，李波，朱延涛. 基于 PPA-POT 的 RCCD 变形监测控制值拟定方法 [J]. 人民黄河，2021，43 (3)：135-139.
[31] ZHAO E F, JIANG Y F. Seepage evolution model of the fractured rock mass under high seepage pressure in dam foundation [J]. Advances in Civil Engineering, 2021: 8832774.
[32] WANG L B, MAO Y C, CHENG Y K, et al. Deep learning-based diagnosing structural behavior in dam safety monitoring system [J]. Sensors, 2021, 21 (4): 1171.
[33] ZHAO E F, LI B, CHEN H, et al. Deformation critical threshold estimation of Xiaowan ultrahigh arch dam through nonlinear forecast modelling [J]. Water Science and Engineering, 2023, 16 (3): 302-312.